AF522173

मैं संघ में
और
मुझमें संघ

मैं संघ में
और
मुझमें संघ

मा.गो. वैद्य

प्रभात प्रकाशन, दिल्ली
ISO 9001:2008 प्रकाशक

प्रकाशक • **प्रभात प्रकाशन**
4/19 आसफ अली रोड,
नई दिल्ली-110002

संस्करण • प्रथम, 2017
मूल्य • चार सौ रुपए
मुद्रक • आर-टेक ऑफसेट प्रिंटर्स, दिल्ली

MAIN SANGH MEIN AUR MUJHMEIN SANGH

by M.G. Vaidya ₹ 400.00
Published by Prabhat Prakashan, 4/19 Asaf Ali Road, New Delhi-2
e-mail: prabhatbooks@gmail.com ISBN 978-93-5266-142-8

अनुक्रम

1
वैद्य कुल वृत्तांत

हमारा वैद्य परिवार वर्धा जिले के तरोड़ा गाँव का है, यह बात अब अनेक लोग जानते हैं, तरोड़ा गाँव वर्धा जिले के वर्धा तालुके में बसा हुआ है। सन् 1984 तक यह उस जिले के हिंगनघाट तालुके के अंतर्गत था। वैसे मूलत: हम तरोड़ा गाँव के नहीं हैं। चंद्रपुर जिले के भांदक (आज का नाम भद्रावती) से आए हैं। भांदक कब छोड़ा और तरोड़ा में आकर कब यहाँ स्थायी हो गए, यह बात मैं नहीं जानता। इसी तरह भांदक ही हमारा मूल गाँव है या हम तेलंगाना से यहाँ आए हैं, यह भी ठीक-ठीक नहीं कहा जा सकता, परंतु हमारे तेलंगाना से आए होने की संभावना अधिक है। हमारे दादाजी, मतलब हमारे पिताजी के बड़े ताऊजी, पिताजी की दोनों बुआएँ, इन सभी के शरीर का श्याम रंग देखते हुए हमारे तेलंगाना से आए होने की संभावना को बल मिलता है। शायद, तेलंगाना की गोदावरी के तट पर बसे चन्नोर गाँव से हम आए होंगे, क्योंकि बचपन में हमने तरोड़ा में चन्नोर गाँव के अनेक तेलंगी ब्राह्मणों को अपने घर आते देखा है। जब भी लोग आते, तब वे कम-से-कम तीन-चार दिन तक हमारे यहाँ जरूर ठहरते और कुछ तेलुगु और कुछ मराठी में हमसे बातें करते।

हमारा वैद्य उपनाम कब से पड़ा, यह भी ठीक-ठीक नहीं कहा जा सकता। भांदक में हमारे ही परिवार की एक शाखा थी। उनका उपनाम भी वैद्य ही था, वैद्य उपनाम व्यवसाय से पड़ जाता है, इसलिए हमारे परिवार में कभी कोई वैद्य हो चुका होगा, परंतु मेरे पूर्व की चार पीढ़ियों तक तो कोई वैद्य नहीं था। भांदक में रहते हुए ही हमारा उपनाम 'वैद्य' हो चुका होगा और उसे लेकर ही हम तरोड़ा आ गए होंगे, पर हमारे घराने की पुरानी पोथियों में वाग्भट की एक पोथी मौजूद थी। उस लिहाज से हमारे परिवार में कोई वैद्यकीय व्यवसाय अवश्य करता रहा होगा।

पूर्वज

दुर्भाग्यवश मुझे हमारे घराने के प्राचीन पुरुषों के बारे में जानकारी नहीं है। यह जानकारी मुझे अपने पिताजी से प्राप्त हो सकती थी, पर जब वे जिंदा थे, तब मैंने उनसे पूछा नहीं। एक बात पक्की है कि मेरे पिताजी के दादाजी का नाम सीताराम था। सीताराम के एक भाई थे, जिनका नाम वासुदेव था। वासुदेव को एक पुत्र और एक पुत्री थी। पुत्र का नाम था, बालकृष्ण। हम उन्हें बावाजी कहकर पुकारते थे, उनकी बहन का नाम वारुबाई था, वे उम्र में बावाजी से बड़ी थीं। वारुबाई का विवाह तरोड़ा से करीब छह-सात किलोमीटर की दूरी पर बसे हमदापुर गाँव के मशानकर परिवार में हुआ था। मशानकर परिवार सुखी-संपन्न था। इस संपन्न परिवार की तुलना में गरीब कहे जा सकनेवाले वैद्य परिवार की कन्या का ब्याह होने के पीछे मुख्य कारण वारुबाई का रूप हो सकता है। वारुबाई की गणना सामान्यत: गोरे कहे जा सकनेवाले व्यक्तियों में ही होती थी। मैंने उन्हें देखा है। उनके भाई बालकृष्ण उर्फ बावाजी, ये भी तुलना में गोरे ही कहे जा सकते हैं। गाँव में एक ही परिवार के घर और खेतों का बँटवारा होने के बाद, गाँव के मजदूर लोग बावाजी के घर को गोरे बामन का घर कहते थे। बावाजी का विवाह पड़ोस के चानकी कोपरा इस गाँव के भाके परिवार की कन्या के साथ हुआ, ऐसा मुझे स्मरण है। हमारी दादी भी एकदम गोरी थीं, उनका ससुराल का नाम जानकी था, हम उन्हें 'माय' कहकर पुकारा करते थे। ये 'माय' मुझे अच्छी तरह से स्मरण में हैं। बावाजी व माय इन दोनों को कोई संतान नहीं थी। इसलिए यह कुटुंबलता यहीं सिमट गई।

सीताराम पंत के यहाँ संतान सुख का अभाव नहीं था, इन्हें तीन पुत्र और दो पुत्रियाँ होने की जानकारी मुझे है। पुत्रियों की संख्या अधिक हो सकती है, तीनों पुत्रों के नाम मुझे मालूम हैं। दो पुत्रियों के नाम और ससुराल के बारे में मैं जानता हूँ। शायद एकाध पुत्री और होगी। सीताराम पंत के तीनों पुत्रों के नाम 1. गड़ीभट 2. सदाशिव 3. तुकाराम थे। तुकाराम मेरे दादाजी थे। उनका देहांत कम उम्र में हो गया था। उनका देहांत जब हुआ, तब मेरे पिताजी की उम्र केवल तीन वर्ष की थी और जब पिताजी की उम्र नौ वर्ष की हुई, तब इनकी माता का भी देहांत हो गया। इसी वजह से पिताजी का पालन-पोषण उनके बड़े ताऊजी गड़ीभट ने ही किया। मैंने गड़ीभटजी को देखा है। सन् 1931 के मई के महीने में उनका देहांत हो गया। गड़ीभटजी को हम सब बापूजी कहते थे। उनकी मृत्यु के बाद ही उनका नाम गड़ीभट है, यह हमें मालूम हुआ। बापूजी की पत्नी, यानी हमारी बड़ी दादीजी को मैंने नहीं देखा। पिताजी बताते थे कि वे अपनी पहली संतान को जन्म देते समय इस दुनिया से चल बसीं और

जल्दी ही पैदा हुई उनकी नन्ही बिटिया भी चल बसी। बापूजी ने फिर विवाह नहीं किया। बापूजी ऐसे ब्राह्मण थे, जिन्होंने वेदसंहिता का कई बार पारायण किया था। तरोड़ा के आसपास के गाँवों में भी उनके जितना वैदिक कर्मकांड जाननेवाला कोई भी नहीं था। पिताजी के दूसरे ताऊजी का नाम था, सदाशिव। उन्होंने पौरोहित्य नहीं सीखा था। किसी धनिक के यहाँ वे बही-खाता लिखने का काम करते थे। उनकी देहयष्टि उत्तम थी। वे उत्तम तैराक और साहसी स्वभाव के थे, उनका विवाह सेलू (घोराड) के उंबरकर परिवार की कन्या के साथ हुआ था। हमारी इस दादी को हमने विधवा रूप में ही देखा था। उनके पति, यानी सदाशिव रावजी की मृत्यु एक दुर्घटना के दौरान हो गई थी। वर्धा नदी के तट पर कापसी नामक एक गाँव बसा हुआ है। यहाँ हर रथसप्तमी (माघ.शुक्ल 7) के दिन बहुत बड़ा मेला लगता है। उस यात्रा में जाने का अवसर मुझे कभी नहीं मिला, परंतु हमारे पिताजी और गाँव के अनेक लोग नित्य नियम से इस यात्रा के लिए जाते थे। कापसी की यात्रा तमाशों के लिए भी प्रसिद्ध थी। एक बार ऐसी ही यात्रा के समय सदाशिव दादाजी वहाँ गए थे। उन्होंने देखा कि एक बच्चा नदी के प्रवाह में डूब रहा है। तट पर खड़े लोग चीखने-चिल्लाने लगे, तब नदी के तट पर खड़े हमारे दादाजी ने अपने साहसी स्वभाव के अनुसार तुरंत नदी में छलाँग लगाई और उस बच्चे को बचा लिया। तट पर खड़े लोगों के हाथ में बच्चे को सौंपने के बाद भी वे नदी से बाहर नहीं आए।

तैराकी का आनंद लूटने के लिए उन्होंने एक बार फिर गोता मारा और उसके बाद वे ऊपर आए ही नहीं। कहते हैं कि कापसी नदी हर वर्ष एक बलिदान अवश्य लेती है। उस वर्ष हमारे दादाजी की बलि चढ़ गई। उन्होंने बच्चे को बचाने के बाद अगर फिर नदी में उतरने का नहीं सोचा होता तो शायद वे बच जाते। परंतु नियति को कुछ और मंजूर था। उनकी पत्नी की आयु उस वक्त केवल सोलह वर्ष की थी। केवल मैंने ही नहीं, हममें से अनेक भाई-बहनों ने उन्हें देखा है। हम उन्हें बहिणाबाई कहकर पुकारते थे। उनकी मृत्यु सन् 1950 में सेलू में हुई। इस दंपती को भी संतान सुख प्राप्त नहीं हुआ था। विधवा होने के पश्चात् वे अपने मायके में ही रहती थीं। हमारी माँ, वैद्य परिवार में ब्याही जाने के बाद इन्हें अपने मायके से पहली बार तरोड़ा लेकर आईं उसके बाद वे हर वर्ष तरोड़ा आने लगीं। महीना, पंद्रह दिन रहतीं, नौ गज की साड़ी की एक जोड़ी उन्हें हर वर्ष मिलती और वे फिर मायके चली जातीं। हमारा दादी-पोते का रिश्ता होने के कारण हम उनसे बहुत हँसी-मजाक करते थे। मैंने बापूजी को देखा था और उनका पंढरपुर के विट्ठल की मूर्ति जैसा काला रंग भी हमें

परिचित था। इस वजह से हम दादी से पूछते थे कि दादाजी कैसे थे, काले या गोरे ? क्योंकि बहिणाबाई का रंग गोरा था, हमारी माँ से भी गोरा तो उन्होंने उत्तर दिया था कि तेरे दादाजी का रंग कोयले से थोड़ा गोरा था।

दादी और दादाजी

हमारे सगे दादाजी का नाम तुकाराम था। तुकारामजी उत्तम बैलगाड़ी चलाने के लिए प्रसिद्ध थे, शायद पौरोहित्य का ज्ञान उन्हें अधिक नहीं था। पौरोहित्य शायद करते भी नहीं होंगे। पौरोहित्य का सारा काम इधर बापूजी और उधर बावाजी, दोनों ही करते थे। तुकारामपंत का विवाह तलेगाँव (टालाटुले) के देशपांडे परिवार की कन्या के साथ हुआ था। देशपांडे परिवार भी वैद्य परिवार की तुलना में अधिक संपन्न था। उनके पास खेती भी बहुत अधिक थी। पिताजी के चारों मामाजी को मैंने देखा है। प्रत्येक मामाजी के पास बहुत सी खेती की जमीन थी, आधुनिक शिक्षा का प्रवेश भी उस परिवार में हो चुका था। पिताजी के सबसे छोटे मामाजी, उस समय में मैट्रिक पास थे। वे वर्धा के न्यू-इंग्लिश हाईस्कूल में सेवानिवृत्त होने तक शिक्षक के रूप में कार्यरत थे। वे पिताजी से एक या दो साल बड़े रहे होंगे। हमारी दादीजी का नाम भागीरथी था। तुकाराम-भागीरथी दंपती को मेरे पिताजी, यह एक मात्र संतान थी। जैसा मैंने पहले लिखा है, वैसे पिताजी तीन साल के थे, जब दादाजी का निधन हुआ और पिताजी की उम्र नौ साल की हुई, तब दादीजी भी चल बसीं, इसलिए उन्हें देखना हमें नसीब नहीं हुआ।

सीतारामपंत की दो पुत्रियाँ थीं, एक का नाम पता नहीं क्या था, पर हम उन्हें अक्काबाई कहकर पुकारते थे। अक्काबाई का विवाह गाड़े परिवार के पुत्र से हुआ था। अक्काबाई भी अल्पायु में ही विधवा हो गईं। गाड़े परिवार तलेगाँव में ही रहता था, परंतु वैधव्य प्राप्त होने के बाद उन्हें दादाजी तरोड़ा ले आए थे। हमने उन्हें विधवा और केशवपन किए हुए ही देखा था, उन्हें एक पुत्र था, उसका नाम गजानन था। गजानन राव की शिक्षा और पालन-पोषण भी इनके मामाजी अर्थात् बापूजी ने ही किया। बहुत समय तक गजानन का उपनाम गाड़े है, यह तक लोगों को मालूम नहीं था परंतु बाद में बापूजी का अपने पिताजी, यानी सीताराम पंत के साथ मनमुटाव हो गया इसलिए वे तरोड़ा से आठ किलोमीटर की दूरी पर बसे मांडगाँव नामक गाँव में रहने के लिए चले गए। मांडगाँव के मालगुजार बलिरामसिंह पाटील ने इन्हें आश्रय दिया। वैदिक कर्मकांड, जपजाप, ज्योतिष और पौरोहित्य के कामों के लिए बापूजी के पहले से ही प्रसिद्ध होने के कारण मांडगाँव में उनका परिवार तेजी से

बस गया। अक्काबाई भी उन्हीं के साथ मांडगाँव चली गईं। बापूजी को मालगुजार की ओर से दस एकड़ का एक खेत भी दान-दक्षिणा के स्वरूप में दिया गया था। पिताजी की मृत्यु के पश्चात् सन् 1953 में मैंने विधिवत् उस खेत की बिक्री की सारी औपचारिकताएँ पूर्ण कर दीं। हुआ ऐसा था कि पिताजी ने मृत्यु के पूर्व ही खेत का सौदा पक्का कर दिया था। उसकी पूरी कीमत भी उन्हें मिल चुकी थी, किंतु बिक्री की औपचारिकताएँ पूर्ण होने से पहले ही उनकी मृत्यु हो गई, ये सारी बातें उन्होंने मुझे पहले से बता दी थीं और अपने मृत्यु-पत्र में भी यह सब लिख रखी थी। यही वजह थी कि खेत खरीदनेवाले को खेत अपने कब्जे में लेते समय किसी भी तरह की कानूनी अड़चनों का सामना नहीं करना पड़ा। बापूजी विधुर थे और अपनी छोटी बहन अक्काबाई को स्वयं मांडगाँव लेकर गए थे। इसलिए वह घर अक्काबाई ने ही सँभाल लिया था। गजानन राव की प्राथमिक शिक्षा मांडगाँव में ही हुई थी। मांडगाँव तरोड़ा की अपेक्षा बहुत बड़ा है। हमारे बचपन के समय से ही वहाँ पोस्ट ऑफिस था, आयुर्वेदिक दवाएँ देनेवाला ही सही, पर सरकारी दवाखाना था। मराठी माध्यम की सातवीं कक्षा तक की पाठशाला भी यहाँ थी। वर्धा जिले के तालुकों की पुनर्रचना करते समय मांडगाँव को ही तालुका बनाने का करीब-करीब निश्चित हो चुका था, परंतु, हिंगनघाट के रास्ते से मांडगाँव आते समय रास्ते में पड़ती वणा नामक नदी अवरोध रूप थी। (यह वणा नदी नागपुर जिले में से भी बहती है और वहाँ इसे वेणा नदी कहते हैं। बुटीबोरी या कांढली में जो बहती है, वह यही वेणा है। यही आगे जाकर मांडगाँव, हिंगनघाट इस तरह से बहती हुई वर्धा नदी में मिलती है।) उन दिनों इस नदी पर पुल नहीं हुआ करता था और इसी वजह से मांडगाँव को तालुका बनाने के स्थान पर, मांडगाँव से ही नहीं, बल्कि तरोड़ा से भी छोटे, ऐसे समुद्रपुर नामक गाँव को यह दरजा प्राप्त हुआ, फिर स्वाभाविक रूप से समुद्रपुर की बहुत उन्नति हुई। विद्यालय और महाविद्यालय भी यहीं हैं।

गाड़े परिवार

तो हम बात मांडगाँव की कर रहे थे। मांडगाँव में जैसे हमारे दादाजी को खेत प्राप्त हुआ था, वैसे ही वहाँ पर उन्होंने अपना घर भी बना लिया था। मांडगाँव बड़ा गाँव होने के कारण वहाँ अनेक ब्राह्मण परिवार रहते थे। उनमें से अलोणी, दाणी, देशपांडे, लांबे, मूलकर, ये नाम मुझे आज भी याद हैं। तरोड़ा में हमारे घर की धार्मिक विधियों में मांडगाँव के इन परिवारों का नित्य का आना-जाना लगा रहता। हमारे पिताजी के दादाजी की, यानी सीताराम पंत की मृत्यु के पश्चात् बापूजी तरोड़ा

आ गए, पर गाड़े परिवार वहीं रहा। गाड़े परिवार की संपूर्ण जिम्मेदारियों का भार बापूजी ने अपने सिर लेकर उसे निभाया, ऐसा कहा जाए तो जरा भी अतिशयोक्ति नहीं होगी। अपने भांजे, यानी गजानन की संपूर्ण शिक्षा पूरी करवाने के बाद उन्होंने उनका विवाह भी कर दिया। गजानन राव की ससुराल का उपनाम मुझे याद नहीं है, पर उनकी पत्नी को मैंने देखा है, उनका मायका हिंगनघाट तालुके में कापसी गाँव से कुछ पहले खानगाँव नामक गाँव में है। इनकी माताजी को पुत्र न होने की वजह से उनकी सारी जमीन-जायदाद उनकी दोनों बेटियों को मिली। इसलिए वारिसाना हक से गाड़े परिवार को भी खानगाँव की जमीन मिली। वह अब तक उनके पास थी। अभी कुछ समय पहले ही उन्होंने इसे बेच दिया। गजानन राव की पत्नी को हम आई ही कहते थे, वे हमारी माँ से उम्र में बड़ी थीं। उनका महालक्ष्मी पूजन, अश्विन महीने के बालाजी के नवरात्रि के उत्सव, ऐसे धार्मिक समारंभों के अवसर पर अकसर वे तरोड़ा में ही रहती थीं। गाड़े परिवार के अनेक बच्चों का जन्म तरोड़ा में ही हुआ था। उन्हें चार बेटे और तीन बेटियाँ थीं। 1. पुरुषोत्तम उर्फ बावाजी। 2. नीलकंठ उर्फ अन्नाजी, 3. केशव उर्फ भय्याजी और 4. कृष्ण उर्फ भाऊ, ये उनके पुत्रों के नाम हैं। तीन बेटियों में, जिन्हें हम दादी कहते थे, उनका विवाह नंदोरी के भांदककर परिवार के व्यक्ति के साथ हुआ था। दूसरी चंद्री। इनका विवाह आष्टा (वेला) के सेनाड परिवार में हुआ था। ये दोनों विवाह समारोह तरोड़ा में ही संपन्न हुए थे। पुरुषोत्तम उपाख्य बावाजी और नीलकंठ उपाख्य आण्याजी इन दोनों के उपनयन संस्कार भी तरोड़ा में ही हुए थे। गाड़े और वैद्य परिवार में ऐसा घनिष्ठ संबंध था। सीतारामपंत की मृत्यु के पश्चात् गड़ीभट मांडगाँव छोड़कर तरोड़ा में रहने के लिए आए, तब उन्होंने अपना वह घर अपने भांजे के नाम कर दिया। तब से गाड़े परिवार मांडगाँव का हो गया। तात्याजी के चार पुत्रों में से तीसरे पुत्र भैयाजी गाड़े, इनकी आयु मुझसे तीन-चार महीने कम होगी, वे संघ के प्रचारक हैं अर्थात् आजन्म अविवाहित हैं और वर्धा में संघ कार्यालय में रहते हैं।

पिताजी की दूसरी बुआ सिंदी के कीटकरू परिवार में ब्याही गईं। इन्हें हम जीजी कहकर पुकारते थे। इनके केवल दो पुत्रों से मेरा परिचय है, अन्य संतानों का मुझे पता नहीं है। बड़े का नाम बावाजी और छोटे का व्यंकटेश उर्फ आण्याजी। श्री आण्याजी अनेक वर्षों तक सिंदी के मालगुजार श्री टालाटुले के यहाँ सेवा में थे। उसके बाद वे नागपुर में आए। बड़े बावाजी अविवाहित थे और सिंदी में ही रहते थे। मात्र, हर साल खेत में ज्वार, अरहर, गेहूँ इत्यादि की फसल की कटाई के वक्त वे कम-से-कम दो महीने तरोड़ा में ही रहते।

मेरी माँ

मेरी माँ का मायका वर्धा जिले के देवली गाँव में है। उनका मायके का उपनाम है, जोशी। इनके दो सौतेले भाई तथा एक सौतेली बहन थी। मेरे नानाजी का दूसरा विवाह मेरी नानी से हुआ था। वरोड़ा का बुजोने परिवार उनका मायका था। इनके दोनों सौतेले भाई एक भाऊजी और दूसरे गणेश उर्फ तात्याजी इन दोनों को मैंने देखा है। माँ को एक सगा भाई और तीन बहने थीं। भाई का नाम चिंतामण उपाख्य बाबूराव था। हमारे ये मामाजी यवतमाल जिले के नेरपरसोपंत नामक गाँव में शिक्षक और बाद में मुख्याध्यापक थे। शुरू में यह विद्यालय मिडिल तक ही था। अनेक वर्षों के बाद उसका हाईस्कूल में रूपांतर हुआ। व्यवस्थापक चाहते थे कि मुख्याध्यापक के पद पर हमारे मामाजी बाबूराव जोशी ही रहें, पर तब उनके पास स्नातक की पदवी नहीं थी। इसलिए प्राइवेट परीक्षा देकर वे स्नातक हो गए तथा मुख्याध्यापक पद के लिए आवश्यक प्रशिक्षण पदवी लेने के लिए वे एक वर्ष तक नागपुर में हमारे यहाँ रहे। विद्यालय के व्यवस्थापकों ने इस वर्ष के दौरान उनका वेतन जारी रखा। मुख्याध्यापक के पद पर भी उन्होंने स्थायी रूप में किसी को नहीं रखा। मामाजी बी.एड. करने के बाद नेर में ही मुख्याध्यापक के रूप में सेवानिवृत्त होने तक रहे। निवृत्त होने के बाद वे अमरावती में आ गए। उनके बड़े पुत्र सुरेश ने पदार्थ विज्ञानशास्त्र में एम.एससी. किया था। तथा कुछ वर्षों तक वे हिस्लौप कॉलेज में प्राध्यापक थे। माँ की एक बड़ी बहन व दो छोटी बहनें थीं। बड़ी बहन यवतमाल के भुरचंडी परिवार में ब्याही गई थीं। दूसरी बहन अमरावती जिले के वर्धा नदी के तट पर बसे बोरगाँव में बँगाले परिवार में ब्याही गई थीं और सबसे छोटी अमरावती के धारकर परिवार में। आज इनमें से कोई भी जीवित नहीं है।

मेरी माँ के संबंध में, मेरी भावनाओं को प्रकट करता लेख इस संग्रह में है। इसलिए उन्हीं बातों को मैं यहाँ दोहराना नहीं चाहता, पर एक बात अवश्य कहना चाहूँगा कि तरोड़ा के वैद्य परिवार में उनके पदार्पण के साथ ही वीरान सा लगनेवाला यह परिवार एकदम प्रसन्न होकर खिल गया। चार दादाजी को कुल मिलाकर केवल पिताजी एकमात्र संतान थे। हम कुल मिलाकर चार बहनें और तीन भाई, ऐसे सात भाई-बहन थे। हमारा काले बामन और बालकृष्ण बुवा के गोरे बामन के परिवारों में सद्भाव नहीं था। किसी भी प्रकार की बोलचाल भी नहीं थी, एक तरह से बैर ही था। दोनों परिवारों के बीच एक सामूहिक कुआँ और वह भी बालकृष्ण बुवा के आँगन में हुआ करता था। इस कारण कुएँ में से पानी लाने के लिए उनके आँगन से होकर गुजरना पड़ता, बस, इतना ही संपर्क था। वैसे देखा जाए तो वे

दोनों सगे चाचा के लड़के थे, पर तीज-त्योहारों पर भी वे इकट्ठा नहीं हुआ करते थे। इस बैर का कारण अंधश्रद्धा कहें या कुछ गलतफहमी। बालकृष्ण बुवा के यहाँ कोई संतान नहीं थी। इस कारण या फिर किसी और कारण से उनकी पत्नी जानकीबाई जादू-टोना करती है, ऐसा गाँववाले समझते थे। गाँववालों ने एक बार उनको अपमानित करने का भी प्रयत्न किया था, ऐसा हमने सुना था, परंतु हमारी माँ ने यह बैर खत्म कर दिया और सभी तीज-त्योहारों पर नहीं, परंतु बालाजी के शारदीय नवरात्र के अवसर पर अब वे भोजन के लिए आने लगे थे। जैसा मैंने पहले कहा है कि जानकीबाई को हम माय कहकर पुकारते थे और माय का हम पर सचमुच बहुत स्नेह था। माय के निधन के पश्चात् बालकृष्ण बुवा कुछ वर्षों तक जीवित थे। इनका भी हमारी माँ पर और हम बच्चों पर बहुत स्नेह था। काले बामन के यहाँ अच्छे बैलों की जोड़ी नहीं थी, दोनों घरों में दो-दो जोड़ी बैल हुआ करते थे, परंतु बालकृष्ण बुवा जिस प्रकार से अपने बैलों का ध्यान रखते और उन्हें खरीदते वक्त भी जो सावधानी बरतते, वह इस घर में नहीं ली जाती थी। इसलिए, जब भी माँ को अपने मैके देवली को जाना होता, तब माय या बावाजी जानबूझकर अपनी बैलगाड़ी और बैल देते थे। उनकी बैलगाड़ी ऊपर से आच्छादित और चारों ओर से परदे लगाई हुई होती थी। इतना रख-रखाव करने की काले बामन के घर की प्रथा नहीं थी, परंतु, पिताजी को हम पर कोई उपकार कर रहा है, ऐसा न लगे, इसलिए बावाजी उन्हें बुलाकर कहते, मैं कोई उपकार नहीं कर रहा। अपने बैल और आदमी मेरे काम के लिए भेज देना। बहू को मायके भेजने के लिए न तुम्हारे पास अच्छे बैल हैं, न ही बैलगाड़ी और इस तरह से वे पिताजी से सब करवा लेते। बावाजी वैसे भी बहुत स्वाभिमानी थे। माय की मृत्यु के बाद हमारी माँ के बहुत आग्रह करने के बाद भी वे हमारे यहाँ खाना खाने के लिए नहीं आए। वे अपने हाथ से खाना पकाकर खाते थे, केवल तीज-त्योहारों पर ही हमारे यहाँ आते थे।

हम बच्चों को शुक्रवार के दिन लगनेवाली हाट में से लेने के लिए बावाजी के पास से एक ढब्बू (दो पैसों का ताँबे का बड़ा सा सिक्का) मिलता। हमारे घर पर इस तरह कुछ माँगने की कोई गुंजाइश नहीं थी। बावाजी के हमारे परिवार पर, विशेषत: माँ पर अपार स्नेह के दो उदाहरण देखने लायक हैं। एक तो उन्होंने अपनी मृत्यु के पूर्व ही अपनी तिजोरी में रखे हुए सभी साठ तोले, यानी आज की परिभाषा में कहा जाए तो करीब सात सौ ग्राम सोने के जेवर हमारी माँ को दे दिए थे। दूसरा, मेरी सबसे बड़ी बहन वेणु के विवाह का सारा खर्च इन्होंने ही वहन किया, केवल निमंत्रण पत्रिका छपवाने के लिए उनका विरोध था, वह छपवाने

का खर्च पिताजी ने किया। मेरी, मुझसे बड़ी बहन कलावती के विवाह के लिए 1200 रुपए पिताजी को देकर कहा, "इसे खर्च नहीं करना, इस पर साहूकारी भी नहीं करना।" पिताजी ने उनकी आज्ञा का संपूर्ण पालन किया। बावाजी का निधन सन् 1932 में हुआ और हमारी इस बहन का विवाह सन् 1934 में हुआ। विवाह के संपूर्ण खर्च का विवरण पिताजी ने खाता-बही में लिख रखा था, कुल खर्च था 1208 रुपए। उस समय के ये बारह सौ रुपए, यानी आज के करीब दो लाख रुपए थे। सन् 1934 में बहन को देने के लिए सात तोले सोना खरीदा गया था, तब सोने का भाव था 32 रुपए तोला, यानी दस ग्राम करीब 30 रुपए में। आज का सोने का भाव दस ग्राम करीब 15 हजार रुपए हैं अर्थात् पाँच सौ गुना, बारह सौ के पाँच सौ गुना का मतलब छह लाख रुपए। सन् 1934 में हुआ यह विवाह कितनी धूमधाम से हुआ होगा, इसकी आप कल्पना कर सकते हैं। बावाजी की इस उदारता के कारण ही काले बामन का गरीब घर सधन हुआ।

बावाजी की विरासत

बावाजी की एक बड़ी बहन भी थी और इनका विवाह हमदापुर के मशानकर परिवार में हुआ था। यह ऊपर बताया गया है। कारण जो भी हो, पर भाई-बहन में आपस में स्नेह नहीं था। उन्होंने अपनी सारी जायदाद मृत्यु-पत्र बनाकर हमारे पिताजी के नाम कर दी थी। जायदाद में करीब 50 एकड़ जमीन, घर और गौशाला। सोना पहले ही माँ को दे चुके थे। परंतु यह मृत्यु-पत्र वैध नहीं होता, क्योंकि इस 50 एकड़ भूमि में से करीब 25 एकड़ भूमि विरासत में मिली थी। वह वारिसाना हक के कायदे से उनकी बहन को ही मिली होती। बावाजी की मृत्यु के समय उनकी बहन वारुबाई जीवित थीं। स्वाभाविक रूप से उन्होंने विरासत में मिली भूमि पर अपना हक जताया, परंतु इस विरासत में मिली भूमि पर घर भी था और यह घर और दोनों घर मिलाकर एक कुआँ होने के कारण वह घर दूसरे किसी को दे देना आसान नहीं था, परंतु इससे भी अधिक मजबूत कारण यह था कि बावाजी के घर में धन गड़ा हुआ है, ऐसी जानकारी पिताजी को थी। बावाजी के मुँह से ही कभी उन्होंने सुना था कि उनके पास चार हजार रुपए हैं। इतने रुपए तिजोरी में रखना संभव नहीं था। बैंकिंग के व्यवहार उस समय इतने व्यापक रूप में नहीं थे। इसका स्पष्ट मतलब था कि वह धन कहीं जमीन में ही गड़ा होना चाहिए। यही अनुमान था और इस बात के मद्देनजर घर बहन को दे देना योग्य नहीं था, ऐसा पिताजी का विचार था। इसलिए कोर्ट-कचहरी करने की बजाय आपस में समझौता करने

का तय हुआ। समझौते के तहत वह घर हमारे पास रहेगा और हमारे खेत से लगी हुई जो विरासत में मिली जमीन वह भी हमारे पास रहेगी, उसके बदले में गौशाला और दूसरी बीस एकड़ जमीन उन्हें दे दी जाए, ऐसा तय हुआ। इसी प्रकार पंचों के सामने तिजोरी खोलकर उसमें से जो भी रकम निकलेगी, वह भी बहन को दे दी जाएगी, ऐसा समझौता हुआ। इस तरह मशानकर परिवार को हमारे खेत से लगी हुई भूमि से अधिक अच्छी दूसरी तरफ की बीस एकड़ भूमि मिली। गौशाला मिली और पंचों के सामने तिजोरी खोली गई, तब उसमें से दो सौ रुपए निकले वह भी मिले।

बावाजी की मृत्यु के बाद के तीन-चार महीनों में यह सारा मामला निपट गया। सब कुछ स्थिर और पूर्ववत् हो जाने पर उस गुप्त धन को निकालने का विचार फिर प्रबल होने लगा। बावाजी के साथ एक भीमाबाई राजपूत नामक विधवा को हमेशा साथ बैठे बातें करते देखा था। घर के बाहर के दो चबूतरों पर, एक चबूतरे पर बावाजी और दूसरे चबूतरे पर भीमाबाई को बैठे हमने कई बार देखा था। पिताजी भीमाबाई को काकी कहकर पुकारते थे। उस समय गाँव में ऐसे रिश्ते बन जाना आम बात थी। तरोड़ा गाँव में एक मात्र ब्राह्मण का घर हमारा था। इसलिए भिन्न-भिन्न जाति के लोग हमारे मामा, मौसी, काका, काकी होते थे। एक दिन पिताजी ने भीमाबाई से पूछ लिया, ''काकी, बावाजी ने धन कहाँ गाड़ा होगा?'' उन्होंने जगह बताई। बावाजी के पूजास्थान के सामने एक छोटी सी खिड़की थी। उसके नीचे की जगह उन्होंने दिखाई। बावाजी ने वृद्धावस्था के दौरान ही यह धन गाड़कर रखा था। इस वजह से गढ्डा अधिक गहरा होने की संभावना कम थी। हमारे खेत में काम करनेवाले मजदूरों के प्रमुख को करीब नौ इंच गहरा गड्ढा खोदने पर एक जगह एकदम खन्न की आवाज सुनाई दी। फिर आसपास से कुरेदकर चाँदी के रुपयों से भरा ताँबे का घड़ा बाहर निकाला गया। ये रुपए गिने गए तो वे सत्रह सौ रुपए निकले। फिर बाकी के 2300 रुपए कहाँ गए, यह प्रश्न उठा। पिताजी ने दो-चार जगह और खोदकर देखा, पर कहीं कुछ नहीं मिला, पर सत्रह सौ रुपए की रकम भी उस समय बहुत अधिक हुआ करती थी। आज के दस लाख कहे जा सकते हैं। फिर वैद्य परिवार में संपन्नता न आई होती तो ही आश्चर्य होता।

हमारे बाद की पीढ़ी को भी इन 2300 रुपयों का सदैव आकर्षण रहा। हमारे सबसे छोटे बंधु श्रीधर उर्फ नानाजी ने; सन् 1960 में जब हमारा बँटवारा हुआ, तब बँटवारे में यह बावाजीवाला घर चुना। असल में बावाजी के निधन के बाद 28 वर्ष तक बावाजी के घर का उपयोग भंडार घर की तरह ही किया जाता था। नानाजी का निवास हमारे पुराने घर में ही हुआ करता था। बँटवारे के समय भी

नानाजी इस पुराने भव्य घर में ही रहते थे। सन् 1976 में वे अपने खुद के घर में मतलब बावाजी के घर रहने चले गए। बँटवारे के बाद करीब 16 साल तक वे इस बड़े घर में रहे और इस घर का उन्होंने अच्छा रख-रखाव भी किया, पर फिर भी उन्होंने वह अच्छा और पक्का घर न चुनकर यह पुराना खंडित मकान क्यों चुना, इस बात का हम सबको पहले बहुत आश्चर्य हुआ था, पर बाद में इस रहस्य का पता चला। उस घर में वे 2300 रुपए जो गड़े हुए थे, नानाजी ने कुछ मांत्रिकों को बुलाकर धन गड़े होने की जगह खोजने का प्रयत्न किया। मांत्रिकों की सलाह पर अनेक जगहों पर खोदकर देख भी लिया, पर धन कहीं नहीं मिला।

हम भाई-बहन

हम सब कुल मिलाकर सात भाई-बहन थे। हमारी एक बहन और भी थी, पर वह बचपन में ही गुजर गई थी। इस कारण हमने उसे नहीं देखा। बड़ी बहन का नाम था, वेणु। हम उन्हें ताई कहते। उनका जन्म सन् 1915 में हुआ था और दस वर्ष की आयु में ही उनका विवाह कर दिया गया था। उनकी ससुराल रालेगाँव के जाट परिवार में था। जाट यह उपनाम ब्राह्मणों में आज भी जरा अटपटा सा लगता है। हमारी इस बहन की कदकाठी मजबूत और रंग साँवला ही था, पर उस के पति सुंदर और गौरवर्ण के थे। उनका एक पुत्र था। उसका नाम था, भास्कर। वह हमारे पास रहकर ही पढ़ा। नागपुर के नवयुग विद्यालय में से मैट्रिक की परीक्षा उत्तीर्ण की। शरीर से जरा स्थूल और व्यायाम की आदत न होने के कारण उसे मधुमेह और हृदय विकार जैसे रोग लग गए और इसी कारण पचास की आयु पार करने से पहले ही उसकी मृत्यु हो गई। भास्कर की एक बड़ी बहन भी थी। उसका नाम था, लीला। उसके ससुराल का उपनाम जोशी था। ससुराल यवतमाल जिले के एक छोटे से गाँव में था, परंतु लीला के पति श्री अन्ना जोशी यवतमाल में ही रहते थे। छोटा-मोटा पौरोहित्य का काम करते थे, किंतु उनका मुख्य व्यवसाय आटे की चक्की और मसालों की निर्मिति का था। यवतमाल में वे मसालेवाले अन्ना जोशी के नाम से जाने जाते थे।

दूसरी बहन गंगू का जन्म सन् 1917 में हुआ था। उसका विवाह सन् 1931 में हमारे ही तालुके के गिरड नामक गाँव के परांडे परिवार के शंकरराव से हुआ था परंतु सन् 1936 में पहली पुत्री को जन्म देते समय इसका देहांत हो गया। इस पुत्री का पालन-पोषण उसके पिता ने किया, परंतु पिता की मृत्यु के बाद उसके चाचा ने इसकी जिम्मेदारी अच्छी तरह से नहीं निभाई। वह अधिकतर हमारे ही

घर रहती। उसकी शादी भी हमने ही करवाई। हमारे पिताजी ने उसकी शादी के लिए कुछ पैसों की व्यवस्था अपने मृत्यु-पत्र में कर रखी थी। उन पैसों से कहीं अधिक खर्च करना पड़ा था। उसका नाम सुमन और ससुराल का उपनाम, शिलेदार। बालासाहेब शिलेदार के नाम से वे हमें परिचित हैं। वे रेलवे में नौकरी करते थे और सेवानिवृत्त होने के बाद छत्तीसगढ़ के राजनांदगाँव में स्थायी हो गए, क्योंकि नौकरी के आखिर के वर्षों में वे राजनांदगाँव में ही कार्यरत थे।

हमारी तीसरी बहन बचपन में ही गुजर गई। चौथी बहन का नाम कलावती था। हम सभी भाई-बहनों में वह गोरी और सुंदर थी। वह पढ़ाई में भी काफी तेज थी। अगर उसे आगे पढ़ाया गया होता तो वह मुझसे भी अधिक सफल होती, परंतु पुरातनकाल की रीति के अनुसार मराठी कक्षा 4 में पढ़ते समय ही उसका विवाह तय कर दिया गया। यह विवाह सन् 1934 में हुआ। हिंगनघाट के नगरपालिका के विद्यालय के शिक्षक और प्राचीनकाल के स्नातक श्री मु.य. दीक्षित के सुपुत्र प्रभाकर के साथ कलावती का विवाह कर दिया गया। श्री प्रभाकर ने अंग्रेजी शिक्षा प्राप्त नहीं की। इन्होंने काशी में जाकर वेदाभ्यास किया और मुख्यत: कीर्तनकार के रूप में व्यवसाय किया। पूरे महाराष्ट्र और महाराष्ट्र के बाहर भी उत्तम कीर्तनकार के रूप में उनकी ख्याति फैली थी। संपूर्ण दीक्षित परिवार को संगीत का जैसे वरदान ही मिला था। श्री मु.य. उर्फ आबाजी उत्तम हारमोनियमवादक थे। प्रभाकर शास्त्री को पूरी रागदारी अवगत थी। हमारी बहन, जिसे हम दादी कहते थे, उसका भी कंठ बहुत मधुर था। उम्र के अस्सी पार करने के बाद भी वह भजन और गीत बहुत ही सुमधुर गाती थी। उसका इस उम्र में गाए हुए भजनों का एक कैसेट हमारे पास है। उसका देहावसान सन् 2007 में जून महीने में हुआ। तब उसकी उम्र 86 साल की थी।

अन्ना वैद्य

उसके बाद सन् 1923 में मेरा जन्म हुआ। मेरे बाद भास्कर उर्फ अन्ना का जन्म सन् 1926 में हुआ। मेरी ही तरह उसकी भी कक्षा तीन तक की प्राथमिक शिक्षा तरोड़ा में ही हुई और सन् 1935 में मराठी कक्षा 4 में उसने नागपुर के महल प्राइमरी विद्यालय में प्रवेश लिया। दो बच्चे नागपुर में पढ़ रहे थे। यह वस्तुस्थिति हो गई थी। इस कारण पिताजी ने नागपुर में खुद का घर खरीदकर हमारी माँ को हमारे साथ हमारी देखरेख के लिए रखने का तय किया। उस दृष्टि से घर भी पसंद कर लिया गया था और उसकी कीमत भी निश्चित कर दी गई थी, परंतु दुर्भाग्य से सन्

1936 के फरवरी में ही हमारी माँ का देहांत हो गया और फिर वह विचार स्थगित कर दिया गया। मुझसे छोटे भाई अन्ना को पौरोहित्य सिखाने की पिताजी की इच्छा थी, जिससे घर का परंपरागत व्यवसाय और खेती दोनों वह सँभाल सकेगा। इस दृष्टि से उसे अंग्रेजी पाठशाला में न डालकर भोसला वेदशाला में प्रवेश दिलवाया गया, पर अंग्रेजी का ज्ञान भी होना चाहिए। इस दृष्टि से केवल अंग्रेजी सीखने के लिए उसने कायंदे हाईस्कूल में प्रवेश लिया। हमारी शुक्ल यजुर्वेदीय कण्व शाखा है। इस शाखा की वेद संहिता सिखाने के लिए भोसला वेद्शाला में नानाजी अग्निहोत्री नामक शिक्षक थे। वे घनपाठी थे और ब्रह्मवृंद में उनका बहुत सम्मान से नाम लिया जाता था, पर वे बहुत क्रोधी थे और मारते भी थे। अन्ना को भी इन गुरुजी के हाथ का अच्छा प्रसाद मिला होगा। इसलिए वह वेद पढ़ने में आलस्य करने लगा। वेद पढ़ने का बहानाकर वह बाहर खेलने के लिए निकल जाता। फिर मैंने ही अनधिकार चेष्टा करते हुए पिताजी को समझाया और उसे कायंदे हाईस्कूल में अंग्रेजी की दूसरी कक्षा में प्रवेश दिलवाया। वहीं से उसने मैट्रिक पास किया। यह करीब 1942 का सन् रहा होगा। इस साल हममें से कोई भी पढ़ नहीं पाया, क्योंकि पिताजी गंभीर रूप से बीमार थे। कुछ दिन तक वे हिंगनघाट के सरकारी अस्पताल में भरती थे। अस्पताल से आने के बाद करीब दो हफ्तों तक हम सब अपनी बहन के यहाँ, यानी दीक्षित परिवार के यहाँ रहे। उसके बाद बरसात के मौसम में हम तरोड़ा वापस आए। घर में कोई महिला नहीं थी। इसलिए रसोई का सारा काम मैं ही करता था। बीमारी के दौरान अधिक खर्च हो जाने के कारण नागपुर आने के लिए भी पैसे नहीं बचे थे। इसलिए हममें से कोई भी नहीं पढ़ पाया। मैं बी.ए. के तृतीय वर्ष में से अंतिम वर्ष में गया था। उस हिसाब से मुझे सन् 1943 में बी.ए. हो जाना चाहिए था, जो मेरा 1944 में हुआ।

अन्ना ने मैट्रिक पास कर लिया था। नागपुर में आने के बाद उसे उस समय शुरू किए गए राशन के खाते में कारकून की नौकरी मिल गई। उस समय उसकी आयु केवल 18 वर्ष की थी। उसने नौकरी करते-करते प्राइवेट परीक्षा देकर इंटर पास कर लिया। बी.ए. की परीक्षा के बाद मुझे किंग एडवर्ड मेमोरियल की शिष्यवृत्ति मिली थी। यह प्रतिमाह 40 रुपए मिलती थी। इतनी तनख्वाह सरकारी कारकून को भी नहीं मिलती थी। इसलिए हमारा जीवन अच्छी तरह से व्यतीत होने लगा था। हम तीनों भाई नागपुर रहने के लिए आ गए थे और घर की व्यवस्था देखने के लिए हमारी चाची, पिताजी के मौसेरे भाई की पत्नी सुशीलाबाई पंत आ गई थीं। वे विधवा थीं और उन्हें आधार की और हमें पालक की आवश्यकता थी। मैंने शिष्यवृत्ति के

साथ एम.ए. में प्रवेश लिया तो अन्ना को भी आगे पढ़ने की इच्छा हुई, परंतु नौकरी छोड़कर महाविद्यालय में प्रवेश लेना संभव नहीं था। इसलिए उसने प्राइवेट रूप से अजमेर बोर्ड की परीक्षा पास की। इस बार उसने रेशनिंग कचहरी की नौकरी छोड़कर बैंक ऑफ इंडिया की नौकरी कर ली थी। यहाँ उसे तनख्वाह भी अच्छी थी। उस समय तक बैंकों का राष्ट्रीयकरण नहीं हुआ था, परंतु सन् 1946 में मैं एम.ए. पास करके नौकरी करने लगा था। इसलिए घर के खर्चे की व्यवस्था हो गई थी। इसलिए मैंने उसकी बैंक की नौकरी छुड़वा दी और उसने सिटी कॉलेज में प्रवेश ले लिया। सन् 1949 में उसने बी.ए. पास कर लिया और फिर नौकरी करने की बजाय उसने संघ के प्रचारक के रूप में कार्य करने का निर्णय किया। वह तीन वर्ष तक प्रचारक रहा। दो साल तक वरोड़ा में और एक साल ब्रह्मपुरी में। सन् 1952 के अंत में पिताजी की तबीयत फिर बिगड़ने लगी। तरोड़ा में उनके पास किसी का रहना नितांत आवश्यक हो गया। अन्ना प्रचारकत्व छोड़कर तरोड़ा में रहने लगे, ऐसी मेरी इच्छा नहीं थी। मैंने हिस्लौप कॉलेज की नौकरी छोड़ने का निर्णय कर लिया, परंतु किसी के दबाव में या स्वयं प्रेरणा से अन्ना ने प्रचारकी छोड़कर तरोड़ा आने का निर्णय किया। उसका विवाह भी तय हो गया। सन् 1953 में विवाह हुआ और ठीक दो हफ्तों के बाद पिताजी का देहांत हो गया।

अन्ना का विवाह हिंगनघाट तालुके के खानगाँव के घरोटे परिवार की विमल से हुआ। वह केवल मराठी कक्षा 4 तक पढ़ी थी, पर सुंदर थी। यह विवाह हिंगनघाट में हुआ, परंतु पिताजी का स्वास्थ्य अच्छा न होने के कारण वे इस विवाह में सम्मिलित नहीं हो पाए। विवाह में पिताजी की जगह मैंने ली। लड़के की ओर से समधी बना। उस समय मेरी आयु तीस साल की भी नहीं थी और लड़की के पिताजी की आयु सत्तर पार कर चुकी थी। इस विवाह के दौरान घटी एक मजेदार घटना का उल्लेख करना आवश्यक लगता है। लड़की पसंद कर लेने के पश्चात् शादी की बातचीत तय करने की जिम्मेदारी मेरे सिर पर थी। मैंने आवश्यक तैयारी भी कर ली थी, परंतु पिताजी ने अपना विचार बदल दिया। उन्होंने मुझे कहलवाया कि, तू बातचीत में लड़कीवालों से कुछ नहीं माँगेगा। क्योंकि तेरा दहेज और दहेज का दूसरा नाम कन्यादान के लिए सख्त विरोध है। इसलिए बातचीत करने के लिए मैंने उन्हें ही तरोड़ा बुलवा लिया है। यह पत्र लेकर गाँव का एक आदमी नागपुर आया। मैंने पत्र के जवाब में उन्हें सूचित किया, आपका कहना सही है, परंतु आप जानते हैं कि विवाह जैसे पवित्र अवसर पर सौदेबाजी करना ठीक नहीं है। इसलिए या तो आप लड़कीवाले जितना देने को राजी हों, वह लेने में आनाकानी न करें और नहीं तो

जो आप माँगेंगे, वह लड़की के पिता को देना होगा। बस, इतना कहना चाहता हूँ मैं। तय किए गए कार्यक्रम के अनुसार बैलगाड़ी से खानगाँवकर परिवार के लोग तरोड़ा आए। घरोटे परिवार के साथ मालगुजार श्रीमंत श्री भाऊसाहेब देशमुख भी आए थे। मेरी पत्नी भी वहाँ थी। मेरे पत्र का परिणाम कुछ ऐसा हुआ कि पिताजी ने लड़कीवालों से कहा कि वे जो भी देना चाहते हैं, वह कहें, उन्हें वह मान्य होगा। पिताजी ने बहुत आग्रह किया, पर घरोटे परिवार खुद कुछ भी कहने के लिए तैयार नहीं हुआ। उनका आग्रह था कि आप कहें। फिर पिताजी ने कहा, ठीक है, मैं कहूँगा, पर फिर आप उसमें से एक रुपया भी कम नहीं कर पाएँगे। इसलिए आपकी क्या इच्छा है वह पहले आप ही कहें तो अच्छा होगा, पर फिर भी घरोटे परिवार ने अपना हठ नहीं छोड़ा। आखिर पिताजी ने ग्यारह सौ एक रुपए दहेज की माँग की। दहेज का अर्थ समझना चाहिए। ग्यारह सौ रुपए दहेज में वर-वधू के कपड़े, जेवर और वधू को देनेवाले जेवर आदि सब सम्मिलित होते हैं। इसके बाद कन्या पक्ष की जिम्मेदारी लड़केवालों को बस खाना खिलाने की रह जाती है। सच पूछा जाए तो घरोटे परिवार को यह माँग मान लेनी चाहिए थी, पर उनकी इच्छा केवल हजार रुपए देने की थी। उन्होंने अगर पहले ही कह दिया होता कि वे केवल हजार रुपए देना चाहते हैं तो पिताजी ने मान लिया होता। अधिक-से-अधिक पिताजी ने एक रुपया और माँगा होता, क्योंकि पिताजी जिसके आखिर में शून्य होता है, ऐसी रकम स्वीकार नहीं करते थे, न ही देते थे, परंतु घरोटे परिवार सौदेबाजी पर उतर आया। उन्होंने 900 रुपए दहेज में देने की बात की। उन्हें लगा था कि ग्यारह सौ और नौ सौ के मध्य में एक हजार पर बात तय हो जाएगी, परंतु पिताजी को बहुत गुस्सा आ गया। एक तरह से वे आखिरी साँसें गिन रहे थे। उन्होंने चिढ़कर कहा कि आप यहाँ से तुरंत निकल जाइए। अगर आप कहते थे कि हम केवल सौ रुपए देना चाहते हैं, तब भी मैंने मान लिया होता, पर आप लोग सौदेबाजी पर उतर आए हैं। इसलिए आप चले जाएँ। इतना कहकर वे बिस्तर पर करवट बदलकर पड़े रहे।

घरोटे परिवार के पास चले जाने के अलावा अब कोई चारा नहीं बचा था। उन्होंने अपनी बैलगाड़ियाँ तैयार कीं और गाँव की ओर प्रवास शुरू भी कर दिया। फिर अन्ना ने कहा कि आबाजी (पिताजी को हम इसी नाम से संबोधन करते थे), हमें पैसे से शादी करनी है क्या? पर पिताजी इस पर कुछ नहीं बोले। उस समय दादाजी दानी नामक हमारे ही गाँव के एक गृहस्थ हमारे घर मौजूद थे। उन्होंने भी पिताजी से कहा कि इस तरह से विवाह तोड़ना ठीक नहीं है। आखिर पिताजी मान गए और बैलगाड़ियों को वापस बुलवाने के लिए आदमी को दौड़ाया गया।

बैलगाड़ियाँ करीब एक किलोमीटर दूर गई होंगी। वहाँ से उन्हें वापस बुलवाया गया और पिताजी ने उनसे कहा, ''आप कुछ मत दीजिए। विवाह बराबरी का होगा। वधू पक्ष का सारा खर्च हम करेंगे। वर की पोशाक वगैरह आप करें पर विवाह हिंगनघाट में ही संपन्न होगा।'' इस तरह से फरवरी के आखिर में विवाह संपन्न हुआ और 9 मार्च, 1953 को पिताजी का देहावसान हुआ। मांडगाँव में हमारा जो खेत था, वह इस विवाह के लिए बेच दिया गया। हमारे यहाँ पुराने साठ सत्तर तोले सोने में से अब केवल तेरह तोले सोना बचा था। उस सारे सोने के जेवर बनवाकर मेरी पत्नी को चढ़ा दिए थे। इसलिए इस बार सोना खरीदना पड़ा। उन्होंने चौदह तोले सोना खरीदा और नई बहू के लिए जेवर बनवा दिए।

शादी के बाद बरात तरोड़ा आई। आबाजी शादी में नहीं आ पाए थे, इसलिए बहुत से रिश्तेदार भी उनसे मिलने के लिए तरोड़ा आए थे। हिंगनघाट में हमने नई बहू का नाम मंगला रख दिया था। पिताजी को जब यह बताया, तब वे बहुत नाराज हुए। उन्होंने मुझे डाँटते हुए कहा, ''लड़के का नाम भास्कर है। उसकी पत्नी का नाम मंगला क्या शोभा देता है, तुम संस्कृत पंडित हो, फिर भी कोई योग्य नाम तुम्हें नहीं सूझा?''

नाना वैद्य

मुझसे छोटी बहन कमल का विवाह सन् 1943 में हुआ। तब कमल केवल पंद्रह साल की थी। उसके लिए वर संशोधन का काम मुझे ही करना पड़ा, क्योंकि 1942 का पूरा साल पिताजी बीमार होने के कारण कहीं बाहर नहीं जा सकते थे। उसका विवाह टेकाडे कुल के श्री मनोहर राव टेकाडे के साथ हुआ। कवि श्री आनंदराव टेकाडे के ये भतीजे थे। विवाह तरोड़ा में संपन्न हुआ। श्री मनोहरराव टेकाडे भी कवि ही थे। विशेषत: उन्होंने बच्चों के लिए कविताएँ लिखी हैं। इन टेकाडे दंपत्ति को चार पुत्रियाँ और एक पुत्र प्राप्त हुआ। लड़के का नाम दत्ता टेकाडे जो रा.स्व.संघ के जनकल्याण समिति का पदाधिकारी है। मेरे सबसे छोटे भाई का नाम श्रीधर उर्फ नाना। उसकी प्राथमिक के बाद की शिक्षा नागपुर में ही हुई। मैट्रिक उत्तीर्ण करने के बाद उसका नाम कृषि विद्यालय में डाला गया, परंतु उसने पढ़ाई की ओर ध्यान नहीं दिया और आखिर तरोड़ा में खेती करने के लिए स्थायी हो गया। खेती में उसने अनेक प्रयोग किए और इस तरह केवल हमारी ही नहीं, सारे गाँव की खेती में सुधार किया। उस समय डॉ. के.जी. जोशी ये कृषि तज्ञ वर्धा में सरकारी कृषि-खाते में श्रेष्ठ अधिकारी थे। उनकी सलाह से और सहयोग

से नानाजी वैद्य ने खेती पर अनेक प्रयोग किए। निमकर बीज पहली बार तरोड़ा में लाए गए। रासायनिक खाद का भी प्रयोग शुरू हुआ। इसी के साथ कीटनाशकों का भी प्रयोग होने लगा। हेक्स्ट नामक जर्मन कंपनी के कीटनाशक नानाजी ने लोकप्रिय किए और इस तरह सारे गाँव की आर्थिक परिस्थिति बदल डाली। सूखे वातावरण में, बिना पानी के खेती में, बड़ी मुश्किल से एक से डेढ़ क्विंटल कपास की फसल देनेवाली जमीन अब प्रति एकड़ छह से आठ क्विंटल तक फसल देने लगी। इस समय बैंक ऑफ इंडिया कर्ज देने के लिए आगे आया। उस समय बैंकों का राष्ट्रीयकरण नहीं हुआ था। वर्धा में बैंक ऑफ इंडिया की शाखा भी नहीं थी, परंतु डॉ. के.जी. जोशी की सिफारिश से बैंक ने तरोड़ा के किसानों को कर्ज दिया। नागपुर से बैंक के अधिकारी तरोड़ा में हमारे घर पर आते और वहीं से सभी को कर्जे की रकम बाँटते। बैंक ऑफ इंडिया की यह मदद केवल हमारे गाँव में ही बीस लाख तक की हो गई। उसके बाद वर्धा में बैंक की शाखा खोली गई। अधिकतर खादें और कीटनाशकों की खरीदी महाराष्ट्र विधानसभा के उपसभापति रहे श्री प्रमोद शेंडे की दुकान से ही की जाती थी। इस व्यवसाय में श्री नानाजी को भी बहुत लाभ हुआ और वे बहुत धनिक हो गए। इतना ही नहीं, आसपास के गाँवों से भी उन्हें निमंत्रित किया जाने लगा और एक प्रकार से उन्होंने तरोड़ा में एक कार्यालय को ही स्थापित कर दिया था। वहाँ उन्होंने दो कारकून रख दिए। एक जीप भी खरीद ली। उनकी पूरी जीवन-शैली खर्चीली हो गई, परंतु सन् 1975 के बाद इस व्यवसाय में धीरे-धीरे क्षीणता आने लगी, क्योंकि किसानों को खेती करने का आधुनिक ज्ञान और तंत्र अवगत होने लगा था और वे स्वतंत्र रूप से काम करने लगे थे। आगे चलकर तो उनकी परिस्थिति बहुत खराब हो गई और दुर्भाग्य से सन् 1988 में केवल 56 वर्ष की आयु में उनका हृदय विकार के कारण देहांत हो गया।

मेरी दृष्टि में दुर्भाग्यपूर्ण अवस्था यह थी कि परिवार के सभी लोगों से मेरे अत्यंत स्नेहपूर्ण संबंध थे, पर नानाजी से यह संबंध स्नेहपूर्ण नहीं रहे, बल्कि बिगड़ गए। तीनों भाइयों की एकत्रित खेती के हिसाब के ऊपर से वाद-विवाद हुआ और उन्होंने अपना हिस्सा अलग कर लिया। हमारे घर से बोलचाल भी बंद कर दी। नागपुर आते, तब भी अब वे घर नहीं आते। इस तरह के तनावपूर्ण सबंध दो साल तक रहे। इन दो वर्षों में उनके खेतों में अपेक्षित पैदावार नहीं हुई। कहें कि घाटा ही हुआ था। तब कुछ लोगों की मध्यस्थता के कारण फिर हम सबकी खेती एकत्रित कर ली गई, पर इस शर्त पर कि हम दोनों भाइयों की जो एकत्रित खेती थी, उसका सारा हिसाब प्रतिमाह नागपुर भेजा जाए। मेरी और अन्ना की

खेती आखिर तक एकत्रित ही रही। सन् 2006 में मैंने अपने सारे खेत बेच दिए। उसके बाद अन्ना की खेती की स्वतंत्र व्यवस्था करनी पड़ी। (ऊपर मैं कह चुका हूँ कि मेरे इस द्वितीय बंधु अन्ना की मृत्यु सन् 2003 में हुई।) सन् 2008 में उनके बच्चों ने उनके सारे खेत बेच दिए। अब नानाजी के खेतों में से सिर्फ आठ एकड़ के खेत उनके बच्चों के पास हैं।

बंधुओं का संसार

मेरे द्वितीय बंधु भास्कर उर्फ अन्ना की पाँच संतानें हैं। तीन पुत्र सदानंद, गिरीश और विद्याधर एवं दो पुत्रियाँ सुरेखा व कल्याणी। सुरेखा स्नातक होने के बाद विवेकानंद केंद्र की जीवनव्रती बन गई। कन्याकुमारी में प्रशिक्षण लेने के बाद कुछ वर्षों तक अरुणाचल प्रदेश में और उसके बाद के कुछ वर्षों तक आसाम में उसने विवेकानंद केंद्र का काम किया। वह केंद्र की ओर से चलानेवाले विद्यालय में प्रधानाध्यापिका रही। उसका केंद्र में ही जीवनव्रती रहे बेलगाँव के प्रभाकर दीक्षित से प्रेमविवाह हुआ। केंद्र के दो जीवनव्रतियों का विवाह केंद्र के इतिहास में पहला ही था। सन् 1978 में अमरावती में हुए इस विवाह के अवसर पर विवेकानंद केंद्र के संस्थापक श्री एकनाथजी रानडे उपस्थित थे। दुर्भाग्यवश श्री प्रभाकर दीक्षित की युवावस्था में ही अकाल मृत्यु हो गई। विवाह को केवल पाँच वर्ष ही हुए थे। एक छोटी पुत्री थी। दुर्भाग्य की दूसरी मार यह थी कि पति की मृत्यु के एक वर्ष के बाद सुरेखा को कैंसर रोग हो गया, परंतु समय पर निदान हो जाने के कारण कीमोथेरेपी के उपचार से अब रोग पूरी तरह से निरस्त हो गया है अर्थात् इस बीमारी के बाद वह केंद्र की जीवनव्रती नहीं है तथापि केंद्र के ही एक विद्यालय में आज भी मुख्याध्यापिका है। यह विद्यालय गोवा राज्य के बोरी (शिरशिरे) नामक गाँव में है। सुरेखा की पुत्री का झुकाव भी आध्यात्मिकता की ओर होने के कारण वह स्नातक होने के बाद पांडिचेरी स्थित अरविंदआश्रम में पूर्णकालिक कर्मी की हैसियत से काम कर रही है।

अन्ना की दूसरी पुत्री कल्याणी बड़ौदा में रहती है। उसका ससुराल का उपनाम कीटकरू है और उसके पति एक कंपनी के बिक्री अधिकारी हैं। सबसे बड़ा लड़का सदानंद महाराष्ट्र राज्य विद्युत् मंडल में नौकरी कर रहा है और अमरावती में रहता है। वह भारतीय मजदूर संघ का काम करता है। दूसरा लड़का गिरीश पुणे में रहता है। वह सबसे कम पढ़ा-लिखा, यानी केवल मैट्रिक तक पढ़ा है, परंतु सबसे ज्यादा धनिक है। उसने आई.टी.आई से शिक्षा प्राप्त कर पुणे की बजाज ऑटोमोबाइल

फैक्टरी में नौकरी शुरू की। अनेक वर्षों तक उसने वहाँ नौकरी की और पारंगत हो गया। तीन-चार साल पहले उसने नौकरी छोड़कर अपने दो-तीन दोस्तों के साथ भागीदारी में एक निर्मित उद्योग शुरू किया। बजाज ऑटो में लगनेवाले विविध पुर्जे यहाँ बनते हैं और इनकी विदेशों में भी माँग है। गिरीश रा.स्व.संघ के काम में भी सक्रिय है। तीसरे बेटे विद्याधर ने एम.एससी.(एग्री.) किया है। अनेक वर्षों तक पुणे में मौसम शास्त्र के व्याख्याता के रूप में काम किया है। अभी वह गुजरात के आनंद में इसी विषय के असिस्टेंट प्रोफेसर के रूप में कार्यरत है।

नानाजी का विवाह उमरेड तालुका के सालेभट्टी गाँव के मालगुजार श्री दंदे की पुत्री से हुआ। इसका ससुराल का नाम पद्मजा है। यह विवाह सन् 1959 में, यानी हमारे पिताजी की मृत्यु के पश्चात् हुआ। नानाजी को भी तीन पुत्र और दो पुत्रियाँ हैं। एक लड़की मुक्ता, जलगाँव जिले के विवरा गाँव के कुलकर्णी परिवार में ब्याही गई है। उसके पति खेती करते हैं। दूसरी लड़की विशाखा भुसावल के नाईक परिवार में ब्याही गई है। उसके पति श्री वसंतराव नाईक की दुकान है। बड़ा लड़का मुकुंद बी.एससी. है और उसने एक-दो कंपनियों में केमिस्ट की हैसियत से काम किया है। अब वह भूमि भवन क्रय-विक्रय का व्यवसाय कर रहा है। इस व्यवसाय में उसने अच्छी प्रगति की है। दूसरा लड़का हेमंत एक्यूप्रेशर का काम करता है और उसने इस व्यवसाय में अच्छा नाम कमाया है। एक्यूप्रेशर की सेवा का वह शुल्क नहीं लेता। परंतु रोगियों को दी जानेवाली सेवा का शुल्क लेता है। उसकी आमदनी अच्छी है। सुबह वह रेशमबाग में होता है और शाम को लक्ष्मी नगर में। दोनों जगह पर्याप्त भीड़ होती है। उसने विवाह नहीं किया। अकेले ही रहता है। तीसरा लड़का मिलिंद। इसने पौलिटेक्निक में डिप्लोमा किया है और तरोड़ा में रहता है। खेती के साथ-साथ खाद और दवाइयों की दुकान भी चलाता है।

मेरा परिवार

अब मेरे परिवार के बारे में। मेरा विवाह सन् 1948 में ब्रह्मपुरी के आवंढे परिवार की कन्या कालिंदी से हुआ। कालिंदी के माता-पिता जीवित नहीं थे। उसकी पढ़ाई एवं विवाह भी उसके चाचा ने किया। उसके चाचा को आवंढे परिवार में से जोशी परिवार में दत्तक लिया गया था। जोशी परिवार धनी था। उनके पास छह सौ एकड़ जमीन और तीन-चार गाँवों की मालगुजारी थी। इनके चाचा ने अपने बड़े भाई के गुजर जाने पर उनकी दोनों पुत्रियों और दोनों पुत्रों को बहुत अच्छी तरह से पढ़ाया-लिखाया और विवाह आदि भी किया। उन्हें पिता की कमी कभी

महसूस नहीं होने दी। मेरे विवाह से संबंधित विवरण इसी पुस्तक के 'मेरे विवाह अनुभव' इस लेख में दिया गया है। इसलिए यहाँ उसकी पुनरोक्ति नहीं करूँगा।

कालिंदी का जब विवाह हुआ, तब वह मैट्रिक पास थी। हमारे घर आई हुई बहुओं में वह सबसे अधिक पढ़ी-लिखी थी। मेरी माँ की मृत्यु सन् 1936 में ही हो गई थी। ऐसे देखा जाए तो बारह वर्षों तक हमारे यहाँ कोई स्त्री नहीं थी। कालिंदी के आगमन से घर में केवल बहू ही नहीं, सौभाग्य का भी आगमन हुआ। मेरे पिताजी का उस पर बहुत स्नेह था। उनकी बीमारी में वही तरोड़ा में उनके पास रहती थी। वैद्य परिवार में ब्याही जाने के बाद उसका नाम सुनंदा रख दिया गया। जैसा कि ऊपर बताया गया है कि 1948 में सुनंदा मैट्रिक पास थी, परंतु, घर का वातावरण शिक्षा के लिए अनुकूल होने के कारण उसने सन् 1965 में प्राइवेट परीक्षा देकर बी.ए. पास किया और सन् 1991 में 63 वर्ष की आयु में उसने संस्कृत विषय में एम.ए. की उपाधि प्राप्त की।

हमारा परिवार बड़ा है। हमें आठ संतानें हैं। तीन पुत्रियाँ और पाँच पुत्र। इतना बड़ा परिवार और घर की जिम्मेदारी निभाते हुए उसने यह पढ़ाई की, यह बात अपने आपमें एक आश्चर्य है। लड़कों में मैं सबसे बड़ा होने के कारण सारे तीज-त्योहार हमारे ही घर होते थे। हमारे यहाँ नागपंचमी का त्योहार बड़ा ही विशिष्ट होता है। खेती होने के कारण पोला (महाराष्ट्र में श्रावण (उत्तर भारत में भादों) की अमावस्या के दिन बैलों की पूजा की जाती है। इस त्योहार को पोला कहा जाता है।) का उत्सव भी बड़े ही धूमधाम से मनाया जाता है। उसके लिए सुनंदा को तरोड़ा जाना ही पड़ता था। इस त्योहार के बाद वह नागपुर में महालक्ष्मी के त्योहार के लिए आती। पिताजी का देहांत सन् 1953 में हुआ। तब तक महालक्ष्मी के त्योहार के लिए आते रहे। सारे वैद्य परिवार का इस त्योहार के बहाने एकत्रीकरण होता। इसके बाद आता व्यंकटेश का शारदीय नवरात्र। वह बारह दिन तक चलता। पिताजी थे, तब तक दो-तीन वर्षों तक यह नवरात्र तरोड़ा में होता रहा। उस दौरान सुनंदा तरोड़ा में ही रहती। नवरात्रि के लिए वह तरोड़ा जाती तो वह दीपावली के बाद ही नागपुर लौटती। दीपावली में हम सब तरोड़ा जाते। पिताजी की मृत्यु के बाद नवरात्र नागपुर में हमारे घर पर मनाया जाने लगा।

संघ के काम में सक्रिय होने के कारण संघ के कार्यक्रमों को सँभालते हुए घर की पूजा-अर्चना करनी पड़ती। इसके लिए नागपुर का पुरोहित उपयुक्त नहीं होता था। इसलिए हम हिंगनघाट से ही पुरोहित को नागपुर बुलाते थे। ऊपर बावाजी गाड़े का उल्लेख किया गया है। वही प्रतिवर्ष नियम से नागपुर आते और

हमारे घर ही ठहरते। इसलिए सुबह की प्रदीर्घ पूजा और संध्या की आरती मेरे समय की अनुकूलता देखकर की जाती। विजयादशमी के दिन तो प्रातः तीन बजे उठकर स्नानादि क्रिया निबटाकर दो घंटों तक की यह पूजा करनी पड़ती। उसके बाद विष्णुसहस्त्रनाम का पाठ बावाजी करते। हर रोज यह पाठ बावाजी ही करते। विजयादशमी के दिन पूर्ण गणवेश पहनकर प्रातः छह बजे संचलन के लिए उपस्थित रहना पड़ता। इसलिए पाँच, सवा पाँच बजने तक सारी पूजा विधि निबटानी पड़ती। बावाजी हमारे घर पर ही रहते थे, इसलिए यह संभव हो पाता था। उस समय नागपुर संघ शाखा का यह उत्सव दो दिनों तक चलता। दोनों दिन एक ही अध्यक्ष रहते। पहले दिन शस्त्रपूजन का कार्यक्रम होता और उस दिन सारे स्वयंसेवक सादे मंगल वेश में उपस्थित रहते। उत्सव संपन्न कर उसके बाद की सारी व्यवस्थाएँ निबटाने के बाद घर आते-आते रात के 9 बज जाते। उसके बाद आरती होती। आरती का कार्यक्रम भी करीब एक घंटे तक चलता। उसके बाद रात का भोजन होता। सोने के लिए जाते-जाते करीब ग्यारह-साढ़े ग्यारह बज जाते और दूसरे दिन प्रातः तीन बजे उठना पड़ता। इस सारी दौड़धूप में सुनंदा को भी सहभागी होना ही पड़ता था। इन्हीं कारणों से शायद होगा कि उसकी प्रकृति आज भी उत्तम है और 81 वर्ष की आयु होने पर भी वह संपूर्ण निरोगी है।

सन् 1949 में हमें पहली पुत्री प्राप्त हुई। उसका नाम विभावरी था। बी.ए. पास कर लेने के बाद उसका विवाह धुले के नाईक परिवार के सुपुत्र श्री गिरीश से सन् 1969 में हुआ। श्री गिरीश नाईक ने गणित विषय में एम.एससी. किया है और वे केंद्र सरकार के केंद्रीय विद्यालय में आखिर तक नौकरी पर थे। बीच में दो साल वे अफ्रीका खंड के नाइजीरिया देश में डेप्युटेशन पर शिक्षक के तौर पर गए थे। उसके बाद नागालैंड में दीमापुर और मणिपुर में ब्रह्मदेश की सीमा पर स्थित चुराचाँदपुर में प्राचार्य के रूप में उनकी नियक्ति हुई थी। कुछ वर्षों तक वे परभनी जिले के वसमतनगर में केंद्र सरकार की योजना से स्थापित किए गए नवोदय विद्यालय के प्रधानाचार्य की प्रतिनियुक्ति पर गए थे। आखिर में वे चंद्रपुर जिले के भद्रावती ऑर्डिनेंस फैक्टरी से संलग्न विद्यालय से निवृत्त हुए। नाईक परिवार में दो पुत्रियों ने जन्म लिया। उनमें से एक भाग्यश्री छोटी सी उम्र में ब्रेन ट्यूमर के कारण परलोक सिधार गई। दूसरी मेधा एम.बी.बी.एस होकर अहमदाबाद में एक निजी अस्पताल में उच्च पद पर कार्यरत है। अब उसका नाम डॉ. मेधा अयाचित है।

हमारी दूसरी बेटी है, प्रतिभा। उसका जन्म सन् 1951 में हुआ। वह एम.बी. बी.एस., डी.ए. और डी.जी.ओ. है। उसका विवाह अहमदनगर जिले के सोनई

गाँव के राजहंस परिवार में हुआ। उसके पति भी डॉक्टर हैं। उनका नाम है, उदय नारायण राजहंस। इन्होंने विवाह के लिए एक ही शर्त रखी थी कि वे किसी अनजान छोटे से गाँव में अपना व्यवसाय शुरू करना चाहते थे। इसी के तहत वे भंडारा जिले के लाखनी गाँव में आए। उस सारे परिसर में एम.बी.बी.एस. तक पढ़े हुए ये एकमात्र डॉक्टर थे और प्रतिभा तो शायद पहली और आखिरी एम.बी.बी.एस महिला डॉक्टर होगी। इस राजहंस दंपत्ति को एक लड़की और एक लड़का है। लड़की का नाम चारू है और इसका विवाह वर्धा के विधाते परिवार में हुआ है। इसके पति आनंद विधाते पुणे में स्थित एक बड़ी कंपनी में इंजीनियर हैं। विदेश भी जाकर आए हैं। प्रतिभा की दूसरी संतान सौरभ सिविल इंजीनियर है और गुजरात के भरुच में नौकरी करता है। उसका विवाह तय हो गया है।

सन् 1953 में तीसरी संतान और पहले पुत्र धनंजय का जन्म हुआ। वह एम.कॉम. है और नागपुर सहकारी बैंक में कार्यरत है। आपातकाल के दौरान मैं और मेरे भाई अन्ना के जेल में होने के कारण धनंजय की पढ़ाई रोककर हमने उसे तरोड़ा खेती देखने के लिए भेज दिया था। मेरी नौकरी 'तरुण भारत' में थी और 'तरुण भारत' की कृपा से मुझे आधा वेतन मिलता था, परंतु अन्ना की नौकरी 'हिंदफिन' नामक प्राइवेट फाइनेंस कंपनी में थी। जेल में जाते ही उसकी तनख्वाह रोक दी गई। वह अमरावती में रहता था। पत्नी और पाँच बच्चों की उपजीविका की व्यवस्था करनी पड़ी। उस समय खेती ही एक मात्र अन्य आमदनी का स्रोत था। हमारा अनुभव ऐसा है कि खेत के मालिक की केवल उपस्थिति से भी खेती की आमदनी में बीस प्रतिशत का लाभ होता है। इसलिए धनंजय की शिक्षा रोककर उसे तरोड़ा भेज दिया। उसने उस समय में खेती की ओर अच्छी तरह से ध्यान दिया। मेरे जेल से छूटने पर वह नागपुर वापस आया। अपनी पढ़ाई पूर्ण की और बैंक में उसे नौकरी मिल गई। उसका विवाह सन् 1979 में लाखनी के जोशी परिवार की कन्या सिंधु से हुआ। वह भी स्नातक है। उसका ससुराल का नाम रेवती है। धनंजय को दो पुत्रियाँ हैं। एक आभा बी.ई. (इलेक्ट्रिकल) है। वह कोरबा (छत्तीसगढ़) में नौकरी कर रही थी, परंतु विवाह के बाद उसे मुंबई जाना पड़ा। उसके पति पंकज झामरे नवी मुंबई में रिलायंस कंपनी में इंजीनियर हैं। आभा भी अब एक कंपनी में नौकरी कर रही है। उसे एक पुत्री है, वह दो साल की है, यह झामरे परिवार अमरावती का है। धनंजय की दूसरी पुत्री यामिनी संस्कृत में एम.ए. है, उसका भी विवाह तय हो गया है। नागपुर के धरमपेठ महाविद्यालय के प्राचार्य स्व. अन्नासाहेब वेलणकर की पौत्रवधू बनेगी। यामिनी संस्कृत भारती की ओर से चलाए जानेवाले

संस्कृत संभाषण वर्ग की नागपुर की संयोजिका है। बीच में एक साल तक उसने वर्धा में भी पूर्णकालिक रहकर संस्कृत संभाषण वर्ग का काम किया।

चौथा लड़का मनमोहन रसायनशास्त्र में एम.एससी. है और उसने न्यूक्लियर केमिस्ट्री में शोधकर पी-एच.डी. की उपाधि प्राप्त की है। वह धरमपेठ विज्ञान महाविद्यालय में रसायन शास्त्र का प्राध्यापक था, परंतु पी.एच.डी. पूर्ण होते ही उसने नौकरी छोड़कर संघ के प्रचारक के रूप में काम करना शुरू किया। उसकी प्रथम नियुक्ति गुजरात प्रांत में हुई। प्रारंभ में वह बड़ौदा में प्रचारक था। उसके बाद वह बड़ौदा विभाग का प्रचारक हुआ। वह बड़ौदा विभाग का प्रचारक था, तब गुजरात के तत्कालीन मुख्यमंत्री श्री नरेंद्र मोदी कर्णावती के विभाग प्रचारक थे। इसी हेतु से मनमोहन के साथ उनका भी हमारे घर पर आगमन हुआ है। सन् 1993 में अमेरिका के शिकागो में स्वामी विवेकानंदजी के दिए हुए जगप्रसिद्ध भाषण का शताब्दी महोत्सव का आयोजन अमेरिका स्थित हिंदू लोगों ने किया था। इस महोत्सव की पूर्व तैयारी करने के लिए सन् 1992 में मनमोहन को संघ की ओर से अमेरिका भेजा गया था। उसके बाद वह हमेशा के लिए अमेरिका में ही रहें, ऐसी कार्यकर्ताओं की इच्छा थी, परंतु कुछ तकनीकी अवरोधों के कारण उसे पुन: अमेरिका का वीजा नहीं मिला और वह वापस गुजरात में आ गया। विद्यार्थी प्रमुख के रूप में कुछ वर्षों तक काम करने के बाद वह प्रांत प्रचारक हो गया और सन् 2006 से केंद्र के कार्यकारी मंडल में प्रविष्ट हुआ। शुरू में उसके पास अखिल भारतीय सह संपर्क प्रमुख का दायित्व था। अब वह अ.भा. प्रचार प्रमुख है और उसका मुख्यालय दिल्ली में है।

सन् 1957 में भारती का जन्म हुआ। उसने संस्कृत में एम.ए. किया है। सन् 1979 में अर्थात् धनंजय के विवाह के एक दिन पहले इसका विवाह पवनी के कहू परिवार में हुआ। हमारे समधी श्री नानासाहेब कहू अकोला के सरकारी ट्रेनिंग कॉलेज के प्राचार्य थे। उसी समय यह विवाह संपन्न हुआ। भारती के पति जयंत कहू बी.एस.सी. हैं और यूनाइटेड वेस्टर्न बैंक में कर्मचारी हैं। इस बैंक का स्टेट बैंक में विलय होने के बाद उन्होंने स्वेच्छानिवृत्ति स्वीकार कर ली और अब वे नागपुर में रहते हैं। जयंत-भारती को दो पुत्र हैं। वे दोनों इंजीनियर हैं और दोनों पुणे में नौकरी करते हैं। दोनों के वहाँ अपने खुद के मकान हैं।

चि. श्रीनिवास का जन्म सन् 1963 में हुआ। उसने बी.एससी. किया है। गाँव में रहकर गाँव की सेवा करने के उद्देश्य से वह सन् 1986 में तरोड़ा चला गया। वहाँ उसने दवाइयों की एक दुकान भी खोली और खेती भी देखता था, परंतु वह

इन दोनों कामों को ठीक से नहीं कर सका। अत: सन् 2002 में वह नागपुर आ गया। उसके एक वर्ष पहले उसकी पत्नी सौ. अस्मिता नागपुर आ गई थी। उसकी नागपुर में पं. बच्छराज व्यास विद्यालय में शिक्षिका की नौकरी लग गई थी। उसने बी.एससी., बी.एड. किया है और वह उत्तम शिक्षिका है। अस्मिता भंडारा गाँव के नवरे परिवार की पुत्री है। श्रीनिवास से उसका विवाह सन् 1991 में जनवरी में हुआ। इस दंपती को एक पुत्र एवं एक पुत्री प्राप्त हुई है। पुत्र विष्णुगुप्त ने इसी वर्ष कक्षा बारहवीं पास की है और पुत्री आश्लेषा मराठी चौथी कक्षा में पढ़ रही है।

चि. शशिभूषण का जन्म सन् 1965 में हुआ। उसने बी.एससी. किया है, वह भी ग्रामोद्धार का उद्देश्य लेकर तरोड़ा गया था। उसने वहाँ दो प्लास्टिक वेल्डिंग यंत्र लाकर प्लास्टिक की चीजें बनाने का व्यवसाय शुरू किया। अब यह व्यवसाय वर्धा में स्थानांतरित हुआ है और अच्छा चल रहा है। इस व्यवसाय में सात-आठ कर्मचारी काम करते हैं। इसने प्रेमविवाह किया है। कुलकर्णी परिवार की कन्या वैजयंती से सन् 1991 में दिसंबर में उसका विवाह हुआ। वह एम.एससी. (स्टैटेस्टिक्स) है। उसने इसी के साथ शास्त्रीय संगीत की भी कुछ परीक्षाएँ दी हैं। अभी वह वर्धा के पास ही एक विद्यालय में संगीत शिक्षिका के रूप में कार्यरत है। इस दंपती को तन्वी नामक एक पुत्री और ऋषिकेश नामक पुत्र है। तन्वी कक्षा आठ में पढ़ रही है और ऋषिकेश प्राथमिक विद्यालय में है। शशिभूषण शुरू से ही विद्यार्थी आंदोलन से संलग्न था। धरमपेठ महाविद्यालय के विद्यार्थी संघ के अध्यक्ष के रूप में वह चुनाव जीता था। उसी तरह बहुत छोटी उम्र में वह महाराष्ट्र शासन के जिला चुनाव मंडल का भी सदस्य था। बच्चों की शिक्षा के हेतु से उसने अपना घर वर्धा में बनाया, पर कारखाना 2006 तक तरोड़ा में ही था।

सबसे छोटा है, राम। इसका जन्म सन् 1969 में हुआ। बुद्धिमत्ता में वह सबसे अधिक है। उसने संस्कृत विषय और उसमें भी दर्शनशास्त्र लेकर एम.ए. में सर्वाधिक गुण प्राप्त किए। इस कारण उसे विद्यापीठ से स्वर्णपदक प्राप्त हुआ। सन् 1946 में यही स्वर्णपदक मुझे भी प्राप्त हुआ था। मुझे बी.ए. में भी स्वर्णपदक मिला था। मेरे बाद मेरी संतानों में से केवल राम को ही स्वर्णपदक से सम्मानित किया गया। एम.ए. करने के बाद वह संघ के प्रचारक के रूप में काम करने लगा। पुसद में वह दो वर्ष प्रचारक था, परंतु शोध के लिए विद्यापीठ अनुदान आयोग की शिष्यवृत्ति मिलने के कारण वह नागपुर वापस आया। दो वर्षों में अपना प्रबंध पूर्ण किया। 'वेदांत और जैन दर्शन का तुलनात्मक अभ्यास' यह उसके संशोधन का विषय था। पी-एच.डी. प्राप्त होने के बाद वह फिर से प्रचारक के रूप में

काम करने के लिए निकल पड़ा। प्रचारक के रूप में वह अकोला में कार्यरत था। उसी समय उसे संघ कार्य के लिए इंग्लैंड भेजा गया। तब से करीब नौ साल से वह इंग्लैंड में है। अब उसके पास सारे यूरोप क्षेत्र की जिम्मेदारी है। इसलिए वह सतत् प्रवास में रहता है। वह बचपन से ही उत्तम वक्ता है। उसी तरह वह उत्तम शिक्षक भी है। पी-एच.डी. के लिए जब वह नागपुर आया था, तब चाटे कोचिंग क्लास में पढ़ाने के लिए जाता था और विद्यार्थियों में अत्यंत लोकप्रिय शिक्षक था।

एक समय ऐसा था, जब वैद्य परिवार के नामशेष होने का डर था, क्योंकि हमारे चार दादाजी को मिलाकर मेरे पिताजी ही एक मात्र संतान थे और वह भी उनके पिता को तीन वर्ष की आयु में और माता को नौ वर्ष की आयु में गँवा बैठने के कारण या फिर अन्य किसी कारण से उनकी तबीयत कुछ ठीक नहीं रहा करती थी, पर अब वैद्य परिवार का बड़ा विस्तार हुआ है। हम तीन भाई और चार बहनें मिलाकर कुल सात भाई-बहन थे और हम तीन भाइयों की कुला मिलाकर अट्ठारह संतानें हैं। उनमें भी पुत्रों की संख्या ग्यारह है। इसके बाद की पीढ़ी में परिवार मर्यादित रहा है। सगे व चचेरे भाई मिलकर ग्यारह वैद्य पुत्रों की संतानों की संख्या केवल चौदह है और उनमें भी पुत्रियों की संख्या अधिक, यानी दस है। इस तरह है संक्षेप में हमारे वैद्य कुल का वृत्तांत, जो मुझे ज्ञात है।

❐

2

हमारी माँ

हमारी माँ सन् 1936 में गुजर गई। तब मैं तेरह साल का भी नहीं था, पर मुझे वह अच्छी तरह से याद है और मुझे ऐसा लगता है कि वह आज भी जीवित है। उसकी मृत्यु हुए 56 साल गुजर चुके हैं। मैंने ही उसकी निष्प्राण देह को बड़ा बेटा होने के नाते चिता पर अग्नि दी थी। मैंने ही उसकी राख धाम नदी के पानी में विसर्जित की थी और फिर भी वह आज भी जीवित है, ऐसा ही मुझे लगता है। वह आज भी मुझे ढाढ़स बँधाती है, मुझे सँभालती है, ऐसा लगता है। अब अपनी आयु के 70 वर्ष पार कर लेने के बाद भी ऐसा लगना, यानी एक तरह का पागलपन ही तो नहीं? पर यह पागलपन कभी समाप्त न हो, ऐसा ही आज भी मुझे लगता है। इस उम्र में आकर भी इस तरह के पागलपन का मोह होना? पर वह है, यह अस्वीकार करने का कोई अर्थ नहीं है।

हमारे यहाँ मेरी माँ का कोई चित्र नहीं है। फोटो के बारे में मैं सदा ही उदासीन रहा हूँ। स्वयं का भी फोटो हो, ऐसा मुझे कभी नहीं लगा, आज भी नहीं लगता। लोग कितनी खुशी से फोटो खिंचवाते हैं। बी.ए. की डिग्री मिलने पर गाउन पहनकर, हाथ में डिग्री सर्टिफिकेट को गोल लपेटकर, फोटो के रूप में गर्व से घर में लटकानेवाले कितने ही लोगों को मैं जानता हूँ। सर्टिफिकेट के कागज को भी अच्छे से फ्रेम में मढ़वाकर दीवार पर लटकाया जाता है। पास्ड इन थर्ड डिविजन विद डिस्टिंक्शन इन निल जैसे रोबदार शब्द लिखकर उन्हें काँच में से भावी पीढ़ियों को दिखाने के लिए कितनी मेहनत की जाती है, पर मुझे ऐसा कुछ नहीं सूझा। डिस्टिंक्शन होने पर भी, कभी भी प्रथम डिविजन से कम नहीं पाने पर भी और समझदारी की उम्र होने पर भी खुद का चित्र निकालकर रखने की इच्छा नहीं हुई। तब 12-13 साल की कच्ची उम्र में माँ का चित्र निकालना

कैसे सूझ सकता था भला? पर पिताजी का चित्र मैंने उनकी मृत्यु के एक महीने पूर्व निकलवा लिया था। इसलिए उनका चेहरा आज हम सबके सामने है। उनके नाती-पोतों के सामने है। वैसे उनकी युवावस्था के दिनों का एक फोटो हमारे घर पर था। वे दोनों फोटो उनकी मृत्यु के बाद विस्तारित करके हमने घर पर लगाए हैं, पर माँ का फोटो नहीं है, इस बात का बहुत खेद होता है। अनेक वर्षों तक आँखों के सामने आई हुई हर स्त्री के चेहरे में मैं अपनी माँ को तलाशता हूँ। हर स्त्री के चेहरे का निरीक्षण करना जैसे मेरी आदत हो गई थी। देखना चाहता था कि क्या, मेरी माँ जैसी दिखती है? पर उसके जैसी कोई नहीं दिखी। इसका यह अर्थ नहीं है कि वह बहुत सुंदर थी, पर सादृश्य देखने पर भी मन को एक तरह की संतुष्टि मिलती है, ऐसा कहते हैं, पर मेरे दुर्भाग्य से मुझे ऐसा संतोष कभी नहीं मिला। मेरी माँ जैसी कोई स्त्री मुझे नहीं मिली।

उसकी मृत्यु का संदेश जब मुझे मिला, वह घड़ी आज भी मेरे ह्रदय में उसी तरह अंकित है। मैं उस वर्ष आठवीं कक्षा में पढ़ रहा था। उस समय में आठवीं कक्षा की परीक्षा आज की शालांत परीक्षा की तरह सार्वजानिक परीक्षा हुआ करती थी। उस परीक्षा में अच्छे अंक प्राप्त करने पर सरकार की ओर से शिष्यवृत्ति भी मिलती थी। वैसे मैं पढ़ाई में होशियार विद्यार्थियों में से एक था। इसलिए शिक्षकों के आग्रह पर शिष्यवृत्ति के लिए परीक्षा देने की तैयारी शुरू की थी। वह दिन कौन सा था, यह तो याद नहीं आ रहा, पर पाठशाला सुबह की थी। कोठीवान मास्टरजी का गणित का वर्ग चल रहा था। कोठीवान मास्टरजी बहुत ही कठोर थे। उनकी पढ़ाई में व्यवधान डालना उन्हें कतई पसंद नहीं था। पाठशाला की नोटिस हो, तब भी उसे वर्ग में लाते चपरासी घबराते थे। ऐसे कोठीवान मास्टरजी के वर्ग में, हम जिन चाचा के घर शिक्षा के उद्‌देश्य से रहते थे, उनका चचेरा भाई वामनराव पंत (हम तब उन्हें वामनराव कहते थे, वे हमारी ही पाठशाला में कक्षा 11वीं के विद्यार्थी थे) आए और ''मे आय कम इन सर'' पूछने लगे। कोठीवान मास्टरजी की क्रोध और नाराजगी भरी नजर उनकी ओर मुड़ी और उन्होंने गरजकर पूछा, ''क्या काम है?'' वामनराव पंत बोले, ''आय वांट वैद्य।'' कोठीवान मास्टरजी पुनः गरजे। ''किसलिए?'' वामनराव को भी उस समय क्या सूझता? वे बोले, ''उसकी माँ मर गई है। उसे घर बुलाया है।'' कोठीवान मास्टरजी का चेहरा न जाने कैसा हो गया। मैंने उनकी ओर देखा तक नहीं। अपना बस्ता उठाया और वर्ग में से बाहर निकल गया। घर आया। हमेशा हमसे द्वेष करनेवाली चाची उस दिन बहुत स्नेहपूर्ण व्यवहार कर रही थी।

हम नागपुर में और माँ तरोड़ा में। नजदीकी रेलवे स्टेशन सिंदी। वहाँ से तरोड़ा करीब 11 मील पर सिंदी जाने के लिए रेलगाड़ी ही नहीं थी। फिर मोटर से, असोला गाँव जाने का तय किया गया। नागपुर–वर्धा मार्ग पर ठीक मध्य पर असोला गाँव बसा हुआ है। अब जाने कितनी बार नागपुर–वर्धा और वर्धा–नागपुर बस से मेरा आना–जाना हुआ है, पर हर बार मुझे असोला की याद आती है। मोटर, यानी किसी की प्राइवेट गाड़ी नहीं थी। जिसे आजकल 'लंद–फंद' गाड़ी कहते हैं, वैसी ही थी। उस गाड़ी से हम असोला उतरे। वहाँ से हमारा तरोड़ा गाँव करीब चौदह मील की दूरी पर था। हमारे पिताजी को तेज गति से दौड़नेवाली बैलगाड़ी रखने की बड़ी इच्छा थी, पर वह बैलगाड़ी वहाँ नहीं थी। वह माँ का उपचार करने आए डॉक्टर को वापस हिंगनघाट छोड़ आने के लिए गई थी।

चौदह मील जाने के लिए करीब तीन से चार घंटे लग गए। दोपहर के चार बजे के करीब हम तरोड़ा पहुँचे। चाचा, चाची, मैं और मेरा छोटा भाई अन्ना। हमारे घर का विशाल आँगन स्त्री–पुरुषों से खचाखच भरा हुआ था। रास्ते पर भी बहुत भीड़ थी। शाला से चाचा के घर पर, वहाँ से मोटर और बैलगाड़ी के इस पूरे प्रवास में मैं सुन्न होकर बैठा रहा, पर घर आया तो माँ की मृतदेह देखी और मैं अपने आपे में ही न रहा। किस तरह आक्रंद किया, फूट–फूटकर रोया, यह मुझे याद नहीं है। मेरे घर के लोगों ने मेरे विलाप का जो वर्णन किया, वही मुझे याद है। आज मैं केवल उन यादों को लिख रहा हूँ, तब भी मेरी आँखों में आँसू समा नहीं रहे। सामने रखे कागजों को गीला कर रहे हैं। अच्छा है, इस वक्त मुझे कोई देख नहीं रहा अन्यथा जिन्होंने मुझे कभी रोते हुए नहीं देखा, उन्हें आँखों में से बहते हुए आँसुओं का कोई झूठा बहाना बनाकर कहना पड़ता। इस बुढ़ापे में माँ की याद आने पर आँखों से आँसू बहते हैं, इस बात पर कौन विश्वास कर सकेगा भला?

पर सच कहता हूँ, उसकी याद आते ही आज भी मुझे रोना आता है और फिर हर सुख व आनंद के क्षणों में मुझे उसकी याद आती ही है। मेरी अपनी शादी में पुरोहितजी जब मंगलाष्टक गा रहे थे, मुझे माँ की याद आने लगी और मैं बहुत बेचैन हो गया। आज अगर माँ होती, यह विचार मन को छू गया और मैं तड़पकर अस्वस्थ हो गया। आँखों को मलकर ही आँसुओं को रोकना पड़ा था। घर पर लड़के की या लड़की की शादी; यह कितना बड़ा उत्सव होता है, पर ऐसे हरेक आनंद के अवसर पर मैं अंदर से बहुत उदास हो जाता हूँ, व्यथित हो जाता हूँ। अंदर के उस गुबार की छाया बाहर किसी को न दिखाई दे, इसलिए सावधानी बरतने की कोशिश में लगा रहता हूँ, पर संकट के समय, आपत्ति के समय मुझे

उसकी याद नहीं आती, बल्कि वह मेरे साथ है, ऐसा विशवास होता है। उस समय दु:ख मानने का, निराश होने का, हताश होने का, आँखें भर आने का कोई कारण नहीं होता, क्योंकि वह सदा मेरे साथ खड़ी होती है। उसके मेरे साथ होने के इस एहसास की भी एक कहानी है।

मेरा जन्म, हमारे वैद्य कुटुंब में एक अत्यंत आनंद की घटना होना बड़ा स्वाभाविक था, क्योंकि इसके पूर्व की पीढ़ी में ऐसी आशंका उत्पन्न हो गई थी कि वैद्य कुल आगे रहेगा भी कि नहीं। मेरे पिता के पिता और दो चाचाजी इस तरह तीन सगे भाई थे। इन सबको मिलाकर मेरे पिताजी यह एक मात्र पुत्र रत्न थे। एक मात्र संतान थे। उस पीढ़ी पर भगवान् का कौन सा ऐसा प्रकोप हुआ, यह यहाँ कहने की आवश्यकता नहीं है अन्यथा वह विषयांतर हो जाएगा, पर मेरे इन सभी दादाजी को मिलाकर एक ही पुत्र, यानी मेरे पिताजी और मेरे जन्म से पहले की मुझसे बड़ी चार बहनें। इस पार्श्वभूमि पर मेरा जन्म हुआ। चार बहनों के बाद मेरा जन्म होना स्वाभाविक ही बड़े आनंद की घटना थी। मेरे नामकरण के दिन हिंगनघाट से कुछ कलाकारों को बुलाकर नृत्य का कार्यक्रम करवाया गया था। पिताजी नियमित हिसाब लिखते। मैंने उनकी हिसाब की डायरी देखी है। इन कलाकारों को सोलह रुपए बिदायी दी गई थी। आज की पीढ़ी को सोलह रुपए बहुत कम लगते होंगे, पर उस जमाने में सोलह रुपए में दस ग्राम सोना मिलता था और उत्तम प्रकार की ज्वार के चार बोरे खरीदे जा सकते थे। इस तरह मुझे कितने लाड़ लगाए होंगे, इस बात की कल्पना कोई भी कर सकता है।

मेरी तीन साल तक की प्राथमिक शिक्षा तरोड़ा में ही हुई और एक साल मैं वहाँ पढ़ सका होता, पर फिर मेरे जीवन को एक अलग दिशा कैसे मिलती ? ऊपर मैंने अपने जिन चाचा का उल्लेख किया है, वे पिताजी के मौसेरे भाई हैं। वे भी अपने माँ-बाप के इकलौते लड़के थे। ये दोनों मौसेरे भाई आपस में सगे भाइयों की तरह ही रहे। उनका नाम था, अंबादास पंत। पंत उनका उपनाम था। उनकी कोई संतान नहीं थी, वे मुझे नागपुर पढ़ाने के लिए ले आए। उस समय अगर मेरे दादाजी, यानी पिताजी के चाचा जिंदा होते तो वे मुझे भेजने के लिए तैयार ही नहीं होते, पर सन् 1931 में गरमियों में उनका देहांत हो गया और फिर उसी वर्ष बारिश के मौसम की शुरुआत में मेरा पदार्पण पंतजी के घर हुआ। पंत बहुत ही कठोर स्वभाव के थे। पहलवानों सा कमाया हुआ शरीर। किसी से भी झगड़ा मोल लेने की और प्रतिपक्ष को धूल चटाने की ताकत उनमें थी। हमारे चचेरे दादाजी ने मेरी माँ से कहा भी, क्यों गरीब बकरी को शेर के मुँह में दे रही हो ? माँ पंत का स्वभाव

अच्छी तरह से जानती थी। फिर भी उसने मुझे नागपुर भेजने की हिम्मत दिखाई। पिताजी की मान्यता मिल गई। जाते समय स्वाभाविक ही मेरा चेहरा रुआँसा हो गया था, तो वह बोली, कायरों की तरह रोना नहीं। पंत चाचा को मेरा आना पसंद था, पर पंत चाची को वह इतना पसंद नहीं था, वे हमसे जैसे चाहे काम करवातीं। तरोड़ा में हमें काम करने की आदत ही नहीं थी। बिस्तर नौकर बिछाता। वही उठाता। कपड़े माँ धोती। यहाँ अपना बिस्तर खुद बिछाना और उठाना पड़ता, साथ में चाचा-चाची का भी। कपड़े खुद धोने पड़ते। आँगन में झाड़ू लगानी पड़ती। पानी गरम करने के लिए चूल्हा भी फूँकना पड़ता और पीने का पानी भी भरना पड़ता। ये सारे काम कोई बहुत अधिक थे ऐसा नहीं था, पर मुझे ये सब काम करने की आदत नहीं थी, और फिर घर के लड़के से ये काम क्यों करवाए जाते हैं, यह समझ में नहीं आता था। मैं कोई नौकर नहीं था। हमारी माँ कुँए से खींचकर पीने का पानी भरती। तब कुँए पर गिर्री भी नहीं हुआ करती थी। यहाँ तो पानी नल में से भरना होता था। फिर वह काम भी मुझे ही करना पड़ता। मैं जब दीपावली की छुट्टियों में तरोड़ा गया, तब ऐसी छोटी-छोटी शिकायतें माँ के सामने दर्ज कीं। उस पर उसकी यह प्रतिक्रिया थी। काम करने से क्या हाथ टूट गए तेरे? और अधिक काम करना और एक रोटी ज्यादा खा लेना, उसके बाद फिर कभी माँ के सामने शिकायत करने की हिम्मत नहीं हुई। पढ़ाई के लिए मार खाने की शिकायत करना व्यर्थ था। 'छड़ी लगे छमछम और विद्या आए घमघम' वाला जमाना था वह। करीब हर रोज किसी-न-किसी कारणवश मार खानी पड़ती। एक बार तो गणित के विषय में 100 में से 95 अंक मिले। इसलिए कनपटी पर एक थप्पड़ पड़ा। चाचा बोले, "पाँच गुण का त्रैराशी (अनुपात निकालने का सामान्य गणित) का आसान गणित क्यों नहीं करना आया?" शायद तब से ही, सबकुछ बिल्कुल सही, बिना किसी भूल-चूक के होना चाहिए, ऐसा पाठ मैंने सीखा।

माँ के पास शिकायतें ले जाना या अपना दुखड़ा उसके सामने रोना माँ को बिल्कुल पसंद नहीं था। मैंने माँ को कभी रोते हुए नहीं देखा। पिताजी को रोते देखा है। माँ के गुजर जाने पर, जब-जब हम तरोड़ा से नागपुर आने के लिए तैयारी करते, तब-तब पिताजी की आँखें भर आतीं। आवाज भर्रा जाती। जो वे कहना चाहते, वह कह ही नहीं पाते। माँ को इस तरह बिलखते हमने कभी देखा ही नहीं था। वह एक ही बात कहती, "भागुबाई, कष्टों से कभी डरना नहीं। रोना नहीं। श्रम करने से हाथ-पाँव टूट नहीं जाते।" ऐसा कहकर वह हँसती। मेरी मौसी, माँ से बड़ी बहन, दो साल पूर्व 92 वर्ष की आयु में गुजर गईं। उनके चेहरे पर भी

हमने सदैव स्मित ही देखा है। माँ भी वैसी ही थी, वह सदा हँसती खिलखिलाती रहती, वह बहुत शरारती थी, जिनसे उसका शरारत करने का रिश्ता था, उनसे वह खुद ही शरारत करती। जिनसे वह खुद शरारत नहीं कर सकती थी, उनके साथ शरारत करने के लिए हमें उकसाती। गाँव में ब्राह्मण का ऐसा हमारा एक ही घर था। चचेरे दादाजी का घर अगर अलग माना जाए तो दो घर। बाकी हमारे सारे रिश्तेदार अन्य जाति के ही थे।

जानकीबाई सुनार हमारे पिताजी की चाची। विधवा और विकेशा, उनका हमारे घर पर बहुत आना-जाना था। जब वे आती और खंभे से टेककर बैठ जाती कि हमारी माँ हमें इशारा करतीं। फिर हम उनकी साड़ी के पल्लू में झाड़ू या ऐसी कोई चीज बाँध देते। कभी-कभी तो पल्लू को रस्सी से और रस्सी को खंभे से ही बाँध देते। जानकी बाई जब जल्दी से उठ खड़ी होने का प्रयत्न करतीं तो पल्लू खिंचकर सिर पर से उतर जाता और हम तालियाँ बजाते। माँ झूठमूठ गुस्सा होतीं, पर जानकी बाई भी समझ जातीं कि असली षड्यंत्र किसका है। वे कहतीं, "बहू, यह सब तेरी कारस्तानी है। तेरे एक-एक बच्चे को पीटे बगैर रहूँगी नहीं मैं।" "नहीं-नहीं, सासूजी, मैं क्यों आपसे शरारत करूँगी?" यह उत्तर होता था माँ का। फिर चाय सुपारी लेकर जानकी बाई अपने घर चली जातीं।

एक बार जानकी बाई को माँ ने मेरी बहन से शिकाकाई उबलवाकर उसमें दूध डालकर चाय पीने के लिए दी। जानकी बाई एक घूँट पीते ही थू-थू करते खड़ी हो गईं, तब सबने जोर-जोर से तालियाँ बजाईं। पिताजी की एक मानी हुई बहन भी थी, वह भी सुनार ही थी। एक बार उसके पति हमारे घर आए। माँ को शरारत सूझी। कहने लगीं, "बाबू, इन्हें प्रसाद का नारियल और शक्कर दे।" मैं अंदर गया। माँ भी पीछे-पीछे आईं। पिसी हुई शक्कर थी और कसा हुआ नारियल। छोटी थाली में एक तरफ कसे हुए नारियल के साथ पिसी हुई शक्कर रखी थी और दूसरी ओर कसे हुए नारियल में नमक मिलाकर रख दिया। (हाँ, हम गाँव में रहते थे, पर फिर भी हमारे घर बचपन से ही सफेद नमक उपयोग में लाया जाता था। नागपुर में भी काला नमक ही होता था, पर तरोड़ा में सफेद नमक। उसे सांबर नमक कहते थे। माँ किसी को साथ ले उसे खुद चक्की पर पीसती थीं।) बैठक में 8-10 लोग बैठे थे। उन्होंने मुझे हिदायत दी कि सभी को सामने रखा हुआ नारियल, शक्कर का प्रसाद देना, पर मेंडुलकर (हमारे पड़ोसी लोनारकर के जमाई) को नमकवाला नारियल। शक्कर और नारियल का प्रसाद सभी को बाँटा गया। सबने सीधे उसे फाँक लिया। मेंडुलकर ने भी प्रसाद को फाँक लिया और फाँकते ही थू-थू करते

हुए बैठक में से उठे। खाने के लिए भी माँ सबको बहुत आग्रह करतीं। उन्हें लोगों को खाना खिलाने का बड़ा शौक था। घर में वैसे देखा जाए तो वे अकेली औरत थीं पर फिर भी वे आग्रहपूर्वक पिताजी से लोगों को घर पर खाना खाने के लिए न्योता दिलवातीं। गोसावी, सुनार, बढ़ई, शिंपी, पटवारी, पाठशाला के मास्टर इनकी उपस्थिति हर त्योहार पर अनिवार्य रूप से होती। आग्रह से भोजन करवाते समय, घर की प्रथा के अनुसार आखिर में चावल परोसे जाते, पर चावल के ढेर के पीछे एक-दो पूरनपोली छुपी रहती। खानेवाला आखिर में आनेवाले चावलों को देखकर जरा सा भी असावधान रहता, तो उसकी थाली में चावल की जगह पूरनपोली परोस दी जाती। भरपेट खाकर तृप्त होते लोगों के चेहरों पर संतुष्टि के भाव माँ के चेहरे पर सदैव प्रतिबिंबित होते।

माँ को मनुष्यमात्र से विलक्षण प्रेम था। मनुष्यों को जोड़ने की अजब कला साध्य थी उन्हें। हमारे पिताजी के चचेरे चाचा का घर अलग था। यानी एक ही आँगन में दीवार खड़ी करके दो अलग घर बनाए गए थे। कुआँ उनके आँगन में था। हमारे इन दादाजी का नाम था, बालकृष्ण। इन्हें हम बावाजी कहते थे। हमारे सगे दादाजी को तो हमने देखा ही नहीं था, क्योंकि उनका देहांत जब पिताजी तीन साल के थे, उसी समय हो गया था। सगे चचेरे चाचा थे। उनका नाम था, गड़ीभट। उन्हें हम बापूजी कहते थे। बापूजी का रंग काला। हमारे घर के सभी लोग काले। हमारी माँ भी साँवली ही थीं, पर इन घरवालों की तुलना में उनका रंग कुछ साफ था। बावाजी गोरे थे। उनकी पत्नी, जिन्हें हम माय कहते थे, वे एकदम गोरी थी। इसलिए लोग, एक घर को काले बामन का घर और दूसरे को, गोरे बामन का घर कहा करते थे। उस जमाने में अपनी जाति का उल्लेख करके बुलाने पर किसी को बुरा नहीं लगता था। पाठशाला में भी मेरा नाम माधव गोविंद ब्राह्मण इस प्रकार लिखा गया था। आज भी हमारे यहाँ बहुत से मजदूर काम पर आते हैं, तब यही कहते हैं कि आज हम बामन के घर काम पर जा रहे हैं। कहने की मुख्य बात यह है कि इन दोनों घरों में बोलचाल बंद थी। एक तरह से बैर ही था। उन्हें कोई संतान नहीं थी, इसलिए उनकी पत्नी जादू-टोना करती है, ऐसी गाँव में चर्चा थी। एक बार इसी बात को लेकर गाँव में उनका अपमान करने का कठिन अवसर भी आया था, परंतु काले बामन के घर से उनकी मदद के लिए कोई नहीं गया था। मेरी माँ, वैद्य कुल में ब्याहकर आने के बाद यह बैर किसी तरह मिटा। माँ ने ही उसे मिटाने का प्रयास किया। अपने ससुर की नाराजगी के बावजूद उन्होंने यह कदम उठाया। माँ हमें जानबूझकर माय के पास भेजतीं, उनके पास हमें रखतीं। जादू-

टोना वगैरह वे कभी नहीं मानतीं। बालकृष्ण बुवा पर तो जैसे माँ ने मोहिनी डाल रखी थी। बालकृष्ण बुवा उर्फ बावाजी बड़े कठोर। पाँच पैसे भी इधर के लोगों को उधार तक नहीं देते थे, पर माँ के सामने उनकी सारी कंजूसी बिखर जाती। शुक्रवार को साप्ताहिक हाट लगता। तब हममें से हरेक को एक-एक ढब्बू (दो आने का सिक्का) मिलता। हिंगनघाट के बाजार से सूखे मेवे लाते, तब हम सब बच्चों को आग्रहपूर्वक निमंत्रित करते।

माँ को जब कभी गाँव जाना होता तो अपनी परदे लगी हुई बैलगाड़ी व सजे हुए बैलों की जोड़ी देते। ऐसे समय वे पिताजी को बुलाकर कहते, बहू मायके जा रही है न? मेरी गाड़ी और बैल दोनों ले जाओ। मेरा आदमी (नौकर) जाएगा साथ। तू अपनी बैलगाड़ी व नौकर मेरे यहाँ काम पर भेज देना। मृत्यु के समय बावाजी ने अपनी तिजोरी में रखा सारा सोना माँ के अधीन कर दिया था। हमारी माय की एक बात मुझे याद आ रही है। दीपावली के त्योहार के निमित्त मेरी उँगलियों में सोने के छोटे-छोटे छल्ले पहनाए गए थे। मैंने उसे एक कटोरे में रखकर ढोली के पावठे (गाँव में अरहर की सूखी टहनियों को रचाकर उसे लीप-पोतकर अनाज भरने के लिए बनाया जानेवाला बड़ा सा ड्रम, इसे 'ढोली' कहा जाता है, इस ढोली के पायों के नीचे की पोली सी जगह को 'पावठा' कहा जाता है) में छुपा दिए। माँ ने मेरी उँगलियाँ बिना छल्ले के देखीं तो मन-ही-मन वे घबरा गईं। उन्होंने मुझे हर तरह से खोद-खोदकर पूछा, पर मेरे मुँह से एक ही उत्तर निकलता कि मैंने उसे जिकन में रखा है। जिकन, यानी गुप्त जगह। हमें कहानियाँ सुनाते वक्त माँ इस जिकन का उल्लेख करती थीं। मैंने उस जिकन का प्रत्यक्ष रूप में प्रयोग किया। अब वह जिकन कहाँ है, यह पूछने पर मैं उसे बताने को तैयार नहीं था। कहानियों का राजपुत्र कहाँ दिखाता था अपनी जिकन? 4-5 साल के बच्चे को मारने से भी कोई फायदा नहीं था। माँ गई माय के पास और उसे सारी हकीकत बताई। माय बहुत चतुर थीं। उन्होंने पहले मुझे शाबाशी दी और अपने हाथ में से सोने की एक चूड़ी निकालकर मुझे दी और बोली, देख मेरी यह चूड़ी भी उसी जिकन में रख दे। किसी को बताना मत। ऐसा कहकर उन्होंने एक छुहारा भी मेरी हथेली पर रख दिया। मैंने छुहारा अपने मुँह में डाला और माय की चूड़ी लेकर जिकन के पास आया। माय चुपचाप मेरे पीछे चल दीं। मैंने जिकन में से जैसे ही कटोरा निकाला, माय ने झपटकर मेरे हाथ से ले लिया। ऐसी हमारी माय सन् 1928 या 1929 में गुजर गईं।

कौन जाने इस घराने को क्या शाप था? इस घर में सुहागनें अधिक दिनों तक

जीवित नहीं रहीं। वर्तमान पीढ़ी इस बात के लिए अपवाद है। मेरी माँ का देहांत सन् 1936 में हुआ। बारह वर्ष तक इस घर में कोई स्त्री नहीं थी। केवल, जब त्योहार, कुलाचार मनाए जाते, तब पड़ोस के गाँव से किसी को बुलाकर उसे मनाया जाता। सारा घर अस्त-व्यस्त हो जाता, पर इसका कोई इलाज नहीं था। देवली के जोशी परिवार की कन्या सुभद्रा सन् 1913 में वैद्य कुल की बहू यमुना बनकर आई, उसके पूर्व तक यही स्थिति थी। हमारे सगे दादाजी की तरह ये सगी दादी भी जल्दी ही चल बसीं। ये चचेरी दादी विधवा बनकर अपने मायके चली गईं। बापूजी की पत्नी भी चल बसीं। उन्होंने फिर विवाह नहीं किया, पर उनकी एक विधवा बहन थी, यानी हमारे पिताजी की बुआ उसका ससुराल का उपनाम गाड़े। उसे एक पुत्र प्राप्त हुआ और पति का देहांत हो गया। बापूजी उसे तरोड़ा लेकर आए। उसके बेटे की शिक्षा और उसका उपनयन संस्कार आदि करवाए, पास ही मांडगाँव में हमारा एक घर था, वह उसे दे दिया गया। गाड़े परिवार अत्यंत गरीब था, पर उस जमाने में ब्रह्मवृंद में बापूजी को बहुत सम्मान प्राप्त था। इस बात का थोड़ा-बहुत फायदा उनके इस भांजे को मिला। अपने भांजे का विवाह, उसकी पत्नी की प्रसूतियाँ, नाती-पोतों के उपनयन संस्कार आदि सभी तरोड़ा में संपन्न होते थे।

हमारी माँ की यह फुफेरी जेठानी माँ से उम्र में बड़ी थीं। हम उन्हें मोठी आई कहते। उनकी उम्र के अनुसार उन्हें यथोचित सम्मान दिया जाता। अपनी बुआ सास का भी माँ बहुत सम्मान करतीं। आजकल तो सगी देवरानी-जेठानी एकसाथ ढंग से नही रहतीं और यह तो फिर पति की बुआ के लड़के की पत्नी, पर मानवमात्र को प्रेम करनेवाली माँ ने कभी किसी के साथ रिश्ता नहीं तोड़ा। गाड़े परिवार की दो लड़कियों का विवाह तरोड़ा में ही हुआ। हमारे घर से ही, पर माँ ने जैसे उसकी अपनी बेटी की शादी हो, इस आत्मीयता से सब कुछ किया। गाड़े पारिवार भी इस सद्भाव को कभी नहीं भूला। सन् 1932 में तात्याजी गाड़े (पिताजी की बुआ का लड़का) के ज्येष्ठ पुत्र के विवाह का अवसर आया। सन् 1931 में हमारे बापूजी यानी तात्याजी के मामाजी का निधन हो चुका था। तात्याजी सदा की तरह विवाह के खर्च के लिए हमारे पिताजी के पास पैसों की माँग करने के लिए आए। पिताजी ने थोड़ी-बहुत आर्थिक मदद करने के लिए अपनी सहमति जताई, परंतु विवाह के संपूर्ण खर्च करने के लिए उन्होंने स्पष्ट रूप से मना कर दिया। तात्याजी निराश होकर वापस मांडगाँव की ओर चल दिए। तब माँ घर के अंदर से बाहर बरामदे में आईं। उसने अपने सोने के गोठ (एक प्रकार की ठोस सोने की बनी चूड़ियाँ) पिताजी के सामने रख दिए और बोलीं, उनके मामाजी को गुजरे अभी साल भर भी

नहीं हुआ है। ऐसे समय आप मना कर देंगे तो कैसे चलेगा, वे कहाँ जाएँगे मदद माँगने? यह गोठ गिरवी रखकर उनकी जरूरतें पूरी कीजिए। करीब एक फर्लांग की दूरी तय कर चुके तात्याजी को नौकर भेजकर वापस बुलवाया गया। उन्हें मदद का आश्वासन मिला। मैं गरमियों की छुट्टियों में गाँव आया हुआ था। लड़की देखने के लिए पिताजी के साथ मैं भी गया था। विवाह पर भी गया था। हमारी इस नई भाभी का पीहर हमारे गाँव से करीब चौदह कोस की दूरी पर था। विवाह के समय मेरे छोटे भाई को विषमज्वर हो गया था। माँ की जगह कोई और होती तो बैलगाड़ी में इस तरह बीमारी की अवस्था में बच्चे को लेकर चौदह कोस की यात्रा करना सहज रूप से टाल चुकी होती, पर माँ ने कहा, अपने घर के विवाह का अवसर है। मेरे न जाने से कैसे चलेगा? एक बैलगाड़ी को पुरानी धोती के परदे बाँधकर बीमार पुत्र को लेकर माँ उस विवाह में सम्मिलित हुईं। बरात वापस तरोड़ा आई। विवाहोपरांत की सारी विधि तरोड़ा में संपन्न हुई। सब संपन्न होने के बाद ही वे सब लोग मांडगाँव वापस लौट गए। ये हमारे गाड़े बंधु और गाड़े भाभी ने हमें कभी अंतर नहीं दिया। उम्र में उनसे काफी छोटा होने पर भी बड़े घर का प्रतिनिधि होने के नाते उन्होंने मेरा और मेरी पत्नी का बहुत आदर-सम्मान रखा और किया। यह सब हमारी माँ की कृपा थी।

ब्राह्मण का जहाँ केवल एक घर था, ऐसे गाँव में माँ ने कितने रिश्ते जोड़ रखे थे। पिताजी को बहन नहीं थी। जानकी बाई सुनार की लड़कियाँ उन्हें भैयादूज के दिन आरती करने के लिए आतीं। नारायण खैरी (खैरी यानी कुनबी समाज की ही एक जाति) को भी बहन नहीं थी, तो मेरी बहनें उसे हमारे घर बुलाकर उसकी आरती उतारतीं। भाईदूज के दिन इन सभी का खाना हमारे घर पर होता, यह सारी व्यवस्था माँ की थी। उन्हें यह सब बहुत भाता। लोगों की दृष्टि में अनावश्यक, परंतु माँ की दृष्टि में आनंददायक।

आपातकालीन स्थिति के समाप्त होने पर महाराष्ट्र मंडल के कार्यक्रम के लिए मैं रायपुर गया हुआ था। उस समय भाषण समाप्त हो जाने पर एक प्रौढ़ा मुझसे मिलने आईं। बोलीं, ''आप तरोड़ा के हैं क्या?'' मैंने कहा, ''हाँ।'' उन्होंने पूछा, ''मुझे पहचाना?'' मैंने कहा, ''नहीं।'' तो वे बोलीं, ''मैं छबू। छबू दिघे।'' अब वे दिघे से गडकरी हो गई थीं। उनके बड़े-बड़े बच्चे थे। रायपुर में बड़ा-सा घर था। उनके बहुत आग्रह करने पर मैं दूसरे दिन उनके घर गया था। उन्होंने तरोड़ा की जो यादें कह सुनाईं , वे सारी-की-सारी यादें मेरी माँ से जुड़ी थीं। यमू और छबू ये बिन माँ-बाप की दो लड़कियाँ अपने चाचा के यहाँ बड़ी तकलीफ में दिन

गुजार रही थीं। नजदीकी रिश्तेदार गुप्ते के घर रहती थीं। हमारे कुएँ पर पानी भरने के लिए आतीं। छबू अपनी उम्र के साठ पड़ाव पार करने के बाद बता रही थीं, हम पानी भरने के लिए आतीं तो आपकी माँ हमें बुलाकर कभी सत्तू, कभी लाहीबड़ी, बेर-चूर्ण देतीं। आपके यहाँ पानी भरने के लिए आने का हमें बड़ा उत्साह रहता था। छबू के इस तरह बोलने से मेरे आँसुओं को मिला निमंत्रण वापस लौटाते हुए मुझे किस कदर कष्ट हुआ, यह मैं कैसे कहूँ।

ऐसी मेरी माँ अब इन चर्मचक्षुओं को कभी दिखाई नहीं देगीं, यह मैं जानता हूँ। मानव की अपूर्णता के ये भोग हैं। अब देखो, वे मेरे हृदय में बसी हैं, पर मैं उनके चरण स्पर्श नहीं कर सकता, वे सदैव मेरे साथ हैं, ऐसा आभास मुझे होता रहता है, पर वे मेरे दृष्टिपथ में नहीं आतीं। माँ, आपके बारे में लिखने का कितने दिनों से मन कर रहा था। वर्तमान पत्र मेरे हाथ में था। पर मेरे खुद के बनाए नियम ही मुझे रोक रहे थे। अपने संबंधों के बारे में हम खुद अपने समाचार-पत्र में कैसे लिखें? मन में बड़ा संकोच हो रहा था। माँ, आपके एक पोते ने, वह जब केवल मराठी तीसरी कक्षा में पढ़ रहा था, उस वक्त, कुएँ में गिरे बालक को अपनी जान की बाजी लगाकर कुएँ से बाहर निकाला। उस बच्चे की माँ एक बालक मंदिर चलाती थी। उसने आपके पोते का सम्मान किया। श्रीकृष्ण की मूर्ति भेंट की, पर मैंने समाचार-पत्र में यह समाचार नहीं दिया। आपकी बहू ने तिरसठ साल की उम्र में एम.ए. पास किया। मैंने यह समाचार भी समाचार-पत्र में नहीं दिया। एक बार संघ के प्रचारक के संबंध में लिखना था। आपका एक पोता एम.एससी. पी-एच.डी. करने के बाद प्रचारक के रूप में काम कर रहा है, मैंने उसके बारे में संदर्भ लेकर लिखा तो इसी गाँव में कितनी आलोचना की गई। लगा, हाँ, शायद गलती हो गई। मेरी गलती दिखाकर कितना उपकार किया था उन लोगों ने मुझ पर। अब वह संघ के काम से ही अमेरिका गया है, पर मैंने समाचार-पत्र में उसके बारे में नहीं लिखा। आपका दूसरा एक पोता इस साल एम.ए. में अव्वल आया। स्वर्णपदक प्राप्त किया। उसके बारे में भी समाचार-पत्र में नहीं लिखा। आपके विषय में लिखूँ या नहीं इस संभ्रम में था, पर आखिर लिख दिया। बेशर्म बनकर लिखा। आपके बारे में आपके नाती-पोतों को, बहू-बेटियों को, मैं अपने मुँह से कभी कुछ नहीं कह पाता। आँसुओं ने आकर मुझे कुछ पलों में ही मूक बना दिया होता। मैं अपने आँसुओं को नहीं रोक पाता। आज तक उन्होंने मुझे जिस तरह से देखा था, उससे अलग दिखता। रोतल, रुआँसा। आपको जिस बात से चिढ़ थी वैसा, भागुबाई जैसा।

माँ, अब मैं सत्तर साल का हो गया हूँ और पाँच-सात सालों में यह जगयात्रा

खत्म भी हो जाएगी, उसके बाद क्या आप मुझे मिलेंगी, आप तो किसी पुण्य लोक में ही रह रहीं होगी। क्या मैं वहाँ आने के लिए योग्य हूँ, क्या पता? पर माँ, आपके चरणों की सौगंध खाकर कहता हूँ कि इन सत्तर सालों में मैंने कभी किसी से द्वेष नहीं किया। जो दूसरों के हैं, ऐसे पाँच पैसे भी प्राप्त करने की इच्छा कभी नहीं की। पराये धन की तरह परस्त्री की भी आस कभी नहीं की। जो काम करने को कहा गया, उसे करते हुए कभी मक्कारी भी नहीं की। कुछ मिलने की आशा में कभी किसी की खुशामद भी नहीं की। खुद की प्रगति करने के लिए कभी किसी का पाँव नहीं खींचा। अब इतनी सी जमा पूँजी पर, आप जहाँ हैं, क्या वहाँ मैं आ पाऊँगा, क्या पता? पर माँ, आपके पास आने की बहुत इच्छा है।

❐

3

मेरी शिक्षा और मेरे शिक्षक

मेरा जन्म तरोड़ा में हुआ। वर्धा जिले का यह छोटा सा गाँव। अब वह काफी बड़ा हो गया है और लोकसंख्या साढ़े तीन हजार के आसपास हो गई है। वह केवल लोकसंख्या से ही बड़ा हो गया है, ऐसा नहीं है। समृद्ध भी है। गाँव में एक भी भिखारी नहीं है। छुआछूत नहीं है। गाँव के करीब सभी गली-मुहल्लों की सड़कें भी अब पक्की हो चुकी हैं। दो सौ से अधिक दूरवाणी हैं। सौ से अधिक स्वयंचलित दोपहिए हैं। गाँव में कोई भी बड़ा किसान नहीं है, फिर भी एक भी किसान ने या खेत-मजदूर ने आत्महत्या नहीं की है अर्थात् मेरे जन्म के समय यह परिस्थिति ऐसी नहीं थी। लोक संख्या करीब हजार से कम ही होगी। गाँव में छुआछूत और श्रेष्ठ-कनिष्ठ का भाव भी उस समय रहा करता था, परंतु जातिभेद के कारण वैमनस्य की स्थिति नहीं थी। ऐसे इस तरोड़ा गाँव में सन् 1923 में मेरा जन्म हुआ और मेरी प्राथमिक शिक्षा भी यहीं प्रारंभ हुई।

प्राथमिक शिक्षा

सन् 1928 में, यानी उम्र के पाँच वर्ष पूर्ण कर लेने के बाद, मेरा विद्यालय में दाखिला करवाया गया। वहाँ कक्षा चार तक की पाठशाला थी। चार कक्षाओं को पढ़ाने के लिए केवल दो शिक्षक होते थे। प्रत्येक शिक्षक दो-दो वर्गों को पढ़ाते थे। बच्चों को पाठशाला में जाकर पढ़ने का मन नहीं करता था, इसलिए बच्चों को पाठशाला में पकड़कर लाने के लिए एक चरवा नामक व्यक्ति हुआ करता था। वह गाँव से बच्चों को पकड़कर पाठशाला में ले आता। शायद शिक्षकों की मार से घबराकर बच्चे पढ़ने आने से कतराते। 'छड़ी लगे छम-छम, विद्या आए घम-घम' वाला जमाना था वह। हमारे मराठी पहली और दूसरी कक्षा के वर्ग शिक्षक श्री मारोतराव उरकांदे थे। वे

हमारे ही घर एक अलग कमरे में रहते थे। इसलिए उनके हाथों मार पड़ने की ऐसी कोई संभावना वैसे ही नहीं थी। उस समय उपस्थिति पुस्तक में उपनाम की जगह जाति लिखी जाती थी। दूसरी कक्षा में हम केवल चार विद्यार्थी थे। उनमें से एक ब्राह्मण, एक सुनार, एक कुणबी और एक नाई इस तरह की वर्गवारी हुआ करती थी। दूसरी परीक्षा में सुनार बुआ अनुत्तीर्ण हुए। तब तीसरी कक्षा में हम तीन विद्यार्थी ही गए। तीसरी-चौथी कक्षा के वर्ग शिक्षक थे, श्री महादेव वरभे। श्री उरकांदे की तुलना में श्री वरभे अधिक कठोर और पिटाई करनेवाले थे, पर मुझे उनसे यह प्रसाद नहीं मिला था। एक बार केवल गुस्से से उन्होंने कहा था, बामन बुआ, पढ़ाई की ओर ध्यान दो। ये दूसरा लोगों की हजामत करेगा और तीसरा खुरपी चलाएगा। तू क्या करेगा?" बस मुझपर यह उनका एक ही बार इतना गुस्सा था।

चौथी कक्षा इस पाठशाला में होने के बावजूद मैं वहाँ नहीं पढ़ा, पर उसके लिए एक विशेष कारण था। हमारे पिताजी के मौसेरे भाई श्री अंबादास नारायण पंत (पंत उनका उपनाम था) निपुत्रिक थे। वे मुझे नागपुर शिक्षा के लिए लेकर आए। पिताजी की इच्छा थी कि कक्षा चार तक की पढ़ाई तरोड़ा में करने के बाद नागपुर आगे की पढ़ाई के लिए भेजा जाए, परंतु अंबादास पंत का आग्रह और माँ की आज्ञा मिलने के कारण तीसरी कक्षा पूर्ण होते ही मैं नागपुर आ गया। हम, अपने इन चाचाजी को दादाजी कहकर पुकारते थे। उन दादाजी का तो शुरू से ही यह आग्रह था कि पहली कक्षा से ही मुझे नागपुर के विद्यालय में पढ़ाया जाए, परंतु हमारे दादाजी का इस बात के लिए विरोध था। मुझ पर हमारे घर के सभी बड़े-बुजुर्गों का जरा अधिक स्नेह रहा है, ऐसा मुझे मेरी बड़ी बहनें हमेशा बतातीं। (इसके लिए कारण भी कुछ ऐसा ही था, क्योंकि वैद्य परिवार में संतानों की कुल संख्या कम ही थी। हमारे पिताजी के पिताजी तुकाराम पंत से तीन भाई थे। सबसे बड़े गड़ीभट उर्फ बापूजी। उनकी पत्नी पहली प्रसूति के वक्त चल बसीं, वह बच्चा भी चल बसा। उन्होंने फिर विवाह नहीं किया। दूसरे भाई सदाशिव राव, बीस साल की उम्र में कापसी में वर्धा नदी के प्रवाह में डूबनेवाले किसी व्यक्ति को बचाने के प्रयत्न में स्वयं ही डूब गए। तीसरे तुकाराम पंत। मेरे पिताजी तीन वर्ष के थे, तभी उनकी मृत्यु हो गई। इस तरह से तीन भाइयों के बीच मेरे पिताजी एक मात्र संतान थे। हमारे इन दादाजी के चचेरे भाई बालकृष्णपंत भी निपुत्रिक ही थे। ऐसे इस घर में चार बहनों के बाद मेरा जन्म हुआ। स्वाभाविक ही घर में मैं बहुत अधिक लाड़ला था।) मेरी बड़ी बहन, जिसका एक वर्ष पूर्व निधन हो गया, वह मुझे बताती कि तू बैठने के लिए बड़ा पीढ़ा और खाने के लिए बड़ी थाली के लिए बड़ा हठ करता

और वह मेरी माँ पूर्ण करतीं। छोटा होने पर भी मैं छोटी थाली में नहीं खाता था। परोसने के लिए आया हर पदार्थ मेरी थाली में भी परोसा जाना चाहिए, ऐसा मेरा हठ रहता और बापूजी के डर के कारण माँ को वह पूर्ण करना पड़ता।

इस तरह लाड़-प्यार में पला-बढ़ा मैं सन् 1931 में नागपुर आ गया, क्योंकि सन् 1931 में मई के महीने मेरे दादाजी, बापूजी का निधन हो गया था। नागपुर आने के बाद तरोड़ा में हुए सारे लाड़-प्यार की भरपाई हो गई। हमारे चाचाजी (जिन्हें हम दादाजी कहते थे) को चाहे मेरा आना बहुत पसंद होगा, पर हमारी चाची को मेरा आना बिल्कुल पसंद नहीं था। घर के पुरुष का मत एक तरह का और औरत का मत बिल्कुल विरुद्ध होने पर किसी भी तीसरे व्यक्ति की जो स्वाभाविक हालत हो जाती है, वैसी ही मेरी हालत थी। दादाजी पंत शरीर से पहलवान और स्वभाव से बहुत ही गुस्सैल थे। हमारे दादाजी का मुझे नागपुर भेजने के लिए विरोध करने का यह भी एक कारण था।

दादाजी पंत अधिक पढ़े-लिखे नहीं थे। आठवीं कक्षा फेल थे, परंतु उनकी मुझसे इस बात की अपेक्षा रहती कि मुझे हमेशा पूर्ण अंक प्राप्त होने चाहिए। नागपुर में मैं आदितवार दरवाजा प्राथमिक शाला के चौथी कक्षा में भरती हुआ था। सदाशिवराव जाजुर्लेवार हमारे शिक्षक थे। प्राध्यापकों के आंदोलन में अग्रसर रहे वरोड़ा के महाविद्यालय के प्राध्यापक जार्जुले के ये पिता थे। प्रा. जार्जुले ने बाद में अपने नाम से 'वार' निकाल दिया और केवल 'जार्जुले' उपनाम स्वीकार किया। इस शाला में हर सप्ताह परीक्षा होती थी। दादाजी पंत को गणित में तो कम-से-कम शत-प्रतिशत अंक मिलने ही चाहिए, इस बात के लिए आग्रह रहता। कम मिलते तो अच्छी मरम्मत होती ही थी। उनकी इस प्रकार की धाक के कारण झूठ बोलने की वृत्ति मन में आई। एक साप्ताहिक परीक्षा में गणित में पंद्रह में से पाँच अंक ही मिले। अब घर में मार पड़ेगी, इस डर से 5 अंक के नीचे का भाग रबर से मिटाकर मैंने उसको सात कर दिया। दादाजी ने घर आने पर पूछा, कितने मार्क मिले? उनके हाथ की पहुँच से जरा दूर खड़े होकर, नीचे सिर झुकाकर, मैंने सात मार्क मिले, ऐसा कहा। शाब्दिक डाँट के बाद उन्होंने मुझे अपनी उत्तर-पुस्तिका दिखाने को कहा, और देखा तो अंदर केवल पाँच अंक थे और ऊपर सात। मेरी चालाकी उनकी पकड़ में आ गई और फिर उन्होंने मेरी अच्छी तरह से पिटाई की। उस रात भोजन भी नहीं मिला, पर उस रात के बाद जीवन में इस तरह की चालाकी या झूठ का सहारा कभी नहीं लिया।

दादाजी पंत की सौ प्रतिशत सफलता के आग्रह का एक नमूना ऐसा भी था

कि एक बार तिमाही परीक्षा में मुझे 100 में से 95 अंक मिले। इसलिए मैं बड़े उत्साह से उत्तर-पुस्तिका लेकर उनके पास गया। उन्होंने पूरी उत्तर-पुस्तिका अच्छी तरह से देखी और एक थप्पड़ रसीद कर दिया। मैं समझ ही नहीं पाया कि यह प्रसाद किसलिए मिला? फिर उन्होंने ही कहा, "चक्रवृद्धि ब्याज का कठिन गणित तुझे आता है और त्रैराशी का सरल गणित क्यों गलत हुआ?" गलत तो हुआ था। वार्षिक परीक्षा में मात्र मुझे गणित में सौ में से सौ अंक प्राप्त हुए थे, तब उन्होंने ही मुझे हलवाई की दुकान से पेड़े खरीदकर लाने को कहा और बड़े अभिमान से अड़ोस-पड़ोस में भी बाँटे थे।

नील सिटी हाईस्कूल में

मराठी चौथी कक्षा पास कर लेने के बाद नील सिटी हाईस्कूल में मेरा दाखिला करवाया गया। मैट्रिक तक की पढ़ाई फिर इसी स्कूल में हुई। इस स्कूल का नाम अब दादासाहब धनवटे नगर विद्यालय हो गया है। उस समय नील सिटी हाईस्कूल ऐसा था। नील यह शब्द रंगवाचक नहीं था। वह विशेष नाम है। नील नाम के एक अंग्रेज कमिश्नर थे। उन्होंने सन् 1869 में इस शाला का उद्घाटन किया था, इसलिए शाला को उनका नाम दिया गया था, ऐसा हमें कई वर्षों के बाद ज्ञात हुआ।

उस समय आठवीं की परीक्षा भी बोर्ड की हुआ करती थी। उस परीक्षा को हाईस्कूल एंट्रेंस एक्जामिनेशन कहते थे। इन पहले चार वर्षों में, जिन शिक्षकों के नाम मुझे आज भी याद हैं, उनमें से अंग्रेजी विषय के शिक्षक श्री भांगे और मराठी के श्री आंबेकर की मेरे मन पर आज भी छाप है। मैं सामान्यत: अच्छे विद्यार्थियों में ही गिना जाता था, इसलिए शिक्षकों के हाथ की मार खाने का अवसर कभी नहीं आया, परंतु मेरे एक मित्र की शरारत के कारण, अत्यंत सौम्य स्वभाव के जुमडे मास्टरजी के हाथ से पिटाई मिली थी। मेरे उस मित्र का नाम भैया भुमरालकर था। भुमरालकर का घर और पंत, जिन मोघे के घर में किराए पर रहते थे, दोनों घर पास-पास ही थे। भुमरालकर का पीछेवाला आँगन और मोघेजी के घर का सामनेवाला आँगन संलग्न था। सीमांकन के लिए केवल एक तार लगा हुआ था। इतने पास-पास रहने के कारण और एक ही कक्षा में साथ पढ़ने के कारण हम साथ-साथ ही स्कूल जाया करते थे। स्कूल से लौटते वक्त भी साथ-साथ ही आते थे। भैया भुमरालकर बहुत ही शरारती था। फिर मारामारी के लिए भी सदैव तत्पर रहता। मुँह से भी बड़ा मुँहजोर और कुछ भी सुना देनेवाला था। इसलिए बाकी के सारे विद्यार्थी उससे थोड़ा डरकर ही रहते। हमारे वर्ग में शिक्षक की व्यासपीठ

की बगल में एक ढक्कनवाला बेंच था। भुमरालकर का उस बेंच पर एकाधिकार रहता। उस ढक्कनवाले दराज में कॉपी-पुस्तकों से लेकर सूँघनी की डिबिया तक अनेक चीजें रहतीं। विद्यालय के सामने हर बुधवार के दिन फलों की मंडी लगती। भैया वहाँ से अमरूद, संतरे अवश्य लाता अर्थात् उसके पास बैठनेवाले मुझको भी उसमें से हिस्सा मिलता, परंतु खरीदे हुए अमरूद चुपचाप खाकर वर्ग में आए तो वह भुमरालकर काहे का? वह अमरूद वर्ग में ले आता और मास्टरजी की नजर बचाकर मुँह बिचकाता हुआ, बाकी के सारे बच्चों को दिखा-दिखाकर अमरूद खाता। एक बार जुमडे मास्टरजी के वर्ग में वह इसी तरह अमरूद मुँह बिचका-बिचकाकर खा रहा था। बाकी के बच्चे मन-ही-मन हँस रहे थे। बच्चे हँस क्यों रहे हैं, यह देखने के लिए जुमडे मास्टरजी ने जरा सी दाईं ओर गरदन को घुमाकर देखा तो भैया के मुँह में अमरूद ठूँसा हुआ था। बचा हुआ झूठा अमरूद भैया ने मेरी दराज में डाल दिया। जुमडे मास्टरजी ने पहले भैया की पिटाई की और फिर बाकी दराजों में क्या-क्या रखा हुआ है, यह देखने के लिए बेंच का ढक्कन खोला तो मेरी दराज में उन्हें वह झूठा अमरूद भी दिखाई दे गया। तू भी इन्हीं में से है क्या? यह कहते हुए उन्होंने दो थप्पड़ मुझे भी लगा दिए। घर में दादाजी पंत के हाथ की मार नियमित रूप से खाने की आदत होने के कारण जुमडे मास्टरजी के हाथ से पड़े ये दो थप्पड़ बहुत ही सौम्य लगे, परंतु इस घटना के बाद पाठशाला में मार खाने का अवसर कभी नहीं आया, और न ही हमारी दोस्ती में कोई कमी आई।

हाईस्कूल की कक्षा में

आठवीं कक्षा के बाद हाईस्कूल एंट्रेंस परीक्षा के उत्तीर्ण करने के बाद भैया और मैं अलग हो गए। हमारी कक्षाएँ अलग-अलग हो गईं। उस समय मैट्रिक की परीक्षा के लिए पाँच विषय हुआ करते थे। गणित के दो भाग हुआ करते थे। 1. निम्न कक्षा का गणित अर्थात् लोअर मैथमैटिक्स 2. उच्च कक्षा का गणित अर्थात् हायर मैथमैटिक्स। लोअर मैथ्स के लिए दूसरा पर्याय वनस्पतिशास्त्र का था। भैया ने वनस्पतिशास्त्र को चुना और मैंने लोअर एवं हायर, दोनों मैथमैटिक्स को चुना। इसलिए हमारी कक्षाएँ अलग हो गईं। (इस हाईस्कूल की कक्षा के लिए मेरे विषय 1. अंग्रेजी—इस विषय की तीन प्रश्न-पत्रिकाएँ हुआ करतीं थीं और चौथी मराठी निबंध की। इसके लिए पर्याय सप्लीमेंट्री इंग्लिश होता था। अंग्रेजी की प्रश्न-पत्रिका 50-50 मार्क्स की हुआ करती थी और मराठी निबंध की प्रश्न-पत्रिका 25 मार्क्स की। कुल मिलाकर अंग्रेजी के लिए 175 मार्क्स हुआ करते थे और चारों प्रश्न-पत्रिकाएँ

मिलाकर 33 प्रतिशत मार्क्स मिलने पर उत्तीर्ण हुआ जा सकता था। 2. लोअर मैथ्स और रसायन शास्त्र के कुल मिलाकर 150 अंक हुआ करते थे। 3. हायर मैथ्स व भौतिक विज्ञान, 4. डिटेल्ड हिस्टरी और एलीमेंट्री जिओग्राफी—इसके लिए पर्याय डिटेल्ड जिओग्राफी और एलीमेंट्री हिस्टरी हुआ करती थी। 5. संस्कृत—संस्कृत के लिए पर्याय मराठी या फिर चित्रकला, यह विषय था।) साधारणत: होशियार बच्चे इन्हीं पाँच विषयों का चुनाव करते थे, जिन्हें मैंने चुना था, उनका एक वर्ग हुआ करता था और उसे अंग्रेजी वर्णमाला के पहले अक्षर ए का गौरव प्राप्त हुआ करता था। मेरे नौवी, दसवीं और ग्यारहवीं कक्षा के वर्ग ए ही थे। नील सिटी हाईस्कूल में एक अच्छी पद्धति हुआ करती थी। यहाँ अंग्रेजी और गणित विषयों के जो शिक्षक होते थे, वे नौवीं कक्षा से लेकर ग्यारहवीं कक्षा तक वहीं कायम रहते थे। इस कारण पढ़ने और पढ़ाने में एक प्रकार का सातत्य हुआ करता था।

हमारे अंग्रेजी विषय के शिक्षक दादाजी बल्लाल थे, वे एम.ए.बी.टी. थे, वे उत्तम शिक्षक थे, ऐसा कहना संभव न हो, तब भी वे एक उत्कृष्ट सज्जन गृहस्थ थे। इन तीन वर्षों के कालखंड में उन्होंने किसी भी विद्यार्थी को एक चपत तक नहीं लगाई थी। जब कभी बहुत अधिक गुस्सा हो जाते तो केवल चढ़ी आवाज में—अरे ओ बैल, तेरे सींग तोड़ूँ क्या? इतना ही कहते। मुझपर उनका केवल स्नेह ही नहीं था, बल्कि विश्वास भी था। अनेक बार तिमाही, छमाही परीक्षा की उत्तर-पुस्तिकाएँ चेक करने के बाद उनका जोड़ करने के लिए वे मुझे दिया करते। उनके घर के पड़ोस में ही हमारा घर होने के कारण यह काम सरल भी था। गणित विषय के शिक्षक उपाध्ये मास्टर थे। दोनों गणित वही पढ़ाते। केवल मैट्रिक के हायर मैथ्स में त्रिकोणमिति (ट्रिग्नोमेट्री) भी शामिल थी। यह विषय शाला के अधीक्षक (सुपरिंटेंडेंट) श्री तात्याजी वझलवार पढ़ाया करते। उपाध्ये मास्टर वर्ग में तो अच्छी तरह पढ़ाते ही, पर घर पर करने के लिए दिए जानेवाले गृहपाठ पर भी उनका बहुत ध्यान होता था। उपाध्ये मास्टर गणित के साथ-साथ भौतिक विज्ञान भी पढ़ाते, पर इन सबमें हमारे संस्कृत के शिक्षक श्री बाबाजी सहस्रबुद्धे की मेरे मन पर बहुत गहरी छाप पड़ी है। आगे चलकर संस्कृत विषय को मैंने अग्रक्रम पर और अधिक गहराई से पढ़ा है पर उसकी मजबूती से नींव डालनेवाले बाबाजी सहस्रबुद्धे ही थे।

दादाजी पंत इनकी पढ़ाई केवल आठवीं कक्षा तक ही हुई थी। इसलिए उन्हें हाईस्कूल के अभ्यासक्रम में क्या पढ़ाया जाता है, यह पता नहीं होता था। इसलिए फिर उनके हाथ की मार खाने का अवसर नहीं आया। जब वे घर पर होते तो मैं भूमिति की पुस्तक लेकर पढ़ता रहता। उनमें प्रमेय होते हैं, जिनके बारे में उन्हें

कुछ भी समझ में नहीं आता। बीजगणित में भी समीकरण वगैरह होने के कारण यह विषय भी उनके बस के बाहर का था। इस कारण घर पर हर रोज होनेवाली पिटाई एकदम से रुक गई। स्कूल में पिटाई होने की संभावना ही नहीं थी।

आठवीं कक्षा तक चित्रकला अनिवार्य हुआ करती थी। इसलिए स्कूल में पहले तीन नंबरों में मेरा नंबर कभी नहीं आया। मेरी चित्रकला बहुत ही खराब थी। आज की तरह नवचित्रकला अगर उस समय होती तो शायद मेरी चित्रकला में भी कोई नया आशय ढूँढ़ निकालते। चित्रकला के साथ इतिहास और नागरिकशास्त्र का जोड़ होने के कारण मैं प्रतिवर्ष की परीक्षा में उत्तीर्ण हो सका, पर किसी भी परीक्षा में चित्रकला के विषय में मुझे पचास में से बारह से अधिक अंक नहीं मिले। आम का चित्र बनाने को कहा जाए तो बैंगन बन जाता था। चित्रकला के विषय में मेरे बारे में इसी तरह की ख्याति थी। नौवीं कक्षा से चित्रकला यह विषय कम हो गया और पहले तीन क्रमांक में मेरी गणना होने लगी। दसवीं कक्षा की वार्षिक परीक्षा में मैं संपूर्ण पाठशाला में, अर्थात् चारों वर्गों को मिलाकर प्रथम क्रमांक से उत्तीर्ण हुआ था। मुझे पाठशाला की शिष्यवृत्ति भी मिली थी। इस शिष्यवृत्ति की रकम शाला के मासिक शुल्क जितनी थी। कितनी पूछोगे तो उस समय के चार रुपए और ग्यारह आने, यानी आज के चार रुपए और पैंसठ पैसे। मैं, दिगंबर गीद और विनायक इंदुरकर इन्हीं में ये तीन क्रमांक अदल-बदलकर आते। मेरे ये दोनों मित्र अब दिवंगत हो चुके हैं। मैट्रिक की परीक्षा में दिगंबर गीद ने हमारी पाठशाला में प्रथम क्रमांक प्राप्त किया था। दूसरे क्रमांक पर मैं और विनायक इंदुरकर तीसरे क्रमांक पर। इनके आलावा बैस उपनाम धारी विद्यार्थी ने भी प्रथम श्रेणी में परीक्षा उत्तीर्ण की थी। दादासाहेब धनवटे विद्यालय की दीवार पर यदि पुराने बोर्ड अब भी टँगे होंगे, तो सन् 1939 में हम चारों गुणवानों के नाम वहाँ अब भी लिखे मिलेंगे। बैस की बहुत जल्दी मृत्यु हो गई, पर गीद और इंदुरकर इन दोनों ने साइंस कॉलेज में प्रवेश लेकर वहाँ से बी.एससी. की परीक्षा उत्तीर्ण की, वे दोनों महाविद्यालयीन परीक्षा में प्रथम श्रेणी को कायम नहीं रख पाए, पर प्रथम श्रेणी कायम रखने का सौभाग्य मुझे प्राप्त हुआ। गीद आगे चलकर शिक्षक बन गए। नागपुर के सुप्रसिद्ध न्यू इंग्लिश हाईस्कूल के मुख्याध्यापक के रूप में वे सेवानिवृत्त हुए। विनायक इंदुरकर ने बी.एससी. के बाद शासकीय नौकरी कर ली। नायब तहसीलदार से प्रगति करते हुए कलेक्टर बनकर सेवानिवृत्त हुए।

नील सिटी हाईस्कूल के अधीक्षक तात्याजी वझलवार कांग्रेस के कार्यकर्ता थे। वे खादी ही पहनते, पर उनकी पौशाक आँग्ल रूप का, यानी फुल पैंट और बंद

गले का कोट, इस तरह का होता था। पाठशाला में शिक्षा का माध्यम केवल मराठी हुआ करता था। न्यू इंग्लिश हाईस्कूल व सरकारी पटवर्धन हाईस्कूल में अंग्रेजी माध्यम भी हुआ करता था। महाराष्ट्र के कांग्रेस के पूर्व अध्यक्ष और पूर्व मंत्री श्री नरेंद्र तिड़के, ये हमारे ही स्कूल के विद्यार्थी थे। हमारे वर्गमित्र, पर आठवीं कक्षा के बाद उन्होंने पाठशाला छोड़ दी। शायद वे सरकारी पटवर्धन हाईस्कूल में चले गए थे। वहाँ उन्होंने अंग्रेजी माध्यम को चुना था, ऐसा मुझे याद है।

श्री तात्याजी वझलवार बच्चों के लिए बाहर के वक्ताओं के भी भाषण आयोजित करते। श्री दादाजी धर्माधिकारी, तपस्वी बाबासाहेब परांजपे, इनके भाषण मैंने पाठशाला में ही सुने थे। आठवीं कक्षा में इंग्लैंड में बसे हुए एक स्वामी को हमारी पाठशाला में भाषण देने के लिए निमंत्रित किया गया था। उस भाषण में उन्होंने मातृभाषा का महत्त्व कुछ इस तरह से निवेदन किया कि हममें से किसी के भी मन में अगर अंग्रेजी माध्यम के लिए पाठशाला को छोड़ने का विचार भी मन में अंकुरित हुआ होगा तो वह वहीं सूख गया। मराठी माध्यम को स्वीकार करने के बाद भी अंग्रेजी अच्छी तरह से आ सकती है, यह नील सिटी हाईस्कूल ने साबित कर दिखाया।

मौरिस कॉलेज में

मेरा भी साइंस कॉलेज में प्रवेश लेने का विचार था। मुझे मैट्रिक की परीक्षा में रसायनशास्त्र में प्रावीण्य भी प्राप्त हुआ था। संस्कृत में प्रावीण्य नहीं था, परंतु पैसों की व्यवस्था करने के चक्कर में मुझे और पिताजी को नागपुर आने में देरी हो गई। तब तक साइंस कॉलेज में प्रवेश प्रक्रिया समाप्त हो चुकी थी। वहाँ से हम मौरिस कॉलेज में गए, ये दोनों महाविद्यालय सरकारी थे। इस कारण वहाँ भी प्रवेश प्रक्रिया समाप्त हो चुकी थी। हाँ वापस जाने ही वाले थे, तभी श्री भडकमकर नामक एक कारकुन ने मेरी अंक-पत्रिका माँगी। मैं प्रथम श्रेणी में उत्तीर्ण हुआ था और तत्कालीन मध्य प्रांत वर्हाड़ बोर्ड की मैट्रिक परीक्षा में गुणानुक्रम से मेरा दसवाँ क्रमांक था। उस परीक्षा में वर्तमान कम्युनिस्ट पार्टी के उपसचिव अर्धेंदु भूषण वर्धन, ये दूसरे क्रमांक पर थे। भडकमकरजी ने अपने पास से एक पन्ना निकालकर उस पर प्राचार्य के नाम से अरजी लिखने को कहा। अरजी की भाषा भी उन्होंने ही मुझसे लिखवाई। अक्षर केवल मेरे थे। उस समय मौरिस कॉलेज के प्राचार्य श्री सेनगुप्ता थे। छुट्टियों में उनका निवास स्थान कलकत्ता हुआ करता था। भडकमकरजी ने मुझे उनका कलकत्ते का पता दिया और वहाँ अरजी भेजने को

कहा। मैं मन-ही-मन सोच रहा था कि प्रवेश शायद न मिल पाएगा, तब मैं अपने घर के पास के सिटी कॉलेज (आज का श्री बिन्झानी सिटी कॉलेज) में प्रवेश ले लूँगा, परंतु भडकमकरजी ने मुझे आठ दिन बाद बुलाया था, इसलिए मैं रुका था। एक हफ्ते बाद जब मैं उनके कार्यालय पर पहुँचा तो मुझे आश्चर्य का धक्का सा लगा। प्राचार्य सेनगुप्ता ने मुझे प्रवेश देने के लिए अपने कार्यालय को आदेश दिया था।

इस तरह से मैं मौरिस कॉलेज का विद्यार्थी बन गया। मुझे वहाँ मौरिस मेमोरियल शिष्यवृत्ति भी मिली। विज्ञान के विषयों के प्रति मेरा झुकाव होने के कारण कला शाखा का विद्यार्थी बनने के बाद भी गणित विषय चुना। मौरिस कॉलेज में गणित विषय पढ़ाने की व्यवस्था नहीं थी, परंतु साइंस कॉलेज भी सरकारी कॉलेज होने की वजह से हमें गणित पढ़ने के लिए साइंस कॉलेज में जाने की और पढ़ने की अनुमति होती थी। हम चारों कला शाखा के विद्यार्थी गणित के वर्ग के लिए साइंस कॉलेज में जाते थे। उस समय महाविद्यालय का पीरियड पचास मिनटों का हुआ करता था और प्रत्येक पीरियड के बाद दस मिनट का अवकाश रहता था। उन दस मिनटों में हम साइंस कॉलेज पहुँच जाते थे। लव लेन (प्रेम गली) के नाम से चर्चित या यों कहें बदनाम हुई गली में से साइंस कॉलेज में जाने का छोटा रास्ता था। मेरे साथ गणित विषय चुननेवाले और तीन विद्यार्थी थे। 1. डी.के. शेंडे, जिन्होंने आगे चलकर अंग्रेजी विषय में एम.ए. किया और अंग्रेजी के प्राध्यापक बन गए। अनेक वर्षों तक वे अमरावती के विदर्भ महाविद्यालय में प्राध्यापक थे। वे आज जीवित हैं और कहाँ हैं, इस बारे में कोई जानकारी नहीं है। 2. श्री अमरावतकर। इन्होंने गणित विषय में एम.ए. किया, परंतु इन्हें दीर्घायुष्य प्राप्त नहीं हुआ। तीसरी विद्यार्थिनी थी, दाते उपनाम की।

साइंस कॉलेज में गणित सिखाने के लिए पहले वर्ष में श्री एन.ए. शास्त्री, जो बाद में नागपुर के मोहता साइंस कॉलेज के प्राचार्य बने और श्री राघवाचारी, ये दोनों प्राध्यापक थे। दूसरे वर्ष में डॉ. शब्दे और डॉ. धर, ये दो प्राध्यापक थे। प्रा. शास्त्री बीजगणित और प्रा. राघवाचारी त्रिकोणमिति पढ़ाते। डॉ. शब्दे कोऑर्डिनेट ज्योमेट्री पढ़ाते और डॉ. धर स्टैटेस्टिक्स तथा डायनेमिक्स पढ़ाते थे। इन चारों में डॉ. शब्दे की पढ़ाने की पद्धति सर्वोत्कृष्ट थी।

इंटरमीडिएट की परीक्षा

कला शाखा के अन्य विषयों में से संस्कृत और तर्कशास्त्र, ये मेरे अन्य दो विषय थे। प्रो. फाटक हमें तर्कशास्त्र पढ़ाते और प्रथम वर्ष में संस्कृत पढ़ाने के

लिए व्याकरणाचार्य सरस्वती प्रसाद चतुर्वेदी, ये हमारे प्राध्यापक थे। श्री चतुर्वेदी उत्तम शिक्षक थे। द्वितीय वर्ष में महामहोपाध्याय मिराशी प्राध्यापक थे। हालाँकि उस समय उन्हें महामहोपाध्याय की पदवी प्राप्त नहीं हुई थी। सन् 1941 में इंटरमीडिएट की परीक्षा हुई और मुझे प्रथम श्रेणी प्राप्त हुई। उस समय कला और विज्ञान, इन दोनों शाखा की गुणवत्ता सूची एक ही हुआ करती थी। दोनों शाखा मिलाकर बनी मेरिट लिस्ट में मेरा क्रमांक सातवाँ या आठवाँ था। पहले दो क्रमांक विज्ञान शाखा के विद्यार्थियों के थे, पर इनमें श्री वर्धन का नाम नहीं था।

इंटरमीडिएट के बाद बी.ए. के लिए भी गणित विषय ही चुनने की मेरी इच्छा थी, परंतु गणित विषय में प्रावीण्य न मिलने की वजह से और साइंस कॉलेज में जाने-आने का समय भी बचे, इस कारण मैंने गणित विषय छोड़ दिया। वैसे मुझे गणित में भी अच्छे अंक प्राप्त हुए थे। 150 में से 112 परंतु प्रावीण्य पाने के लिए 113 अंकों की आवश्यकता थी। पहली प्रश्न-पत्रिका में 50 में से 46 अंक प्राप्त हुए थे, पर दूसरे और तीसरे पेपर की पढ़ाई में मैंने स्वयं ही धोखा दिया, ऐसा कहना उचित होगा। दादाजी पंत का निधन सन् 1938 में हुआ। तब मैं मैट्रिक, यानी ग्यारहवीं कक्षा में पढ़ता था। दादाजी का डर या धाक एकदम कम हो गई और मैं काफी ऊधमी बन गया। दबी हुई भाप जिस तरह दबाव के कम हो जाने पर किसी भी दिशा में जिस तरह उड़ने लगती है, वैसा ही कुछ मेरे साथ होने लगा। मैट्रिक के वर्ग में पढ़ने के दौरान ही मोघे परिवार के बच्चों के साथ मुझे पत्ते खेलने की लत लग गई। यह लत कुछ इस तरह लगी कि मैट्रिक की परीक्षा का पेपर देकर आने के बाद तुरंत मैं उनके साथ पत्ते खेलने बैठ जाता। हमारे साथ खेल में पुलिस से निवृत्त हुए एक सिपाही भी शामिल होते थे। सौभाग्य केवल इतना था कि मैं पैसे लगाकर नहीं खेलता था, क्योंकि मेरे पास पैसे ही नहीं होते थे। मैं अगर संघ की शाखाओं में न जाता रहता तो मैं किस ओर भटक जाता, यह कहना मुश्किल है। शाखा के संस्कारों की वजह से मैं उस मार्ग पर आगे नहीं गया। फिर घर में हमारी चाची और हम दोनों भाई इतने ही लोग होने के कारण मोघेजी का छह रुपए महीना किराए का मकान छोड़कर तेलंगजी के यहाँ तीन रुपए महीने के किराए के मकान में रहने के लिए आ गए। इस कारण स्वाभाविक रूप से ही मोघे परिवार के साथ संबंध टूट गया।

गणित छोड़ा

इंटरमीडिएट की परीक्षा का पहला प्रश्न-पत्र इतना अच्छा हुआ कि उस खुशी में मैंने अन्य दो प्रश्न-पत्रों का अभ्यास ठीक से किया ही नहीं। दूसरे पेपर

के पहले धूलिवंदन की छुट्टी होने के कारण पूरा दिन होली खेलते हुए मस्ती में बिता दिया। स्वाभाविक ही था कि परीक्षा की तैयारी ठीक से नहीं हुई और मुझे उस पेपर में 50 में से 29 अंक ही मिले और केवल एक अंक के कम होने के कारण मुझे प्रावीण्य नहीं मिला। घर में, कौन से विषयों का चुनाव करना चाहिए, कौन से नहीं, यह बतानेवाला कोई नहीं था। हमारे परिवार में से मैं ही वह पहला लड़का था, जिसने अंग्रेजी माध्यम के स्कूल में प्रवेश लिया था। हमारे घर में यही गौरवास्पद बात थी कि हमारा बाबू हर साल पास हो जाता है, कभी भी फेल नहीं होता। बी.ए. के प्रथम वर्ष में आने के बाद गणित की जगह मैंने इतिहास विषय चुना, परंतु इतिहास के प्राध्यापक श्री फर्नांडिस के पढ़ाने का तरीका मुझे रास नहीं आया, इसलिए मैंने वह विषय छोड़कर तत्त्वज्ञान विषय चुन लिया। तृतीय वर्ष में हमें डॉ. चक्रधर धरणीधर देशमुख, वे तत्त्वज्ञान के प्राध्यापक थे, वे मानसशास्त्र पढ़ाते। उनका भी पढ़ाने का तरीका मुझे पसंद नहीं आया। डॉ. देशमुख इंग्लैंड से पी-एच.डी. की डिग्री लेकर लौटे थे, वे मेहर बाबा के असीम भक्त थे। प्राध्यापकों के विश्राम कक्ष में डॉ. देशमुख एक मजाक का विषय थे, परंतु उन्होंने इस बात की कभी परवाह नहीं की, उनके बारे में अनेक किस्से प्रचलित थे। दीवार पर गोबर के उपले थोपे हुए देखकर उन्होंने अपने एक विद्यार्थी से ऐसा एक प्रश्न किया था कि गाय दीवार पर चढ़कर वहाँ कैसे गोबर कर देती है? इस उपहास में छिपी अतिशयोक्ति समझी जा सकती है। कहने का उद्देश्य यह था कि डॉ. देशमुख एक उपहास का पात्र थे। शायद अति विद्वान् लोगों के हिस्से में ऐसा ही भाग्य होता है, पर चतुर्थ वर्ष में डॉ. देशमुख केवल सांख्यकारिता पढ़ाते थे और यह विषय वे उत्तम पद्धति से पढ़ाते। नीति शास्त्र (एथिक्स) प्रो. रामनाथन पढ़ाते। बी.ए. के अभ्यासक्रम में मैंने संस्कृत और तत्त्वज्ञान के अलावा अंग्रेजी साहित्य का भी चुनाव किया था। महाविद्यालय के प्रथम वर्ष से लेकर चतुर्थ वर्षों तक अंग्रेजी पढ़ाने के लिए प्रा. कुसुमावती देशपांडे, प्रा. गुह, प्रा. मावलनकर, प्रा. मेहता, प्रा. चोरड़िया और प्रा. कृष्णन हमें मिले। प्रा. कृष्णन ने केवल एक वर्ष हमें अंग्रेजी पढ़ाई, पर हम सब विद्यार्थियों के मन में उत्कृष्ट शिक्षक के रूप में उनकी छाप थी। बाकी के सारे प्राध्यापकों में प्रा. कुसुमावती का नंबर बहुत ऊपर था। वे कॉलेज में साड़ी के ऊपर कोट पहनकर आती थीं। नागपुर के महल जैसे भाग में पुरातन, परंपरागत, बस्ती से आनेवाले हम जैसे विद्यार्थियों को उनकी इस पोशाक को देखकर बड़ा आश्चर्य होता। प्रा. कृष्णन बाद में राज्य पुनर्रचना के बाद मध्य प्रदेश में चले गए और शिक्षा क्षेत्र में सेक्रेटरी के पद तक पहुँचे, ऐसी जानकारी मुझे प्राप्त है।

प्राध्यापक चतुर्वेदी

जैसा पहले बताया है कि प्रा. चतुर्वेदी और प्रा. मिराशी ये हमारे प्राध्यापक थे। प्रा. मिराशी के पढ़ाने का तरीका कठोर हुआ करता था, जबकि प्रा. चतुर्वेदी का वर्ग चैतन्य से भरपूर हुआ करता। द्वितीय और तृतीय वर्ष के विद्यार्थियों को प्रा. मिराशी पढ़ाते और प्रथम एवं चतुर्थ वर्ष के विद्यार्थियों को प्रा. चतुर्वेदी पढ़ाते थे। प्रा. चतुर्वेदी के पढ़ाने के दौरान घटी एक घटना मेरे मन पर सदा के लिए अंकित हो चुकी है। बी.ए. की अंतिम परीक्षा हेतु एक अंग्रेजी अनुच्छेद का संस्कृत में अनुवाद करने के लिए एक प्रश्न हुआ करता था। यह पीरियड सामान्यत: शनिवार के दिन रहता। चतुर्वेदी सर बहुत ध्यानपूर्वक हमारा अनुवाद जाँचते। मुझसे उन्होंने कई बार कहा था कि तेरा अनुवाद निर्दोष होना चाहिए। एक भी गलती के लिए कोई अवकाश नहीं होना चाहिए। उनके इस उपदेश से प्रभावित होकर मैं शुक्रवार की रात निर्दोष अनुवाद करने के लिए बहुत प्रयत्न किया करता। घर पर या अड़ोस-पड़ोस में पूछने के लिए कोई उपलब्ध नहीं होता था। अपना अनुवाद स्वयं ही दो-तीन बार पढ़कर ठीक करता। फिर भी कोई-न-कोई गलती रह ही जाती, पर एक दिन चतुर्वेदी सर की पेंसिल अनुवाद जाँचते हुए कहीं नहीं रुकी। उस दिन मेरा अंत:करण आनंद से भर गया। उन्होंने मेरी तरफ देखकर कहा, "आज एक भी गलती नहीं है पर··· ?" मैं भी पर यानी क्या, इसी बात पर सोच रहा था, तभी वे मुझसे बोले, "इस शब्द के स्थान पर इसी अर्थ का यह शब्द अधिक उपयुक्त होता या नहीं ?" और उसी अनुवाद में और दो-तीन शब्दों के लिए उन्होंने बहुत अच्छे पर्यायवाची शब्द सुझाए। उस दिन से मेरे मन में शब्दों का चुनाव करने की प्रक्रिया प्रारंभ हुई। अर्थ सामान होने पर भी कौन सा पर्याय चुना जाए, इस बात पर मैं गहराई से सोचने लगा। एक ही शब्द अर्थ समान होने पर भी बार-बार प्रयोग नहीं करना चाहिए, यह बात ध्यान में आई और धीरे-धीरे यह बात समझ में आने लगी कि शब्द का एक प्रकार का तेज होता है, एक सुगंध होता है और एक प्रकार का औचित्य भी होता है। अँधेरे कमरे में एक कोने में रखा हुआ दीया जिस तरह पूरे कमरे को प्रकाशित करता है, उसी तरह वाक्य में प्रयुक्त एक शब्द संपूर्ण वाक्य को प्रकाशित करता है और एक वाक्य संपूर्ण परिच्छेद को प्रकाशित करता है। प्रा. सरस्वती प्रसाद चतुर्वेदी का शब्दों के रूप और आशय समझाने का ऋण मैं कभी भूल नहीं पाऊँगा। प्रा. चतुर्वेदी का विद्यार्थियों पर कितना स्नेह था, इस बात का उदाहरण मैं यहाँ रखना चाहता हूँ। यह बात है सन् 1949 की। उस समय मेरी पढ़ाई पूरी हो चुकी थी। मैं कुछ महीने मौरिस कॉलेज में प्राध्यापक भी

रहा था। यह मेरी अल्पकालीन सेवा सन् 1948 अक्तूबर में खत्म हुई। सन् 1948 के दिसंबर महीने में संघ का, उस पर लगी हुई बंदी को हटाने के लिए सत्याग्रह शुरू हो चुका था। वह सन् 1949 के फरवरी के प्रारंभ में रोक दिया गया। सत्याग्रह रोकने के बाद सभी विद्यार्थियों को कारावास की अवधि पूर्ण होने के पहले ही मुक्त कर दिया गया था। इस सत्याग्रह में प्रा. चतुर्वेदी के दो-तीन शिष्यों ने भाग लिया था। कारावास में से छूटने के पश्चात्, उनका बाकी रहा अभ्यासक्रम पूर्ण करवाने के लिए प्रा. चतुर्वेदी महाविद्यालय के वर्ग समाप्त होने पर इन विद्यार्थियों के लिए विशेष वर्ग लेते। एक बार मैं उनके घर यूँ ही महज मिलने के लिए गया था, तब शाम के पाँच बजने के उपरांत वे घर नहीं लौटे थे। मैं कुछ देर तक रुका रहा। जब वे लौटे, तब मैंने उनसे पूछा, ''आज आपको बड़ी देर हो गई।'' वे बोले, ''मैं आर.एस.एस. की स्पेशल क्लास लेकर आ रहा हूँ।'' प्रा. चतुर्वेदी सरकारी कॉलेज के प्राध्यापक थे। संघ से उनका कोई संबंध नहीं था, पर अपने विद्यार्थियों का जो अभ्यास छूट गया हो, उसे हमें पूरा कर देना चाहिए, ऐसा कर्तव्यबोध उनमें था। इस विशेष वर्ग के लिए उन्होंने उन विद्यार्थियों से एक पैसा भी शुल्क के रूप में नहीं लिया। आज कितने प्राध्यापकों को अपने विद्यार्थियों के लिए इस तरह अधिक परिश्रम उठाने के विचार आते होंगे?

देरी से बी.ए. की पदवी

एक बात बताना भूल गया। मैंने सन् 1939 में मैट्रिक की परीक्षा पास की और सन् 1941 में इंटरमीडिएट की परीक्षा। उसके बाद स्वाभाविक रूप से सन् 1943 में मुझे बी.ए. हो जाना चाहिए था, परंतु मैंने यह परीक्षा सन् 1944 में उत्तीर्ण की, क्योंकि तृतीय वर्ष की परीक्षा देने के बाद, मतलब सन् 1942 में मैं नागपुर नहीं आ सका। (क्योंकि इसी वर्ष जून में मेरे पिताजी गंभीर रूप से अस्वस्थ रहे। उनके इलाज के लिए करीब एक महीना हम हिंगनघाट में ही रहे। परिवार में बड़ा लड़का होने के कारण उनकी सेवा में रहना मेरे लिए आवश्यक था। फिर नागपुर आकर पढ़ने के लिए घर में पैसे भी नहीं थे। इसलिए हम तीनों भाइयों की पढ़ाई एक साल पिछड़ गई। उस वर्ष हम तरोड़ा में ही रहे।) हमारी माँ का देहांत सन् 1936 में ही हो चुका था और उनके देहांत के पहले ही बहनों का विवाह भी हो चुका था, अतः घर में रसोई बनाने का काम मैं ही करता था। इस वर्ष में मैं रसोई बनाने में अच्छी तरह से निपुण हो गया। पिताजी को मीठे पदार्थ अधिक पसंद आते और हर शुक्रवार को रात के भोजन में कुछ मीठा हो, ऐसी उनकी अपेक्षा रहती और मैं उसे

प्रयत्नपूर्वक पूर्ण करता। हम तीन भाई और पिताजी इन चारों के लिए रसोई बनाना मेरे लिए सहज संभव था। दूसरा कोई काम भी नहीं होता था। इसलिए सुबह के दो घंटे और शाम को एक घंटा रसोई बनाने में अत्यंत आनंदपूर्वक व्यतीत होता। पिताजी नित्य नियम से वैश्वदेव करते। इसलिए भोजन में हर रोज दाल, चावल, सब्जी, रोटी और कढ़ी इस तरह के पाँच पदार्थ होते ही थे, क्योंकि वैश्वदेव के लिए चावल बनाना आवश्यक होता और चावल बनाने पर दाल बनाना आवश्यक हो जाता। उस जमाने में गैस वगैरह नहीं हुआ करती थी। चूल्हे पर ही रसोई बनती थी। यह चूल्हा भी आज के दो बर्नर वाली गैस की सिगड़ी की तरह हुआ करता। चूल्हे के मुख्य भाग में लकड़ियाँ अच्छी तरह से जलने लगतीं। तब चूल्हे के दूसरी तरफ भी उसकी आग स्वाभाविक रूप से फैल जाती। इस तरह एक ही समय में सब्जी और दाल पकाई जा सकती थी। उस जमाने में जैसे गैस नहीं हुआ करती थी, उसी तरह कुकर भी नहीं होते थे। हर पदार्थ को अलग बरतन में पकाया जाता।

सन् 1942 का साल स्वतंत्रता आंदोलन का था। विद्यार्थियों का इसमें बड़ा सहभाग था। अगस्त के पहले पखवाड़े में पिताजी की बीमारी के कारण हमारा मुकाम हिंगनघाट में ही था। कॉलेज में अनुपस्थित रहने के लिए मैंने कोई अरजी नहीं दी थी। इस कारण मैं सन् 1942 के स्वतंत्रता आंदोलन में सहभागी रहा हूँगा, ऐसा तर्क करके सितंबर के महीने में पुलिस तरोड़ा आई थी। मैं, पिताजी की बीमारी के कारण कॉलेज नहीं जा सका। यह कारण उन्हें योग्य लगा। इसलिए फिर हमें कोई तकलीफ नहीं हुई। हाँ, अनुपस्थित रहने के कारण मुझे मिलनेवाली मौरिस मेमोरियल की स्कॉलरशिप मात्र रद्द कर दी गई।

स्नातकोत्तर संस्कृत

सन् 1944 में बी.ए. की परीक्षा प्रथम श्रेणी में उत्तीर्ण की। संपूर्ण महाविद्यालय में मेरा चौथा नंबर था शायद, पर संस्कृत विषय में मुझे सर्वाधिक, यानी 150 में से 124 अंक प्राप्त होने के कारण मैं प्रथम आया था। इसलिए मुझे सरस्वतीबाई कोलते स्वर्णपदक प्राप्त हुआ। दीक्षांत समारोह में तत्कालीन मध्यप्रदेश वर्हाड़ के गवर्नर सर हेनरी टॉयनेम ये विद्यापीठ के पदसिद्ध कुलपति थे, उनके हाथों मुझे यह स्वर्णपदक प्राप्त हुआ। मैं यह पदक लेकर अपना स्थान ग्रहण करने हेतु जाते वक्त एक सद्गृहस्थ ने मेरा रास्ता रोककर और खड़े होकर मेरा अभिनंदन किया। उनका नाम भी मैं नहीं जानता था, पर इस विशेष अभिनंदन का कारण भी उन्होंने ही बता दिया कि आज यूरोपियन गवर्नर के हाथों तुम्हें यह पारितोषिक मिला है,

इसलिए मैं तुम्हारा अभिनंदन करता हूँ। सन् 1944 में गुलामी के विषय में सुशिक्षित लोगों के मन में भी कितना आदर भाव हुआ करता था, इस बात का यह नमूना है।

बी.ए. के बाद एम.ए. के अभ्यासक्रम के लिए अंग्रेजी विषय लेने की मेरी इच्छा थी, परंतु अंग्रेजी विषय में साठ प्रतिशत में तीन अंक कम पड़ जाने के कारण मुझे यह विचार छोड़ना पड़ा, क्योंकि किंग एडवर्ड मेमोरियल अत्यंत प्रतिष्ठित शिष्यवृत्ति प्राप्त करने के लिए साठ प्रतिशत मिलना आवश्यक था। अंग्रेजी साहित्य के विषय में साठ प्रतिशत से कम अंक क्यों मिले, इस बात का मुझे स्वयं भी बहुत आश्चर्य हुआ। इस विषय के पहले प्रश्न-पत्र में मुझे 75 में से 52 अंक प्राप्त हुए थे। दूसरे प्रश्न-पत्र में भी मुझे इतने ही अंक प्राप्त होंगे, ऐसी अपेक्षा थी, पर मुझे केवल 35 अंक ही मिले। उस जमाने में पुनर्मूल्यांकन की व्यवस्था नहीं हुआ करती थी। केवल अंकों का जोड़ किया जाता था, पर फिर भी मैं इसके लिए अरजी देने विद्यापीठ के कार्यालय में पहुँचा तो वहाँ मुझे मेरे वर्गमित्र के.ज.पुरोहित, जो आज मराठी साहित्य में शांताराम के नाम से प्रसिद्ध हैं, उनसे मेरी मुलाकात हुई। मैंने उन्हें वहाँ आने का प्रयोजन बताया। तब उन्होंने मुझे उस विचार से परावृत्त किया, क्योंकि उन्होंने भी मेरी तरह कम अंक प्राप्त होने की वजह से तरह पुनःजोड़ करने के लिए अरजी दी थी, तब जोड़ बिल्कुल सही है, ऐसा उन्हें सूचित किया गया। मैं अपने दस रुपए बच गए, इस खुशी में और केवल 87 अंक प्राप्त हुए, इस दुःख के साथ घर लौट आया। तत्त्वज्ञान के विषय में मुझे साठ प्रतिशत से अधिक अंक प्राप्त हुए थे, पर इस विषय में मुझे स्नातकोत्तर का अभ्यासक्रम नहीं लेना है, ऐसा मैंने पहले से ही तय कर दिया था, इस कारण मैंने संस्कृत में एम.ए. करने का निर्णय कर लिया, उसके बाद मुझे किंग एडवर्ड मेमोरियल की शिष्यवृत्ति दो साल के लिए मिली। चालीस रुपए प्रतिमाह, ऐसी रकम इस शिष्यवृत्ति द्वारा प्राप्त होती थी। आज यह रकम कम लग सकती है, परंतु उस समय में चालीस रुपए बहुत अधिक हुआ करते थे। हमारे पड़ोस में बैंक के एक कारकून रहते थे। उनके परिवार में वे दो पति-पत्नी और दो बच्चे इतने सदस्य थे, उनका वेतन केवल पैंतीस रुपए प्रतिमाह था। इसलिए चालीस रुपए, यानी इससे पहले कभी नहीं मिली थी, ऐसी अमीरी मुझे मिली थी। गाँव से अनाज आता था, इसलिए चालीस रुपयों को खर्च कैसे किया जाए, यह प्रश्न उठता था। इसलिए हर हफ्ते दोस्तों के साथ हलुआ खाना, यह तय कार्यक्रम होता था। घर में अलार्म बजानेवाली घड़ी आई। हर रोज उपयोग में ली जानेवाली धोती का कपड़ा मुलायम होता गया और कीमत भी बढ़ने लगी। कुल मिलाकर ये दो साल बहुत अमीरी में बीते।

गहरे अध्ययन के लिए

संस्कृत में मुझे सर्वाधिक अंक प्राप्त हुए थे, पर फिर भी मेरा संस्कृत का ज्ञान इतना गहरा नहीं था। मुझसे दो या तीन वर्ष आगे पढ़े हुए श्री. भा. वर्णेकर, वसंतराव शेवड़े, म. त्र्यं. सहस्रबुद्धे, इन सबने संस्कृत का विशेष अध्ययन किया था, पर उन्हें न तो बी.ए. की परीक्षा में, न ही एम.ए. की परीक्षा में, स्वर्णपदक मिला था, न ही प्रथम श्रेणी प्राप्त हुई थी। इसका कारण मेरे मतानुसार उनका अंग्रेजी भाषा पर अच्छा प्रभुत्व न होना, यह होगा। उस समय में संस्कृत विषय भी अंग्रेजी माध्यम से पढ़ना पड़ता था तथा उत्तर भी अंग्रेजी में ही लिखने पड़ते थे। अंग्रेजी भाषा पर प्रभुत्व न होने पर कम अंक मिलना स्वाभाविक ही था। अंग्रेजी साहित्य का विद्यार्थी होने के कारण मेरे सामने ऐसी समस्या पैदा नहीं हुई और संस्कृत भाषा का सीमित ज्ञान होने पर भी मुझे बी.ए. तथा एम.ए. में भी स्वर्णपदक प्राप्त हुए।

पर एम.ए. के लिए संस्कृत विषय को चुनने के बाद इस विषय का गहराई से अध्ययन करने के लिए मैं कटिबद्ध हो गया। इसमें मुझे वसंतराव शेवड़े की बहुत सहायता मिली। वसंतराव ने सन् 1941 में एम.ए. की परीक्षा उत्तीर्ण की थी, उसके पश्चात् उन्होंने जीवन भर संस्कृत का अध्ययन किया। संस्कृत साहित्य के ज्ञानार्जन के साथ ही उन्होंने व्याकरण और न्याय इन दो विद्या शाखाओं में भी बहुत प्रगति की। उन्होंने अपना सारा जीवन ही अध्ययनकार्य को समर्पित कर दिया। महाकवि कालिदास के समान उन्होंने काव्यरचना की है। ज्ञान साधना की तपस्या में यत्किंचित भी बाधा न पड़े, इसलिए उन्होंने विवाह भी नहीं किया, न ही कहीं नौकरी की। वे वैसे भी धनिक परिवार में पैदा हुए थे। उनके पिताजी तत्कालीन सरकार में एडवोकेट जनरल थे। आगे चलकर वे उच्च न्यायालय में न्यायाधीश हो गए। वसंतराव के बड़े भाई को पढ़ने के लिए आठवीं कक्षा से ही इंग्लैंड भेज दिया गया था। इसलिए नहीं कि नागपुर में पढ़ने की अच्छी व्यवस्था नहीं थी। व्यवस्था तो अवश्य थी, परंतु दादासाहब शेवड़े का बेटा इंग्लैंड में पढ़ता है, ऐसी प्रतिष्ठा पाने के लिए वह इंग्लैंड में पढ़ रहा था। वसंतराव, घर के सभी आधुनिक वातावरण से बिल्कुल भिन्न, दूसरा छोर थे। उनके कमरे में, व्यायाम के लिए दो मुद्‌गल, पुस्तकों की अलमारियाँ और बैठने के लिए एक दरी, बस इतना इंतजाम हुआ करता था। एक बार उन्होंने मुझसे कहा, "बाहरगाँव के लोगों को मुझे देखकर ऐसा लगता है कि यह शेवड़ेजी के घर का रसोइया होगा।" सचमुच, जैसा रसोइए के कंधे पर होता है, वैसा ही लाल गमछा उनके कंधे पर भी होता था। पिता इतने बड़े प्रसिद्ध वकील होने के कारण वसंतराव भी वकील बनें, ऐसी

उनकी इच्छा थी, परंतु वसंतराव ने सम्मानपूर्वक उसे अस्वीकार कर दिया। अधिक संस्कृत के अभ्यास के लिए उन्हें जर्मनी चले जाना चाहिए, ऐसा प्रस्ताव भी उनके समक्ष रखा गया, पर उन्होंने उसे भी नकार दिया। आगे चलकर न्याय पढ़ने के लिए दो यूरोपीय विद्यार्थी उनके पास आने लगे, तब वसंतराव की योग्यता उनके परिवारजनों के ध्यान में आई और उनका सम्मान भी बढ़ा।

मैंने एम.ए. में प्रवेश लिया, तब अमरावती के डॉ. हीरालाल जैन और प्रा. स. गो. सोमलवार और जबलपुर के रोबर्टसन कॉलेज के प्रा. एन आर. नावलेकर ये नए प्राध्यापक हमें मिले। प्रा. नावलेकर की अंग्रेजी, अंग्रेजी पढ़ानेवाले प्राध्यापकों से भी अधिक अच्छी थी। एम. ए. के अंतिम वर्ष में उन्होंने हमें काव्य प्रकाश पढ़ाया था, ये सभी प्राध्यापक बहुत विद्वान् थे, पर विद्यार्थियों को परीक्षा के लिए आवश्यक उपयुक्त गहन विचार के लिए प्रेरित करना, ऐसा कोई विचार उनके मन में आया होगा, ऐसा प्रतीत नहीं हुआ। मेरे बारे में यह कमी श्री शेवड़ेजी ने पूर्ण कर दी।

ज्ञान की गहनता का मापदंड

वसंतरावजी का, किसी विषय का ज्ञान परिपूर्ण है या नहीं, यह परखने का एक मापदंड हुआ करता था। पूछे गए प्रश्न का सही उत्तर पुस्तक में देखे बिना दिया जा सके तो ही उस विषय में प्रावीण्य माना जाता। उनके यहाँ मैंने प्रथम वर्ष में लघु सिद्धांत कौमुदी में से संधि प्रकरण और केशव मिश्राजी की तर्क भाषा ये दो ग्रंथ पढ़े और द्वितीय वर्ष में सिद्धांत कौमुदी का कारक प्रकरण पढ़ा। उनके द्वारा पढ़ाए गए इन ग्रंथों का अभ्यास करने के बाद ही मुझे पाणिनि के सूत्रों के एक-एक शब्द का प्रयोजन समझ में आने लगा। पतंजलि का महाभाष्य भी समझ में आने लगा। बालमनोरमा का यथार्थ आकलन होने लगा और मेरे संस्कृत की नींव मजबूत हो गई। एम.ए. की परीक्षा के बाद मुझे न्यायशास्त्र पढ़ना चाहिए, ऐसी उनकी मन-ही-मन इच्छा थी, परंतु मेरे दिलोदिमाग पर राष्ट्रीय स्वयंसेवक संघ के कार्य का कुछ ऐसा जोश चढ़ा हुआ था कि विद्वत्ता के मार्ग से स्वयं को जानबूझकर दूर कर दिया। यह बात वसंतरावजी के लिए खेदजनक थी। मैंने पी-एच.डी. प्राप्त करने की इच्छा को भी खत्म कर दिया। उपजीविका के लिए आवश्यक वेतन पाने के लिए कम-से-कम जितना समय देना अनिवार्य होता, उतना ही समय मैं उस कार्य के लिए देता था। बाकी का सारा समय संघकार्य के लिए उपलब्ध होता था। इसलिए सन् 1946 में एम.ए. होने के बाद आगे पढ़ने के लिए खास कोई प्रयत्न ही नहीं किया। सन् 1946 में ही स्वतंत्रता की आहट सुनाई देने लगी थी। कांग्रेस के

मंत्रिमंडल सत्तारूढ़ हो गए थे। इसी के साथ केवल गुणवत्ता से सिफारिश अधिक प्रभावी होने लगी। इसलिए स्वाभाविक रूप में सन् 1946 में मुझे सरकारी नौकरी नहीं मिली। पब्लिक सर्विस कमीशन ने द्वितीय श्रेणी में उत्तीर्ण हुए व्यक्ति की प्राध्यापक के तौर पर नियुक्ति कर दी। उस व्यक्ति के पिताजी एक प्रभावशाली मंत्री के दोस्त थे। फिर एक साल बाद एक अल्पकालीन अस्थायी पद पर मुझे मौरिस कॉलेज में संस्कृत के प्राध्यापक के रूप में नौकरी मिल गई। इसके बाद संघ का सत्याग्रह हुआ, जिसमें मैं सहभागी हुआ था। इसलिए मैंने नौकरी का मोह ही त्याग दिया। मात्र, सन् 1948 में मैंने एल.एल.बी. के प्रथम वर्ष ही परीक्षा उत्तीर्ण की।

कारावास से छूटने के बाद द्वितीय वर्ष की परीक्षा पास कर लेने के बाद वकील का पेशा शुरू करने की योजना बनाई थी, परंतु कारावास से छूटने के बाद तुरंत ही मुझे हिस्लौप कॉलेज में नौकरी मिल गई। इसलिए फिर मैंने वकील बनने का अभ्यास करने का विचार छोड़ ही दिया। हिस्लौप कॉलेज के संस्कृत के प्राध्यापक श्री बापट उनका फरवरी '49 में आकस्मिक निधन होने के कारण वहाँ कोई प्राध्यापक नहीं था। मैं केवल यह पद रिक्त हुआ है, उस बारे में पूछताछ करने गया तो वहाँ के प्राचार्य डॉ. मोज़ेज़ ने तत्काल मुझे नौकरी दे दी। जैसे कि वे किसी के आने की राह ही देख रहे थे। उस हिस्लौप कॉलेज में सत्रह वर्षों से अधिक काल तक प्राध्यापक के रूप में व्यतीत किया और सिखाने के लिए जितना आवश्यक था, उतना अभ्यास करने में ही स्वयं को धन्य मानने लगा था। इस तरह मेरी इसके बाद की सारी औपचारिक शिक्षा वहीं रुक गई।

❐

4

विवाह के मेरे अनुभव

मेरा विवाह अनुभव। मेरा यह शब्द अनेक वचन दर्शाता है। यह आज के व्याकरण के विषय में अनास्था होने के काल खंड में भी, बताने की आवश्यकता नहीं है, पर इसका संबंध अनुभवों के साथ है, विवाह से नहीं, यह जानबूझकर बताने का ऐसा कोई कारण नहीं है, पर यह कहा है अर्थात् उसका कोई प्रयोजन अवश्य होगा। नानपेक्षितमुच्यते यह मल्लिनाथ का लेखन आदर्श मैंने सदा अपने शिरोधार्य रखा है।

लेखन का विषय

कारण यह है कि उसके पीछे एक घटना है। बात सन् 1998 की है। मैं वाराणसी से गंगा-कावेरी नामक एक्सप्रेस गाड़ी से नागपुर आ रहा था। आरक्षण पक्का नहीं हुआ था। वह आरएसी श्रेणी का था। टिकट चेकर से पता चला कि शायिका मिलने में करीब दो घंटे लगेंगे। आरएसी में मेरी तरह एक अमेरिकन दंपती भी थे। पुरुष की उम्र साठ को पार कर चुकी थी, पर उसके मुकाबले स्त्री काफी युवा थी। हम तीनों ही समान सुख-दुःख के हिस्सेदार थे। एक ही शायिका पर बैठे थे। मैंने अपने स्वभावानुसार सबसे परिचय कर लिया और फिर हम सब बातें करने लगे। बातों-बातों में अमेरिकन पुरुष ने मुझसे पूछा, ''आपकी शादी को कितने साल हुए?''

''पचास'' मैंने कहा।

''द सेम वाइफ?'' उसका आश्चर्य से भरा प्रश्न।

मेरे चेहरे पर हलकी सी मुसकराहट की अस्पष्ट सी रेखा उभर आई।

मैंने कहा, ''हाँ।''

फिर मैंने उनसे प्रश्न पूछा। उस पर उन्होंने उत्तर दिया।

''यह मेरी दूसरी पत्नी है। और मैं इसका दूसरा पति हूँ।''

तो क्या, मेरी एक ही शादी हुई है। उस शादी के अनुभव भी लिखने योग्य नहीं हैं, ऐसा नहीं है परंतु लिख-लिखकर मैं क्या लिखूँगा, एक विवाह के अनुभव होकर भी कितने होंगे? इसीलिए विवाह के अनुभव इस सामासिक पद का विग्रह विवाह के अनुभव की बजाय विवाहों के अनुभव इस तरह ही करना चाहिए। अनेक शादियाँ और उस विवाह संबंधी मेरे अनेक अनुभव, यह इस लेख का विषय है।

बैलगाड़ी में शादी

विवाह का पहला, मुझे याद आने वाला अनुभव सन् 1932 का है। पिताजी के फुफेरे भाई के लड़के की शादी थी, उनका नाम था, पुरुषोत्तम गाड़े। हम बच्चे उन्हें बावाजी कहकर पुकारते। पिताजी के बुआ के लड़के का लड़का। इस तरह देखा जाए तो बहुत दूर का रिश्ता था। वर्णनात्मक रूप से सचमुच बहुत दूर का, परंतु संबंध और आत्मीयता के रूप में देखें तो बहुत नजदीकी था। इतना नजदीकी कि दूल्हे की बरात भी हमारे घर से, तरोड़ा गाँव से निकली थी। बरात जानी थी यवतमाल जिले के नागठान-गुजरी नामक गाँव में। अंतर था 13 कोस, यानी आज की भाषा में करीब 42 कि.मी.। उस जमाने में बस या मोटरें कहाँ थी, सड़कें ही नहीं थीं, जिन पर वे दौड़तीं? इसलिए बरात बैलगाड़ियों से जानी थी। करीब 10-12 बैलगाड़ियाँ तो रही होंगी। हमारे गाँव की बोली में बैलगाड़ी के लिए रेंगी शब्द प्रचलित है। कुछ रेंगियाँ खुलीं, ऊपर से आच्छादित नहीं होती थीं। तो कुछ ऊपर से बाँस की लकड़ियों से आच्छादित होती थीं। महिलाएँ इन आच्छादित बैलगाड़ियों में बैठतीं। दूल्हेराजा भी आच्छादित बैलगाड़ी में ही बैठते। एक आच्छादित बैलगाड़ी तो इतनी बड़ी थी कि उसमें छह लोग बैठकर ताश का बिजिक खेल-खेलते। बैंड-बाजे के लिए एक खुला गाड़ा हुआ करता। रेंगी की तुलना में बहुत बड़ा और खुला हुआ। ये बाजेवाले माँग जाति के हुआ करते थे, यह उनका पुश्तैनी धंधा था। उनकी गणना अस्पृश्यों में होती। अब 42 कि.मी. के अंतर में रास्ते में कई गाँव आते। फिर जब भी कोई गाँव आता तो ये माँग बाजेवाले अपने गाड़े में से उतरते और बैंड-बाजा बजाना शुरू कर देते। लोग समझ जाते कि कोई बरात जा रही है। गाँव के गुजरते ही बैंड बंद और पुन: अपने वाहन में बैठकर आगे का प्रवास शुरू हो जाता।

मुझे अच्छी तरह से याद है कि रातभर इस तरह यात्रा करके हम सूर्योदय के

समय भोर में वर्धा नदी के तट पर बसे पोटी नामक गाँव में पहुँचे। एक नई छावनी ही वहाँ तैयार हो गई थी। 60-70 लोग। उनमें महिलाएँ और बच्चे भी। नदी पर ही नहा-धोकर तैयार होना था, सबका नहाना-धोना हुआ। खाना बना। सबका खाना हुआ। इतने सारे लोगों का खाना बनना था, पर कोई रसोइया नहीं था। घर की महिलाओं ने ही खाना बनाया। मैंने अपने जीवन में बैलगाड़ी से किए प्रवास में कई बार नदी के किनारे खाना बनाने का अनुभव प्राप्त किया है। नौकर गोबर के कंडे और सूखी टहनियाँ जमा करता। उसका एक तरह का चूल्हा तैयार होता। उस पर एक ही समय में तीन बरतनों में दाल, चावल और सब्जी तैयार होती थी। संभवतः रोटियाँ नहीं बनाई जातीं। लिट्टी या जिसे बाटी कहते हैं, वह बनाते और कंडों की राख में उसे सेंकते। इस तरह पकी रसोई का स्वाद ही कुछ और होता है। पिताजी के साथ प्रवास करते हुए अनेक बार उनके साथ मैं ही होता था और ऐसी रसोई बनाता कि यह लिखते समय भी मेरे मुँह में पानी आ रहा है।

वर्धा नदी के तट पर स्नान व भोजन का कार्यक्रम समाप्त कर बरात दोपहर को नागठान-गुजरी के लिए निकली। संध्या समय होते-होते बरात लड़की के मंडप पर जा पहुँची। विवाह समारंभ यथास्थिति संपन्न हुआ। किसी भी तरह के वाद-विवाद के बिना यह विवाह राजी-खुशी संपन्न हुआ।

विवाह या विघ्न?

विवाह राजी-खुशी से निर्विघ्न संपन्न होना; यह वधूपक्ष की दृष्टि से अत्यंत महत्त्वपूर्ण माना जाता है। वह संपन्न होने तक वधूपक्ष के लोग चिंता में ही रहते हैं। कौन, कब, क्या विघ्न उपस्थित करेगा, यह कहा नहीं जा सकता। विघ्न हमेशा दूल्हे के माता-पिता की ओर से ही उत्पन्न किया जाता है, ऐसा नहीं होता। अधिकांशतः उनकी ओर से उत्पन्न किया भी नहीं जाता, परंतु शादी में आनेवाले अन्य लोगों को शादी और वह भी निर्विघ्न रूप से संपन्न हो जाए यह समीकरण मान्य नहीं होता। हमारे पिताजी मेरी बड़ी बहन के विवाह के अवसर पर घटी एक घटना अकसर सुनाते। सन् 1926 में घटी होगी यह घटना। मतलब मैं उस वक्त करीब तीन साल का रहा हूँगा। मंगलाचरणों का गान हुआ। जयमाला भी पड़ गई। सप्तपदी वगैरह धार्मिक क्रियाएँ भी संपन्न हो गईं। दूल्हे राजा अपने बारातियों के पास अपने निवासस्थान पर लौट गए। इधर भोजन की सारी व्यवस्था की गई। थालियाँ परोसी गईं। रंगोली सजाई गई, परंतु बरातियों में से कोई भी भोजन के लिए आने को तैयार ही नहीं था। क्या हुआ था, क्या पता। कहते हैं बरातियों में से

किसी का अपमान हो गया था। इसलिए सारे बराती रूठ गए थे। आखिर हमारी ओर से, यानी दुलहन के घरवालों की ओर से ठाकुर बलरामसिंह बरातियों के निवास पर गए। बलरामसिंह उस जमाने की बड़ी हस्तियों में से एक थे। सोलह गाँवों के मालगुजार। उन्होंने बरातियों को समझाया। उन्होंने कहा, ''देखिए, आप दोनों समधी कल किसी-न-किसी वजह से निकट आ ही जाएँगे, पर हम जैसों का क्या, शादी-ब्याह के अवसर पर हमारे यहाँ होने का मतलब ही क्या है? न ही हमसे कोई काम करवाया जाएगा, न ही करने दिया जाएगा। एक तरह से हम जैसे मेहमान इस तरह के अवसरों पर अड़चन रूप ही होते हैं, क्योंकि काम करनेवाले लोग भी अपना काम छोड़कर हम जैसों के साथ गप्पें लड़ाने बैठ जाते हैं, परंतु ऐसे समय अगर कहीं वाद-विवाद उत्पन्न हो जाता है, तब हम जैसे ही काम में आते हैं मध्यस्थ की हैसियत से, वाद-विवाद सुलझानेवाले बिचौलिए की हैसियत से। उसी भूमिका के तहत मैं आपके पास आया हूँ। आप सभी भोजन के लिए पधारने की कृपा करें। किसी से कुछ गलती हो गई हो तो मैं उनकी ओर से आप सबसे क्षमा माँगता हूँ।'' इतने धनाढ्य मालगुजार को इतनी नम्रता से बात करते देख सारे बरातियों का क्षोभ पलभर में हवा हो गया और फिर भोजन और बरात की विदाई वगैरह बिल्कुल शांतिपूर्ण ढंग से संपन्न हुआ।

इस मानापमान के नाटक का एक प्रवेश का अनुभव लेने का अवसर एक बार मेरे साथ भी हुआ। मेरे छोटे भाई का विवाह होना था। पिताजी अस्वस्थ होने के कारण इस विवाह में सम्मिलित नहीं हो पाए थे। इस विवाह में पिताजी की भूमिका मैं निभा रहा था। मेरी उम्र करीब 29-30 की थी और लड़की के पिता सत्तर पार चुके थे, पर मेरे पिताजी की भूमिका में होने के कारण मेरा और मेरी पत्नी का सम्मान अधिक बड़ा था। विवाह संपन्न होने के पश्चात् लड़की के पिता भोजन करने के लिए आमंत्रित करने के लिए आए। मैंने उनका आमंत्रण स्वीकार कर लिया। उन्होंने कहा, ''आपके यहाँ और कोई सम्माननीय व्यक्ति हो तो कृपया मुझे बताइए, मैं स्वयं उन्हें आमंत्रण देने उनके पास जाऊँगा।'' इस तरह के सम्माननीय व्यक्तिवाली भाषा मुझे समझ नहीं आ रही थी। मैं चकित होकर इधर-उधर देखने लगा। पिताजी के मामा उस वक्त समीप ही बैठे थे, उन्होंने मुझसे कहा, ''तुम सबकी ओर से न्योता स्वीकार कर लो। वृद्ध व्यक्ति को इस तरह और तकलीफ मत दो।'' मैंने सबकी ओर से न्योता स्वीकार कर लिया और सभी को संबोधित करते हुए जोर से कहा, ''इस समय हम सभी को भोजन के लिए जाना है। अगर किसी को बाहर जाना हो तो वह समय से पहले वापस आ जाए।'' विवाह प्रारंभ

हिंगनघाट में हो रहा था। लड़कीवालों का निवास थोड़े अंतर पर एक धर्मशाला में था। हमारा दूसरी धर्मशाला में। लड़की के पिता जा चुके थे। उनके जाते ही मेरी बड़ी बहन के जेठजी (वे भी उम्र के सत्तर पार कर चुके थे) बोले, ''मैं भोजन करने के लिए नहीं आऊँगा। मेरे लिए यहीं बेसन और रोटी बनवा देना। मैं यहीं भोजन करूँगा।'' मैं याचना भरे स्वर में बोला, ''आण्याजी, मैंने सबकी ओर से निमंत्रण स्वीकार कर लिया है। मैं रीति-रिवाज नहीं जानता। मुझसे जैसा कहा गया, वैसा मैंने किया।'' पर वे नहीं मान रहे थे। हमारा इस तरह से संवाद चल ही रहा था कि इतने में ही किसी ने जाकर लड़की के घरवालों तक यह खबर पहुँचा दी। लड़की के पिता ने परिस्थिति भाँप ली। वे पुनः निमंत्रण लेकर हमारे यहाँ आ पहुँचे। किसने यह मान-अपमान का मुद्दा उठाकर विघ्न डालने की कोशिश की है, यह उनके ध्यान में आ गया था। वे बड़ी नम्रता से मुझसे कहने लगे, ''बाबूराव सुनने में आया है कि शायद किसी सम्माननीय व्यक्ति को निमंत्रण देना रह गया है। इसलिए मैं पुनः वापस आया हूँ। बताइए, मैं उन्हें निमंत्रण दे आता हूँ।'' आण्याजी पास ही बैठे थे। मैंने उनकी ओर संकेत किया। आन्याजी ने निमंत्रण स्वीकार कर लिया। मैंने राहत की साँस ली, पर अब लड़की के पिताजी भड़क गए। बोले, ''यह आपके यहाँ के सम्माननीय व्यक्ति हैं, यह बात सच है, परंतु ये मेरे भी रिश्तेदार हैं। दूर के रिश्ते में ये मेरे भाँजे लगते हैं। मेरी दृष्टि में ये सम्माननीय नहीं हैं, क्योंकि किसी भी अच्छे अवसर में विघ्न पैदा करना, यह इनका स्वभाव ही है। यह कोई आज की बात नहीं है।'' मुझे लगा कि अब आण्याजी भी भड़ककर कोई जवाब देंगे। शायद अपमान हुआ है, इसलिए भोजन करने भी नहीं आएँगे। अब उनके लिए भोजन की व्यवस्था यहीं करनी पड़ेगी, पर ऐसा कुछ नहीं हुआ। निजी तौर पर निमंत्रण मिल जाने से उनका मान रह गया था और पहले का और उसके बाद में हुआ उनका अपमान उसमें खो गया था।

बातचीत, करार, बैठक

लड़कीवालों को अड़ाने के दो अवसर होते हैं, ऐसा मेरे ध्यान में आया है। एक तो तब होता है, जब विवाह के समय दूल्हे को दुलहन के मंडप में भेजने का अवसर और दूसरा भोजन के समय। मेरी एक भांजी के विवाह के अवसर पर सारा जिम्मा मेरा ही था। विवाह समारोह की सारी रस्में विधि-विधान से अच्छी तरह संपन्न हो गईं। अब भोजन की तैयारी हो रही थी। इतने में ही कोई दूल्हे को बरातियों के निवास पर लेकर चला गया। बरातियों का निवास स्थान नजदीक

ही था, परंतु दूल्हे राजा भोजन के लिए आने को तैयार ही नहीं थे। अब जब तक दूल्हेराजा भोजन करने के लिए नहीं आते, तब तक बाकी के बराती कैसे आते? पूछताछ करने पर पता चला कि विवाह के समय लाऊड स्पीकर न लगाने की वजह से बराती नाराज हो गए थे। दूलहा नाराज नहीं था और लोग ही नाराज थे। इधर लड़कीवालों के यहाँ तनाव बढ़ रहा था। मेरे बहनोई का स्वभाव बड़ा ही मस्तमौला है। लड़केवालों को आने में देर हो रही है, यह बात समझ में आते ही वे ऊपरी मंजिल पर जाकर सो गए। मैं और मेरी बहन बड़े ही अस्वस्थ हो गए। आखिर मैं अकेले ही बरातियों के मंडप में चला गया। दूल्हे के पिता को झुककर प्रणाम किया और उनसे हमारी गलती को क्षमा कर देने की विनती की। उन्हें भी इस बात पता नहीं था, वे बड़े ही सज्जन थे। उन्होंने तुरंत सबको भोजन करने के लिए भेजा, वे खुद भी आए। बाद में पता चला कि नाराज न ही दूल्हे राजा थे, न ही उनके घरवाले। नाराज तो दूल्हे की कोई दूर के रिश्ते की बहन थी।

विवाह तय करना, यानी उसके पहले बातचीत करना, यह अब आम बात हो गई है। मराठी में इसे वाटाघाटी (बातचीत करके तय करना) करना कहा जाता है। अर्थात् वाटा (हिस्सा) लड़केवालों का और घाटा लड़कीवालों का। फिर ऐसा शायद ही कोई घर होता है कि जहाँ दूल्हे के घर में विवाह योग्य कन्या या विवाहित कन्या न हो, परंतु लड़के की शादी के समय लड़के के पिता और माता की भूमिका में, उनका स्वभाव एकदम से बदल जाता है। नाटक में जिस तरह अनुरूप अभिनय करना पड़ता है न, बिल्कुल उसी तरह। हनुमानजी की भूमिका करनी हो तो पूँछ तो लगानी ही पड़ती है और कैकेयी की भूमिका में कोपभवन में बैठना ही पड़ता है, उसी तरह का यह भी एक प्रकार होगा, ऐसा मुझे लगता है। कल तक दुलहन के माता-पिता की भूमिका में रहे वे ही दो व्यक्ति दूल्हे के माता-पिता की भूमिका में आते ही एकदम से किस तरह बदल जाते हैं, यह सचमुच एक पहेली है। हाँ, तो विषय था बातचीत। दहेज की संपूर्ण रकम सीमांत पूजन के समय अर्थात् सामान्यत:, विवाह की पूर्व रात्रि को देने की प्रथा है, पर पता नहीं क्यों लड़कीवाले भी तय रकम उस समय नहीं देते। फिर दो युद्ध पक्ष तैयार होते हैं। दूतों का आवागमन होता है। आखिर में समझौता होता है, पर इस समझौते के होने से पहले ही टकराव और मुठभेड़ हो जाती है, यह भी ठीक ही है। जब तक टकराव या मुठभेड़ की स्थिति न हो तो समझौता करने का क्या अर्थ है?

सन् 1939 की यह घटना है। पिताजी के मामा के लड़के की शादी थी। पिताजी ने हमारे घर के प्रतिनिधि के रूप में मुझे भेज दिया। दुलहन पोहना गाँव

की थी। हम बैलगाड़ी से 12 कोस का अंतर पारकर विवाह के एक दिन पूर्व पहुँच गए। हमें लगा कि सबकुछ ठीक-ठाक चल रहा है, पर काहे का ठीक-ठाक? तय समय के अनुसार दूसरे दिन सुबह 9 बजे शादी होनी थी। हम स्नानादि क्रियाएँ निबटाकर, नाश्ता वगैरह करने के बाद, नए कपड़े पहनकर तैयार हो गए। नववधू भी मंडप में पहुँच गई, परंतु दूलहा अपनी जगह से हिलने को तैयार नहीं था। फिर बातचीत का दौर शुरू हुआ। तब समझ में आया कि कल रात जो दहेज की तय रकम दी गई थी, उसमें दो सौ रुपए कम थे। चर्चा शुरू हुई कि पाटिल ने (नाम बदला है) दो सौ रुपए कम क्यों दिए? पेशवाई में साढ़े तीन सयाने थे, उसी तरह हमारे यहाँ भी साढ़े तीन सयाने लोग थे ही। उनमें से आधा सयाना तो हमारे साथ हमारी बैलगाड़ी में हमारे ही गाँव से आया था। उसे आधा कहने का कारण यह है कि न ही उसकी पढ़ाई अच्छी तरह से हुई थी, न ही गृह्य सूत्र के वैदिक मंत्र उसे आते थे। बाकी के तीन लोग व्युत्पन्न ब्राह्मण थे। इन साढ़े तीन लोगों ने निर्णय कर लिया कि जब तक पूरी रकम नहीं आ जाती, दूलहा विवाह के लिए नहीं जाएगा। वधूपक्ष की ओर से दूतों का आगमन हुआ। बरात की बिदाई से पहले पूरी रकम दे दी जाएगी, ऐसा आश्वासन मिला, पर साढ़े तीन लोगों का मन मानने को तैयार नहीं था। उनमें से एक का कहना था कि आप पाटील को नहीं पहचानते। अगर यह शादी हो गई तो फिर पाटील आपको ठेंगा दिखा देंगे। दूतों के आवागमन और अनेक तरह के नए तर्कों के साथ किए गए अनेक चक्करों के बाद उर्वरित रकम मिल गई और सुबह 9 बजे होनेवाली शादी-दोपहर चार बजे जाकर संपन्न हो सकी। दोपहर को होनेवाला भोजन समारोह रात्रि को हुआ। सुबह के 9 बजे के मुहूर्त की ऐसी-तैसी हो गई, पर उसकी किसी को कोई चिंता नहीं थी।

ऐसी ही एक और घटना घटी। सीमांत पूजन के समय पूरी रकम नहीं दी गई। वधूपक्ष की ओर से कहा गया कि दुलहन के गले में जो सोने की जंजीर पहनाई गई है, उसकी कीमत घटाकर दहेज की रकम दी गई। इस बात से दूलहे के घरवालों के मन में संशय पैदा हो गया कि पता नहीं वह जंजीर सोने की है भी या नहीं। तनाव बढ़ने लगा। मुहूर्त टलने की नौबत आ गई। फिर मैंने ही बीच में पड़ते हुए यह कहा, "आप मानते हैं न कि आपको इतनी रकम देनी है, फिर आप यह सोने की जंजीर क्यों दे रहे हैं? यह देने की बात नहीं तय की गई थी। यह अमरावती शहर है। जंजीर को तुरंत बेचा जा सकता है। आप भी क्यों जिद पर अड़े हैं?" लड़कीवालों की समझ में बात आ गई और ज्यादा नहीं, पर डेढ़ घंटे की देरी से विवाह संपन्न हो गया।

फिर भी एक बात अवश्य अच्छी हुई कि विवाह के दौरान तनाव उत्पन्न हुए, युद्ध जैसी स्थिति निर्माण हो गई, पर इन युगलों का वैवाहिक जीवन बड़ा ही सुखमय हुआ, यह देखकर लगता है कि लड़कीवाले या लड़केवाले बहुत समझदारी दिखाते हैं, पर बीच में और लोग ही आग लगाकर आनंद का निर्माण करते रहते हैं। यवतमाल की एक घटना याद आ रही है। विवाह अच्छी तरह से संपन्न हुआ। पुरुषों का भोजन भी हो गया। अब समधन की पंगत होनेवाली थी। मैं दूल्हे की ओर से बरातियों में शामिल था। लड़कीवालों को संदेशा भिजवाया गया कि दूल्हे की माँ के लिए चादर या कालीन बिछाए जाएँ, जिस पर से चलकर ही वे भोजन के लिए आएँगी। लड़कीवालों के यहाँ खलबली मच गई। अब ऐन वक्त पर समधन के लिए उनके निवास स्थान से भोजन कक्ष तक बिछाने के लिए चादरें या कालीन कहाँ से लाए जाएँ, यहाँ तक सारे युक्तिवाद, तर्क-वितर्क किए गए। आखिर किसी ने यह व्यवस्था कर दी। समधन उन चादरों के ऊपर से चलकर भोजन के लिए आ गईं। केवल समधन की पंगत को शुरू होने में दो घंटे की देर लगी, पर प्रतिष्ठा के आगे समय का क्या महत्त्व था? सब कुछ ठीक-ठाक संपन्न हो गया।

मेरा विवाह

दहेज के ऊपर से याद आता है मेरा स्वयं का विवाह। मैं दहेज लेने के खिलाफ था। मेरे विवाह के समय मेरी माँ जीवित नहीं थीं। उसका उदार और दुनिया से अलग चलने का स्वभाव मुझे मालूम था। पिताजी भी कंजूस नहीं थे। हमारी भावनाओं का खयाल करनेवाले थे, पर रूढ़ियों को, रीति-रिवाज को माननेवाले थे। उनका कहना था कि अगर यह प्रथा चली आ रही है तो दहेज लेने में क्या हर्ज है? हम केवल लड़की के घर से दहेज में आए हुए पैसों से शादी नहीं करनेवाले। हम अपने पैसे भी खर्च करेंगे। आखिर हमारे बेटे की भी तो शादी है, यह हम नहीं भूलेंगे। फिर उनका यह भी कहना था कि तुझसे पहले तेरी चार बहनों की शादियाँ की हैं। दो बार हमने दहेज दिया है, दो बार कन्यादान। कन्यादान यह केवल कन्यादान नहीं होता। कन्यादान यह भी शादी के लिए की जानेवाली बातचीत के लिए उपयोग में लाया जानेवाला पारिभाषिक शब्द है। इसका मतलब दोनों तरफ का खर्च लड़कीवाले उठाते हैं। शादी में लड़की को कितना सोना चढ़ाया जाएगा, यह भी इस समय तय कर लिया जाता है। इसे 'सालंकृत कन्यादान' कहते हैं। आजकल यही प्रथा चल रही है। सारा खर्च केवल लड़कीवाले ही उठाते हैं। मुझे यह पसंद नहीं था। न दहेज पसंद था, न ही कन्यादान।

एक रोज शुक्रवार के दिन मेरी पिताजी के साथ यही चर्चा चल रही थी। लड़की पसंद थी। मैं अपना पक्ष उनके समक्ष रख रहा था और पिताजी उनका। दहेज नहीं लेना और सालंकृत कन्यादान के लिए कोई शर्त नहीं रखना। फिर एक समझौता हुआ कि लड़के और लड़की के केवल कपड़ों पर किया जानेवाला खर्च लड़कीवाले करेंगे। सोना या चढ़ावे का नहीं। शादी अगर नागपुर में हुई तो गाड़ी का खर्च भी नहीं माँगना, पर अगर शादी ब्रह्मपुरी में ही करने के लिए उनका आग्रह होगा तो केवल नागपुर से ब्रह्मपुरी तक का किराया दो सौ रुपए उन्हें देना होगा। मैं इस समझौते के लिए तैयार हो गया, पर तुरंत मेरे मुँह से एक बात और निकल गई कि मेरी शादी के लिए आप कोई कर्ज नहीं लेंगे और पिताजी का चेहरा एकदम से बदल गया। उनकी आँखों में पानी आ गया। आवाज भर्रा गई। अपने उपवस्त्र से आँखें पोंछते हुए रुँधे कंठ से बोले, ''मैंने ऐसा कौन सा कर्ज तुम्हारे लिए उठा रखा है, जिसे भरने की चिंता तुम्हें करनी पड़े? तुम ऐसा करो, शादी तय कर लो। मुझे एक निमंत्रण पत्र भेज देना, और लोगों के बाप की तरह मैं तुम्हारी शादी का बहिष्कार नहीं करूँगा।'' वे उठकर जाने लगे। वह दिन शुक्रवार का था। उस दिन उनका उपवास रहता है। रात को भोजन के वक्त उनका मिजाज सदैव गरम रहता, पर उस दिन वे भावुक हो गए थे। मुझे बहुत पश्चात्ताप हुआ। अपनी गलती का एहसास हुआ। मैंने उन्हें रोका, उनके पैर पकड़ लिये। क्षमा माँगी। ''आप जैसा चाहेंगे, वैसा मुझे स्वीकार होगा'', ऐसा उनसे कहा। माँ को गुजरे ग्यारह साल बीत चुके थे। माँ के बाद पिताजी ने बड़ी ही ममता से हम सभी भाई-बहनों को सँभाला था। कभी माँ की कमी नहीं खलने दी। मेरी आँखों में भी आँसू आ गए। आँखों से पानी गालों पर बह निकला। उस रात हमारा भोजन मौन में ही संपन्न हुआ, पर दूसरे दिन आसमान एकदम साफ था। प्रखर सूर्य की किरणें चमचमा रही थीं। आसमान में भी और हमारे चेहरों पर भी।

पर सबकुछ निर्विघ्न संपन्न हो जाए तो वह शादी कैसी? मेरी शादी भी इसमें अपवाद नहीं रही। बातचीत तय होने में कोई समय नहीं लगा। उस जमाने की तुलना में लड़केवालों की तरफ से जो भी माँग थी, वह बहुत ही माफिक थी, पर अब विघ्न पैदा हुआ मुहूर्त का। 9 मई के पहले मुहूर्त नहीं था और मैंने मद्रास में होनेवाले संघ शिक्षा वर्ग में शिक्षक के रूप में जाना स्वीकार कर लिया था। उसके लिए मुझे 7 मई को नागपुर से निकलना आवश्यक था। संघ शिक्षा वर्ग 30 दिनों का हुआ करता। मतलब वह 7 जून को समाप्त होगा। उसी दिन भी अगर मैं मद्रास से निकल जाऊँ तब भी 8 जून से पहले पहुँचना संभव नहीं था। मैंने अपने

भावि ससुर से, यानी लड़की के चाचा को अपनी परिस्थिति बताई। लड़की के माँ-बाप न होने के कारण चाचाजी ही शादी करवानेवाले थे, वे सीधे बालासाहेब देवरसजी के पास पहुँचे। बालासाहब ने उनसे कहा, ''उसे मेरे पास भेज दीजिए। मैं उसे बाद में होनेवाले किसी वर्ग में भेज दूँगा।'' वे खुश होकर मेरे पास आए। मैंने कहा, ''मैं किसी के पास नहीं जाऊँगा। उन्होंने मुझसे दो महीने पहले पूछा था और मैंने उन्हें हाँ कहा है।'' 9 जून के बाद मुहूर्त नहीं था, ऐसी बात नहीं थी, परंतु 7 जून को मृग नक्षत्र लग रहा था। वर्षा ऋतु का प्रारंभ होता है। हम किसान, गाँवों में रहनेवाले। गाँव में रहनेवाले लोग कैसे आएँगे, यह थी पिताजी की दुविधा। मैंने कहा, ''आप आपस में बातचीत करके तय कर लीजिए।'' तय कार्यक्रम के अनुसार मैं 7 मई को रवाना हो गया। जाते हुए पिताजी ने केवल इतना कहा, ''7 जून को हवाई जहाज से आने की तैयारी रखना।'' मैं राजी हो गया। मई के आखिर में पिताजी की मद्रास में चिट्ठी मिली। लिखा था, इस साल शादी नहीं है। लड़कीवालों ने कहलवाया है कि हम आप के भरोसे नहीं रहेंगे। लड़कीवालों को ऐसे शब्द निकालना उचित नहीं होता। पिताजी को भी बहुत गुस्सा आया और उन्होंने भी कहा, ''हम भी आपके भरोसे नहीं रहेंगे। एक साल के बाद अगर आप फिर से आए तो फिर से लड़की देखने के कार्यक्रम से शुरुआत की जाएगी। फिर नए सिरे से बातचीत प्रारंभ की जाएगी, यह शादी टूट चुकी है।'' इस तरह का सारा मायना उसमें लिखा था और हम आपके भरोसे नहीं रहेंगे, इस वाक्य के कारण आया हुआ गुस्सा भी उसमें झलक रहा था।

इस घटना के बाद दिन, महीने बीत गए। कार्तिक के महीने में तुलसी विवाह संपन्न हुआ और शादियों का मौसम शुरू हो गया। शदियों का मौसम शुरू होते ही ब्रह्मपुरी से पत्र आया। पिताजी ने उत्तर भेजा कि लड़की दिखाने के लिए उसे नागपुर ले आएँ। उसके अनुसार लड़की, उनके किसी रिश्तेदार के यहाँ आ गई। मैंने कहा, ''मुझे नहीं देखनी।'' फिर हमारी चाची, यानी हमारे पिताजी के मौसेरे भाई की पत्नी, जो हमारे पास ही रहती थीं, वे अपनी दो-तीन सहेलियों को साथ लेकर लड़की देखने के लिए गईं। उन्होंने लड़की पसंद नहीं है, ऐसा अभिप्राय दिया। अब हुई न मुश्किल। पिताजी के मित्र, जिनके यहाँ हम अनेक वर्ष किराए पर रहे, वे मुझ पर जोर देने लगे कि लड़की देखने के लिए एक बार तू स्वयं जाकर आ। मैं तैयार नहीं हुआ। मेरा हठ जारी था कि मैंने एक बार लड़की देखी है और पसंद भी कर ली है। अब मैं फिर से उसी लड़की को देखने नहीं जाऊँगा। अगर आप लोगों को पसंद नहीं है तो अपनी नापसंदगी बताकर इस शादी को तोड़ दीजिए। मैंने उससे

प्यार नहीं किया है। और इन आठ-दस महीनों में अगर वह अँधी-लँगड़ी हो गई हो, तब भी मुझे चलेगी। इस तरह की खींचातानी में बहुत वक्त बीत गया। आखिर उन्होंने कहा, ''तेरी तरफ से किसी को भेज दें।'' हम बातचीत करने के लिए जा ही रहे हैं। हमारे साथ तेरा कोई प्रतिनिधि ही आ जाए। उसी समय संघ कार्य के हेतु से मेरे मित्र और संघ के अधिकारी प्रा. वसंतराव सिर्सीकर हमारे घर पर आए थे। मैंने कहा, ''इन्हें साथ ले जाइए। इनकी पसंद, वही मेरी पसंद।''

फिर सवाल उठा कि वसंतरावजी को अगर लड़की पसंद नहीं आई तो। मेरे पिताजी और उनके मित्र को यह बात कैसे मालूम होगी? परंतु अनुभवी वृद्ध लोग जुगत लगाने में बड़े कुशल होते हैं। उन्होंने एक युक्ति लड़ाई कि अगर लड़की पसंद न हो तो कुछ कारण से जैसे गला साफ करना या थूकना है, ऐसा दिखाकर वसंतराव कुछ क्षणों के लिए बाहर जाएँगे और फिर बातचीत के दौरान कुछ अवास्तविक माँगें करके यह रिश्ता तोड़ देंगे। मैं यह सब कुछ निर्विकार मन से सुन रहा था, क्योंकि मैंने पिताजी से कह दिया था कि आप जैसा कहेंगे, वैसा ही मैं करूँगा। इस तरह वे सब लोग लड़कीवालों के यहाँ गए। फिर से लड़की देखने का कार्यक्रम किया गया। वसंतराव उठकर बाहर नहीं गए। आँखों के इशारे से पसंदगी कर ली गई। अधिक कुछ माँगें भी नहीं थीं। इसलिए बातचीत भी जल्द ही तय हो गई और 1947 के मई-जून में होनेवाला हमारा विवाह 22 मार्च, 1948 को संपन्न हुआ।

विवाह के समय विघ्न पैदा करने का कोई प्रश्न ही नहीं था। केवल दोनों तरफ के वातावरण का फर्क महसूस हो रहा था और यह स्वाभाविक भी था। हमारे यहाँ करीब-करीब पैंतीस वर्ष के बाद किसी लड़के का विवाह हो रहा था। उत्साह और आनंद में कोई कमी नहीं थी, पर उधर विवाह भतीजी का हो रहा था, इसलिए वातावरण बिल्कुल ठंडा और औपचारिकता से भरपूर था। हमारी ओर गरम दिमाग के लोग नहीं थे। उन सबमें गरम दिमाग मेरा ही था, परंतु मैं दूलहा बना बैठा था, इसलिए सब कुछ ठीक-ठाक संपन्न हो गया।

अनावश्यक घर्षण

बिन जरूरी खींचातानी किए अगर विवाह तय हो जाए तो उसमें कोई मजा नहीं आता, ऐसी मान्यता समाज में आज भी कायम है। मेरे छोटे भाई के विवाह के समय मान-अपमान की घटी एक घटना बता चुका हूँ। उसकी शादी तय करवाने के समय घटी थी यह घटना। पिताजी उस समय बहुत बीमार थे। वे लड़की देखने नहीं गए थे। मेरे भाई ने लड़की देखकर पसंद कर ली थी, पर औपचारिकता निभाने

के लिए बड़े भाई ने लड़की को देखकर सब तय कर लेना चाहिए, इस विचार से लड़की देखने मुझे भेजा गया। मना करने का कोई प्रश्न ही नहीं था। मेरी शादी पाँच साल पहले ही हो चुकी थी। पिछला अनुभव गाँठ बाँधकर रखा था। फिर भी मैंने लेन-देन का विषय छेड़ ही दिया। मैंने कहा, "बैल मंडी की तरह सौदेबाजी मत करिए। लड़कीवालों से पूछ लीजिए कि वे क्या देना चाहते हैं उसे स्वीकार कर लीजिए। या फिर आप उनसे कहें कि इतना दे दीजिए और उन्हें उसे स्वीकार कर लेना चाहिए।" पिताजी को यह बात ठीक लगी। वे रुग्ण शैय्या पर पड़े थे, चल फिर नहीं सकते थे। आसन्न मरण जैसी अवस्था थी उनकी। लड़कीवाले आए। तय बातों के अनुसार पिताजी ने पूछा, "आपको कैसी शादी करनी है, यह बताइए। आप जो कहेंगे, वह मुझे मान्य होगा।" परंतु लड़कीवालों को उनका यह कहना अहंकारयुक्त लगा। इसलिए उनका आग्रह था कि आप बताएँ कि आप क्या चाहते हैं? बहुत देर तक दोनों पहले आप, पहले आप ही कहते रहे। आखिर पिताजी ने कहा, "मैं कहूँगा, पर फिर आप उसमें से एक पैसा भी कम नहीं कर सकेंगे।" पिताजी उकता ही गए थे। तब वे बोले, "ग्यारह सौ एक रुपए दहेज के तौर पर दे दें।" देखा जाए तो उन्होंने लड़कीवालों से ऐसा कुछ अधिक नहीं माँगा था, जिसे दे सकने में वे असमर्थ हों, पर जो माँगा है, उसे अगर यूँ ही दे दिया जाए तो फिर यह शादी का बाजार है, ऐसा कैसे साबित होगा? इसलिए लड़कीवालों की ओर से आए हुए एक विद्वान् गृहस्थ ने कहा, "आप नौ सौ रुपए दहेज के तौर पर लीजिए।" और यह सुनते ही पिताजी का गुस्सा सातवें आसमान पर पहुँच गया, वे जोर से चीखकर बोले, "चले जाओ यहाँ से। मैं कब से पूछ रहा हूँ कि आप कितना देना चाहते हैं, वह बता दीजिए। तब नहीं बता रहे थे। मुझ पर ही बताने के लिए जोर डाल रहे थे और अब जब मैंने ग्यारह सौ रुपयों की माँग की तो सौदेबाजी पर उतर आए? निकल जाइए आप लोग यहाँ से। यह रिश्ता टूट चुका है।" सबके चेहरे देखने लायक थे, वे विद्वान् गृहस्थ फिर से कुछ कहने की कोशिश कर रहे थे। पिताजी ने उन्हें बोलने का मौका ही नहीं दिया। आखिर वे उठे। अपनी बैलगाड़ियाँ जोतीं और पुन: अपने गाँव की ओर चलने लगे।

इस सारी बातचीत के दौरान वहाँ उपस्थित रहे एक गृहस्थ ने मेरे पिताजी से कहा, "आबाजी, इस तरह गुस्सा करना ठीक नहीं है। आपकी तबीयत भी ठीक नहीं है, यह रिश्ता मत तोड़िए।" शायद आबाजी, यानी मेरे पिताजी किसी ऐसे ही वाक्य की राह देख रहे थे, उन्होंने तुरंत एक नौकर को दौड़ाया। उसने फिर बैलगाड़ियों को वापस फेरा। सभी लोग फिर बैठक के लिए उपस्थित हुए। पिताजी ने कहा,

''जो कुछ हुआ, उसे भूल जाइए। आप लोगों को एक पैसा भी दहेज में देने की आवश्यकता नहीं है। दोनों ओर से किया जानेवाला कन्यादान भी नहीं चाहिए। यह शादी बराबरी की होगी। मतलब दुलहन के वस्त्र-आभूषण आदि का खर्च हम करेंगे और दूल्हे के वस्त्रों का खर्च आप कीजिए। शादी के दूसरे दिन आप सभी की हमारी ओर से दावत होगी। आप विवाह में सम्मिलित होनेवाले सभी लोगों को एक दिन रोककर इस दावत में शामिल होने के लिए कहिए।'' मैंने अपने बड़े बेटे से (यानी मुझसे) वादा किया है कि शादी का बाजार नहीं होने दूँगा और इस तरह से सन् 1953 में फरवरी के महीने में यह विवाह संपन्न हुआ। इसके ठीक दो सप्ताह के बाद पिताजी की मृत्यु हो गई।

मन बड़ा होना चाहिए

विवाह समारोह के दौरान कब किसका माथा ठनकेगा, यह कोई नहीं कह सकता, पर मुखिया को सदैव शांत रहना पड़ता है। अगर उनका दिमाग भी गरम हो गया, तब तो फिर रंग ही कुछ और होता है। मेरे सबसे छोटे भाई के विवाह के समय की बात है यह। हम बरातियों के लिए दादासाहेब धनवटे विद्यालय में व्यवस्था की गई थी और लड़कीवालों की व्यवस्था थी राजे लक्ष्मणराव भोसले के बाड़े के पास। सीमांत पूजन के समय लड़कीवालों की ओर से किसी जिम्मेदार व्यक्ति ने पूछा, ''आपके यहाँ से भोजन के लिए कितने लोग आएँगे?'' मैंने कहा, ''दो सौ के करीब।'' दूसरे दिन विधिवत् विवाह संपन्न होने के बाद फिर किसी ने पूछा, ''भोजन के लिए कितने लोग आएँगे?'' उस वक्त भी मेरे मन में जरा भी संदेह नहीं आया। लगा, कि कल रात जिन्होंने पूछा था, हो सकता है उन्होंने बताया न हो या फिर बताना भूल गए होंगे। हम सभी लोग बड़े ही आनंद में गप-शप करने में लगे हुए थे। करीब साढ़े दस बजे लड़की के पिताजी न्योता लेकर आए और बोले, ''सौ लोगों के भोजन का निमंत्रण स्वीकार करें।'' मैंने पलभर के लिए भी नहीं सोचा और न्योता स्वीकार कर लिया। वे अपने स्थल पर लौट गए। एक घंटे बाद लोग भोजन के लिए जाएँगे। बरातियों में शामिल दो सौ लोग उपस्थित थे और न्योता मिला था सिर्फ सौ लोगों के लिए।

बड़ा धर्म संकट आ खड़ा हुआ। मैंने स्वयं को सँभाला। साइकिल उठाई और महाराज को ढूँढ़ने निकला। सौभाग्य से वह अपने अड्डे पर ही मिल गया। उससे कहा, ''महाराज चलिए, खाना बनाना है।'' वह बोला, ''आपके यहाँ से दावत तो कल है न?'' क्योंकि पिताजी से मिली सीख के अनुसार शादी के दूसरे दिन

लड़कीवालों को दावत अवश्य देनी चाहिए। इसीलिए इस महाराज को ठेका दिया गया था। मैंने कहा, "कल तीन सौ लोगों की दावत पक्की है, परंतु आज आप अभी मेरे साथ चलिए। आज सौ लोगों के लिए रसोई बनानी है।" वे आए। रसोई बनी। मेहमानों को नाश्ते वगैरह में देने के लिए बने लड्डू तो थे ही। गिनकर सौ लोग, जो दूल्हे के समवयस्क थे या फिर उम्र में दूल्हे से छोटे थे, उन्हें भोजन के लिए लड़कीवालों के यहाँ भेज दिया। हमारे बीचवाले भाई अन्नाजी की अगुवाई में इन सबको भेजा गया, पर और सब लोगों को पंगत में बैठाकर स्वयं कुछ कारण बताकर वे लौट आए, यानी 100 लोगों की बजाय 99 लोग ही खाना खाकर आए।

देखा जाए तो कुछ माँगना, यानी दीनता या हीनता की बात होती है। देनेवाले का हाथ हमेशा ऊपर रहता है और लेनेवाले का नीचे, पर शादियों में यह रिवाज बिल्कुल उलटा होता है। यहाँ माँगनेवालों को माँगने का और लेने का एक प्रकार का अभिमान होता है। मैंने इस रिवाज को तोड़ने का निश्चय किया। लड़की के विवाह के समय हमें लड़केवालों की शर्तें माननी पड़ती हैं, पर हमें भी तो कभी-न-कभी लड़केवालों की भूमिका निभानी पड़ती है न? उस समय हमें भी तो योग्य बरताव करना चाहिए या नहीं? लोग हमेशा दुष्टचक्र की बात किया करते हैं, पर सद्गुणों का चक्र भी बन सकता है। हाँ, इसके लिए थोड़े प्रयत्न करने पड़ते हैं। हमारे ज्येष्ठ पुत्र का विवाह तय हुआ। लड़की की पसंदगी हो गई। बातचीत के लिए लड़की के पिताजी आए। मैंने कहा, "आप अपना बजट बताइए।" उनके चेहरे पर चिंता के भाव उभर आए। मैंने हँसकर कहा, "आप घबराइए मत। हमें कुछ नहीं चाहिए। विवाह हमारे बेटे का भी है। इस शादी में होनेवाले खर्च का कुछ हिस्सा हम उठाएँगे, इसलिए पूछ रहा हूँ।" उनका चेहरा अब भी निर्विकार ही था। शायद मेरा कहना उनकी समझ में नहीं आया था, क्योंकि पारंपरिक रिवाज से हटकर था न। इसलिए मैंने फिर कहा, "आपकी बेटी हमारी बहू बनकर आनेवाली है, उसके वस्त्राभूषण हम करेंगे। आप दूल्हे के लिए जो करना चाहें, वह कीजिए। हमारे यहाँ और किसी का मान-सम्मान आपको करना आवश्यक नहीं है। आप अपने दामाद को खुश कीजिए, बस। हमारे यहाँ से आनेवाले लोगों को भोजन तो आप करवाएँगे ही। आप कितने लोगों को भोजन के लिए न्योता देंगे, यह कम-से-कम एक दिन पहले बता दीजिए, ताकि वक्त पर हमें भागदौड़ न करनी पड़े।"

बीस साल पहले का अनुभव मुझसे यह बुलवा रहा था, वे बड़े प्रसन्न हुए, पर हमारी एक शर्त होगी, मैंने कहा। "कौन सी?" उनका चिंतायुक्त प्रश्न। मैंने कहा, "जिस तरह हमने आपसे कुछ नहीं माँगा। किसी भी तरह की कोई अपेक्षा

नहीं की। सब कुछ आप पर सौंप दिया। उसी तरह आपका लड़का मैट्रिक में पढ़ रहा है। 7-8 साल बाद आप उसकी शादी करेंगे ही। तब आप भी लड़कीवालों से कुछ नहीं माँगेंगे।'' उन्होंने यह बात सहर्ष स्वीकार कर ली। इतना ही नहीं, निभाई भी। सद्चक्र इस तरह से शुरू होता है। तथापि लड़कीवालों ने उनकी थोड़ी फजीहत कर ही दी थी। उनके यहाँ लड़के की पहली शादी होने के कारण बहुत से मेहमान आए थे, पर लड़कीवालों ने खाने पर सबको नहीं, एक विशिष्ट अंक को ही न्योता दिया। इसलिए हमारा भोजन लड़कीवालों के यहाँ नहीं, पर लड़केवालों के यहाँ ही हुआ। मेरा एक आग्रह रहता है कि केवल हमारे अच्छे व्यवहार करने से कुछ नहीं होता। इस दुनिया में औरों को भी प्रेरित करना पड़ता है। हमारे समधियों ने इस चक्र को आगे नहीं बढ़ाया। इसलिए वह चक्र वहीं थम गया। यह चक्र चलते रहना चाहिए, उसे और बड़ा और व्यापक होना चाहिए। कुरिवाज ऐसे ही समाप्त किए जा सकते हैं।

आपातकालीन स्थिति क्रमांक एक

कभी-कभी कुछ बड़ी भीषण आपातकालीन स्थिति पैदा हो जाती है। सन् 1975 की घटना है। लड़का था हमारे गाँव के पासवाले गाँव का। उत्तम संस्कृत पंडित। व्याकरणाचार्य। काशी में शिक्षा प्राप्त की थी। संस्कृत विश्वविद्यालय में प्राध्यापक की नौकरी। वधूपक्ष वर्धा का था। लड़की के पिता वहाँ के सुप्रसिद्ध वकील। पारंपरिक रीति-रिवाजों के अनुसार सारी बातचीत होकर शादी तय की गई, पर किसी कारणवश दूल्हे के पिता का माथा ठनका। वे इस शादी में आए ही नहीं। एक दृष्टि से यह एक बड़ा संकट ही था। दूल्हे के बड़े भाई ने पिता की जगह सँभाली। हम सब नागपुर से बिल्कुल विवाह के मुहूर्त के समय वहाँ पहुँचे। शादी में अनेक लोग आए थे। 11 बजे भोजन समारोह होना था। लड़कीवाले और लड़केवाले दोनों की रहने की व्यवस्था एक ही जगह पर की गई थी। ऊपरी मंजिल पर लड़केवाले और निचली मंजिल पर लड़कीवाले। करीब 10 बजे दूल्हे के बड़े भाई करीब-करीब दौड़ते हुए ऊपर आए। घबराए हुए स्वर में मुझसे बोले, ''काका, नीचे चलिए। बापू (नाम बदल दिया है) शादी के मंडप में से उठ गया है, वह कह रहा है कि यह शादी नहीं हो सकती।'' मैं चकित रह गया।

विवाह की पूर्व संध्या को सीमांत पूजन हो चुका था। आठ मंगलाष्टक गाए गए। वर-वधू ने एक-दूसरे को वरमाला पहनाई। शादी होने के बाद अनेक लोग वापस भी चले गए और अब अचानक ऐसा क्या हो गया कि दूलहा कह रहा है

कि यह शादी नहीं हो सकती? मैं एक कमरे में गया। वहाँ 8-10 लोग बैठे हुए थे। दूल्हे की माँ बैठी थी। भाई भी बैठा था। अन्य लोग भी थे। परिस्थिति का जायजा लेने के बाद बात कुछ समझ में आने लगी। दो अपशगुन हुए थे। एक, सीमांत पूजन के समय हुआ था। दूल्हे की आरती उतारते समय सुहागन के हाथों से आरती के थाल में से दीया नीचे गिर गया था। दूल्हे को अच्छा नहीं लगा। आज कन्यादान की विधि के वक्त दुलहन के गले में जो काली पोत (बारीक काँच के मोती) पहनाई जाती है, उसे पहनाते वक्त किसी दूसरी सुहागन के हाथों से वह फिसल गई और सारे मोती धागे में से निकलकर जमीन पर बिखर गए। यह दूसरा अपशगुन था। दूल्हे ने कहा, ''यह विवाह दुर्भाग्यपूर्ण है। इसे अभी और इसी वक्त तोड़ देना चाहिए। भविष्य में कोई दुर्घटना घटने के पहले ही सावधान हो जाना चाहिए।''

मैंने यह सबकुछ सुन लिया। दूल्हे का युक्तिवाद शास्त्र की दृष्टि से सबल था। उसने कहा, ''जब तक सप्तपदी नहीं हुई है, तब तक विवाह संपन्न हुआ ही नहीं है। इसलिए यह शादी टूट गई, ऐसा नहीं कहा जा सकता।'' वह संस्कृत पंडित। उससे शास्त्रीय वाद-विवाद करना मेरे लिए संभव ही नहीं था। मैंने कहा, ''तेरा जिस व्यक्ति पर विश्वास हो, उसका नाम बता। उसके कहे अनुसार कर। बोल, किस पर भरोसा है तुझे? माँ पर, मुझपर, भाई पर या पुरोहित के ऊपर? सारे बुरे-भले की जिम्मेदारी हम उन पर सौंप देते हैं।'' बहुत देर तक वह कुछ नहीं बोला। फिर बोला, ''पिताजी को ले आइए।''

मैंने कहा, ''जिस शर्त का पालन नहीं हो सकता, ऐसी शर्त रखना उचित नहीं है।'' तेरे पिता गाँव में हैं। वहाँ कार नहीं जा सकती। इस पर उसने पुनः मौन धारण कर लिया। मैंने इकट्ठा हुए लोगों को बाहर जाने के लिए कहा। उसकी माँ भी वहाँ से चली गई। अब कमरे में हम चार लोग थे। एक वह, उसका सगा भाई, उसका चचेरा भाई और मैं। मैंने दरवाजा बंद कर लिया और फिर उसे सुनाने लगा। ''परिणाम खराब होगा, यानी क्या होगा? तू मरेगा या वह मरेगी। तू मर गया और वह विधवा हो गई तो? इस बात की चिंता तुझे सता रही है क्या? तू वह चिंता करना छोड़ दे। कोई किसी का नसीब नहीं बदल सकता, उसके पिता समर्थ हैं, वे देख लेंगे और समझ ले कि वह मर गई तो मैं स्वयं एक साल के भीतर तेरी दूसरी शादी करवा दूँगा। विवाह स्थल पर इस तरह मरने की बातें करना कितना अशुभ होता है!'' पर मैंने वह किया। फिर आगे मैंने ही कहा, ''तुम्हें जो ठीक लगे, वह करो। हम तो अब चले यहाँ से।'' इस तरह की फटकार सुनने से या फिर ऊँची आवाज में बात करने के कारण वातावरण बदला। वह बोला, ''माँ को बुलाइए।'' माँ

आई, वह माँ से कहने लगा, ''माँ, तू बता मैं क्या करूँ?'' माँ बोली, ''बापू मंडप में चल।'' वह उठा और आगे की विधियाँ शुरू हो गईं। पहली पंगत के लिए लोग खाने पर आने लगे थे। उन्हें एक घंटे की देरी से भोजन मिला, पर बाकी सबकुछ फिर बिल्कुल विधिवत् निर्विघ्न संपन्न हो गया। इस बात को आज पच्चीस साल बीत गए हैं। दोनों पति-पत्नी सकुशल हैं। बच्चे भी हैं। सुखी संसार चल रहा है।

स्थिति क्रमांक दो

इससे भी भीषण आपातकालीन स्थिति का सामना दो साल पहले करना पड़ा। करीबी रिश्तेदार की लड़की। एम.बी.बी.एस. पढ़ी हुई। माँ-बाप की इकलौती कन्या। स्वाभाविक ही था कि अपना दामाद भी डॉक्टर ही हो, ऐसा उसके माँ-बाप ने सोचा होगा। वर की तलाश शुरू हुई। अनेक रिश्ते देखे गए, यह पढ़ा-लिखा परिवार भी कुंडली पर भरोसा करनेवाला था। मुझे उनके पढ़े-लिखे होने पर भी इस तरह कुंडली पर विश्वास करते देख मन-ही-मन दया आती, पर हम लड़कीवाले थे। बहुत कोशिशों के बाद एक अनुरूप रिश्ता पसंद आया। लड़के ने लड़की पसंद कर ली। बातचीत में किसी तरह की कोई समस्या पैदा होने की संभावना ही नहीं थी। अपनी इकलौती कन्या के लिए एक मध्यम वर्गीय परिवार जितना खर्च करता, उससे कहीं अधिक खर्च करने की उनकी तैयारी थी। दूल्हे के कपड़े, दुलहन का जोड़ा, आभूषण और वरपक्ष के सभी लोगों के स्वागत-सत्कार, सभी कुछ करने के लिए लड़कीवाले राजी थे। सगाई बहुत धूमधाम से संपन्न हुई। जैसे कि छोटी शादी ही थी। तत्पश्चात् एक दिन लड़की के लिए कपड़ों की खरीदारी की गई। लड़के की माँ, लड़का और लड़की ने दुकान में चार-पाँच घंटे साथ बिताए। दो-तीन दिन के बाद लड़के के लिए खरीदारी की गई। तब भी भावी वर-वधू साथ ही थे। इस बार वधू खरीदारी के बाद सीधे घर आने की बजाय भावी ससुराल गई। दो-एक घंटे वहाँ रुकी। फिर भावी पति ने अपने स्कूटर से उसे घर पर छोड़ दिया। कुमकुम पत्रिकाएँ छपवाई गईं। कुछ सम्माननीय परिवारों में बाँटी भी गईं और तभी लड़केवालों की तरफ से संदेशा आया कि लड़के को लड़की पसंद नहीं है और यह शादी नहीं हो सकती। मैं तरोड़ा गाँव में था। मुझे दूरध्वनि से यह बात मालूम हुई। मैं भी चकित था। 27 तारीख को शादी होनी थी और 18 तारीख को यह खबर मिली। 16 तारीख को ही लड़के के पिता ने लड़की के पिता को इस बात का संकेत दे दिया था। वे बड़े ही सज्जन थे। उन्होंने कहा, ''हम उसे समझा ही रहे हैं, पर आपको इस बात की कल्पना होनी चाहिए, इसलिए पहले ही सूचित

कर देना ठीक लगा।'' पर 18 तारीख को पहलेवाले निर्णय पर मुहर लगा दी गई।

मैं गाँव से नागपुर आ गया। घर में मातम सा छा गया था। कोई रो रहा था, कोई मुँह ढककर सो रहा था। किसी घर में किसी की अकाल मृत्यु हो गई हो, इस प्रकार का मातम छाया हुआ था। मैंने लड़की को छोड़कर सभी को एकत्रित किया और कहा, ''इस तरह से मातम मनाने से प्रश्न हल होगा क्या? अगर इस तरह से प्रश्नों के हल निकलनेवाले हों तो हम सभी दिनभर यूँ ही बैठे रहेंगे। चलो, सब लोग अपने-अपने काम पर लग जाओ, इसके पहले ही हमारे पुत्रों ने एक लड़के को ध्यान में रख लिया था।'' मैं लड़के के पिता के पास गया। उनसे कहा, ''मैं आपको समझाने नहीं आया हूँ। लड़कीवालों के एक लाख रुपए खर्च हो चुके हैं, यह बताने भी नहीं आया हूँ, पर आपकी बात समझने के लिए आया हूँ। उन्हें जो कहना था, उन्होंने कह दिया।'' मैंने कहा, ''मैंने सुना, पर समझा नहीं, पर मैं आपको एक बात बता दूँ कि घर के कामों में अधिक ध्यान नहीं देता हूँ, पर मैं 27 तारीख को ही किसी दूसरे लड़के के साथ उसकी शादी करवाने के लिए प्रयत्नों की पराकाष्ठा करूँगा।'' इस बात से उन पर जाने क्या असर हुआ, पता नहीं वे बैठक में से उठकर भीतर गए। पत्नी के साथ कुछ विचार-विमर्श किया। फिर दोनों बाहर आए और बोले, ''कल उसकी बहन मुंबई से आ रही है, वह उसको समझा सकती है। आप कल तक रुक जाइए।'' मैंने कहा, ''मैं कल रात आपको फोन करूँगा।'' उन्होंने कहा, ''परसों सुबह कीजिए। इस पूरे दिन में हमने उस नए रिश्ते को करीब-करीब पक्का कर लिया था। 20 तारीख को सुबह 10 बजे मैंने उन्हें फोन किया। लड़के की माँ ने फोन उठाया और कहा, ''उसके निश्चय में कोई बदलाव नहीं है।''

मैंने अब नए रिश्तेवाले लड़के को घर बुलवा लिया। मेरे बहुत अच्छे मित्र का ही बेटा था वह। एम.कॉम. तक पढ़ा था। उसे भी परिस्थिति की कल्पना थी ही। वह इस विवाह के लिए तैयार हो गया। अब लड़की को तैयार करना था। मैंने उसे कमरे में बुलाया। ऊपरी मंजिल के इस कमरे में केवल मेरी पत्नी को अंदर आने दिया गया। दरवाजा बंद कर लिया। मैंने उससे कहा, ''देखो स्वाति (नाम बदला है), यह शादी टूट चुकी है। तुम समझदार हो। तुम निर्णय ले सकती हो। तुम ऐसा भी निर्णय ले सकती हो कि अब इसके बाद शादी ही नहीं करूँगी। मैं उसका भी समर्थन करूँगा। नौकरी तो तुम कर ही रही हो, वह समाप्त हो जाए तो तुम अपना दवाखाना खोल सकती हो। तुम होशियार हो। तुम्हारा दवाखाना बहुत अच्छी तरह से चलेगा। तुम यह भी निर्णय ले सकती हो कि शादी करनी है। अगर तुमने ऐसा

निर्णय लिया तो उन लड़केवालों की नाक पर हम 27 तारीख को ही, उसी जगह, उसी समय शादी करेंगे। लड़का मैंने देख रखा है, वह मेरी बात नहीं रखेगा, ऐसा मुझे नहीं लगता।'' इतनी देर तक नीचे झुकी हुई अपनी गरदन उसने अब उठाई। मुझसे कहने लगी, ''मुझे कुछ नहीं सूझ रहा। आप ही बताइए, मैं क्या करूँ?'' मैंने कहा, ''मेरी सलाह यही है कि तुम शादी करो। लड़का डॉक्टर हो, यह जरूरी नहीं है। अनेक डॉक्टर लड़कियों ने डॉक्टर न हो, ऐसे लड़कों से शादी करके भी सफल वैवाहिक जीवन बिताया है। मैंने इसके उदाहरण भी उसको दिए। फिर यह भी कहा कि लड़की देखना, कुंडली मिलाना वगैरह कुछ भी नहीं होगा। तुम जानती हो कि कुंडली मिलान पर मेरा विश्वास नहीं है। मैं जिस लड़के की बात करनेवाला हूँ, उसे तुमने देखा है और उसने तुम्हें।'' फिर उसने पूछा, ''कौन?'' मैंने उसका नाम बताया। नाम सुनते ही उसने मेरी पत्नी की गोद में अपना सिर रख दिया और सुबक-सुबककर रो पड़ी। हमने उसे जी-भरकर रोने दिया। आधा घंटा बीत गया। फिर मैंने कहा, ''तुम्हें तुरंत निर्णय लेने की आवश्यकता नहीं है। अभी बारह बजे हैं। तुम चार बजे तक अपना निर्णय बता देना। अपने मन पर किसी तरह का बोझ नहीं लेना। मैंने तुम्हें पहले ही कहा है कि तुम जो भी निर्णय लोगी, उसमें मैं तुम्हारे साथ रहूँगा। तुम्हारे माता-पिता को मैं समझाऊँगा।''

वह उठकर दूसरे कमरे में जाकर लेट गई। मैंने सभी को हिदायत दे दी कि उसे कोई भी नहीं उठाएगा। न ही खाने के लिए आग्रह करेगा। दो बजे, हमारी पुत्रवधू यह संदेशा लेकर आई कि वह विवाह के लिए तैयार है। शाम तक आसमान साफ हो चुका था। लड़के के माँ-बाप नहीं होने के कारण उसकी मौसी और मौसा से बातचीत हुई। वहाँ किसी तरह के अड़ंगे की संभावना ही नहीं थी। दूल्हे का छोटा भाई अमेरिका में है, वह दिसंबर में आनेवाला है, तब तक रुक जाइए, ऐसी सूचना आई, पर हम उन्हें 27 मई को विवाह करना आवश्यक है, यह बात समझा देने में सफल रहे। 22 मई को ही नई कुमकुम पत्रिकाएँ छपवाई गईं और धूमधाम से शादी संपन्न हो गई।

निष्कर्ष

ये सारे अनुभव प्राप्त होने के बाद मैं कुछ निष्कर्षों पर पहुँचा हूँ। एक यह है कि शादी होना यह एक योगानुयोग है। जोड़े स्वर्ग में ही बनते हैं, ऐसी जो मान्यता हमारे समाज में प्रचलित है, वह सच होगी, ऐसा लगता है, नहीं तो डॉ. स्वाति का विवाह एम.कॉम चेतन (नाम बदला है) के साथ होने का क्या कारण था? मुझे

हमारे घर की एक पुरानी बात याद आ रही है। सन् 1931 की बात। मेरी दो नंबर की बहन का विवाह सन् 1931 में हुआ था। उस समय, लड़केवालों ने दो लड़कियाँ पसंद की थीं। एक लड़की की आँखें कंजी थीं, इसलिए उसे ठुकराकर लड़केवालों ने मेरी बहन को पसंद किया था। मेरी इस बहन का सन् 1936 में निधन हो गया। पाँच साल बाद हमारे जीजाजी का विवाह फिर उसी कंजी आँखोंवाली लड़की से हुआ। उस लड़कीवालों ने पाँच साल तक लड़की की शादी के लिए अथक प्रयत्न किए पर कहीं बात नहीं बनी।

दूसरा यह कि कुंडली से विवाह की सफलता का कोई संबध नहीं होता। मेरे बच्चों की शादी हमने कुंडली मिलान किए बिना ही कर दी है। सभी का संसार कुशलपूर्वक चल रहा है। इसी संबंध में एक मजेदार घटना आपको सुनाना चाहता हूँ। मेरे भाई के साले का जन्म मूल नक्षत्र में हुआ था। कुंडली में यह बात लिखी हुई थी। इसकी शादी तय ही नहीं हो रही थी। कारण, जिस लड़के का जन्म मूल नक्षत्र में हुआ हो, वह सास-ससुर के मूल पर आघात करता है। इसलिए, फिर इसके परिवारवालों ने यह कहना शुरू किया कि हमारे पास कुंडली ही नहीं है। उसकी शादी हो गई। उसके सास और ससुर दोनों जीवित थे। शादी के अट्ठारह साल बाद उन दोनों में से किसी एक की मृत्यु हो गई। यह उस मूल नक्षत्र का प्रभाव है, यह कोई भी नहीं मानेगा।

तीसरा यह कि दहेज माँगने में जो गौरव लगता है, वह बंद होना चाहिए। जो माँगता है, वह भिखारी है, ऐसा मानना चाहिए। प्रत्येक माँ-बाप अपनी पुत्री को जो देना चाहते हैं, वह देते ही हैं। हम ही माँगकर अपनी दीनता दिखाते हैं। दहेज नहीं माँगने का निश्चय केवल वर के पिता ही कर सकते हैं। उनके अपने मन को ऐसा प्रश्न नहीं करना चाहिए कि अगर हमने लड़की की शादी में दहेज दिया है तो लड़के की शादी में हम क्यों न माँगें ? अच्छे काम की शुरुआत किसी को तो करनी ही होगी, तो वह स्वयं से शुरुआत करनी चाहिए, साथ ही इस बात का ध्यान भी रखना चाहिए कि यह सद्चक्र हमें चलता रखना है। लड़की के घरवालों को ऐसी शर्त रखने में कोई दिक्कत हो, ऐसा मुझे नहीं लगता कि जिस प्रकार हम आपसे दहेज में कुछ नहीं माँग रहे, उसी प्रकार आप भी लड़के की शादी के समय कुछ नहीं माँगेंगे। अनेक लोग बड़े ही अभिमान से यह बात कहते हैं कि हमने कुछ नहीं माँगा, पर यह सच नहीं होता। दोनों तरफ का सारा खर्च लड़कीवालों के सिर मढ़ दिया जाता है। शादी अपने बेटे की भी है, यह हम क्यों भूल जाते हैं ? अच्छे घर के पढ़े-लिखे लोगों को भी ऐसी कृति करते समय शर्म महसूस नहीं होती, इस

बात से मुझे बड़ा आश्चर्य होता है। इस तरह दोनों ओर का खर्च करने से तो दहेज प्रथा ही बेहतर है। एक बार तय रकम दे दी, फिर लड़केवाले अपना हिसाब देखते रहें। स्त्री-पुरुष समानता पर अनेक बड़ी-बड़ी बातें हाँकने के बाद व्यवहार में प्रत्यक्ष रूप से अपना पक्ष श्रेष्ठ है, यह दिखाना, यह शुद्ध दांभिकता है। नए लोगों को पुराने रीति-रिवाजों का कोई आकर्षण नहीं होता।

युद्धोत्सव नहीं, आनंदोत्सव

विवाह आनंदोत्सव है, यह बात तो सच है ही, पर इसके साथ-साथ वह हमारे संस्कारों का भी एक हिस्सा है, इस बात को हमेशा ध्यान में रखना चाहिए। विवाह विधि में प्रयोग होनेवाले मंत्र अच्छे हैं। आर्य समाज पद्धति की शादी में पुरोहित इन मंत्रों का उच्चारण करते समय इन्हें अर्थ सहित समझाते हैं। सनातन धर्मवालों को भी इस प्रथा को अपनाना चाहिए। हमारे एक पुत्र के विवाह के समय हमारे तरुण मित्र डॉ. श्रीकांत जिचकार ने इन मंत्रों पर डेढ़ घंटे का भाषण किया था। पुरोहित मंत्र पढ़ रहे थे और डॉ. जिचकार उन मंत्रों के अर्थ और विधियों का प्रयोजन समझा रहे थे। सप्तपदी से विवाह संपन्न होता है। इस सप्तपदी के समय वर और वधू इतने ही वहाँ होते हैं। बाकी के सारे लोग भोजनादि में व्यस्त होते हैं। हम चाहें तो विवाह विधि और भोजन समारंभ के समय योजना इस तरह से निश्चित ही की जा सकती है कि जिससे कम-से-कम घर के लोग होम-हवन और सप्तपदी के समय उपस्थित रह सकें। हमने वैसा किया है और अनेक लोगों ने इसका अनुकरण भी किया है। महाराष्ट्र की अनेक जातियों में होम-हवन और सप्तपदी की विधि नहीं की जाती। उन्हें भी इस विधि को अपना लेना चाहिए। ऐसा मेरा सुझाव है। केवल मंगलाष्टक गाने से विवाह को वैधता प्रदान नहीं की जा सकती। कुछ विवाह इस मुद्दे के कारण टूट गए हैं। मराठी में एक कहावत है कि *'घर पहावे बाँधून आणि, लग्न पहावे करून'* अर्थात् घर बनाकर देखो और शादी करके देखो। तात्पर्य यह है कि विवाह माने एक महान् संकट, रूठना-मनाना, स्वागत-सत्कार, मान-अपमान आदि से लिप्त संकट का संकेत ऐसे रूप में दिया जाता है। हम इसे आनंद का, सहकार्य का और सामाजिक स्नेह मिलन का महोत्सव बना सकें, ऐसा होना चाहिए। यह केवल दो व्यक्तियों का शरीर मिलन नहीं है, दो आत्माओं का मिलन है, दो घरानों का मिलन है, इतना ही नहीं, सामाजिक समरसता का प्रतीक है, ऐसी प्रतिष्ठा इसे प्राप्त हो, ऐसा करना चाहिए। इसके लिए केवल

पैसों की इतनी आवश्यकता नहीं है। महँगे वस्त्र खरीदना या पंच पकवान परोसना, यह अनिवार्य नहीं है। जिनकी हैसियत होगी, वह तो यह करेंगे ही, पर जरूरत मन के बड़प्पन की है। उदारता की और समता की भावना की आवश्यकता है और ये आवश्यकताएँ पूर्ण करना कठिन है, ऐसा कौन कहेगा?

('तरुण भारत', दीपावली अंक 2000)

❐

5

मैं संघ में और मुझमें संघ

संघ, यानी राष्ट्रीय स्वयंसेवक संघ। यह संघ समझने में और समझाने में जरा कठिन है। महासागर के तट पर बैठकर जिस तरह महासागर की गहराई का अंदाजा लगाना संभव नहीं है, उसी तरह किनारे पर बैठकर संघ की समग्रता की कल्पना करना कठिन है। 'अनर्घराघव' नाटक के कर्ता मुरारी कवि के या उनके संबंध में एक सुभाषित है। इस सुभाषित की आखिरी दो पंक्तियों में ऐसा कहा गया है कि वानर वीरों ने सागर तो लाँघ लिया, परंतु इस कारण से उन्हें उसकी गहराई का अंदाजा आ गया हो, ऐसा नहीं है। देव-दानव के संघर्षमय समुद्रमंथन की प्रक्रिया में, जिसे मथनी बनाकर समुद्र में उतारा गया और इसलिए वह समुद्र तल तक जा पहुँचा, ऐसा मंदार पर्वत ही यह गहराई जान सकता है। संघ की बाबत भी ऐसा ही कहा जा सकता है।

संघ : एक जीवन-शैली भी

संघ को समझना हो तो उसे स्वतंत्र रूप से और अलग से समझना होगा। हमारे सामने या हमारी जानकारी में जो संस्थाएँ या संगठनाएँ होती हैं, उनके नमूने मन में धारण कर संघ की कल्पना अगर हम करेंगे तो वह गलत होने की संभावना ही अधिक होगी, क्योंकि इस प्रकार के किसी भी नमूने में संघ फिट नहीं बैठता। संघ—यह एक संस्था ही है। संघ एक संगठन भी है तथापि संघ समाज के अंतर्गत एक संगठित टोली नहीं है; वह संपूर्ण समाज का संगठन है। इसलिए वह समाजव्यापी है। संघ के कुछ तत्त्व हैं, कुछ नियम हैं, एक विशिष्ट कार्य-शैली है। इस कार्य-शैली के निश्चित कर्मकांड भी हैं, परंतु यह सब होने के साथ-साथ संघ एक जीवन-शैली भी है। मानव जीवन के परिवर्तन की, जीवन मूल्यों की समझ की

और इस भावना को कायम रखते हुए जीवन-शैली को बनाने की अपेक्षा रखनेवाला संगठन है यह। व्यक्ति का संघ में केवल आना पर्याप्त नहीं है। उस व्यक्ति में संघ कितना उतरा है, यह निरंतर देखते रहने का आग्रह संघ रखता है। संघ हमारे जीवन में कितना उतरा है, उसकी कक्षा कौन सी है, यह तय करने के बाह्य मापदंड नहीं हैं। हरेक को अपना आत्म-परीक्षण और आत्म-निरीक्षण स्वयं ही करना होता है और संघ रूपी इस विशाल प्रवाह में हम कितनी गहराई तक खड़े होकर अपना संतुलन बनाए रख सकते हैं, यह देखना होता है।

आदेश नहीं

सन् 1952-53 का समय रहा होगा। सरकार को गौ हत्या बंद करने का कानून बनाना चाहिए, इस तरह की माँग के लिए संघ की ओर से हस्ताक्षर-आंदोलन उसी समय संपन्न होने का कालखंड था वह। उस कालावधि में अनेक गौ भक्त संघ के कार्यालय में आते और तत्कालीन सर संघचालक श्रीगुरुजी से मिलकर जाते। ऐसे ही एक बार लाला हरदेव सहाय, सुप्रसिद्ध गौ भक्त गुरुजी से मिलने के लिए आए। उनके साथ दो-तीन लोग और भी थे। आंदोलन के संदर्भ में बातचीत खत्म हो जाने के बाद उनमें से एक ने गुरुजी से कहा, ''आप ऐसा एक आदेश निकालिए कि संघ का कोई भी स्वयंसेवक डालडा नामक जो घी की तरह दिखनेवाला, पर मूल रूप से तेल का ही एक नया उत्पादन है, उसका उपयोग नहीं करेगा।'' गुरुजी ने तुरंत कहा, ''ऐसा आदेश निकालने की हमारी पद्धति नहीं है।'' प्रश्नकर्ता बहुत ही आश्चर्यचकित हो गया। उसने संघ की शाखा देखी थी। एक व्यक्ति आज्ञा देता है और बाकी सब उसके आज्ञानुसार काम करते हैं, यह उसने देखा था। इसलिए उसका यूँ चकित होना स्वाभाविक ही था। उसने तुरंत प्रतिप्रश्न किया, ''आप यह क्या कह रहे हैं? मैं जहाँ-जहाँ जाता हूँ वहाँ-वहाँ मुझसे यही कहा गया है कि संघ की आज्ञा हो तो हम मानेंगे और आप कह रहे हैं; आदेश देने की पद्धति संघ की नहीं है।'' गुरुजी ने उत्तर दिया, ''अगर हम ऐसी आज्ञा देते हैं तो फिर उसका पालन हो रहा है या नहीं, यह देखने के लिए हमारे पास ऐसा कौन सा बल (sanction) है? गुरुजी ने (sanction) यही शब्द प्रयोग किया था। उस गृहस्थ ने पुनः प्रश्न किया, ''फिर संघ में जो इतना कड़ा अनुशासन होता है, वह किस तरह?'' श्रीगुरुजी ने कहा, ''हम संघ स्थान पर इकट्ठा होते हैं। हमारी पद्धति के अनुसार शारीरिक कार्यक्रम करते हैं। कभी-कभी बौद्धिक वर्ग भी होते हैं। इस कारण से वहाँ एक विशिष्ट प्रकार का वातावरण निर्माण होता है, जिसमें से लोग

अनुशासन आदि गुण सीखते हैं।" उस व्यक्ति को अपने प्रश्न का समाधानकारक उत्तर मिल गया था, पर गुरुजी का उत्तर परिपूर्ण नहीं था, ऐसा मुझे अब लग रहा है। कार्यक्रमों के द्वारा निर्माण होनेवाले वातावरण के साथ-साथ ही हमारे श्रेष्ठ अधिकारियों के बरताव से भी संस्कारक्षम वातावरण निर्माण होता है। एक सामान्य स्वयंसेवक दक्ष की आज्ञा देता है और सरसंघचालक सहित सारे लोग सावधान की मुद्रा में सीधे खड़े हो जाते हैं। शिविर में, स्वयंसेवक जो भोजन लेते हैं, वही और उसी तरह से जमीन पर बैठकर सरसंघचालक आदि उच्च पदाधिकारीगण भोजन लेते हैं। सर्वोच्च अधिकारी भी सामान्य स्वयंसेवक की तरह बरताव करते दिखाई देते हैं। मनुष्य के चरित्र निर्माण की प्रक्रिया में इस तरह के वर्तन का बहुत बड़ा योगदान है, ऐसा मुझे लगता है।

ध्येयवाद की धार

संघ हममें उतरना, यानी हमारी जीवन-शैली को संघ-शैली के अनुसार ढालना, ऐसा कहा जा सकता है। इस शैली में संघ के मौलिक सिद्धांतों को भी महत्त्व प्राप्त है। एक मौलिक सिद्धांत यह भी है कि हमें स्वयं से अधिक महत्त्वपूर्ण समाज को, अपने राष्ट्र को समझना चाहिए। व्यक्तियों से ही समाज बनता है, पर समाज के लिए व्यक्ति है, व्यक्ति के लिए समाज नहीं। इसलिए स्वयं के स्वार्थ के लिए समाज को जिम्मेदार मानना (वेठीस धरणे) ठीक नहीं है। श्रीमत् शंकराचार्य का षट्पदी नामक एक अति सुंदर स्तोत्र है, उसके एक श्लोक में यह भाव प्रकट किया गया है। एक भक्त अपने भगवान् से कहता है, "हे भगवन्, अब मुझे आपका साक्षात्कार हो चुका है। इस कारण से भक्त और भगवान् यह भेद भी मिट गया है, अद्वैत प्रस्थापित हो गया है, तब भी मैं आपके लिए हूँ। आप मेरे लिए नहीं।" लहर सागर की होती है, सागर उस लहर का नहीं होता। इसका अर्थ यह है कि संघ-शैली का जीवन-यानी समाज सापेक्ष जीवन। श्रीगुरुजी ने एक छोटे से वाक्य में इसके मर्म को संग्रहीत किया है। वह वाक्य ऐसा है कि मैं नहीं, तू ही, मतलब मैं नहीं, तू ही है। इस तरह का आत्मविलोपित्व संघ-शैली को अभिप्रेत है। संघ का हममें उतरना, इसका अर्थ इस तरह की जीवन-शैली में अपने जीवन को जीना ऐसा होता है। इस शैली में ध्येयवाद निहित होता ही है, इसे अलग नहीं किया जा सकता। इस ध्येयवाद के कारण हमारे जीवन को कुछ ऐसी धार प्राप्त होती है कि आए हुए संकटों के दुर्गम और कठिन पहाड़, तेज छुरी से जिस तरह मक्खन कट जाता है, उस तरह आसानी से कट जाते हैं। मानव जीवन में संकट तो आएँगे ही।

संघ की प्रार्थना में भी यह मार्ग कंटकाकीर्ण है, ऐसा कहा गया है, परंतु उस पर चलते वक्त जैसे मखमल पर चल रहे हैं, ऐसा प्रतीत होना चाहिए। इसके लिए जो योग्य ज्ञान चाहिए, वह हमें परमेश्वर प्रदान करे, ऐसी उसके चरणों में प्रार्थना है। सामान्यतः इस तरह चलना सुगम नहीं है, परंतु उचित ज्ञान यह मार्ग सुगम कर देता है। जब ध्येयवाद की ऐसी धार जीवन को प्राप्त हो जाती है, तब जीवन में कठिन कुछ रहता ही नहीं है।

यह सारा बदलाव एक दिन में हो जाएगा, ऐसा नहीं है, परंतु संघ के संस्कारक्षम वातावरण में निरंतर रहने से, धीरे-धीरे होता है। फिर वह स्वभाव बन जाता है। वैसे देखा जाए तो यह एक 29 हजार फुट की ऊँचाई का गौरीशंकर (एवरेस्ट) ही है। डॉ. हेडगेवार, श्रीगुरुजी इस शिखर पर पहुँचे हुए महात्मा ही थे, पर सामान्य मानव के जीवन की गति भी उसी ऊँचाई की ओर प्रयत्नशील होती रहनी चाहिए। गौरीशंकर 29 हजार फुट ऊँचा है, परंतु हमारे कदम केवल 29 इंच के, पर उन कदमों की दिशा उस 29 हजार फुट ऊँचाई पर बने गौरीशंकर की दिशा में ही होनी चाहिए। एक बार इस दिशा में चलने का स्वभाव बन जाए तो मनुष्य जीवन को एक विशिष्ट ऊँचाई प्राप्त हो जाती है। कभी-न-कभी और ऊँचाई प्राप्त हो जाएगी, यह विश्वास होता है। सभी उस ऊँचाई तक पहुँच पाएँगे, ऐसा नहीं होता। स्वर्गारोहण की ओर मार्गस्थ हुए पांडवों में से केवल युधिष्ठिर उस द्वार तक पहुँच सका था। बाकी के चारों भाई और द्रौपदी मार्ग में ही गिर गए, पर सभी की दिशा एक ही थी। संघ, जीवन में आना, वहाँ स्थिर होना और उसके प्रकाश में हमारे जीवन की दिशा और गति निश्चित होना, यह एक ध्येयवादित्व का और नैतिकता का महान् आविष्कार होता है।

नागपुर में पदार्पण

मैं सन् 1931 में नागपुर आया था। तब केवल आठ साल का था। हमारे गाँव तरोड़ा में ही प्राथमिक शिक्षा की तीन कक्षाओं तक मैं पढ़ा था। गाँव की पाठशाला में चार वर्ग थे, पर एक दिन पिताजी के मौसेरे भाई श्री अंबादास पंत मुझे तीसरी कक्षा के बाद ही नागपुर ले आए। अंबादास पंत की कोई संतान नहीं थी। इसलिए एक बच्चे का पालन-पोषण करने की उनकी बहुत इच्छा थी। ये दोनों मौसेरे भाई सगे भाइयों की तरह ही रहते, वे स्वयं अपने माँ-बाप की इकलौती संतान ही थे। उन दोनों भाइयों में परस्पर स्नेह की शायद यह भी एक वजह थी। अंबादास पंत जरा शीघ्रकोपी स्वभाव के थे। अगर मेरे दादाजी जिंदा होते तो उन्होंने मुझे पंत के घर कभी जाने नहीं दिया होता। हमारे घर में, इस पीढ़ी का मैं ही सबसे बड़ा पुत्र

था। वैसे भी वैद्य परिवार के यहाँ संतानों का अकाल ही था। हमारे चार दादाजी में से केवल तुकरामपंत को मेरे पिताजी एकमात्र संतान थे। बाकी के तीनों दादाजी नि:संतान थे। एक दादाजी को एक पुत्री थी, पर वह बचपन में ही गुजर गई। औरों को कोई संतान नहीं थी। ऐसे घर में चार लड़कियों के बाद पाँचवीं संतान के रूप में मेरा जन्म हुआ था। इसलिए मेरा बचपन बहुत लाड़-प्यार में बीता। दादाजी की मृत्यु सन् 1931 के मई के महीने में हुई और घर की सारी जिम्मेदारी मेरे पिताजी के सिर पर आ गई। उन्होंने, और सच पूछो तो मेरी माँ ने बड़ा ही साहसपूर्ण कदम उठाते हुए मुझे पंत के घर भेज दिया। वैसे भी चौथी कक्षा उत्तीर्ण करने के बाद शिक्षा प्राप्त करने हेतु कहीं दूर जाना ही पड़ता। इसीलिए माँ और पिताजी ने तीसरी कक्षा उत्तीर्ण करने के साथ ही मुझे नागपुर भेज दिया।

सालुबाई मोहिते के बाड़े के पास ही, जो आज हेडगेवार भवन के नाम से जाना जाता है, उसके पास ही पालकरजी का बड़ा सा बाड़ा था। आज भी होगा। उस बाड़े में पंत किराए पर रहते थे। इसी वजह से, मोहिते संघ स्थान पर लगनेवाली शाखा में मैं बचपन से ही जाने लगा था। खेलों का मुझे बहुत आकर्षण था। इस आकर्षण के कारण मैं स्वयं शाखा में जाने लगा। मुझे शाखा में कोई ले गया हो, ऐसा याद नहीं आता, पर सन् 1932 में केशवराव कावरे (जो आगे चलकर डॉ. बने) इनके गण का मैं स्वयंसेवक था, ऐसा मुझे अच्छी तरह से याद है। उन्होंने ही सबसे पहले एक छोटी सी कॉपी लेकर आने को कहा और उसमें मुझसे संघ की प्रार्थना लिखवा ली। केशवराव कावरे के पश्चात् हमारे गण के शिक्षक बाबूराव मुलमुले थे। मुलमुले काटोल नामक गाँव से थे, पर उच्च शिक्षा हेतु तीन-चार भाई नागपुर आ गए थे। संघ कार्यालय के पास ही उन्होंने एक घर खरीद लिया था। उनके पिताजी का काटोल में वकालत का व्यवसाय था। उनके बाद सिलाई की दुकान चलाते पंत मास्टर, उनके बाद कृष्णराव पोहनकर। ये हमारे गण के शिक्षक हुए, पर सबसे अधिक याद रह गए, वे थे प्रभाकर राव मोहरील। ये आर्वी के रहनेवाले थे। श्री बालासाहेब देवरस के समवयस्क थे। बी.एससी. होने के बाद वे वापस आर्वी चले गए और अनेक वर्षों तक नगर परिषद् के सचिव के रूप में कार्यरत रहे। उस समय में नागपुर में शाखाओं की संख्या अधिक नहीं होगी, ऐसा मेरा मानना है। सात-आठ शाखाएँ रही होंगी। प्रत्येक शाखा में से एक गण, नैपुण्य समता (एसोसिएशन ड्रिल) के लिए विशेष अभ्यास के द्वारा तैयार किया जाता और फिर शीत शिविर में इस समता की स्पर्धा करवाई जाती। प्रभाकर राव मोहरील

शाखा में अन्य गण के शिक्षक थे, पर सभी गणों में से चुने हुए स्वयंसेवकों को इस नैपुण्य समता के लिए इस एक गण में आना पड़ता। शाखा के समाप्त होने के आधे घंटे बाद तक और छुट्टी के दिन सुबह 6 बजे इस नैपुण्य समता का अभ्यास करवाया जाता। प्रभाकर राव मोहरील कठोर अनुशासन के आग्रही थे। उस समय में समता की सभी आज्ञाएँ अंग्रेजी में दी जातीं। संचलन के दौरान पैरों के एक साथ पदन्यास पर उनका अधिक जोर रहता। गलत पैर पड़ने पर प्रभाकर राव के बेंत का पड़ना तय ही होता। एक-दो बार बेंत मैंने भी खाए हैं। करीब पाँच स्पर्धाओं में मैं शामिल था। दो बार हमारे गण का प्रथम क्रमांक आया था। परीक्षक होते थे, श्री मार्तंड राव जोग, श्री विठ्ठल राव पत्की और श्री अन्ना शेष।

यह बताने का तात्पर्य यह था कि खेल की और समता के आकर्षण के कारण मैं संघ में जाता था। बिल्कुल नियमित। केवल दीपावली की और गरमी की छुट्टियों में मैं तरोड़ा जाया करता। मैट्रिक और उसके बाद के वर्गों में मैं बौद्धिक वर्ग में भी जाया करता था। तब वह बौद्धिक मेरी समझ में नहीं आता था, पर अनुशासन पालन हेतु मैं नियमित हर रोज शाखा तथा बौद्धिक वर्ग में जाया करता।

वसंतराव सिर्सीकर

मुझे संघ जरा देरी से ही समझ में आने लगा। इसका श्रेय श्री वसंतराव सिर्सीकर को ही देना होगा। वे सन् 1940 या 1941 में हमारे मोहिते शाखा के कार्यवाह के रूप में आए। यहाँ आने से पहले इन्होंने एम.ए. के समकक्ष ऐसी बी.ए.(ऑनर्स) की परीक्षा उत्तीर्ण की थी। इतनी बड़ी डिग्री हासिल किया हुआ शाखा का अधिकारी, मैंने पहली बार देखा था और मैं उनकी ओर आकर्षित हुआ। मैंने सन् 1941 में इंटर आर्ट्स की परीक्षा प्रथम श्रेणी में उत्तीर्ण की थी। तब से वसंतराव सिर्सीकर का मेरी ओर विशेष ध्यान रहता था इसका एहसास मुझे होने लगा था। उनके बी.ए. (ऑनर्स) का विषय अर्थशास्त्र था, इसके बाद उन्होंने राज्यशास्त्र में एम.ए. किया और पुणे विद्यापीठ में राज्यशास्त्र विषय के प्रमुख बने, परंतु वहाँ जाने से पहले वे यहाँ के एल ए डी और उसके बाद सिटी कॉलेज (आज का बिन्झानी महाविद्यालय) में प्राध्यापक थे। उन्होंने मुझे लगातार किताबें पढ़ने के लिए दीं। हिटलर का 'मीन कैंफ' मैंने इसी समय के दौरान पढ़ा। संघ शाखा में मैं धीरे-धीरे सन् 1943 से गटनायक, गणशिक्षक आदि पद पर काम करने लगा था। वसंतराव भी शाखा कार्यवाह के बाद भाग कार्यवाह और इसके बाद श्री

बालासाहब देवरस जब नागपुर के कार्यवाह बने, तब वे नागपुर के सहकार्यवाह हुए। मेरी जानकारी के अनुसार वे सन् 1946 या 1947 में पुणे चले गए। गांधी हत्या के उस भीषण कालखंड में वे पुणे में थे। सन् 1946 में मेरे संघ शिक्षा वर्ग के तृतीय वर्ष का प्रशिक्षण खत्म हो चुका था और मोहिते शाखा जैसी एक बड़ी शाखा के मुख्यशिक्षक के रूप में मेरी नियुक्ति की गई। उसके बाद मुझे इतवारी भाग में भेजा गया। मैं संतीरोड शाखा का कार्यवाह बना। परंतु पास ही गरुड़ व महावीर (जैनों के मोहल्ले में यह शाखा लगती थी, जिसमें मुख्यशिक्षक बलवंत राव ढोबले, पुरानी मंगलवारी में से महावीर शाखा में आते) इन दोनों सायं शाखाओं में भी मुझे ध्यान देना पड़ता।

सन् 1948 का हुल्लड़

उस समय इतवारी भाग के कार्यवाह श्री पांडुरंग पंत सावरकर थे, उनका घर नेहरू के पुतले के पास था। सन् 1948 के जनवरी में गांधीजी की हत्या हुई और उस कठिन समय में मेरी भी परीक्षा हो गई। संतीरोड पर अपराजितजी का घर था। उनके संरक्षण की जिम्मेदारी मेरे सिर थी। फरवरी 1948 को तीन बार उनके घर पर आक्रमण हुआ। घर के लोग घबराए हुए थे। मैं उन्हें दिलासा दे रहा था। आक्रमणकारी घर का सामान लूटकर ले गए, पर किसी को चोट नहीं पहुँचाई। जिस घर में मैं रहता था, वहाँ मेरे घर पर भी हल्ला बोला गया, पर अंदर से बंद दरवाजा तोड़ने में वे कामयाब नहीं हो पाए। शाखाबंदी के समय शाखा लगाना संभव ही नहीं था, परंतु कार्यकर्ताओं को संगठित रखने का और उन्हें कार्यरत रखने का काम मुझे करना पड़ा। इसके लिए हमने निकालस मंदिर में सार्वजनिक गणेशोत्सव करने की योजना बनाई। हमने इसके लिए एक मंडल की स्थापना की। कृष्णानंद सोख्ता नामक कांग्रेसी नेता इस मंडल के अध्यक्ष बने और मैं सचिव। शुक्लाजी के मंत्रिमंडल में रहे अमरावती के पी.के. देशमुख उद्घाटन के लिए आए थे। इस कार्यक्रम के लिए मा. सां.कन्नमवार, जो आगे चलकर महाराष्ट्र के मुख्यमंत्री बने, वे उपस्थित थे अर्थात् यह सब कुछ कृष्णानंद सोख्ता मंडल के अध्यक्ष होने की वजह से ही हुआ। श्री राजाभाऊ कोगजे के गायन का कार्यक्रम भी मंडल ने किया। आस-पास के विस्तारों में मंडल को बहुत प्रसिद्धि मिली। इसी वर्ष, यानी सन् 1948 में जुलाई से अक्तूबर; इन चार महीनों के लिए मैंने तत्कालीन सरकारी मॉरिस कॉलेज में प्राध्यापक की हैसियत से नौकरी भी कर ली। मैं मॉरिस कॉलेज का ही विद्यार्थी था, इसलिए पूरा विस्तार और सारे प्राध्यापक लोगों से परिचित था।

9 दिसंबर से पाबंदी उठवाने के लिए संघ की ओर से सत्याग्रह शुरू हुआ। मैंने जनवरी की टुकड़ी में सत्याग्रह किया। इस टुकड़ी का नेता मैं ही था। अच्छी-खासी सरकारी नौकरी को लात मारकर मैंने यह सत्याग्रह किया। इस तरह की गरिमामय प्रसिद्धि मुझे मिली, पर हकीकत यह नहीं थी। 31 अक्तूबर को मेरी नौकरी समाप्त हो चुकी थी, क्योंकि वह सिर्फ चार महीनों के लिए ही थी। वेतन भी अच्छा था। प्राइवेट कॉलेज के प्राध्यापकों की तुलना में दुगुना। इसलिए, नौकरी के न रहते हुए भी आर्थिक मुश्किलें नहीं आईं। नौकरी थी ही नहीं और मैंने इसी दौरान अंग्रेजी में एम.ए. करने के लिए अरजी दे दी थी, इसलिए सत्याग्रह के वापस लेते ही विद्यार्थी होने के नाते 17 फरवरी, 1949 में मुझे रिहा कर दिया गया, पर मेरी ही टुकड़ी के अन्य लोगों को चार महीने कारावास में गुजारने पड़े।

पांडुरंग पंत की मुक्तता

गांधी हत्या के बाद पहले हफ्ते में वातावरण बहुत ही तनावपूर्ण था। पांडुरंग पंत सावरकर का घर गुंडों के हमले का लक्ष्य था। इतवारी के नेहरू पुतले के पास ही उनका घर था। उन्हें वहाँ से कुशलपूर्वक बाहर निकालना आवश्यक था। काम बड़ा ही जोखिम भरा था। इसके लिए मैंने योजना बनाई। साइकिल पर बिठाकर लाना था। शहीद चौक और पुराने ताँगा स्टैंड से होकर रास्ता जाता था। वहाँ गुंडे घात लगाए बैठे थे। अगर हम दोनों वहाँ से आए होते तो दोनों को ही मार गिरा दिया होता। इतवारी भाग में मैं नया था, परंतु सावरकर चप्पे-चप्पे से परिचित थे। संघ में आने के पहले वे नागपुर की कांग्रेस कमेटी के खजांची थे। एड. भाऊसाहेब बडिए के घर कुछ अधिकारी इकट्ठा हुए थे। भाऊसाहेब का छोटा भाई धनराज उस समय नागपुर में आया था। वह पुलिस खाते में सब-इंस्पेक्टर था, उसके पास पुलिस का गणवेश था, उसके संरक्षण में सावरकरजी को मैं साइकिल के अगले डंडे पर बिठाकर वहाँ से निकला। शहीद चौक में आवाज उठी, पर पीछे ही पुलिस इंस्पेक्टर होने के कारण आक्रमणकारी वहीं रुक गए। इतवारी ताँगा स्टैंड पर भी ऐसा ही हुआ। गुंडों के हाथों में पकड़े डंडे उनके हाथों में ही रह गए। मैं नागोबा की गली में से सावरकरजी को भाऊसाहेब बडिए के घर ले आया।

अंतर्विरोध की शुरुआत

सन् 1949 के जुलाई महीने में संघ के ऊपर लगी पाबंदी हटा दी गई। शाखाएँ पूर्ववत् शुरू हो गईं। मुझे वापस महल भाग में बुलाया गया और मोहिते की सायं

शाखा की जिम्मेदारी दी गई। यह नागपुर की सबसे बड़ी शाखा थी। हर रोज 200 बाल स्वयंसेवक और 100 तरुण स्वयंसेवकों की भरपूर उपस्थिति रहती थी, पर यह विशाल विस्तार 2-3 वर्षों तक ही रहा। सन् 1952 के बाद संघ में ही एक प्रकार की हलचल शुरू हो गई। दैनिक शाखाओं की आवश्यकता नहीं है, देश को स्वतंत्र करने का संघ का जो लक्ष्य था, वह किसी भी कारण से पूर्ण हो गया है, ऐसी विचारधारा, जो सन् 1950 में ही जन्म ले चुकी थी, सन् 1952 के बाद उसने जोर पकड़ा। पश्चिम महाराष्ट्र में भी यही विचारधारा शुरू हो चुकी थी। श्री मधु देवल (म्हैसाल में हरिजनों के लिए सहकारी संस्था स्थापित करनेवाले कार्यकर्ता), श्री अप्पा पेंडसे (ज्ञान प्रबोधिनी के संस्थापक) ऐसे संघ के महान् दिग्गज प्रचारक; इसका नेतृत्व कर रहे थे। नया संघ प्रारंभ करने की बात भी आई। केवल दक्ष-आरम करनेवाली शाखा नहीं चाहिए, प्रत्येक शाखा ने सेवा कार्य शुरू करना चाहिए। ऐसा इन लोगों का आग्रह था। रास्ते साफ करना, नाले साफ करना वगैरह सेवा कार्य उन्होंने शुरू भी कर दिए थे। नागपुर व्यायामशाला में उनकी अलग से शाखा लगनी भी शुरू हो गई थी। मैं उनके साथ नहीं गया, पर उस शाखा में जानेवाले अधिकांश लोग हमारी शाखा के ही थे। इस कारण मैं उनसे अपनी मित्रता के संबंध बनाए रख सका। इस संपूर्ण कालखंड में श्रीगुरुजी का आग्रह शाखाओं को ठीक करने का ही रहा। उनकी क्रांतदर्शी प्रज्ञा ने संघ को अपने मूल उद्देश्य से भटकने नहीं दिया। संघ के ऊपर लगी बंदी के हटते ही श्रीगुरुजी ने सारे देश भर में प्रवास किया। उनके स्वागत में प्रचंड आम सभाएँ हुईं। दिल्ली की सभा की तो बी.बी.सी. ने पं. नेहरूजी की सभा से तुलना भी की थी, परंतु गुरुजी इससे तनिक भी प्रभावित नहीं हुए, विचलित नहीं हुए। सन् 1949 की या सन् 1950 की दीपावली की छुट्टियों में स्वयंसेवकों के सामने किए गए तीन भाषणों में, इस लोकप्रियता के आविष्कार से हमें गुमराह नहीं हो जाना चाहिए, यही उन्होंने सबके सामने स्पष्ट किया। नया संघ निकालने के प्रयत्नों में मुझे शामिल करने के प्रयत्न किए गए, पर मैंने नम्रता से इनकार करते हुए कहा, ''हम कोई डॉ. हेडगेवार नहीं हैं। नया संघ स्थापित करने की मेरी क्षमता नहीं है, इच्छा भी नहीं है और आवश्यकता भी नहीं है।'' यह मैंने उनसे स्पष्ट रूप से कह दिया।

मैं गुरुजी की बैठक में

छुट्टियों में पुणे से प्रा. वसंतराव सिर्सीकर नागपुर आते। हमारा मिलना भी होता और चर्चाएँ भी होतीं। मैं वह सब सुन लेता, परंतु स्थिर ही रहता। एक बार

डॉ. मनोहर राव साल्पेकर के यहाँ हम चार मित्र इकट्ठा हुए। उसमें श्री सिर्सीकर भी थे। चारों में उम्र में मैं सबसे छोटा था। रात को 9 बजे जो चर्चा शुरू हुई, वह सुबह साढ़े छह बजे तक चली। इन चर्चाओं से मुझे बड़ा फायदा हुआ। शाखा विरोधकों की भूमिका ज्ञात हुई और जिनके नेतृत्व पर से इन लोगों का विश्वास उठ गया था, उन गुरुजी को बिल्कुल नजदीक से देखने और सुनने का मैंने तय कर लिया। हर रोज रात को 9 बजे के बाद श्रीगुरुजी अपने घर से कार्यालय आते। उनकी बैठक में सभी का मुक्त प्रवेश होता था। श्रीगुरुजी के माता-पिता जब तक जीवित थे, तब तक गुरुजी दोपहर के भोजन के लिए और सायंकाल की शाखा के बाद सायं संध्या के लिए अपने घर जाते। रात को नौ बजे के करीब वे कार्यालय में आते। 12 बजे तक वे बैठक में बैठते। पत्रों के उत्तर लिखते। विविध विषयों पर चर्चाएँ होतीं। हास्य-विनोद भी होते। मैंने रात को उस बैठक में उपस्थित रहना तय कर लिया।

सन् 1957 में महल भाग का अपना किराए का मकान खाली करने तक, श्रीगुरुजी का निवास नागपुर में हो और मैं उस बैठक में उपस्थित नहीं रहा हूँ, ऐसा शायद ही कभी हुआ होगा। गुरुजी के आसन के सामने की दीवार पर टेककर मैं बैठता। रात के बारह बजे कृष्णराव मोहरील कमरे की खिड़कियाँ बंद करने लगते। उपस्थित लोगों को वहाँ से उठकर जाने के लिए यह संकेत होता था। करीब-करीब सात-आठ वर्षों तक मैं इस बैठक में उपस्थित रहा हूँ। गुरुजी के सान्निध्य के कारण बिल्कुल अनौपचारिक रूप से मुझे संघ समझ में आने लगा। धीरे-धीरे संघ मन में और बुद्धि में भी घर करने लगा था। उस बैठक में उपस्थित रहने के कारण, मेरा मृत्यु का भय क्षीण होता गया। किसी भी समस्या पर विचार करते समय उस समस्या की जड़ तक पहुँचने की आदत हो गई। ऐसे समय अपनी वाणी को सौम्य, परंतु स्पष्ट कैसे रखना है, इसकी शिक्षा मिली। विरोधकों के साथ भी मित्रता के संबंध किस तरह रखे जा सकते हैं, यह समझ में आया। धीरे-धीरे अंत:करण में संघ उतरता चला गया और फिर अपने बरताव में भी प्रकट होने लगा।

हिस्लौप कॉलेज में

परीक्षा की अनेक घड़ियाँ आईं। सम्मोहन के आकर्षक रूप भी सम्मुख आए, पर इन घड़ियों में और आकर्षणों ने मुझे पथभ्रष्ट होने नहीं दिया। सन् 1949 में मुझे चर्च ऑफ स्कॉटलैंड की ओर से चलाए जानेवाले हिस्लौप कॉलेज में नौकरी मिली। उस समय संघ पर बंदी लगी हुई थी, पर फिर भी उसके बाद भी मेरी नौकरी जारी रही। मैं पूरे सत्रह साल उस ईसाई संस्था में संस्कृत का प्राध्यापक रहा।

मैंने अपना स्वयंसेवक होना किसी से छुपाया नहीं था। कॉलेज के प्राचार्य ने भी उस पर आक्षेप नहीं लिया, उलटे संघ के संबंध में जानकारी प्राप्त करने के लिए जो अनेक अमेरिकन और अंग्रेज लोग आते, उन्हें मेरे पास भेज दिया जाता। सन् 1949 के जुलाई महीने में स्थायी नौकरी का आदेश देते वक्त प्राचार्य डॉ. मोज़ेज़ ने इतना ही कहा, ''आप सत्र शुरू होने के बाद बीच में ही कॉलेज छोड़कर नहीं जाएँगे, यही हमारी शर्त है।'' मैंने कहा, ''मैं कॉलेज छोड़कर नहीं जाऊँगा।'' मैंने लिखित में ऐसा कोई आश्वासन नहीं दिया था। डॉ. मोज़ेज़ की ऐसी अपेक्षा रखने का कारण यह था कि अनेक ईसाई प्राध्यापक हिस्लौप कॉलेज छोड़कर सरकारी कॉलेजों में चले गए थे। उनमें श्री राघवैया, श्री जेकब, श्री डेविड, श्री एडवर्ड माने प्रमुख रूप से थे। अपने-अपने विषय के उत्कृष्ट शिक्षक ऐसा उनका नाम था, पर प्राइवेट और सरकारी कॉलेजों के वेतन में इतना फर्क हुआ करता था कि किसी को भी सरकारी नौकरी में जाने का मोह हो जाए।

मैं सन् 1949 में दीपावली की छुट्टियों में अपने गाँव गया था। एक दिन अचानक कॉलेज का एक कर्मचारी मोज़ेज़ साहब का पत्र लेकर हमारे गाँव में आया। अपने पत्र में डॉ. मोज़ेज़ ने लिखा था कि आप सत्र के बीच में कॉलेज छोड़कर नहीं जाएँगे ऐसा आपने वचन दिया था, परंतु मुझे अभी-अभी ऐसी जानकारी मिली है कि दीपावली के बाद आप सरकारी कॉलेज में जा रहे हैं। मैंने तुरंत उन्हें उत्तर भिजवाया कि मैं बीच में कॉलेज छोड़कर नहीं जाऊँगा। दिया हुआ वचन निभाऊँगा। मुझे सरकारी कॉलेज का मोह नहीं है। समाज में मुक्त रूप से घूम-फिर सकूँ और सामाजिक कार्य भी कर सकूँ, ऐसी मेरी इच्छा है। आप निश्चिंत रहिए। डॉ. मोज़ेज़ को प्राप्त जानकारी सही ही थी। 1948 में मैं, छुट्टी के कारण रिक्त हुए स्थान पर नौकरी में लगा था। अब वहाँ पूर्णरूप से रिक्त हो गई थी। लोकसेवा आयोग के माध्यम से मुझे चुना गया था। इसलिए अधिक वेतन देनेवाली यह सरकारी नौकरी में मैं चला जाऊँगा, ऐसी कल्पना करना स्वाभाविक ही था, पर मैं हिस्लौप में ही रहा। एक बार हमारे तत्त्वज्ञान विषय के प्राध्यापक रामनाथन मिल गए। उन चार महीनों की नौकरी में एक प्रकार का बराबरी का रिश्ता बन गया था। मुझे देखते ही वे बोले, ''तुम महामूर्ख हो। एक अच्छी नौकरी दरवाजे पर आकर खड़ी थी, जिसे तुमने ठुकरा दिया।'' मैं उनके इस अभिप्राय पर केवल मुसकुरा दिया। मुझे अपने निर्णय पर कभी पश्चात्ताप नहीं हुआ।

परीक्षा की घड़ी

एक ऐसी ही परीक्षा की घड़ी सन् 1954-55 में आ खड़ी हुई। उस वक्त नागपुर मध्य प्रदेश-वर्हाड प्रांत की राजधानी हुआ करती थी। पं. रविशंकर शुक्ल मुख्यमंत्री थे और भगवंतराव अन्नाभाउ मंडलोई शिक्षा मंत्री। सरकार ने ऐसा आदेश पारित किया कि सरकारी अनुदान लेनेवाली शिक्षा संस्थाओं के कर्मचारियों को ऐसा प्रतिज्ञा-पत्र भरकर देना होगा कि वे कभी चुनाव नहीं लड़ेंगे और राजनीति से या राजकीय पार्टियों से कोई संबंध नहीं रखेंगे। इस आदेश के आघात का मुख्य लक्ष्य था रा.स्व.संघ, यह पहचानते हमें देर नहीं लगी। उस समय बापूराव वर्हाड़पांडे नागपुर के कार्यवाह थे और मैं सहकार्यवाह। बापूराव उस वक्त मोहता साइंस कॉलेज में रसायनशास्त्र के प्राध्यापक थे। हम दोनों ने तय किया कि हम यह प्रतिज्ञा-पत्र नहीं भरेंगे। मैं प्राचार्य मोज़ेज़ से मिला और उन्हें कहा कि मैं यह प्रतिज्ञा-पत्र नहीं भरूँगा। मैं अपने कॉलेज को मुश्किल में भी नहीं डालना चाहता। आप कहें तो मैं त्याग -पत्र देने के लिए तैयार हूँ। आप अच्छी तरह जानते हैं कि मैं सरकारी कॉलेज में क्यों नहीं गया और हिस्लौप में क्यों हूँ। एक पल की भी देरी न लगाते हुए परा. मोज़ेज़ ने कहा, "आपकी भूमिका मेरी समझ में आ गई है। आपको प्रतिज्ञा-पत्र भरकर देने की कोई आवश्यकता नहीं है।" मेरी नौकरी जारी रही, पर बापूराव को व्यवस्थापक मंडल ने नौकरी से निकाल दिया। करीब-करीब तेरह महीने बापूराव बेरोजगार थे। आगे चलकर यह मामला न्यायालय में पहुँचा और बापूराव को न्याय मिला। उन्हें वापस नौकरी पर रखा गया और उन तेरह महीनों का सारा बकाया वेतन भी उन्हें मिला।

दूसरे वर्ष सत्र के प्रारंभ में डॉ. मोज़ेज़ छह महीनों के लिए अमेरिका गए थे। डॉ. शं. दा. पेंडसे तत्कालीन प्राचार्य बने। सरकार को किसी चुगलखोर ने यह बात पहुँचा दी कि हिस्लौप के एक प्राध्यापक ने प्रतिज्ञा-पत्र नहीं भरा है। कॉलेज के नाम सरकार का मेमो आया। डॉ. पेंडसे ने मुझे बुलवाकर पूछताछ की। मैंने उनसे कहा, "मैं प्रतिज्ञा-पत्र भरकर नहीं दूँगा और अब त्यागपत्र भी नहीं दूँगा। व्यवस्थापक मंडल चाहे तो मुझे नौकरी से निकाल दे।" डॉ. पेंडसे के लिए यह अनोखी बात थी। उन्होंने सरकारी मेमो मेरी ओर बढ़ाते हुए पूछा कि अब इसका क्या किया जाए, यह कहो। मैंने कहा, "आप सरकार को कहवा सकते हैं कि हमारे स्थायी प्राचार्य छुट्टी पर गए हैं, वे वापस आने के बाद इस पर निर्णय लेंगे।" डॉ.पेंडसे ने वैसा ही किया। आगे जाकर राज्य पुनर्रचना का मामला शुरू हुआ। हिंदी भाषी प्रदेश नए मध्य प्रदेश के तहत चला गया। नागपुर और वर्हाड़ द्विभाषिकों में चला गया और यह मामला ठंडे बस्ते में चला गया।

श्रीगुरुजी की बैठक में उपस्थित रहने के कारण संघ से बाहर के लोगों के साथ मित्रता के संबंध रखना मुझे भली-भाँति आ गया था। हिस्लौप ईसाई कॉलेज था। इसलिए स्वाभाविक तौर पर वहाँ प्राध्यापकों में ईसाई लोगों का बहुल्य था। अपने सिद्धांतों को न छोड़ते हुए भी मित्रता जारी रखी जा सकती है, यह बात मेरी समझ में आ गई। सन् 1962 में कॉलेज के अंतर्गत व्यवहार की देख-रेख के लिए तथा नए प्राध्यापकों की नियुक्ति के लिए स्टॉफ गवर्निंग बॉडी (एस.जी.बी.) का निर्माण कॉलेज के व्यवस्थापकों ने किया। इस संस्था को प्राध्यापकों के तीन प्रतिनिधि चुनकर देने होते। चुनाव की प्रक्रिया भी अभिनव थी। चुनाव के लिए उपयुक्त ऐसे लोगों की एक सूची तैयार की जाती और मतदान करने योग्य लोगों की दूसरी सूची होती। मतदाताओं की संख्या 34 थी और चुनाव के लिए खड़े होनेवालों की संख्या 11 थी। मेरा क्रमांक सबसे नीचे। चुनाव योग्य तीन प्राध्यापकों के सामने ठप्पा लगाना था। 34 में से 15 हिंदू थे। एक पारसी था और बाकी के अट्ठारह ईसाई थे। आश्चर्यजनक बात यह थी कि मुझे 34 में से 31 मत मिले थे। 15 हिंदुओं में से एक ने मुझसे बहुत स्पष्ट रूप से कह दिया था, ''मैं आपको अपना मत नहीं दूँगा क्योंकि आप हमारे प्रतिनिधि बनने के लिए बहुत जूनियर हैं।'' इसका अर्थ था कि मुझे 14 मत हिंदुओं के मिले और 17 मत औरों के। मैं चकित रह गया था। प्राचार्य मोज़ेज़ भी चकित हो गए। मेरा अभिनंदन करते हुए उन्होंने कहा, ''आप प्राध्यापकों में काफी लोकप्रिय हैं।'' मैंने कहा, ''मेरे लिए भी यह बहुत आश्चर्य की बात है सर।'' सन् 1965 में पुनः चुनाव हुए। उसमें भी मुझे 36 में से 28 मत मिले। 1966 में हिस्लौप कॉलेज छोड़कर मैं 'तरुण भारत' में आ गया। तब मेरे द्वारा रिक्त किए पद पर हमारे एक घनिष्ठ मित्र चुनाव में खड़े थे। उन्हें सिर्फ दो मत मिले थे।

जान पर बन आई

सन् 1960 की बात है। 1 मई को नया महाराष्ट्र बनना था। स्वतंत्र विदर्भ के लिए भी लड़ाई चल ही रही थी। एक दिन पहले, कपड़ों की जलती हुई मशालें रेशमबाग की टिन की झोपड़ी पर गिरी थीं। रात 12 बजे मुझे संदेश मिला। तब मैं हनुमान नगर की प्रोफेसर कॉलोनी में रहता था। उस आधी रात को मैंने 4-5 लोगों को जगाया और उन्हें रेशमबाग में भेजा। वह रात निर्विघ्न रूप से बीत गई। दूसरे दिन बड़ा हमला होनेवाला है, ऐसी उड़ती खबर आई थी। मैंने करीब 30 लोगों को रेशमबाग में उपस्थित रहने के लिए कहा। कार्यवाह मुख्य शिक्षकों की

बैठक समाप्त कर श्री विनायकराव फाटक की मोटर साइकिल पर बैठकर हम दोनों रेशमबाग जाने के लिए निकले। स्वयंसेवकों के दो गुट बनाए। करीब 15 दंड थे। इन दंडधारियों की एक टुकड़ी बनाई। दूसरी निःशस्त्रों की। कुछ अन्य सूचनाएँ भी दीं। रात के बारह बजे थे। हम निकलने ही वाले थे कि तभी उस विस्तार की लाइटें बुझ गईं। सर्वत्र अँधेरा छा गया। इतने में ही दोनों ओर से विदर्भवादियों का गर्जना करते हुए आक्रमण हुआ। पुलिस में रिपोर्ट देने के लिए मैंने विनायकराव से कहा, वे मोटरसाइकिल लेकर चले गए।

मैंने दोनों टुकड़ियों को दो दिशाओं में भेजकर प्रतिकार के लिए उन्हें सज्ज किया। स्मृति मंदिर का निर्माण शुरू होना था। उसके लिए गिट्टी वगैरह माल आकर पड़ा हुआ था। एक ओर से हमने पत्थरबाजी शुरू कर दी। अँधेरा होने के कारण वे कितने हैं और हम कितने, इस बात का अंदाजा किसी को भी नहीं था। हमारी पत्थरबाजी की वजह से सामनेवालों का हमला थम गया। केवल अभद्र गाली-गलौज जारी था। पुरानी शुक्रवारी की ओर से जो टोली हमला करने के लिए आई थी, उनके प्रतिकार के लिए दंडधारी स्वयंसेवक आगे आए। मैंने उन्हें एक विशेष सीमा पार करने के बाद ही प्रहार करने की सूचना दी थी, परंतु अभद्र गाली-गलौज सुनकर हमारे एक कार्यकर्ता का माथा ठनक गया और वह निश्चित की गई सीमा लाँघकर उस टोली पर टूट पड़ा। एक-दो लोगों के घायल होते ही जमा हुई टोली बिखरने लगी थी। आध-पौन घंटे में पुलिस भी वहाँ आ गई। पुलिस की गाड़ी ने पूरे विस्तार में गश्त लगाई अर्थात् उस रात कुछ और विपरीत घटनाएँ नहीं हुईं। उस रात मैं रेशमबाग में ही रुका था।

महाराष्ट्र में विदर्भ का शामिल होना या विदर्भ का अलग होना, इस वाद-विवाद से संघ का कोई लेना-देना नहीं था। मात्र जनसंघ संयुक्त महाराष्ट्र समिति का एक घटक दल था। उसकी भूमिका के कारण संघ का भी विरोध हुआ, परंतु आपस में ही इस प्रकार का संघर्ष होना ठीक नहीं, ऐसा निश्चय करके कोई बीच का रास्ता निकाला जाए, ऐसा विचार-विमर्श करने के बाद तय हुआ। जनसंघ के नेता श्री रामजीवन चौधरी, इनके बहुत सारे रिश्तेदार पुरानी शुक्रवारी में रहते थे। उन्हें साथ लेकर उस बस्ती के महानुभावों से मिलने का तय किया गया। जीप में पं. बच्छराज व्यास, बापूराव वर्हाड पांडे, अन्नाजी पांढरीपांडे, रामजीवन चौधरी और मैं ऐसे पाँच लोग थे। पिछली रात की घटनाएँ ताजा थीं। दंड की संख्या कम पड़ गई थी। इसलिए 50-60 दंड भी जीप में थे। करीब सौ स्वयंसेवक रेशमबाग पहुँच गए थे। बापूराव जीप चला रहे थे। एक विशेष घर के पास जीप रुक गई।

रामजीवन जी, पं. बच्छराजजी और बापूराव भीतर गए। मैं और अन्नाजी पांढरीपांडे जीप में ही बैठे रहे। तभी 20–25 लोगों की टोली जीप के इर्द-गिर्द जमा हो गई। उनमें से एक ने जीप के भीतर झाँककर देखा। उसे दंड दिखाई दिए और वह बिफर गया। गंदी गालियाँ देते हुए वह बोला, "ये हम पर दबाव डालने आए हैं। मिट्टी का तेल लाओ रे¨। जीप को आग लगा देते हैं। देखें तो ये जिंदा वापस कैसे जाते हैं।" कुछ लोग जीप के बोनट पर चढ़कर नारे लगाने लगे। मिट्टी के तेल के लाने की राह देख रहे थे। हम दोनों चुपचाप यह सारा तमाशा देख रहे थे। अपने स्थान पर मानो जम गए थे। नारों का शोर बढ़ता जा रहा था। उनकी संख्या भी बढ़ती जा रही थी। बोनट के ऊपर का तांडव भी बढ़ता जा रहा था। यह सारा हल्ला सुनकर उस घर के मालिक बाहर आए और मोहल्ले के लोगों से कुछ कड़े स्वर में बोले, "हमारी बातचीत चल रही है। तब तक आप सभी शांत रहिए। अगर जीप जलानी ही होगी तो हम तुम्हारे साथ हैं। परंतु बातचीत खत्म होने तक शांत रहना होगा।" फिर भीड़ बिखर गई। गाली-गलौज बंद हो गया। बोनट खाली हुआ। रात के 11 बज चुके थे। उसके बाद वे सारे लोग भीतर से बाहर आए। उन गृहस्थ ने मोहल्लेवालों से क्या कहा, क्या पता, वे शांत रहे। यह जीप आगे मत ले जाइए, ऐसा कहा गया। जीप को पीछे मोड़कर मोहता साइंस कॉलेज से होकर रेशमबाग में लाई गई। मैं स्वयंसेवकों के साथ ही रहा। बाकी के सारे लोग अपने-अपने घर चले गए। पुलिस की एक टुकड़ी भी वहाँ तैनात थी। इसी वजह से कोई अनिष्ट घटना घटित नहीं हुई।

तरुण भारत में

आज जब उस बात की याद आती है, तब मैं ऐसे अवसर पर स्थिर कैसे रह सका, इस बात का आश्चर्य होता है। विद्यार्थी जीवन में मैं स्पर्धा प्रवृत्ति का था। अब वह स्पर्धात्मक प्रवृत्ति खत्म होने लगी थी। सभी अपने से लगते हैं। पं. बच्छराज व्यास, बापूराव वर्हाड़ पांडे इन सबके उदाहरण नजर के सामने थे। वे अपने परिवार को चलाने के लिए आवश्यक उतना ही धन कमाते थे और बाकी का सारा समय संघ कार्य के लिए खर्च करते। वही आदत अब मुझे भी लग चुकी थी। अधिक वेतन की नौकरी को पीठ दिखाकर मैं प्राइवेट कॉलेज में ही रहा। तब मुझे मुँह पर मूर्ख कहनेवाले लोग थे ही। हिस्लौप कॉलेज छोड़कर 'तरुण भारत' में आया, तब भी अनेकों ने मेरी मूर्खों में गणना की। संघ के सरकार्यवाह पद पर रहे बालासाहेब देवरस ने जब 'तरुण भारत' में आने की बात की, तब मेरे मुँह से उत्स्फूर्त हाँ निकल गई। इस बात का मुझे स्वयं भी आश्चर्य होता है, पर मैंने अपनी मुश्किल

उनके सामने रख दी कि मुझे लिखने की आदत नहीं है। भाऊसाहेब माडखोलकर जैसे सिद्धहस्त लेखक के उत्तराधिकारी की हैसियत से मुझे जाना था। मैं चकरा गया। मैंने बालासाहेब से कहा, ''तरुण भारत की व्यवस्थापकीय व्यवस्था के काम मुझे दीजिए। लिखने की आदत मुझे नहीं है।'' उन्होंने कहा, ''इसकी आवश्यकता नहीं है। हमें संपूर्ण टीम को साथ लेकर चलनेवाला व्यक्ति चाहिए।'' इतने वर्ष संघ में काम करने का अनुभव होने के कारण भिन्न-भिन्न प्रकृति के लोगों के साथ काम करने की आदत थी। कोई भी व्यक्ति निरुपयोगी नहीं होता, उसका उपयोग कर सकनेवाला व्यक्ति सुलभता से नहीं मिलता, इस सुभाषित की छाप मन पर गहरे बस गई थी, इसलिए टीम के साथ काम करना कठिन नहीं होगा, ऐसा लगा।

बालासाहेबजी ने हिस्लौप में कितना वेतन मिलता है, यह पूछा। मेरे रकम बताते ही वे बोले, ''इतना वेतन तो भाऊसाहेब माडखोलकर का भी नहीं है।'' मैंने कहा, ''वेतन के लिए मेरी ऐसी कोई शर्त नहीं है।'' हिस्लौप के वेतन से 30 प्रतिशत कम वेतन लेकर मैं 'तरुण भारत' में आ गया। अनेक लोग मुझसे ज्येष्ठ थे। तात्या साहेब करकरे, ए. श्री. पटवर्धन, बाबूराव उलाभाजे, आबासाहेब गोलेगावकर, यशवंतराव शास्त्री, ये उम्र में और अनुभव में बहुत ज्येष्ठ थे। दिगंबरराव घुमरे, चंद्रशेखर फडनवीस, बापू साहेब महाशब्दे, ना. बा. ठेंगडी, ये सारे लोग उम्र में मुझसे छोटे थे, परंतु अनुभव में श्रेष्ठ ऐसा संपादक मंडल था, पर मुझे इनका सहयोग मिलने में कोई मुश्किल नहीं हुई। संघ का अनुभव यहाँ बहुत ही काम आया। 'तरुण भारत' में कर्मचारियों के तीन संगठन थे। 1. कम्युनिस्ट पार्टी की ऐटक, 2. कांग्रेस पार्टी की इंटक और 3. भारतीय मजदूर संघ। संपादक के तौर पर निवृत्त होने पर प्रबंध संचालक और अध्यक्ष के नाते मेरा इन संगठनों से संबंध आया और सभी के साथ मेरे संबंध बहुत ही सौहार्दपूर्ण रहे। मैंने संघ की कार्य पद्धति से काम किया। सभी को विश्वास में लेकर, उनकी जायज माँगों को अनुकूल प्रतिसाद देते हुए काम किया। हैन्ड-कंपोजिंग, मोनो टाइप और लायनो कालबाह्य होने पर हमने नई डीटीपी लाने का फैसला किया। इसके कारण करीब 55-60 कामगारों के पास काम नहीं रहा। यह मामला अदालत में पहुँचा। कामगार अदालत में गए, इसलिए हमने उनके बारे में किसी भी तरह का पूर्वग्रह या बैर की भावना नहीं रखी। अदालत का फैसला मानेंगे, ऐसा उनसे कहा। इसलिए तोड़फोड़ नहीं हुई। आपस में बातचीत कर समझौता कर लिया गया। कानूनन उन्हें जो कुछ देना पड़ता, उससे कुछ अधिक ही दिया, पर उनमें से नौ लोगों ने यह बात नहीं मानी। वे सर्वोच्च न्यायालय में गए, पर वहाँ फैसला उनके हक में नहीं आया। इस कारण हमारे 7-8 लाख रुपए बच गए।

कठिन अवसर

'तरुण भारत' में रहते दो बार बड़े ही कठिन अवसर आए। सन् 1967 में नागपुर में बौद्ध और मुसलिमों के बीच भीषण दंगा हुआ। मुझे 'तरुण भारत' में आए हुए अभी कुछ महीने ही हुए थे। मैंने दंगाग्रस्त विभाग में दौरा करने का निश्चय किया। यशवंतराव शास्त्री को साथ लिया। एक मित्र की कार मँगवाई और एक चक्कर मारकर पाचपावली पुलिस थाने में गए। वहाँ हमने एक पुलिस की वैन में से दो शव निकालते हुए देखा। रात को डेढ़ बजे हम 'तरुण भारत' के कार्यालय में आए। शास्त्रीजी ने बहुत अच्छा वृत्तांत लिखा। दूसरे दिन पुलिस अधिकारी का मुख्य संपादक के पास फोन आया। जरा धमकाते हुए उन्होंने कहा, ''आपके पेपर में दो आदमी के मरने की खबर छपी है और किसी भी समाचार-पत्र में यह खबर नहीं है। आपने यहाँ खबर कैसे छपवाई?'' मैंने कहा, ''रात डेढ़ बजे मैं पाचपावली पुलिस थाने में मौजूद था। मैंने वहाँ दो शव देखे, इसीलिए यह खबर दी।'' उन्होंने तुरंत फोन काट दिया।

मेरे कार्यकारी संपादक बनने के बाद की है यह घटना। नागपुर में, महाराष्ट्र राज्य विधिमंडल का अधिवेशन था। सभागृह में जाम्बुवंत राव धोटे ने पेपरवेट उठाकर सभापति की ओर फेंककर मारने की चेष्टा की थी। उनका निलंबन वगैरह जो होना था, वह सब हो गया। शाम को प्रसिद्धि खाते के महासंचालक हमारे कार्यालय में आए। प्रबंध संचालक ने मुझे बुलवाया। उनसे मेरी पहचान करवाई और कहा, ''इनकी ऐसी इच्छा है कि विधानसभा की इस घटना पर कल के ही अंक में अग्रलेख दिया जाए।'' मैंने उनकी ओर देखे बिना ही कह दिया, ''अग्रलेख का विषय मुख्य संपादक ही तय करते हैं। सरकारी अधिकारी नहीं'', और सीधे अपने कमरे में आ गया। 10 मिनट तक यूँ ही स्तब्ध बैठा रहा और फिर अपना त्याग-पत्र लिखने के लिए कागज निकाला, पर उतने में ही संस्था के अध्यक्ष महोदय मेरे कमरे में आए और बोले थे कि मुझे उस सरकारी अधिकारी के सामने इस तरह नहीं बोलना चाहिए था। मैं 'तरुण भारत' में ही टिका रहा, परंतु अगर कभी नौकरी चली गई तो मेरा और मेरे इतने बड़े परिवार का क्या होगा, इस तरह की चिंता ने मुझे कभी नहीं घेरा।

'तरुण भारत' में रहते ही, राज्यपाल के द्वारा मेरी विधान परिषद् में नियुक्ति की गई। शपथविधि जिस तारीख पर तय हुई थी, उसी दिन विनायक राव देशमुख के हाईस्कूल के स्नेह सम्मेलन के उद्घाटक के तौर पर जाने का मैंने कुबूल कर लिया था। हाईस्कूलवाले सभी लोग चिंताग्रस्त हो गए थे। मैंने उन्हें आश्वस्त किया

कि मैं अपने तय कार्यक्रम के अनुसार आपके यहाँ अवश्य आऊँगा। एक महीने के बाद मेरी शपथविधि का कार्यक्रम हुआ। एक महीने का मेरा मानधन गया, परंतु मैं अपना दिया गया वचन निभा सका, इस बात के कारण मेरे मन को बहुत शांति मिली।

सन् 1996 में मैंने नर केसरी प्रकाशन संस्था का अध्यक्ष पद छोड़ दिया। मेरे लिए एक कार तैनात की गई थी। उसे मैंने वापस कर दिया और रिक्शा से घर आया। मुझे ऐसा सुझाव दिया गया था कि कंपनी की वह कार उसकी अवमूल्यन की गई कीमत पर खरीद लेना चाहिए, वह कीमत सिर्फ पंद्रह हजार रुपए थी। पर मैंने उसे नकार दिया। कंपनी का आर्थिक नुकसान नहीं करने का मैंने निश्चित कर लिया। वह कार बाद में 57 हजार में बिकी। यह सभी कुछ स्वाभाविक रूप से होता चला गया। इस बात की मुझे अधिक खुशी हुई। गुरुजी की बैठक में से मिली अनौपचारिक शिक्षा का ही यह परिणाम था।

ध्रुव तारा

संघ की शिक्षा मेरे जीवन के रास्ते का ध्रुव तारा बन गई। इसी कारण अपने निजी व्यवहार में भी कभी अपने ध्येय से विमुख होने की आवश्यकता नहीं पड़ी। तीन पुत्रों के विवाह में मैंने दहेज नहीं लिया। इतना ही नहीं, बल्कि विवाह का सारा खर्च भी लड़कीवालों पर न डालकर खर्च का कुछ हिस्सा भी मैंने वहन किया।

प्राथमिकता

सन् 1998 में मैंने उम्र के 75 पड़ाव पार कर लिये। सभी कार्यों के अधिकार पद छोड़ने का निश्चय मैंने पहले ही कर लिया था। संघ में मैं उस समय अ.भा. प्रचार प्रमुख था। मैंने आग्रहपूर्वक निवृत्ति को स्वीकार किया, तथापि संघ के अधिकारियों से बड़ा नहीं होने का मैंने बहुत पहले ही निश्चय कर लिया था। इसीलिए मैंने उम्र के 77 पार कर लेने के बाद भी संघ का प्रवक्ता पद स्वीकार किया, पर उसी समय बता दिया था कि मैं तीन वर्ष से अधिक इस पद पर नहीं रहूँगा। और मैंने 2003 में वह पद छोड़ भी दिया। निजी या सार्वजनिक कार्य कोई भी हो, चाहे कितना ही महत्त्वपूर्ण हो, मेरी प्राथमिकता सदैव संघ ही रहा है। इसी कारण से अत्यंत नजदीक के रिश्तेदारों के विवाह के अवसर पर भी मैं उपस्थित नहीं रह सका, क्योंकि अधिकांशत: ये सभी समारोह बैसाख के महीने में, यानी अंग्रेजी के मई महीने में होते और इसी दौरान संघ शिक्षा वर्ग के प्रवास होते थे। संघ शिक्षा वर्ग के प्रवास की जो भी तारीखें निश्चित रहती थीं, उसे बदलने का मैंने कभी प्रयत्न नहीं किया। मेरे इस हठ के कारण मेरा

खुद का विवाह भी निश्चित मुहूर्त पर नहीं हुआ। दस महीने के बाद हुआ। विवाह के पश्चात् मैंने अपनी पत्नी से भी कह दिया था कि मेरा संघ से पहले ही विवाह हो चुका है। इसलिए मेरे लिए संघ कार्य की हमेशा प्राथमिकता रहेगी। उसने भी इसे मान्य कर लिया है, इसलिए करीब साठ वर्षों का वैवाहिक जीवन दोनों के ही संतोष और समाधान के लिए कारणीभूत रहा है।

तेषां नित्याभियुक्तानाम्

आवश्यकतानुसार पैसा मिलता रहा। उसके पीछे दौड़ने की मुझे कभी आवश्यकता नहीं पड़ी। सन् 1946 में मैं नौकरी करने लगा था, परंतु सन् 1998 तक मेरा अपना मकान नहीं था। किराए के घर में रहने का भी एक आनंद होता है। वह हमें भरपूर मिला। सौभाग्य से मकान मालिक भी सुस्वभावी और स्नेहिल मिले। सन् 1998 में मेरे पुत्र ने अपना मकान बनवाया। उसके पास ही मैं रहता हूँ, पर घर उसका है। मेरी मालिकी का मकान गाँव में था। वह भी सन् 2006 में मैंने बेच दिया। गाँव में भी मेरे एक और पुत्र का घर है। गाँव जाने पर हम उसके घर पर ही रहते हैं।

व्यर्थ की चिंताओं को मन में न रखने के कारण हम दोनों का स्वास्थ्य बहुत अच्छा है। पिछले वर्ष तक हम मरेंगे कैसे, यही चिंता रहती थी। सौभाग्य से अब वह मिट गई है। मैं निश्चिंत हो गया हूँ। अब कुछ रोगों ने शरीर में अपना घर बना लिया है, पर उसका खेद नहीं है। संघ ने मुझे बहुत कुछ दिया है। गाँव का एक लड़का आज अनेक लोगों में जाना जाने लगा है, यह बात क्या कम है? संघ में मैं बचपन में गया। क्रम-क्रम से संघ मुझमें समाने लगा। परिपूर्णता से समाया है, ऐसा तो कैसे कहा जा सकता है? पर इतना जरूर कह सकता हूँ कि जितना भी आया है या फिर जितना भी मैं अपने-आप में समा सका, उसका मुझे बहुत संतोष है। मैं बहुत सुखी हूँ।

भगवान् अपने भक्त की कुशलता की चिंता सदैव करते हैं, ऐसा गीता का अभिवचन है। रूढ़ अर्थ में देखा जाए तो मैं भगवद्‌भक्त नहीं हूँ, पर उसकी कृपा से, जब भी, जितना चाहा, उतना मिलता गया। 'विना दैन्येन जीवनम्' ऐसा निश्चय किया था, वह पूर्ण हुआ। अब 'अनायासेन मरणं' की इच्छा है, वह पूर्ण होगी या नहीं, यह कौन कह सकता है?

('तरुण भारत', दीपावली अंक 2007)

❐

6

स्मृति से कभी न जानेवाली दो बाँकी घटनाएँ

चाहे कितने ही दिन बीत जाएँ, पर कुछ घटनाएँ ऐसी होती हैं, जो कभी भी स्मृति पटल से जाती नहीं। अनेक घटनाओं के लिए समय ही सबसे अच्छी परिणामकारी दवा साबित होती है, परंतु ऐसी कुछ घटनाओं पर इस दवा का परिणाम भी नहीं होता।

आज से पचास साल पहले घटी ऐसी ही एक घटना है। सन् 1946 में विजयादशमी का दूसरा या तीसरा दिन होगा। इतवार का दिन था। कामठी नदी के पास अजनी नामक गाँव था। घटनास्थल उस अजनी गाँव के पास बहती कन्हान नदी का विशाल पात्र।

नागपुर की सुप्रसिद्ध मोहिते शाखा का मैं मुख्य शिक्षक। मोहिते शाखा में से निकली हुई शिवपुरा शाखा। वह शाखा नवाबपुरा में लगती थी। विजयादशमी का उत्सव संपन्न होने पर आनेवाले पहले इतवार के दिन तरुण स्वयंसेवकों को पर्यटन पर ले जाने की मोहिते शाखा की परंपरा थी। उसी के अनुसार सन् 1946 का पर्यटन तय किया गया। शिवपुरा शाखा एक तरह से हमारी मोहिते शाखा की ही एक उपशाखा होने के कारण उस शाखा के कुछ युवक भी हमारे साथ पर्यटन पर चलने के लिए शामिल हो गए थे। शिवपुरा शाखा के कार्यवाह थे, शामराव देवतले और मुख्य शिक्षक मेरी स्मृति के अनुसार थे अन्ना तुलानकर। हमारी शाखा के कार्यवाह थे, भैयाजी आमटे। आमटे और देवतले दोनों ही नागपुर शहर विभाग के न्यू इंग्लिश हाईस्कूल में शिक्षक थे और दोनों एक-दूसरे के, संघ में अधिकारी बनने के पहले से मित्र थे और दोनों ही श्री बालासाहब देवरस के भी

मित्र थे। बालासाहब संघ कार्यालय में रहते थे, तब भी भोजन भैयाजी आमटे के यहाँ करते। कार्यालय में उस वक्त भोजन की व्यवस्था नहीं थी। इस तरह भैयाजी और बालासाहब का घनिष्ठ स्नेहसंबंध था।

विजयादशमी का उत्सव समाप्त होने पर स्वाभाविक तौर से ही एक प्रकार का मानसिक और शारीरिक तनाव महसूस होता था, क्योंकि उस उत्सव की तैयारी वार्षिक परीक्षा से भी अधिक कठोर परिश्रम से होती थी। उस परीक्षा के बाद पुन: उत्साह का संचार हो, इसीलिए इस पर्यटन का आयोजन किया जाता। कभी-कभी इस पर्यटन में ही शरद पूनम का उत्सव भी मनाया जाता। इस पर्यटन में अधिक से अधिक लोग सम्मिलित हों, इसके लिए हम प्रयत्न भी बहुत जोरदार तरीके से करते। उस पर भी मैं और भैयाजी, हम दोनों की नियुक्ति संघ के अधिकारी के तौर पर भी उसी वर्ष की गई होने के कारण हमारे उत्साह में भी कुछ अनोखा उल्लास और वेग भी था। केवल पर्यटन के लिए ही नहीं, पर संघ के किसी भी कार्य के हेतु नित्य सिद्ध रहनेवाली विशिष्ट संख्या उपस्थित रहती ही थी। सामान्यत: इस संख्या का प्रमाण 75 प्रतिशत होता था, पर 25 प्रतिशत लोगों की गारंटी नहीं होती। इसी संख्या को पक्का करने के लिए युद्ध स्तर पर काम किया जाता। इसी संख्या में से एक का नाम था, राजा पांढरीपांडे। इंटर साइंस का विद्यार्थी था वह। उसकी तबीयत जरा ठीक नहीं थी। मैं उससे मिलने उसके यहाँ गया। बीमारी कोई गंभीर नहीं थी। सरदी, जुकाम और थोड़ी हरारत सी थी। अजनी, बहुत नहीं पर, फिर भी कम-से-कम बारह मील की दूरी पर था। आज की परिभाषा में करीब 20 किलोमीटर। सभी को साइकिल से जाना था। सुबह भोर में ही 5.30 बजे नागपुर से निकलना था। करीब घंटे, सवा घंटे की साइकिलिंग। अस्वस्थ व्यक्ति के लिए निरुत्साह करनेवाला ही कार्यक्रम था, पर मेरा आग्रह था। मैंने कहा, ''राजा, तुम साइकिल से मत आना। ट्रेन से आना। कामठी से अजनी बहुत दूर नहीं है। 15-20 मिनट में पहुँच जाओगे। चाहो तो खेल वगैरह में भाग नहीं लेना, पर आना जरूर। मना मत करना।'' वह मना ही करता रहा, पर आखिर मेरी बला टालने के लिए बोला, ''अच्छा ठीक है, देखता हूँ। आज अगर ठीक रहा तो कल ट्रेन से आ जाऊँगा।'' मैं समझ गया कि शायद वह नहीं आएगा।

निश्चित किए गए कार्यक्रम के अनुसार हम सब करीब 7 बजे कामठी पहुँच गए। राजा नहीं आया था। अजनी के मालगुजार थे, देवसरकार पाटिल। देवसरकार के तीनों पुत्र हमारी शाखा के स्वयंसेवक थे। दोपहर का भोजन, बैठक, बौद्धिक वर्ग वगैरह सारे कार्यक्रम उनके बाड़े में ही होने थे। हम सब अपना-अपना टिफिन

लेकर आए थे। फिर भी बिछायत, पानी, साइकिलों को रखने की व्यवस्था वगैरह करनी ही पड़ती थी। देवसरकार के रहते इन सबकी चिंता नहीं थी। साइकिलें वगैरह रखकर, खेल के कपड़े पहनकर, नदी के किनारे पर खुले मैदान में मैं सबको लेकर गया। तब तक भी राजा पांढरीपांडे नहीं आया था। कुछ प्रौढ़ स्वयंसेवक ट्रेन से आए थे। सब लोग मिलाकर कुल संख्या सौ को लाँघ गई थी। गर्व से मेरा सीना चौड़ा हो गया था, क्योंकि सौ स्वयंसेवकों का लक्ष्य निश्चित किया था। मैदान में बहुत मस्ती भरे सारे खेल खेले गए और फिर बात चली कि पानी में खेल खेले जाएँ। सभी स्वयंसेवकों को लेकर मैं नदी में उतरा। नदी पर जाते हुए मुझे अचानक पांढरीपांडे दिखा। किसी भी खेल में उसने भाग नहीं लिया था और किसी ने उसे खेलने का आग्रह भी नहीं किया।

करीब एक घंटे तक पानी के खेल, खेल लेने के बाद मैंने नहाने और तैरने की अनुमति दे दी। आधे घंटे में सभी को नहाकर, 12 बजे तक देवसरकार के बाड़े में पहुँचने की योजना थी। उस समय नागपुर नगर के कार्यवाह थे, पं. बच्छराजजी व्यास। वे हमारे साथ भोजन के लिए आनेवाले थे और भोजन के बाद उनका बौद्धिक वर्ग तय किया गया था। नदी में पानी बहुत था, पर सारे खेल कमर तक के पानी में ही खेले गए। मुझे बहुत अच्छी तरह से तैरना नहीं आता, पर इस बात की कल्पना जैसे मुझे थी, वैसे ही मेरे अन्य मित्रों को भी थी। कहाँ स्नान करना और तैरकर कहाँ तक जाना, इस बात के लिए मैंने एक मर्यादा निश्चित कर दी थी। यह मर्यादा अनेक लोगों को पसंद नहीं थी। इसलिए मैं उनके उपहास का केंद्र-बिंदु भी बना था। एक मेरे ही साथ मैट्रिक तक पढ़ा हुआ स्वयंसेवक बोला, ''हम यमुना में तैरे हुए हैं। इस कन्हान का डर हमें क्यों दिखाते हो?'' मैंने उस पर अनुशासन का शाब्दिक कोड़ा फटकारा और कहा, ''जितना कहा गया है, उतना करो।'' मैं यह बात अपनी शाखा के स्वयंसेवकों को डाँटकर कह सकता था, पर शिवपुरा की शाखावालों को कैसे कह सकता था? उन्हें केवल सूचना दी, पर सभी का मन मेरी सूचना को अनदेखा करने में लगा था।

आमटे-देवतले वगैरह प्रौढ़ लोग पानी के खेलों में शामिल नहीं थे। पानी के खेल मैंने स्वयं खिलाए थे, इसलिए मैं पानी में आधा भीग चुका था और आधा सूखा भी था। भैया लाल अहीर हमारी शाखा के स्वयंसेवक थे, वे कबड्डी खेल में बहुत ही पटु थे। सभी खेलों में सहभागी होते थे। वे पूरी तरह भीगे हुए थे और मैं कुछ-कुछ सूखा। मैं जरा सा असावधान था, यह देखकर उन्होंने एक स्वयंसेवक की मदद से मुझे पानी में डुबकी लगवाई। अब हम तीनों ने मिलकर किनारे पर

खड़े होकर खेल देखनेवाले सूखे लोगों को पानी का प्रसाद दिलाने के लिए अपना मोरचा उनकी ओर बढ़ाया। 4-5 कदम ही बढ़ाए होंगे कि इतने में ही मृत्यु के आक्रोश से निकली चीखों ने किनारे पर पहुँची हमारी नजर को अपनी ओर आकृष्ट किया। 70-80 लोगों की वे चीखें मैं पहली बार सुन रहा था। आज भी उस बात का स्मरण होने पर रोंगटे खड़े हो जाते हैं। पीछे मुड़कर देखा तो पानी की एक बड़ी सी लहर तैरने के लिए जरा गहरे पानी में गए हुए लोगों को जबरदस्त धक्का देते हुए, जैसे अपने वेग से मृत्यु की ओर ले जाने के लिए आ रही थी। उस लहर को कर्ण-कर्कश चीखों का साथ मिलने के कारण वह अधिक भीषण महसूस हो रही थी। क्या किया जाए, यह मेरी समझ में नहीं आ रहा था। जो दूर गए थे, परंतु लहर में नहीं फँसे थे, उन्हें चीख-चीखकर किनारे पर आ जाने के लिए बुलाया गया, पर वे लोग सुनने की मन:स्थिति में ही नहीं थे।

भीषण संकट की उन्हें कल्पना ही नहीं थी। खेल का अनुशासन समाप्त होने पर मुक्त रूप से जो चीख-पुकार होती है, वैसी ही होगी, ऐसा उन्हें लग रहा था। संघ के स्वयंसेवकों को कभी गालियाँ नहीं दी थीं, वे उस दिन दीं परंतु सवाल उन 70-80 लोगों को मौत के जबड़े से छुड़ाने का था। हम चारों ने हिम्मत बाँधी। भैयालाल अहीर और नाना सिर्सीकर (जो आगे चलकर बर्डी के न्यू इंग्लिश हाईस्कूल का मुख्याध्यापक बना) दोनों अच्छे तैराक थे। मैं और वसंत राव खडक्कार (जो आगे चलकर शंकरनगर में सुप्रसिद्ध बालरोग विशेषज्ञ हुआ) हमें जैसे-तैसे तैरना आता था, पर हमने हिम्मत की। सौभाग्य से वेगवान प्रवाह में आगे दो चट्टानें खड़ी थीं। कुछ लोगों के हाथ उस चट्टान को लग गए। कुछ लोगों को हमने अपना संतुलन बनाए रखते उस चट्टान की ओर धकेला। एक बड़ी चट्टान थी, जो नजदीक थी और दूसरी छोटी चट्टान थोड़ी आगे की ओर थी। कुछ लोग वहाँ तक पहुँच गए, पर एक व्यक्ति आगे बहता ही गया। हम उसे रोकने में सफल नहीं हो सके। हमने तो जैसे उसकी आशा ही छोड़ दी थी। वह था बबन चौथकंठीवार (यह आगे चलकर आमगाँव के आदर्श विद्यालय का मुख्याध्यापक और गोंदिया जिले का संघ चालक बना)। तट पर खड़े हुए एक स्वयंसेवक को तुरंत देवसरकार के बाड़े पर रस्सा लाने के लिए दौड़ाया। वह कितने ही वेग से जाता, तब भी आधा-पौन घंटा लग ही जाता और इधर चट्टान पर खड़े लोगों की हिम्मत टूटती जा रही थी। उन्हें पहले एक चट्टान पर लाना जरूरी था। हमने धोतियों को बाँधकर उसका पुल बनाया। उस पुल को पकड़कर छोटी चट्टान पर खड़े सब लोग बड़ी चट्टान पर आ जाएँ, ऐसी हमारी योजना थी, परंतु वह सफल

नहीं हुई, क्योंकि धोतियों से बने इस दुर्बल पुल का आधार लेकर पानी में उतरने के लिए कोई तैयार नहीं हो रहा था।

उन लोगों के साथ भैयालाल अहीर और नाना सिर्सीकर को छोड़कर मैं और वसंत खडक्कार किनारे पर आ गए, रस्से की राह देखते हुए। चट्टान पर वातावरण अब शांत होने लगा था। केवल जल्दी रस्सा लाओ, चट्टान डूब रही है, पानी बढ़ रहा है, इस तरह की चीखें सुनाई दे रही थीं, पर उन्हें नजरअंदाज करने के अलावा कोई चारा नहीं था। रस्सा आसमान से टपकनेवाला नहीं था और बढ़ते हुए पानी को रोक सकने की शक्ति किसी में नहीं थी। किनारे पर आमटे देवतले वगैरह दो-चार प्रौढ़ लोग थे। उनके पास एक स्वयंसेवक अर्धमूर्च्छित अवस्था में था। शामराव देवतले कह रहे थे, "मैं यहाँ किनारे पर खड़ा था, तभी मुझे एक सिर यहाँ से बहता दिखाई दिया। मैं पानी में उतरकर उसके बाल पकड़कर उसे खींच लाया। मैंने उसे पहचान लिया। वह हमारी शाखा का स्वयंसेवक प्रभाकर जोशी था। उसके मुँह पर पानी के छींटे मारकर उसे होश में लाया गया। होश में आते ही उसने पूछा, "राजा कहाँ है?"

"कौन राजा?" मैंने पूछा।

"राजा पांढरीपांडे।"

मैंने कहा, "अरे वह तो किसी भी खेल में सहभागी नहीं था। तू भी पानी के खेल के लिए नहीं उतरा था।" "राजा कहाँ है?" प्रभाकर ने कहा, "खेल के खत्म होने पर हम दोनों नदी में स्नान के लिए उतरे थे। रेलवे के पुल की ओर जा रहे थे, परंतु बाद की उस लहर में फँस गए, वह मेरे ही साथ था।"

मेरी छाती में जैसे घूँसा सा लगा। मैंने शामराव देवतले को पूछा, "इसके साथ दूसरा आदमी भी बहते हुए दिखा क्या?" वे बोले, "नहीं। मुझे एक ही सिर दिखा और मैंने उसके बाल पकड़कर बाहर खींच लिया। दूसरा कोई मुझे नहीं दिखा।" फिर हम राजा की खोज में लग गए। नदी के पानी की बालू में खड़े होकर चट्टान पर खड़े लोगों से चिल्लाकर पूछने लगे थे कि चट्टान पर खड़े लोगों में राजा पांढरीपांडे है क्या? दोनों ओर से नकारात्मक जवाब मिला। संख्या गिनने को कहा गया। किनारे पर खड़े लोगों की और चट्टान पर खड़े लोगों की संख्या मिलकर देखी। संख्या मेल नहीं खा रही थी। जिसे बहते हुए देखा गया और जिसकी आशा हम छोड़ चुके थे, वह पांढरीपांडे तो नहीं था? परंतु चट्टान पर खड़े लोगों ने कहा कि वह तो बबन चौथकंठीवार था।

आध-पौन घंटे के बाद दो मजबूत रस्से लाए गए। बहुत लंबे थे वे। उनमें

गाँठें बाँधकर चट्टान से किनारे तक एक रोपवे तैयार किया गया। उस रस्से को पकड़कर धीरे-धीरे चट्टान पर से किनारे तक लोग आने लगे। पानी सचमुच बढ़ रहा था, और एकाध घंटा बीत जाता तो चट्टान पानी में डूब जाती, परंतु प्राणों पर यह संकट आने के पूर्व ही सभी स्वयंसेवक चट्टान पर से किनारे तक आ पहुँचे थे। पहले बड़ी चट्टान पर से और फिर इसी रस्से की सहायता से छोटी चट्टान पर से भी। इनकी संख्या भी 20-25 थी। पहले इन्हें बड़ी चट्टान पर लाया गया, क्योंकि छोटी चट्टान जरा दूर होने के कारण रस्सा किनारे तक नहीं पहुँच पा रहा था। चट्टान पर से सभी को नदी की रेत पर लाकर वहाँ सभी का संपत लिया गया। संख्या ली। इतनी देर में हिम्मत न छोड़ते हुए दूसरे किनारे पर लगा हुआ बबन चौथकंठीवार भी दाखिल हो गया था। उसके संयम और शांत हिम्मत ने उसे बचा लिया था।

सभी को अजनी गाँव में लाया गया। लाए हुए टिफिन खाने के लिए कहा गया। किसी का भी मन खाने में नहीं था। रंग बेरंग हो चुका था। मैं बहुत अपराधी महसूस कर रहा था, इतने में पं. बच्छराजजी व्यास वहाँ आए वे बोले, ''तुरंत पुलिस थाने में रिपोर्ट करनी चाहिए।'' एक स्वयंसेवक को लेकर वे स्वयं कामठी गए , उनके पास मोटर साइकिल थी। बौद्धिक वर्ग वगैरह होना अब संभव ही नहीं था। इसलिए रिपोर्ट लिखवाकर वे सीधे नागपुर चले गए। उनके साथ गया हुआ स्वयंसेवक वापस आ गया। मुझे खाने में कोई रस नहीं था। मैंने खाना नहीं खाया। और भी एक-दो लोगों ने खाना नहीं खाया। राजा की खोज करना आवश्यक था। भाऊ झरकर को (जो आगे चलकर पंजाब नेशनल बैंक में नौकरी पर लगा और अधिकारी के पद पर से निवृत्त हुआ।) और एक-दो स्वयंसेवकों को साथ लेकर नदी के किनारे-किनारे जाकर शाम तक खोजकर वापस आने को कहा। मैं भी जानेवाला था, परंतु बच्छराजजी ने कहा, ''पुलिस पूछताछ के लिए आएगी। तुम यहीं रुको।''

आगे का सारा कार्यक्रम रद्द कर सभी को श्री आमटे और श्री देवतले के साथ नागपुर रवाना किया। दोपहर करीब 4 बजे कामठी से एक जमादार आया। उसके साथ मैं फिर नदी के तट पर आया। जहाँ मैदानी खेल खेले गए, वह जगह दिखाई। फिर नदी के पानी में उतरकर जहाँ पानी के खेल खेले गए, वह जगह दिखाई। इस सारे पैदल रास्ते पर जमादार का उपदेश देना जारी था। पानी में खेलना खतरनाक होता है। कन्हान बड़ी धोखादायक होती है, वगैरह। उस राजा पांढरीपांडे ने तुम्हारे साथ कोई शरारत तो नहीं की, ऐसा भी उसने पूछा। अपना स्वयं का गंगा

तट का अनुभव भी उसने सुनाया। वह इलाहाबाद का रहनेवाला था। वह बोला, ''एक बार हम गंगा नदी में तैरने के लिए गए थे। पानी में कौन अधिक देर तक साँस रोककर रह सकता है, इसकी शर्त लगी। हममें से एक बहुत शरारती था। वह तुरंत पानी में से बाहर आ गया और हम पानी में थे। तभी वह भाग गया। जब हमने देखा कि वह नहीं है, तब हमें बहुत चिंता हुई। किसी तरह घर आए तो वह घर पर दाँत दिखाते हुए हमारे स्वागत के लिए खड़ा था।'' इतना कहकर जमादार खीखीकर हँसने लगा। मेरे चेहरे पर स्मित की लकीर तक नहीं उभरी। मेरा बयान लेकर वह गया। अब सूरज ढलने लगा था। झरकर और बाकी लोगों को अँधेरा होने से पहले आ जाने की सूचना दे दी थी। वे सब भी आ पहुँचे उन्होंने कहा, ''राजा कहीं नजर नहीं आया।''

हम पुनः चिंतित हो गए। फिर तय किया कि कल सुबह कन्हान नदी को ठीक से जाननेवाले भोई लोगों को लेकर पानी में ढूँढ़ेंगे। भाऊ झरकर और साथियों ने किनारे पर खोज की थी। अब कल पानी में उतरकर खोजेंगे।

देवसरकार के यहाँ उनके नौकर के हाथ की बनी खिचड़ी खाकर किसी तरह अजनी में ही रात बिताई। सुबह प्रसन्न थी, परंतु हम अत्यंत ही खिन्न। सूर्योदय होते ही मैं, झरकर और एक और साथी, दो गोताखोरों को और रस्से वगैरह साथ लेकर निकले। अजनी के पास ही नारा नामक गाँव है। वहाँ तक सूखे रास्ते से गए और फिर नदी के पानी में उतरे। कहीं भी छाती से ऊपर पानी नहीं था, साथ में गोताखोर होने के कारण हिम्मत भी अधिक थी। वे कह रहे थे कि उन दो चट्टानों के पीछे डोह है, वहाँ कन्हान हर साल एक बलिदान अवश्य लेती है। वह तो उसका नियम ही है। जैसे कुछ विशेष हुआ ही नहीं है, इतनी सहजता से वे लोग बात कर रहे थे, पर हम! मैं अपराध बोध से ग्रस्त था। राजा को व्यर्थ ही आग्रह किया। उसकी मौत के लिए मैं ही जिम्मेदार हूँ। दिल में भयंकर हलचल मची थी। आँखों में बार-बार पानी आ जाता था, पर ऊपर से किसी को दिखाना नहीं था। आवाज में भी कातरता नहीं आने देनी थी। शाखा का मुख्य शिक्षक था न मैं?

करीब पाँच-छह घंटे कभी बालू में, कभी पानी में, कभी किनारे पर कीचड़ में हम भटके। थकने की गुंजाइश ही नहीं थी। जब सूरज बिल्कुल सिर पर आ गया, तब किनारे पर चढ़कर वापस अजनी के रास्ते पर आ गए। राजा का कोई पता नहीं था। कहाँ गया होगा, कहीं तो अटका होगा न? हम निराश हो गए। करीब तीन बजे किसी तरह पेट में अन्न धकेलकर शाम को साइकिल से नागपुर जाने के लिए निकले। नागपुर में अँधेरा हो गया था। शाम के करीब साढ़े सात बजे

होंगे। प. पू. गुरुजी नागपुर में थे। उनके घर गया। उन्होंने हमारा स्वागत किया। वह सोमवार का दिन था। हर सोमवार नागपुर की उपशाखाओं के कार्यवाह और मुख्य शिक्षकों की बैठक होती। वह रात 9 बजे शुरू होती। मैं बैठक में गया और सारा वृत्तांत कह सुनाया।

मोहिते प्रभात शाखा में श्री सोमाजी बावने नामक बहुत हिम्मतवाले स्वयंसेवक थे, वे एडवोकेट भाउसाहब बडिए के अटर्नी थे। उन्होंने दूसरे दिन सुबह, यानी मंगलवार के दिन मौदा से लेकर अजनी की दिशा में खोज करने का निश्चय किया। मैं पूरी तरह से थक चुका था। फिर शरीर में हरारत भी थी। इसलिए मैं उनके साथ नहीं जाऊँगा, ऐसा आदेश निकला। सोमाजी के साथ राजा पांढरीपांडे को पहचानने वाला एक स्वयंसेवक दिया गया। वे दोनों बस से मौदा गए और वहाँ से नदी में उतरकर अजनी की दिशा में चलने लगे। करीब 3-4 कि.मी. तक का अंतर पारकर लेने के बाद रेत के पास छिछले पानी में पत्थरों में फँसा एक मानव शरीर उन्हें नजर आया। उसका चेहरा मछलियों ने कुतर डाला था। इसलिए विद्रूप हो गया था, परंतु उसे पहनी हुई चड्डी के रंग के कारण पहचाना जा सका, वह मृत देह राजा पांढरीपांडे की ही थी। सोमाजी ने थोड़े और पत्थर और टहनियों को इकट्ठाकर शव नदी में न बह जाए, ऐसी व्यवस्था कर दी। किनारे पर एक गाँव था, वे उस गाँव में गए। वहाँ उन्हें कोई परिचित मिल गया। उन्हें भी शव पर ध्यान रखने वे कहकर और साथ लेकर गए स्वयंसेवक को वहीं छोड़कर वे वापस नागपुर आए, तब शाम हो चुकी थी।

अब उस शव के अंतिम संस्कार की समस्या आ खड़ी हुई। राजा के पिता को सारा वृत्तांत सुनाया जा चुका था। उनका आग्रह था कि मृतदेह को नागपुर लाया जाए और फिर उसका अंतिम संस्कार किया जाए। शव में से दुर्गंध आने लगी थी। वह शव जहाँ फँसा था, वहाँ से मौदा लाना भी कठिन था, पर उसके पिता को यह मंजूर नहीं था। रात के नौ बज गए थे, पर उनका आग्रह कायम था। आखिर रात नौ बजे बंद भारत एजेंसी की दुकान खुलवाई गई। फिनाइल और डामर की गोलियाँ लेकर जाना निश्चित हुआ। ज्वर से पीड़ित मुझे सारी खबरें बराबर मिल रही थीं, पर मैं कुछ भी करने में असमर्थ था। मैंने राजा के घर जाने के लिए अपने मन को मनाया। तभी मेरे मन में एक खयाल आया कि पिताजी की इच्छा एक बार राजा का मुख देखने की और उसका अंतिम संस्कार अपने सामने हो, ऐसी ही थी न? फिर उस दुर्गंधित शव को यहाँ लाने की बजाय राजा के पिताजी को वहाँ ले जाना अधिक सुविधाजनक नहीं होगा क्या? मैंने यह सूचना भिजवाई। सभी को

यह सूचना ठीक लगी। राजा के पिता एक पैर से विकल थे। मोटर से मौदा तक और वहाँ से उन्हें नदी तक डोली में ले जाने का तय किया गया। उस समय तक उन्हें समझाना भी बराबर जारी था। अब उनकी जिद भी जरा नरम पड़ गई थी। उन्हें भी यह सूचना पसंद आ गई। मोटरकार उनके यहाँ लाई गई, पर फिर उन्होंने ही अपना विचार बदल दिया वे बोले, ''मैं आकर भी क्या करूँगा? आप सब भी उसके रिश्तेदार ही हैं। हमारा बाबू (जो आगे चलकर संघ के घोषप्रमुख हुए, वे सुप्रसिद्ध बाँसुरीवादक बाबूराव पांढरीपांडे) है ही। उसे ले जाइए। उसके हाथों अग्नि संस्कार कीजिए।''

सभी को राहत महसूस हुई। रात को करीब बारह बजे सभी लोग मौदा पहुँचे। पुलिस पंचनामा करने की व्यवस्था पहले ही की जा चुकी थी। जहाँ शव मिला, वह जगह मौदा पुलिस थाने की हद में थी। वहाँ कार्यकर्ता लोग पहले ही पहुँच गए थे। सोमाजी बावने के परिचय के कारण गाँववालों से ईंधन आदि की व्यवस्था भी हो चुकी थी। मंगलवार को आधी रात के बाद उस अनजान स्थल पर, राजा पांढरीपांडे की देह पंच महाभूतों के हवाले कर दी गई। मैं अपने स्वयंसेवक के अंतिम संस्कार में भी नहीं जा सका, यह बात अनेक दिन तक खलती रही। हमारी शाखा के कार्यवाह भैयाजी आमटे गए थे। बुधवार को भोर में सारे लोग वापस आ गए।

उसके बाद संघ के अधिकारी के तौर पर मैंने अनेक पर्यटनों का आयोजन किया, पर पानी के खेल कभी नहीं लिये। नदी में नहाने का मुझे बहुत आकर्षण है, पर अब मैं कमर से गहरे पानी में नहीं जाता। 12-13 वर्षों के पूर्व, यानी 25 सितंबर, 1996 में मैं उड़ीसा के रायरंगपुर नामक गाँव में था। पहले दिन गाँव से लगी नदी को बहते देखा था। उसके पानी में स्त्री-पुरुषों को नहाते हुए भी देखा था। मुझे भी नदी में नहाने की प्रबल इच्छा हो आई। दिनांक 25 सित. की सुबह छह बजे अपने एक प्रबंधक को साथ लेकर नदी पर गया। नदी का नाम था, खड़काई। नदी में पानी अधिक नहीं था, पर प्रवाह में तेज गति थी। कमर तक पानी में उतरा। सूर्य को नमस्कार कर नदी में डुबकी लगाई। वेग से पैरों के नीचे से रेत फिसल गई। मेरा संतुलन बिगड़ा और मैं पानी में जा गिरा। कन्हान की याद हो आई। वे दो चट्टानें, वह चीख-पुकार और राजा पांढरीपांडे की मृत्यु। सबकुछ याद आ गया और उसकी मृत्यु के लिए कारण बने स्वयं का अपराध बोध भी। नियति के खेल भी कितने विचित्र होते हैं न?

दूसरी घटना

सन् 1960, दिनांक 30 अप्रैल, शायद सोमवार था। क्योंकि हमेशा की तरह उपशाखाओं के कार्यवाह मुख्य शिक्षकों की बैठक संघ के महाल के कार्यालय में यानी हेडगेवार भवन में थी। मेरा निवास बडकस चौक की बिल्डिंग में से बदलकर हनुमान नगर की बगल में नई बनी प्रोफेसर्स कॉलोनी में शुरू हो गया था। दिनांक 29 अप्रैल को रात करीब 11 बजे रेशमबाग की टिन की झोंपड़ी में रहनेवाला एक स्वयंसेवक घर आया। उसने बताया कि उस टिन की झोंपड़ी पर मिट्टी के तेल में भीगी हुए जलती मशालें किसी ने फेंक दी हैं। शाम के वक्त एक ऐसी ही जलती हुई मशाल फेंकी गई थी। अब दो और आ चुकी हैं। रेशमबाग को संरक्षण की आवश्यकता है।

रेशमबाग में उस वक्त आज की तरह भव्य इमारतें खड़ी नहीं हुई थीं। आज का स्मृति मंदिर भी नहीं था। केवल स्मृति मंदिर बनाने की योजना मात्र थी। नींव खोदना शुरू हो गया था। कुछ गिट्टी व पत्थर आकर पड़े हुए थे। केशवनगर के नाम से जानी जाती बस्ती आज की तरह नहीं फली-फूली थी, परंतु कुछ घर तैयार हो गए थे। कुछ लोग रहने के लिए भी आ चुके थे। उन्हीं में से एक घर कांग्रेस के कार्यकर्ता अप्पाजी पुंजे का था। उनके घर टेलीफोन था। टेलीफोनवाला वह एकमात्र घर था।

जलती हुई मशालों का संदेश लेकर आनेवाला स्वयंसेवक बहुत घबराया हुआ था। चिंता तो हमारे मन में भी उत्पन्न हो गई थी। आधे घंटे में हम पहुँच जाएँगे, ऐसा आश्वासन देकर उसे हमने वापस भेज दिया। कालिदास पातुरकर, मामा जोशी ऐसे तीन-चार लोग मिलकर हम रेशमबाग पहुँचे। रात को एक बजे तक गपशप करते हुए और अब कुछ नहीं होगा, ऐसे विश्वास के साथ हम वहीं खुले में सो गए। उस रात कुछ नहीं हुआ। सुबह घर वापस आ गए। उस समय नागपुर के कार्यवाह थे, श्री बापुराव वर्हाड़ पांडे। वे उस समय मोहता विज्ञान महाविद्यालय में प्राध्यापक थे। उनकी सूचना के अनुसार महल की एक-दो शाखाओं में से और हनुमान नगर की शाखाओं में से 25-30 लोगों को रेशमबाग में सोने के लिए आने की सूचना दे दी गई। किसी अनिष्ट की आशंका हमारे मन में नहीं आई। इसीलिए स्वयंसेवकों को दंड लेकर आने का आग्रह हमने नहीं किया, तथापि कुछ स्वयंसेवक अपना दंड साथ ले आए थे।

इस कालखंड में नागपुर का राजकीय वातावरण बहुत अधिक गरम और तनावपूर्ण बन गया था। दिनांक 1 मई, 1960 को संयुक्त महाराष्ट्र का अलग राज्य

का उदय होनेवाला था। विदर्भवालों का इसके लिए जबरदस्त विरोध था। विदर्भ महाराष्ट्र में नहीं जाना चाहिए, विदर्भ को अलग राज्य का दरजा मिले, ऐसी उनकी माँग थी और संयुक्त महाराष्ट्र की स्थापना के लिए तीव्र विरोध था। इस राजनीति का संघ से प्रत्यक्ष रूप में कोई संबंध नहीं था। सरसंघचालक श्रीगुरुजी के भाषण, भाषा के आधार पर प्रांत-रचना के विरोध में ही होते थे, परंतु भारतीय जनसंघ संयुक्त महाराष्ट्र के पक्ष में खड़ा हो गया। संयुक्त महाराष्ट्र समिति में जनसंघ का स्थान अग्रगण्य था, ऐसा नहीं था। कम्युनिस्ट और सोशलिस्ट ही संयुक्त महाराष्ट्र के आंदोलन में अग्रणी थे। अंत:करण से विदर्भवादी होने के बावजूद कांग्रेसी भी बाह्य रूप से संयुक्त महाराष्ट्र के पक्ष में खड़े हुए थे। सच पूछो तो विदर्भवादियों का रोष इन पर होना चाहिए था। परंतु किसी ने उस आंदोलन को संघ की ओर मोड़ दिया। यह विदर्भ आंदोलन श्रेष्ठ लोगों ने करवाया, ऐसा नहीं होगा। क्योंकि नागपुर के अन्य भागों की संघ शाखाओं पर हमला नहीं हुआ था। संभावना यह है कि कुछ स्थानीय नेताओं ने संघ के प्रति अपना बैर प्रकट करने के लिए यह निमित्त ढूँढ़ा होगा।

दिन था सोमवार का, तारीख 30 अप्रैल। कार्यालय में बैठक के लिए जाने से पहले मैं रेशमबाग में से महल पर गया। रेशमबाग में रात 9 बजे तक सारे स्वयंसेवकों को आने के लिए कहा गया था। मैं वहाँ गया, तब वहाँ लोग आने लगे थे। बैठक रात 9 बजे शुरू होनेवाली थी। इसलिए मैं तुरंत ही वहाँ से निकल गया। उस वक्त वाहन के नाम पर हम सबके पास साइकिल ही हुआ करती। पुरानी शुक्रवारी में से महल की ओर जाते वक्त सड़क पर युवकों की टोली जोर-जोर से कुछ बोलते हुए दिखाई दी। मुझे उसमें कुछ असहज नहीं लगा। रात 12 बजे सीताबर्डी के किले पर महाराष्ट्र राज्य अलग हो जाने की खुशी में संकेताग्नि (bonfire) जलाना था। इस बात की चर्चा चल रही होगी, ऐसा मुझे वहाँ से गुजरते हुए लगा।

रात 11 बजे हमारी बैठक खत्म हुई। श्री विनायक राव फाटक (जो बाद में विदर्भ प्रांत के सह प्रांत संघचालक बने) उस समय धरमपेठ भाग के कार्यवाह थे। उनके पास मोटरसाइकिल थी। मैंने उनसे कहा, "विनायक राव, चलिए न, रेशमबाग होकर चलते हैं। व्यवस्था कैसी है, यह भी देख लेते हैं।" रात को बारह बजे वे सीताबर्डी की संकेताग्नि देखेंगे, फिर आप मुझे प्रोफेसर कॉलोनी में छोड़ दें और आप वहाँ से धरमपेठ चले जाएँ। वे मान गए। मैंने अपनी साइकिल कार्यालय में ही रख दी और विनायक राव के साथ मोटर साइकिल पर साढ़े ग्यारह के करीब रेशमबाग पहुँचा। वहाँ उपस्थित सभी लोग इकट्ठा हो गए। आधे स्वयंसेवकों के पास दंड थे। बाकी के सारे लोग सचमुच सोने के लिए ही आए थे। बातें करते

और हँसने-खिलखिलाने में ही आधा घंटा यूँ बीत गया कि किसी को पता ही न चला। रात के बारह बजे के घंटे की और संकेताग्नि की प्रज्वलित ज्वाला की प्रतीक्षा करते हुए हम बैठे थे। बारह बजने में पाँच या दस मिनट बाकी होंगे, इतने में ही बिजली चली गई। हमें उसमें भी कुछ असहज नहीं लगा। हम सबका ध्यान केवल सीताबर्डी के किले पर लगा था। ठीक बारह बजे किले पर ज्वालाएँ दिखाई दीं और उसी पल रेशमबाग के पूर्व और दक्षिण दिशाओं से संघ को गालियाँ देते हुए, ब्राह्मणों को गालियाँ देते हुए, चीखते-चिल्लाते हुए, पत्थर फेंकते हुए दो गुट रेशमबाग पर हमला करने के लिए आगे बढ़ते दिखाई दिए। एक पल का भी विलंब न करते हुए मैंने उपस्थित स्वयंसेवकों के दो विभाग किए और दोनों दिशाओं में भेज दिए। श्री विनायक राव फाटकजी से कहा कि आप तुरंत बर्डी के पुलिस थाने में जाकर शिकायत दर्ज करवाकर पुलिस से संरक्षण दल भेजने के लिए कहिए। रेशमबाग की पश्चिम दिशा संपूर्णतया सुरक्षित थी। विनायक रावजी उसी दिशा से मोटरसाइकिल लेकर गए। दोनों ओर के दल सामने आने लगे थे। दाहिनी ओर खड़े सभी दंडधारी स्वयंसेवकों को मैं बाईं ओर ले गया और दाहिनी ओर खड़े स्वयंसेवकों को समाधि के पास पड़े पत्थरों से सामना करने को कहा। हनुमान नगर के मामा जोशी गालियाँ देने में अग्रसर थे तथा मारपीट में भी धुरंधर थे। उनके नेतृत्व में दस-बारह लोगों ने कुछ ऐसी पत्थरबाजी की कि आक्रमणकारी वहीं रुक गए, उनके पास लाठियाँ और बाँस जैसे शस्त्र थे और हमारे पास पत्थर। अँधेरा होने की वजह से हम लोगों की संख्या कितनी है, इस बात का अंदाजा उन्हें नहीं था। हमारे साथी जान की बाजी लगाए हुए थे और वे जान संकट में जानकर डरे हुए। 15-20 मिनट तक तेज गति से पत्थरबाजी हमारी ओर से हुई और आक्रमणकारी पीछे खिसके।

बाईं ओर दंडधारियों का गुट था। उसमें भी 10-12 लोग थे। पुरानी शुक्रवारी में से रेशमबाग के मैदान में जाने के रास्ते पर एक छोटा सा पुल लगता है। उस पुल की दूसरी ओर आक्रमणकारी थे और इस तरफ हमारी टोली। पुल का 7-8 फुट का जो भाग था, वह यानी नो मैंस लैंड। डॉक्टरजी की समाधि से यह टोली जरा दूर थी। दाहिनी ओर से आए हुए आक्रमणकारी बहुत पास आ चुके थे। इसलिए पहले उनसे दो-दो हाथ करना आवश्यक था। इसलिए मैं उस टोली के साथ था। उनके पीछे हटते ही मैं पुल की ओर दौड़ा, पर इतने में ही मेरे वहाँ पहुँचने से पहले ही हममें से एक प्रहार मारते हुए आक्रमणकारियों पर टूट पड़ा। सामनेवाली टोली के दो लोगों को लाठी के प्रहार लगते ही बाकी के लोग पीछे हट गए। जो नीचे

गिर पड़ा था, उसे उठाकर ले जाने की कोशिश में वे आक्रमण करना भूल गए। हमारा वह साथी हमारे दल में वापस लौट आया। वह था, राम लघाटे। उस समय, मेरे स्मरण के अनुसार वह तिलक सायं शाखा का मुख्य शिक्षक था। मैंने उसे पीछे खींचा और समझाया कि इस तरह अकेले ही हमला करने में खतरा हो सकता है। उसने कहा कि मुझसे गंदी गालियाँ नहीं सही जा रही थीं।

पीछे हटे हुए आक्रमणकारी की पुनः आक्रमण करने की पूरी संभावना थी ही। हम उस आक्रमण के प्रतिकार की व्यूह रचना कर ही रहे थे, उतने ही में पुलिस की लॉरी आ गई। वे हाथ में डंडा लेकर आए थे। उनमें से कुछ नीचे उतरे वे 12 लोग थे और एक उनका अधिकारी, जिसका नाम जाधव था। उन सबने अपनी-अपनी स्थिति ले ली, पुलिस की लॉरी सारी शुक्रवारी बस्ती में घूमकर आ गई। डंडाधारी पुलिस को देखते ही बहुत से आक्रमणकारी दबे पाँव खिसक लिये, कुछ सभ्य लोगों ने जाधव के पास जाकर, जिसने लाठीमार किया, उसे हमारे हवाले कर दो, ऐसी माँग की। मैंने कहा, ''हम उनकी बस्ती में मारामारी करने नहीं गए थे, ये लोग हमें मारने यहाँ आए थे उनका हमने प्रतिकार किया, उसे किसने मारा, ठीक-ठीक, यह हम भी नहीं जानते।'' थोड़ा वाद-विवाद उत्पन्न हुआ, पर जाधवजी की कठोर भूमिका देखकर वापस लौट गए। जाधव बोले, ''अब आप निश्चिंत रहिए, हम देख लेंगे। आधीरात के बाद करीब दो बजे पुलिस की लॉरी एक बार फिर गश्त लगा गई। इसके कारण सबकुछ शांत हो गया और हमने भी जमीन पर अपनी पीठ टिका दी।

दूसरे दिन हमने अपने कुछ स्वयंसेवकों को पुरानी शुक्रवारी में परिस्थिति का जायजा लेने भेज दिया। वे जो खबर लाए, वह चिंताजनक थी। आज कम-से-कम हजार दो हजार लोगों के हमला करने की योजना है, ऐसा उन्होंने कहा। केवल एक बात के लिए हम निश्चिंत थे कि कम मात्रा में ही सही, पर पुलिस वहाँ उपस्थित थी। हम भी 60-70 लोग इकट्ठा हो गए थे, चाहे कुछ हो जाए, पर डॉक्टर साहब के समाधि स्थल को धक्का नहीं लगने देंगे, ऐसा हमारा निश्चय था। रात दस बजे तक कुछ नहीं हुआ। हमने अपनी संख्या के तीन भाग किए। एक भाग को आपातकालीन स्थिति पैदा हो जाए तो उससे निपटने के लिए अलग से रख दिया, इसका सूत्र संचालन मेरे हाथों में था। दक्षिण-पूर्व दिशा से जो आक्रमण होगा, उसके प्रतिकार के लिए कृष्णा भागडीकर (जो आगे चलकर धरमपेठ महाविद्यालय के प्राचार्य की हैसियत से निवृत्त हुआ) को मुखिया के रूप में रखा। उत्तर-पूर्व दिशा में किसे रखा, याद नहीं है, परंतु उस ओर पुलिस होने के कारण उस ओर संख्या

कुछ कम रखी थी। रात 10 बजे के बाद पिछले दिन की तरह ही बिजली चली गई या पत्थर मारकर बिजली के बल्ब फोड़ दिए गए थे। पुरानी शुक्रवारी में नजर रखने के लिए जिन स्वयंसेवकों को रखा गया था, उनसे जो खबरें आ रही थीं, वे चिंता और भय उत्पन्न करनेवाली थीं। रक्तपात अटल दिखाई दे रहा था। पुलिस दल के प्रमुख श्री जाधव को भी परिस्थिति की गंभीरता का एहसास हो गया। उन्होंने कहा, ''हम आक्रमणकारियों को रोकने की भरसक कोशिश करेंगे, परंतु अगर वे हमसे न रुके, तब मैं एक सीटी बजाऊँगा, फिर आप लोग उसके प्रतिकार में धावा बोल देना।'' परंतु केवल 12 पुलिसकर्मी और वह भी केवल डंडा लिये, इनके साथ बदला लेने के लिए पूरी तरह से तैयार होकर आनेवाले इस बड़े से दल को किस तरह रोका जाए, इस बारे में मैं आशंकित था। मैंने दक्षिण-पूर्व दिशा में स्थित अपनी टोली से कहा, ''यह दिशा सबसे कच्ची है, क्योंकि वह खुली है। इस दिशा में मैंने एक सीमा मर्यादा निश्चित कर दी। आक्रमणकारी अगर उस लक्ष्मणरेखा को लाँघते हैं तो ही हम आक्रमण करेंगे, जाधवजी की सीटी की राह नहीं देखेंगे। आक्रमण करना केवल यही इस समय बचने का सही उपाय होगा, चाहे प्राण चले जाएँ, पर समाधि को जरा भी धक्का नहीं लगने देंगे।'' हमारे साथी मरने-मारने के लिए तैयार हो गए थे। मैंने उनसे कहा, ''हमारी आपातकाल के लिए बचाकर रखी टुकड़ी तुरंत आपकी सहायता के लिए आ जाएगी।'' पर उत्तर-पूर्व स्थित दल को जाधवजी की सीटी बजने के बाद ही हमला करने की हिदायत दे दी। कोई भी अपनी जगह से नहीं हिलेगा, दूसरी दिशा में चाहे कितनी ही चीख-पुकार हो जाए, तब भी यूँ ही अपनी वीरता दिखाने के लिए या फिर दोस्तों को मदद करने के लिए अपनी जगह नहीं छोड़नी है।

दो लोगों को श्री अप्पाजी पुंजे के यहाँ जाकर पुलिस को फोन करके स्थिति की गंभीरता की जानकारी देने के लिए कहा। श्री पुंजे ने इस समय बहुत मदद की। अब हम प्रतिकार के लिए तैयार थे। हर क्षण तनाव बढ़ता ही जा रहा था। मन पर दबाव और हमलावरों की आवाजें बढ़ती जा रही थीं। दूर से कुछ पत्थर हम पर फेंके गए, परंतु हम अपनी योजना पर कायम थे। जब तक उस सीमा को पारकर कोई न आ जाए, तब तक प्रति हमला नहीं करना है, खबरी चाहे कुछ भी कहें, तब भी विश्वास नहीं करना है, ऐसी सूचना मैंने दे दी थी। किसी भी क्षण आपस में ही यह लड़ाई शुरू हो जाती, ऐसी स्थिति में बिल्कुल आधी रात के करीब पुलिस की दो लॉरियाँ रेशमबाग की ओर आ गईं। उनमें से अधिकारी लोगों की जाधव साहब से कुछ बातचीत हुई और वे पुरानी शुक्रवारी की सड़क की ओर चली गईं।

हमलावरों ने यह देखकर क्या सोचा, पता नहीं चला, पर शायद उन्हें लगा होगा कि पुलिस रेशमबाग में आ गई है। इसलिए अभी आक्रमण करना उचित नहीं होगा और फिर आधी रात के बाद हमलावरों की धमकियाँ बंद हो गईं, केवल डरावना अँधेरा रह गया था। हम भी घंटा-डेढ़ घंटा बिल्कुल मौन व्रत धारण करके, एक तरह से साँस रोककर बैठे थे। पुलिस की लॉरियाँ बहुत देर तक वहाँ गश्त लगाती रहीं और वह रात शांतिपूर्ण बीत गई।

दूसरे दिन सुबह पं.बच्छराज व्यास, श्री बापूराव वर्हाड़ पांडे और हम नागपुर के कुछ अधिकारी इकट्ठा हुए। विदर्भवादी भी हमारे ही बंधु हैं, रक्तपात होता है तो अपने ही भाइयों का रक्त बहेगा। पुरानी शुक्रवारी के लोग आखिर चाहते क्या हैं, यह समझ लेना चाहिए, उनसे बातचीत होनी चाहिए, गलतफहमियों को बढ़ाने से क्या फायदा? इस तरह के विचारों का आदान-प्रदान करके पुरानी शुक्रवारी के प्रतिष्ठित लोगों से संपर्क करने का तय किया गया। भारतीय जनसंघ के नेता श्री रामजीवन चौधरी के बहुत से रिश्तेदार पुरानी शुक्रवारी में रहते थे। इसलिए उनकी अगुवाई में रात 8 बजे के करीब मुलाकात निश्चित की गई। एक जीप में पं.बच्छराज व्यास, रामजीवन चौधरी, अन्नाजी पांढरीपांडे, बापुराव वर्हाडपांडे और मैं बैठे हुए थे। बापुराव जीप चला रहे थे, परंतु हमसे एक गलती हो गई, अगर बातचीत सफल न हुई तो? आज हमने करीब डेढ़-सौ लोगों को बुलाया था। कल भी सबके पास दंड नहीं थे, घर से दंड लेकर जाना संभव नहीं था। इसलिए भंडारगृह से 50-60 दंड उतरवाकर उस जीप में रखकर जा रहे थे। रास्ते में वह दंड रेशमबाग में उतरवाकर फिर बातचीत के लिए जाने का किसी को सूझा ही नहीं, इस कारण दंड सहित जीप शुक्रवारी की बस्ती में चली गई। मैं और अन्नाजी पांढरीपांडे जीप में बैठे थे और पं. बच्छराजजी, रामजीवनजी और बापूराव ने बातचीत के लिए एक बड़े से घर में प्रवेश किया।

जीप को खड़ा देख लोगों में उत्सुकता बढ़ी, हम संघवाले हैं। यह उन्होंने पहचान लिया। कुछ लोग जीप के बोनेट पर चढ़ गए और नाचने लगे। हम वैसे ही बैठे रहे शांत। फिर एक-दो लोगों ने जीप के अंदर झाँका, वहाँ उन्हें दंड का गट्ठर दिखाई दिया और उनका माथा ठनका। वे भड़क गए। साले संघवाले लाठियाँ लेकर दबाव डालने आए हैं। लाओ रे मिट्टी का तेल, सालों को जला देते हैं, ऐसा कहने लगे। हमारे खिलाफ नारेबाजी और गालियों की बौछार तेज होने लगी। हमें शांत ही रहना था। कुछ लोग उत्साहित होकर मिट्टी का तेल लाने के लिए निकले। मैं और अन्नाजी पांढरीपांडे जीप के पीछे की सीट पर बैठे हुए थे। दंड के गट्ठर पर

पैर जमाकर बैठे हुए थे। लोगों का उत्पात जारी था, बोनट पर नाचना तेज हो गया था। दो लोग स्टीयरिंग व्हील के पास आकर बैठ गए, पर किसी को भी जीप में पड़े दंड निकालकर उठा ले जाने का या उन्हीं डंडों से हमें पीटना नहीं सूझा, पर उनकी चीखें बहुत ही डरावनी थीं। स्टीयरिंग पर बैठा हुआ व्यक्ति बोला, ''अरे मिट्टी का तेल किसलिए चाहिए? यह पेट्रोल निकालो और जला दो इस जीप को।'' परंतु नाचने और चीखने-चिल्लाने की आवाज में उस व्यक्ति की सूचना पर अमल करना किसी को भी नहीं सूझा।

हम दोनों में से कोई भी अपनी जगह से हिल भी नहीं पा रहा था। हम जैसे मौत की राह देखते हुए स्तब्ध बैठे थे। बाहर मचे बवाल के कारण या अंदर किसी ने सूचित कर दिया होगा, इसलिए उस बड़े से घर के अंदर से एक अधेड़ उम्र का व्यक्ति बाहर आया और उसने सबको फटकार लगाई। बोनट पर चढ़े व्यक्तियों को भी नीचे उतारा, स्टीयरिंग पर बैठे व्यक्ति को भी नीचे उतारा। उन्हें बताया गया कि बातचीत चल रही है। वह सफल रही तो ठीक, नहीं तो हम सब मिलकर जीप को जला देंगे, परंतु जब तक बातचीत चल रही है, तब तक किसी तरह की कोई गड़बड़ी नहीं होनी चाहिए। देखनेवालों में से 4-5 लोगों को पास बुलाकर उस व्यक्ति ने कहा, ''आप यहाँ रुकिए, ध्यान रहे की कोई गड़बड़ी न होने पाए।'' बातचीत शुरू होकर आधा घंटा बीत गया था। पंद्रह मिनट के बाद बापूराव वर्हाडपांडे बाहर आए। हमारी हिम्मत बढ़ी और पंद्रह मिनट के बाद बच्छराजजी और रामजीवनजी तथा पुरानी शुक्रवारी के ज्येष्ठ व्यक्ति सब लोग बाहर आ गए। जीप को आगे से नाग नदी की ओर से न ले जाकर मोहता कॉलेज की दिशा से ले जाया जाए। ऐसा उन्होंने सुझाव दिया। जीप को उसी तरह ले जाया गया। उसे पीछे की ओर से रेशमबाग लाया गया। मैं रेशमबाग में रुक गया, बाकी के लोग भी कुछ देर तक रेशमबाग में रुके और फिर जीप में बैठकर चले गए। सभी ने राहत की साँस ली। आपसी टकराव और रक्तपात थम गया। विदर्भवादी आंदोलन का जोर अब भी चल रहा था, परंतु अब उसका केंद्र इतवारी विभाग बन गया था।

इस प्रसंग से हमें अपनी त्रुटि ध्यान में आई। पुरानी शुक्रवारी बस्ती रेशमबाग के पास में होने के बावजूद उस बस्ती के लोग शाखा में नहीं आते थे। महल के पूर्व भाग में से और चिटनिसपुरा में से ही लोग रेशमबाग जाते थे, बाद में शिरसपेठ में भी स्वयंसेवकों को तैयार करने के लिए प्रयत्न किए गए और वे सफल भी हुए, परंतु सन् 1956 के बौद्ध धर्म चक्र प्रवर्तन के बाद शिरसपेठ के स्वयंसेवकों की संख्या एकदम से कम हो गई। पुरानी शुक्रवारी की बस्ती अब भी हमारे कार्यकर्ताओं

की नजरों से उपेक्षित ही रही। अगर उस बस्ती में संघ का वातावरण होता तो ऐसे हालात कभी पैदा ही नहीं होते, अब क्या स्थिति है, यह हम नहीं जानते, रेशमबाग शाखा में पड़ोस में बनी केशवनगर नामक सफेदपोश बस्ती के स्वयंसेवक ही अधिक मात्रा में दिखाई देते हैं। उसके पूर्वी भाग में अब नई-नई शाखाएँ तैयार हो गई हैं। उन शाखाओं का उस बस्ती से संबंध होगा, ऐसा लगता है। सन् 1948 में महात्मा गांधी की हत्या के बाद उमड़ी भीड़ में डॉक्टर साहब की समाधि को क्षति पहुँची थी, वैसा प्रसंग इस बार नहीं हुआ, सबकुछ शांति से निपट गया। इस बात का संतोष हमें प्राप्त हुआ। निष्ठा से और जान की बाजी लगाकर लड़ने के लिए तैयार हों तो यश मिलता ही है, यह सीख भी हम सबको मिली।

('तरुण भारत', दीपावली अंक, 1996)

❑

7

मेरा सेवा सप्तक

मैं जरा आत्मकथन की मनोवृत्ति में आ गया हूँ। आज मैं अपनी नौकरियों के बारे में कुछ बताना चाहता हूँ। नौकरियों के बारे में, यानी बहुत नौकरियाँ हो गईं न? हाँ, सात-सात नौकरियाँ। इसका मतलब कोई भी मालिक मुझे बहुत दिन नसीब नहीं होता था। इसमें मालिक का दोष नहीं है, अगर होगा तो वह मेरा ही होगा।

न्यू इरा में

इन सब नौकरियों के संबंध में एक मजेदार समान बात हुई है, शायद वह भी मेरी नियति का ही एक भाग था, वह बात ऐसी है कि जिस नौकरी के लिए मेरी इच्छा होती थी, जिसके लिए मैं अरजी करता, सिफारिश-पत्र जोड़ता, वह मुझे कभी मिलती ही नहीं। सिफारिश-पत्रों के अलावा अपने पास और होता भी क्या और यह सिफारिश-पत्र भी किसके? मेरे शिक्षकों के। कौन पूछता है ऐसे सिफारिश-पत्रों को? पर जहाँ कोई आगा-पीछा नहीं, अरजी नहीं, मुलाकात नहीं, ऐसी बिल्कुल अनपेक्षित नौकरी मिल जाती। नियति के इस तरह के नियम का एक अपवाद हुआ है, उसका उल्लेख क्रमानुसार आएगा ही।

सन् 1946, इसी वर्ष मैंने एम.ए. की परीक्षा पास की प्रथम श्रेणी, प्रथम क्रमांक, स्वर्णपदक। कॉलर ऊँचा न हुआ हो तो ही आश्चर्य की बात होती। इसके सिवा बी.ए. में भी इसी तरह की प्रथम श्रेणी, फिर संस्कृत विषय में स्वर्णपदक, यूरोपियन गवर्नर के हाथों स्वर्णपदक मिला। इस बात के लिए एक अपरिचित व्यक्ति ने दीक्षांत समारंभ के बाद खास मेरे लिए रुककर मेरा अभिनंदन किया था। स्वर्णपदक मिलने के लिए नहीं, गोरी चमड़ीवाले गवर्नर के हाथों स्वर्णपदक मिला इसलिए। लोग कहते थे कि अब सरकारी कॉलेज में तेरी नौकरी पक्की। मेरे भाग्य

से पब्लिक सर्विस कमिशन का विज्ञापन भी आया था। उस समय मध्य प्रदेश और वर्हाड़, बिहार (और शायद उड़ीसा भी) इन सब प्रांतों को मिलाकर एक ही पब्लिक सर्विस कमीशन था। उसका मुख्यालय बिहार में स्थित राँची में था। एक यूरोपियन व्यक्ति उसका अध्यक्ष था। बाकायदा आवेदन किया। साक्षात्कार के लिए बुलावा आया। यह अपेक्षित ही था कॉलेज में धोती-कुरता और कोट पहन के पढ़े हुए मैंने सूट सिलवाया। नेक टाई कैसे पहनते हैं, वह सीख लिया, साक्षात्कार के दिन नया सूट-बूट पहनकर गया, थोड़े बहुत प्रश्नोत्तर हुए सबने कहा, तेरी नौकरी पक्की।

परंतु यह कहनेवाले भूल गए थे, समय बदल चुका था। स्वराज्य आ चुका था। मैं नौकरी के लिए आदेश की राह देख रहा था। यकीन था कि मिलेगी ही, इसलिए जरा हवा में था, पर आदेश आया ही नहीं। एक ऐसे व्यक्ति का, जिसे कभी प्रथम श्रेणी भी प्राप्त नहीं हुई थी, न ही उसे संस्कृत ढंग से पढ़ना आता था, ऐसे विद्वान् का चयन मौरिस कॉलेज के प्राध्यापक के रूप में हो गया था, क्योंकि उस समय मध्यप्रदेश सरकार में दबदबा रखनेवाले पं. द्वारकाप्रसाद मिश्र के अच्छे दोस्त का लड़का था वह।

यह मेरा पहला साक्षात्कार नहीं था। उसी साल, अमरावती में डॉ. पंजाबराव देशमुख की संस्था का शिवाजी कॉलेज शुरू हो गया था। डॉ. ज्वालाप्रसाद नामक सेवानिवृत्त प्राध्यापक इस कॉलेज के प्राचार्य थे। साक्षात्कार के वक्त वे स्वयं उपस्थित थे। उन्होंने ही सारे प्रश्न पूछे, मुझे लगता है कि मैंने अच्छे उत्तर दिए थे। पर आखिरी प्रश्न सबसे महत्त्वपूर्ण था, उन्होंने पूछा, अगर हम आपको यह नौकरी देते हैं तो कम-से-कम एक साल आप यह नौकरी नहीं छोड़ेंगे, ऐसा वचन दे सकते हैं क्या? मैंने कहा, ''नहीं।'' उन्हें बड़ा आश्चर्य हुआ। पास बैठे हुए व्यक्ति के साथ उनकी कुछ बातचीत हुई। उन्होंने पूछा, ''क्यों?'' मैंने सच कह दिया, ''मैंने पब्लिक सर्विस कमीशन में आवेदन किया है, वहाँ मेरी मुलाकात तय हो गई है अगर मुझे वहाँ से बुलावा न आए तो मैं आपके यहाँ रहूँगा।'' वेतन में फर्क यह भी एक कारण तो था ही। सरकारी कॉलेज में वेतन था 225 रुपए महीना, शिवाजी कॉलेज में और सभी प्राइवेट कॉलेजों में केवल 100 रुपए। आज यह वेतनमान देखकर लोगों को हँसी आएगी, पर इससे भी महत्त्वपूर्ण कारण था मौरिस कॉलेज की प्रतिष्ठा। मैं वहाँ छह वर्ष तक पढ़ा था और मुझे अपने चहेते शहर नागपुर में ही रहने के लिए मिलनेवाला था। सरकारी नौकरी के लिए मुझे आकर्षण था, ऐसा नहीं है, बल्कि कहा जाए तो जरा अनास्था ही थी, पर अब सरकार अपनी थी, इसलिए सब आना-कानी समाप्त हो चुकी थी।

अलबत्ता, शिवाजी की नौकरी मुझे नहीं मिली, वह श्री ग.त्र्यं. देशपांडे को मिल गई, वे उस समय अमरावती जिले की एक पाठशाला में शिक्षक थे। मुझे यह नौकरी नहीं मिली। यह संस्कृत भाषा की दृष्टि से अच्छा ही हुआ। संस्कृत के विद्यार्थियों को ग.त्र्यं. देशपांडे के रूप में एक उत्तम और रसिक शिक्षक मिला था, संस्कृत साहित्य के लिए एक मर्मज्ञ संशोधक मिल गया। शिवाजी कॉलेज में कुछ साल नौकरी करने के बाद ग.त्र्यं. नागपुर विद्यापीठ के स्नातकोत्तर शिक्षा विभाग के लिए चुने गए। उनकी प्रतिभासंपन्न विद्वत्ता को व्यापक क्षेत्र मिला।

जुलाई महीने के पहले हफ्ते में मौरिस कॉलेज की नौकरी का फैसला हो गया था। नौकरी की आवश्यकता तो थी ही। कभी इस स्कूल के प्राचार्य को मिलना, कभी उस स्कूल के प्राचार्य को मिलना चल रहा था, पर कहीं भी दाल नहीं गल रही थी। बहुत देर से बात समझ आई कि मेरी एम.ए. की प्रथम श्रेणी और स्वर्णपदक ही आड़े आ रहा था। जामदार हाईस्कूल के मुख्याध्यापक ने स्पष्ट रूप से कह दिया कि, आप हमारे स्कूल में टिके नहीं रहेंगे, 'स्टेपिंग स्टोन' के रूप में आप हमारे स्कूल का उपयोग करेंगे। उस समय, नौकरी देनेवाला सरकारी कार्यालय भी नया-नया खुल चुका था। एंप्लॉयमेंट एक्सचेंज। उसमें मेरे मित्र श्री गोविंदराव कविश्वर नौकरी पर थे। उन्होंने बड़ी आत्मीयता के साथ उनके प्रमुख श्री बंबावाले से मेरा परिचय करवाया। मेरी क्वालिफिकेशन देखकर वे काफी प्रभावित हुए, ऐसा मुझे लगा। गोविंदराव के वहाँ होने के कारण मैंने इस कार्यालय के बहुत चक्कर काटे, लिबर्टी सिनेमा के पास की इमारत में यह कार्यालय था, पर इस चक्कर काटने का कोई फायदा नहीं हुआ। महायुद्ध समाप्त हो चुका था, इसलिए सेना की सेवा में से वापस आनेवाले को अग्र क्रम देकर नौकरी देने का सरकार ने नियम बनाया था।

इसी तरह बेकार भटक रहा था। तब रास्ते में अचानक श्री बालासाहब देवरस से मुलाकात हुई, वे उसी साल संघ के अखिल भारतीय सह सरकार्यवाह बने थे, तब तक वे केवल नागपुर के कार्यवाह थे।

"आजकल क्या कर रहे हो?" उन्होंने सहज भाव से पूछा।

"नौकरी की तलाश कर रहा हूँ।"

"अब तक मिली नहीं है न?"

"नहीं, पर मिलने की उम्मीद है।"

"कल से न्यू इरा में (आज का नवयुग विद्यालय, महल) पढ़ाना शुरू कर दो।"

"पर बीच में ही अगर नौकरी मिलने का आदेश आ गया तो?"

"तुम छोड़कर जा सकते हो।" बालासाहब ने कहा।

श्री चं.प. उपाख्य बापूसाहब भिशिकर (जो आगे चलकर 'तरुण भारत' के मुख्य संपादक बने, आजकल पुणे में रहते हैं।) न्यू इरा के मुख्याध्यापक थे। भैयाजी कोलते, पांडूरंगपंत सावरकर, बाबूराव चट्टे, ऐसे बड़े-बड़े विद्वान् व्यक्ति शिक्षक वृंद में थे। मिडिल स्कूल की बगल में श्री अन्ना साहब चौथाईवाले (स्व. बाबूराव चौथाईवाले के पिता) रामभाऊ जोशी, मुलावकर, यादवराव साहुरकर, गोविंदराव शनिवारे और खास करके कृष्णराव मोहरील भी थे। पाठशाला का वातावरण बहुत ही अच्छा था। इस शाला को मैट्रिक की परीक्षा में विद्यार्थिओं को बैठने देने मात्र की अनुमति थी। सरकारी अनुदान नहीं मिलता था, इसलिए बहुत ही स्वतंत्र वातावरण था, वेतन 60 रुपए प्रतिमाह, मैं एम.ए. था इसलिए इतना अधिक।

डॉ. रघुवीर के कोषागार में

और सभी जगहों से नौकरी के लिए न-न ही सुनने को मिल रहा था, इसलिए अब अपना कायमी ठिकाना यहीं रहनेवाला है। ऐसा मन का निश्चय होने लगा था। इसके बाद अब कहीं आवेदन नहीं भेजना, ऐसा मैंने निश्चय कर लिया था, इस तरह निश्चिंत होकर सुख में समय बीत रहा था। तभी दिसंबर के महीने में, उस समय के मौरिस कॉलेज के प्राचार्य महामहोपाध्याय डॉ. वा.वि. मिराशी का एक पत्र मुझे मिला, डॉ. रघुवीर नामक भाषा विशेषज्ञ नागपुर में आए थे, उनके कोशकार्य के लिए संस्कृत भाषा के दो जानकारों की आवश्यकता है। मैंने आपके नाम का सुझाव दिया था। आपको इसमें रस हो तो, यह पत्र लेकर उनसे मिल लीजिए, ऐसा उस पत्र का आशय था। डॉ. रघुवीर उस समय, आज जहाँ आर. टी. ओ. का ऑफिस है, वहाँ रहते थे और वहीं उनका कार्यालय भी था।

मैं डॉ. रघुवीर से मिलने के लिए गया। वे नखशिखांत आंग्ल पोशाक पहने हुए थे। मैंने अंग्रेजी में बोलना शुरू किया। डॉ. मिराशी का पत्र भी अंग्रेजी में ही था, पर डॉ. रघुवीर ने शुद्ध हिंदी में बोलना शुरू किया, फिर मैंने भी सभी उत्तर हिंदी में ही दिए। वेतन डेढ़ सौ रुपए प्रतिमाह। मुझे आश्चर्य का धक्का लगा। प्राइवेट कॉलेज के प्राध्यापकों का वेतन 100 रुपए, डॉ. रघुवीर के यहाँ 150 रुपए, एकदम से हाँ हो गई। आवेदन वगैरह कुछ नहीं। न्यू इरा में जाते वक्त भी आवेदन नहीं किया था। अब डॉ. रघुवीर के यहाँ भी कोई आवेदन नहीं, अरजी नहीं। 1 जनवरी, 1947 को डॉ. रघुवीर के यहाँ मेरी नौकरी शुरू हुई, दूसरे सहकारी थे,

मधुकर त्र्यंबक सहस्रबुद्धे। मैं उन्हें पहचानता था, वे मुझसे चार वर्ष सीनियर थे। आगे जाकर उन्होंने कुछ कालखंड अमेरिका में बिताया और फिर नागपुर विद्यापीठ के पदव्युत्तर विभाग में से वे निवृत्त हुए। हम दोनों को डॉ. रघुवीर ने अपना काम समझा दिया था। काम सरल था, पर इसमें जरा भी चूक नहीं होनी चाहिए, इस बात के लिए उनका आग्रह था। मोनियर विलियम्स का संस्कृत-अंग्रेजी कोष सहायता के लिए था ही, हमारा काम उसे उलटा करने का था, एक संस्कृत शब्द के कई अर्थ होते हैं, उस प्रत्येक शब्द के लिए अलग कार्ड तैयार करना था। उदाहरण के तौर पर कर शब्द देखें तो उसके hand, trunk, tax, ऐसे विविध अर्थ हैं। हमें ऊपर अंग्रेजी शब्द लिखना और उसके नीचे शब्द, उसका लिंग व प्रथम विभक्ति का एक वचनी रूप लिखना, ऐसा काम था यह। दिन खत्म होते-होते सभी कार्ड डॉ. रघुवीर को दिखाने पड़ते। हमारे काम से डॉ.रघुवीर बहुत खुश थे। मैं राष्ट्रीय स्वयंसेवक संघ का कार्यकर्ता हूँ, यह जानने के बाद उनकी मेरे लिए आत्मीयता बहुत बढ़ गई, घर में भी प्रवेश मिल गया। डॉ. रघुवीर, नागपुर आने से पहले पंजाब स्थित लाहौर में रहते थे। वहाँ उनका भी एक स्वयंसेवक दल था। एक बार बाबासाहेब आपटे का उल्लेख करके वे बोले, ''आपके आर.एस.एस. को हमारे दल में विलीन करने का प्रस्ताव मैंने आपटेजी के सम्मुख रखा था, पर उन्हें यह प्रस्ताव मान्य नहीं था।'' मुझे हँसी आ गई।

अप्रैल के आखिर में उन्होंने मुझे बुलाकर कुछ और लोगों को इस उपक्रम में जोड़ने के लिए सूचना दी। मेरे दोस्त बहुत थे। इस उपक्रम में न.ना.भिड़े, भा.पु.सगदेव, केशवराव गोटे, ये सभी न्यू इंग्लिश हाईस्कूल के शिक्षक वर्ग में से तथा नए-नए पदवी प्राप्त किए हुए सावंगीकर। ऐसे 7-8 लोग गरमी की छुट्टियों में जुड़ गए। एम.ए. पदवीधारकों को 150 और बी.ए.की डिग्री प्राप्त किए हुए लोगों को 100 रुपए वेतन था। सब लोग खुश, मैं कुछ ज्यादा ही, क्योंकि मैं बॉस था। विवाह अभी नहीं हुआ था। 150 रुपए, यानी बहुत अमीरी। पैसों का क्या किया जाए, यह भी समझ नहीं आ रहा था, हमारे इस कार्यालय का सारा कामकाज संस्कृत भाषा में ही होता था। शनिवार को आधा दिन काम होता था। इसके बाद बैठक होती, किसी एक विषय पर संस्कृत में भाषण भी होता। डॉ. रघुवीर आग्रहपूर्वक उपस्थित रहते। इसी सन् 1947 के मई महीने में ही संघ शिक्षा वर्ग के निमित्त मुझे एक महीने के लिए मद्रास जाना पड़ा। डॉ. रघुवीर ने छुट्टी भी दे दी, अर्थात् बिना वेतन के वर्ग समाप्त होते ही मैं पुन: काम पर आ गया उसी अधिकार से। जून के अंत में डॉ. रघुवीर ने मुझे बुलाकर कहा कि अब यह विभाग बंद करना है, मोनियर

विलियम्स के कोष को उलटने का काम अधिकांशत: पूर्ण हो चुका था। 30 जून को सबकी छुट्टी हो गई।

अधिक वेतन के कारण पैसों की कुछ बचत हाथ में थी, तुरंत नौकरी की ऐसी कोई आवश्यकता नहीं थी। इसलिए लॉ कॉलेज में प्रवेश ले लिया। वकील होने का निश्चय कर लिया। कहीं स्कूल में नौकरी करके साथ-साथ कानून की पढ़ाई करने का मन में सोचा था। लॉ कॉलेज के वर्ग सुबह होते थे, उपस्थिति भी अनिवार्य नहीं थी। कोई दोस्त अगर हो तो वह प्रॉक्सी लगा देता तो वह भी चलता। प्राध्यापकों को भी इस पर कोई आपत्ति नहीं थी। अगस्त के अंत में डॉ. रघुवीर के यहाँ से मिलने के लिए बुलावा आया। मैं उन्हें मिलने के लिए गया। वह दिन शुक्रवार का था। यह मुझे अच्छी तरह से याद है। मैं लॉ कॉलेज में पढ़ रहा था, ऐसा उन्हें बताया, वे बोले, "उसके वर्ग तो सुबह होते हैं, दोपहर को यहाँ आ जाया करो, थोड़ा काम बाकी है।" बहुत सी बातें हुई, संभाषण के अंत में उन्होंने मुझसे कहा, "पहले जो काम हुआ है, वह इतना संतोषकारक नहीं है।" मैंने पूछा, "मेरी महीने भर की अनुपस्थिति में कुछ काम बिगड़ गया क्या?" उन्होंने कहा, "अधिक कुछ नहीं, पर कुछ लोगों ने हमारे साथ धोखा किया है। एक ने तो किसी और की सही करके पैसे उठा लिये।" मुझे आघात सा लगा, क्योंकि अधिकतर लोगों की नियुक्ति मेरे कहने से हुई थी, मैंने नाम पूछा, उन्हें वह तुरंत याद नहीं आया। उनका बेटा लोकेशचंद्र कुछ समय पहले ही विदेश से अपनी शिक्षा प्राप्त करके वापस आया था। वह वहाँ उपस्थित था। रघुवीरजी का लघु लेखक भी उपस्थित था, वह टंक लेखन कर रहा था। लोकेशचंद्र ने नाम बताया, भिड़े। मैं चकित रह गया, भिड़े और पैसों का गैरव्यवहार? यह सर्वथा असंभव था, मैंने कहा, "डॉक्टर साहब, जरूर कोई गलतफहमी हुई है, एक बार मुझसे हिसाब में गलती हो सकती है, पर भिड़े? असंभव।"

वे बोले, "गलतफहमी के लिए कोई अवकाश नहीं है, हमारे पास लिखित सबूत है।"

मैं निरुत्तर हो गया। सोमवार से काम पर आ जाऊँगा, ऐसा कहकर मैं घर वापस आ गया।

सायं काल पाँच-साढ़े पाँच का वक्त होगा, शुक्रवार तालाब पर स्थित गणेश मंदिर में हर रोज दर्शन करने के लिए जाने का न.ना.भिड़े (जिन्हें हम भिड़े मास्टर कहा करते थे) का नियम था। वे वहाँ से दर्शन करके मोहिते शाखा में आते थे। यह सब कार्यक्रम पैदल ही होता था, वे दर्शन करके पैदल जा रहे थे। उसी वक्त

मैं वहाँ जा पहुँचा। मैं साइकिल पर से उतरकर उनके साथ पैदल चलने लगा। मैंने उनसे पूछा, ''मास्टरजी, आपने डॉ. रघुवीर के यहाँ से किसी और के पैसे लाए हैं क्या?'' उन्होंने कहा, ''हाँ, हमारे ही स्कूल के सगदेव तथा गोटे, इनका वेतन मैं ले आया था। पर मैंने अपने ही हस्ताक्षर किए थे। उन्होंने मुझे वेतन लाने के लिए अधिकार-पत्र दिए थे, पर आप यह सब क्यों पूछ रहे हैं?''

मैंने उन्हें डॉ. रघुवीर के साथ हुआ संवाद कह सुनाया, वे बोले, ''हम डॉ. रघुवीर से मिलकर यह गलतफहमी दूर करेंगे।'' शाखा समाप्त होने के बाद पुनः इस विषय पर चर्चा हुई। उस समय हमारे वरिष्ठ अधिकारी प्रा.वसंतराव सिर्सीकर उपस्थित थे, वे बोले कि मैं भी चलता हूँ आपके साथ, फिर सगदेव और गोटे को भी साथ ले जाने का हमने निश्चय किया। रेशमबाग के एकत्रीकरण का कार्यक्रम समाप्त होने पर हम सब लोग डॉ.रघुवीर के निवासस्थान पर गए। मैं, भिड़े मास्टर, सगदेव, गोटे और प्रा. सिर्सीकर प्रवेश करते ही प्रथम रघुवीर पुत्र लोकेशचंद्र के साथ मुलाकात हुई। मैंने उनसे कहा, ''परसों हम जिनके बारे में बात कर रहे थे, वे भिड़े यही हैं।'' लोकेशचंद्र अचानक उत्तेजित हो गए और बोले, ''आप चुगलखोर (बैक बाइटर) हैं।'' मुझे भी बहुत गुस्सा आ गया और मैंने भी उन्हें जरा ऊँचे स्वर में ही जवाब दिया। मेरा उस घर में अनिर्बंध प्रवेश होने के कारण मैं सीधे डॉ. रघुवीर की अभ्यासिका में चला गया। मेरे पीछे-पीछे बाकी के चारों ने और लोकेशचंद्र ने भी प्रवेश किया। मैंने बहुत ही शांति से डॉ. रघुवीर से कहा, ''आपके पास जो लिखित प्रमाण हैं, वे हम देखना चाहते हैं, जिनका वेतन भिड़े साहब ने गलत व्यवहार से उठाए हैं, ऐसा आपका कहना है, वे दोनों ये ही सगदेव और गोटे हैं, जिन्हें उनके पैसे मिल चुके हैं, वगैरह।''

रघुवीर पता नहीं किस मूड में थे, वे भी उत्तेजित हो गए ''मुझे अपने घर में कुछ भी बोलने का अधिकार है। आप कौन होते हैं पूछनेवाले?'' मैंने उत्तर दिया, ''आप घर में नहीं थे, ऑफिस में थे। आपका स्टेनो भी वहीं था, आपका बेटा भी था।'' इस पर उनकी आवाज और चढ़ गई। प्रा. सिर्सीकर ने भी ऊँची आवाज में कुछ कहा, थोड़ी देर तक कहा-सुनी होती रही। आखिर रघुवीर ने कहा, ''आप लोग यहाँ से जाते हैं या पुलिस को बुलाऊँ?'' हम सबने वहाँ से जाने के लिए अपने कदम बढ़ाए, भिड़े मास्टरजी का एडवोकेट बलवंत राव मंडलेकर के यहाँ ट्यूशन लगा था। उन्होंने मंडलेकर को सारी हकीकत कह सुनाई। उन्होंने कहा, ''हम रघुवीर पर मानहानि का दावा ठोक सकते हैं।''

हमने वह दावा ठोका, वह केस किस तरह से चलाया गया, पं. द्वारकाप्रसाद

मिश्र, एडवोकेट तु.ज.केदार, नागपुर के कलेक्टर, ये सब लोग इसमें कैसे आए, वह दावा वापस किस तरह लिया गया, रघुवीरजी के पास कौन सा लिखित सबूत था, वह नौ निनामी पत्र किस अज्ञात भूत ने किस तरह लिखवा लिये, वगैरह संपूर्ण हकीकत किसी अद्‌भुत उपन्यास की तरह है। वह यहाँ अप्रस्तुत है। इनमें से एक को छोड़कर सभी पात्र दिवंगत हो चुके हैं, जो अब भी जीवित हैं, वे वृद्ध हो गए हैं। उन्हें दु:ख और वेदना नहीं देनी चाहिए, ऐसा मुझे लगता है। इसलिए अनेक बार मोह होकर भी मैंने उन भूतों के पत्रों की कथा नहीं लिखी।

सरकारी सेवा में

इतवार के दिन यह सारा संग्राम हुआ था। इसलिए सोमवार को डॉ. रघुवीर के यहाँ काम पर जाने का विचार अपने आप ही समाप्त हो गया। जुलाई, अगस्त, सितंबर··· धनसंचय समाप्त हो गया। पुन: नौकरी की तलाश जारी। एक दिन कुर्वेज न्यू मॉडल हाईस्कूल के शिक्षक जनार्दन हरि चिंचालकर, जो संघ में हमारे अधिकारी थे, (अभी वे आदिमजाति संघ के अध्यक्ष हैं और दिल्ली में रहते हैं।) उन्होंने मुझसे कहा, ''हमारे विद्यालय में गणित का शिक्षक चाहिए, तुम पढ़ाओगे क्या?''

''हाँ, इंटर तक मेरा गणित विषय था।''

''तुम कल आकर कुर्वेजी से मिल लो, पर एक बात और, केवल बी.ए. तक पढ़े हो, ऐसा बताना।''

यह अक्तूबर का महीना था, विजयादशमी का त्योहार जा चुका था। मैं बर्डी के कुर्वेज हाईस्कूल के न्यू मॉडल हाईस्कूल के सर्वेसर्वा श्री के. बी.कुर्वेजी से मिलने के लिए गया, उन्होंने पूछा, ''कहाँ तक पढ़े हो?''

''बी.ए.'' मैंने चिंचालकरजी की सूचना का पालन किया।

''पर हमें गणित का शिक्षक चाहिए।''

''मैंने इंटर आर्ट्स में गणित विषय ही लिया था। मैट्रिक तक पढ़ा सकूँगा।''

उन्होंने मुझे सिर से पाँव तक निहारा। वे बोले, ''आपको लेसन पढ़ाकर दिखाना होगा।'' ठीक है, ऐसा कहने पर उन्होंने कहा, ''कल अंग्रेजी माध्यम की दसवीं कक्षा के वर्ग को पायथागोरस प्रमेय पढ़ाने के लिए आइए।'' मैं पूरी तैयारी के साथ गया। स्वयं कुर्वे लेसन देखने के लिए आए थे, वे स्वयं भी गणित के ही शिक्षक थे। वर्ग के बाद उन्होंने मुझे अपने ऑफिस में बुलाया। एक कागज सामने रखकर आवेदन लिखने को कहा। उसी समय वे मेरा नियुक्ति-पत्र लिख रहे थे। 60 रुपए वेतन और 26 रुपए महँगाई भत्ता, इस वेतन पर गणित और अंग्रेजी विषयों

के शिक्षक के रूप में मेरी नियुक्ति हुई। नौवीं और दसवीं कक्षा में अंग्रेजी और नौवीं कक्षा को गणित विषय सिखाने को मिले, बाद में चिंचालकर के आग्रह पर, चिंचालकर संस्कृत विषय के ज्येष्ठ शिक्षक थे, अंग्रेजी के कुछ वर्ग कम करके नौवीं कक्षा का संस्कृत विषय भी मेरे हिस्से आ गया।

श्री चिंचालकर के साथ के.बी. कुर्वे, इनके बंधु शंकरराव कुर्वे, बालासाहब रेंगे, आगे चलकर मुंबई की मुकुंद स्टील कंपनी में बड़े ओहदे पर गए हुए वसंतराव भावे, ऐसे प्रसिद्ध व्यक्ति कुर्वेजी के स्कूल में शिक्षक के रूप में थे। संघ में भी अधिकारी के पद पर कार्यरत रहे हुए या पहले पद प्राप्त किए हुए ऐसे ये कार्यकर्ता थे। कुर्वेजी के स्कूल का कुल जीवन-क्रम शांत और सरल मार्गीय था। सुबह लॉ कॉलेज में जाना तो नाममात्र ही था, शाला और संघ, ये दो ही मेरी कार्यमग्नता के क्षेत्र थे।

और फिर एक विलक्षण घटना घटी। 30 जनवरी, 1948 को महात्मा गांधी की हत्या हो गई। हम संघ से संबंधित ऐसे शिक्षकों की ओर विद्यार्थी जरा अलग नजरों से देख रहे थे, ऐसा महसूस होने लगा, हम सभी उत्तम शिक्षक थे, इसलिए वर्ग में कहीं कोई गड़बड़ नहीं थी। मैं दूर से, यानी महल में से शाला में साइकिल लेकर जाता था। विद्यार्थियों का रोष मेरी साइकिल पर निकलने लगा। रोज साइकिल का एक पहिया पंक्चर होने लगा, कभी-कभी दोनों। आखिर शाला के पास ही रहनेवाले शंकरराव कुर्वेजी के यहाँ साइकिल रखने लगा, कुर्वे शाला में रहते हुए ही 22 मार्च, 1948 को मेरा विवाह हुआ।

1947-48 का सत्र समाप्त कर, जून माह के अंत में नए सत्र के प्रारंभ होते-होते मैं पुन: नौकरी पर लग गया। 8-10 दिन बीते-न-बीते, उतने में ही मौरिस कॉलेज में संस्कृत के प्राध्यापक के रूप में नियुक्ति का आदेश मिला। उसका किस्सा ऐसा हुआ था, पब्लिक सर्विस कमीशन का एक नया विज्ञापन आया था और उसके लिए मैंने आवेदन किया था। कुछ माह के बाद मुझे साक्षात्कार के लिए बुलाया गया था, तब मैं कुर्वे हाईस्कूल में नौकरी पर लग चुका था। सरकारी नौकरी मिलने की आशा कब की बुझ चुकी थी, पर साक्षात्कार के लिए गया था। पूछे गए प्रश्नों के भी उड़ते हुए उत्तर ही दिए थे। आवेदन-पत्र में पहले पब्लिक सर्विस कमीशन में अरजी की थी। इस बात का उल्लेख किया था। उसे पढ़कर एक सदस्य ने पूछा, "उसका क्या हुआ?" मैंने कहा, "पुन: आपके यहाँ आया हूँ न?" एकदम से अनेक आँखें मुझपर गड़ गईं, मैं निर्विकार था, निश्चिंत था कि मुझे यह सरकारी नौकरी मिलने वाली ही नहीं है। यह साक्षात्कार गांधीजी

मेरे पिताजी
कै. गोविंद तुकाराम उपाख्य आबाजी वैद्य
(सन् 1893 - 1953)

सन् 1957 में मैं और पत्नी सुनंदा

सन् 2009 में मैं और पत्नी सुनंदा

पुराना भारतीय जनसंघ

कुरसी पर बैठे हुए बाएँ से क्रमांक (3) झम्मटमल वाधवानी, (4) भाऊसाहब बडिये, (5) मा.गो. वैद्य, (6) उत्तमराव पाटील, (7) मोतीरामजी लहाने, (9) भास्करराव निनावे। खड़े हुए अंतिम पंक्ति में बाएँ से अंतिम : रामभाऊ गोडबोले

'पं. बच्छराजजी व्यास : व्यक्ति व कार्य' पुस्तक का विमोचन करते हुए सरसंघचालक मोहनजी भागवत।
साथ में हैं बाएँ से संजय भेंडे, कुमार शास्त्री, बनवारीलाल पुरोहित, मामासाहब घुमरे, श्रीमती व्यास व गिरीश व्यास।

'राष्ट्रीयत्वाच्या संदर्भात : हिंदु, मुसलमान व ख्रिस्ती' पुस्तक के विमोचन समारोह में माजी सरसंघचालक कुप्प.सी. सुदर्शनजी। बाएँ से—प्रकाश एदलाबादकर, चंद्रकांत लाखे, मा.गो. वैद्य तथा नानक रामटेके

डॉ. श्यामाप्रसाद मुखर्जी शोध संस्थान द्वारा प्रदत्त 'बौद्धिक योद्धा' पुरस्कार सरकार्यवाह भैयाजी जोशी मा.गो. वैद्य के कर-कमलों से ग्रहण करते हुए। साथ में हैं—श्री लालकृष्ण आडवाणी तथा श्री राजनाथ सिंह

'बौद्धिक योद्धा' पुरस्कार समारोह में श्रीमती सुषमा स्वराज, श्री श्रीकांत जोशी तथा श्री बालासाहब आपटे।

कामगार नेता अॅड. श्री वा. धाबे सत्कार समारोह में भाषण करते हुए मा.गो. वैद्य

दैनिक 'स्वदेश', ग्वालियर द्वारा प्रदत्त 'राजमाता विजयाराजे सिंधिया' पुरस्कार ग्रहण करते हुए

मेरे जर्मन पत्र-मित्र श्री हर्मन युंग तथा श्रीमती युंग

कन्नड़ साप्ताहिक 'विक्रम' के संपादक श्री बी.एस.एन. मल्ल्या
मा.गो. वैद्य का सम्मान करते हुए।

सन् 2016 में संघ के नए गणवेश में।
साथ में हैं द्वितीय पुत्र डॉ. मनमोहन तथा पत्नी सुनंदा

की हत्या के पहले हुआ था और करीब सात महीनों के बाद नियुक्ति का आदेश मिला था। एक साथ दो लोगों को आदेश मिला था। एक थे डॉ. करंबेलकर और दूसरा मैं, डॉ.करंबेलकर को क्लियर वेकेंसी में लिया गया था, मुझे लीव वेकेंसी में। उस साल एन.सी.सी. के प्रशिक्षण के लिए 3-4 महीनों के लिए एक संस्कृत के प्राध्यापक गए थे। उनकी छुट्टियों के कालखंड में मुझे नौकरी मिली थी। डॉ. करंबेलकर, इससे पहले न्यू इंग्लिश हाईस्कूल में शिक्षक थे, केवल तीन साढ़े तीन महीने के लिए कायमी नौकरी छोड़नी चाहिए या नहीं, ऐसा प्रश्न मेरे मन में उठा, पर मॉरिस कॉलेज के साढ़े तीन महीने, यानी कुर्वे हाईस्कूल के दस महीने हो रहे थे, मैं स्कूल छोड़कर मॉरिस कॉलेज में उपस्थित हो गया।

हमें जिन्होंने पढ़ाया था, ऐसे प्राध्यापकों के साथ कुरसी-से-कुरसी लगाकर बैठने में शुरुआत में बड़ा संकोच हो रहा था, पर फिर उसकी आदत हो गई। डॉ. हरनारायण सिन्हा प्राचार्य थे। सौ.कुसुमावती देशपांडे, डॉ.भाऊसाहब कोलते, डॉ. हीरालाल जैन, प्रा. सोमलवार ऐसे मातब्बर लोग प्राध्यापक थे। एक प्रा.नायडू थे। उनका बड़ा ही दबदबा था। क्यों, यह मुझे नहीं पता, पर वे मुझसे बड़ा स्नेह करते थे। डॉ. हीरालाल जैन का मैं विद्यार्थी रहा हूँ। वे संस्कृत विभाग के प्रमुख थे। उन्होंने प्रथम वर्ग, चतुर्थ वर्ग और षष्ठ वर्ग के वर्ग मुझे दिए। मुझे बड़ा आश्चर्य हुआ। मैंने उनसे कहा भी, ''सर, इतने सीनियर वर्ग आप मुझे दे रहे हैं!'' वे बोले, ''मैं आपको पहचानता हूँ। आप इन वर्गों के साथ न्याय करेंगे, ऐसा मुझे विश्वास है।'' जरा अधिक बल मिला। सुप्रसिद्ध समाजवादी नेता वि. मा. सुभेदार एम. ए. के अंतिम वर्ग में मेरे विद्यार्थी थे।

मॉरिस कॉलेज के प्राध्यापकों की कैसी प्रतिष्ठा थी, इसका एक उदाहरण देता हूँ। हाल में महाराष्ट्र साहित्य संस्कृति मंडल के अध्यक्ष पद पर आसीन डॉ.मधुकर आष्टीकर उस साल बी.ए. की परीक्षा में उत्तीर्ण हुए थे। संस्कृत और मराठी इन दो विषयों में उन्हें सर्वाधिक अंक प्राप्त हुए थे, परंतु उन विषयों में उत्कृष्टता के लिए रखे गए पुरस्कार उन्हें नहीं दिए गए, क्योंकि वे पास क्लास में उत्तीर्ण हुए थे। उसका कारण यह था कि अंग्रेजी विषय में उन्हें 33 प्रतिशत से 1-2 अंक कम मिले थे। आवश्यक अंग्रेजी, ऐसा यह विषय था। इसके दो प्रश्न-पत्र रहते थे। पहला प्रश्न-पत्र निबंध का रहता, तीन घंटों में एक दीर्घ निबंध लिखना होता। इस विषय में उन्हें बहुत ही कम अंक मिले थे, इस कारण दूसरे प्रश्न-पत्र के 50 प्रतिशत मिलाकर भी 33 प्रतिशत भी नहीं हुए। अनुग्रह-अंक (ग्रेस मार्क्स) देकर उन्हें उत्तीर्ण किया गया इस पेपर के परीक्षक थे प्रो. चोरड़िया, वे अत्यंत लहरी

स्वभाव के थे। उनके लहरी स्वभाव के कारण ही एक अच्छे विद्यार्थी का नुकसान हुआ है, ऐसी भावना सभी प्राध्यापकों में थी। सौ. कुसुमावती देशपांडे ने इसकी तह तक जाने का निश्चय किया। प्राचार्य सिन्हा के मारफत कुलगुरु कुंजीलाल दुबे से संपर्क किया गया। उन्होंने प्रश्न-पत्र देखने की आज्ञा दी। सौ.कुसुमावती देशपांडे ने वह निबंध पढ़ा, प्रश्न-पत्र में विषय कुछ था और आष्टीकर ने किसी और ही विषय पर निबंध लिखा था। सौ. देशपांडे ने स्टॉफ रूम में आकर कहा, "मैं होती तो शून्य ही देती, एक छोटी सी गलती के लिए आष्टीकर के अनेक पुरस्कार हाथ से गए।"

जुलाई में लगी हुई यह नौकरी अक्तूबर में समाप्त हो गई। पैसों की ऐसी कमी नहीं थी, पर विवाह हो चुका था। इसका अर्थ एक जिम्मेदारी आ गई थी। संघ पर प्रतिबंध लगा दिया गया था, सत्याग्रह की तैयारी की आहट लग रही थी। न्यू इंग्लिश हाईस्कूल में नौकरी कर रहे तीन शिक्षकों को बावाजी सलोडकर, भैयाजी आमटे और शामराव देवतले, इन सबको नौकरी पर से निकाल दिया गया। भैयाजी आमटे से मेरी घनिष्ठ मित्रता थी। वे हमारे शाखा के कार्यवाह भी थे। वे बोले, "बावाजी सलोड़कर को नौकरी पर से निकाल दिए जाने के कारण संस्कृत विषय के शिक्षक की जगह खाली हो गई है, तुम मुख्याध्यापक से मिल लो।" श्री जे.एम.देशपांडे मुख्याध्यापक थे। उनसे भेंट की। उन्होंने पूछा, "आवेदन लाए हो?" मैंने कहा, "नहीं, केवल पूछताछ के लिए आया था।" उन्होंने सामने कागज धर दिया। उस पर आवेदन लिख दिया। नौकरी का आदेश मिल गया, 100 रुपए प्रतिमाह वेतन। यह नौकरी केवल 10 दिन तक रही, क्योंकि इन तीनों शिक्षकों को वापस काम पर ले लिया गया था। हेडमास्टर श्री देशपांडे ने स्कूल खुलते ही मुझे बुलावा भेजा। वे बोले, "अब हमें आपकी जरूरत नहीं है, आप दस दिन का वेतन ले लीजिए और यहाँ से जाइए।" मैंने कहा, "आप वह रकम स्कूल को दान दे दीजिए।" देशपांडे वैसे शांत स्वभाव के पर वे मेरे इस उत्तर से नाराज हो गए हैं, ऐसा लगा, उन्होंने जरा ऊँची आवाज में पूछा, "इसका क्या मतलब है?" मैंने शांतिपूर्ण ढंग से कहा, "कम-से-कम एक महीने का वेतन तो दीजिए।"

उन्होंने कहा, "आपको पूरा महीना नौकरी करनी पड़ेगी।"

मैंने कहा, "मैं सालभर नौकरी करने के लिए आया हूँ।" उन्होंने कहा, "ठीक है, ठीक है, आप वर्ग में जाइए, फिर रिसेस में एक महीने का वेतन देकर मुझे चलता कर दिया।"

सत्याग्रह का पर्व

9 दिसंबर, 1948 के दिन संघ का सत्याग्रह शुरू हुआ। मुझे सत्याग्रह में शामिल न होकर, बाहर रहकर काम करना है, ऐसी योजना बनी। उस समय मेरे ऊपर संती, गरुड़ और महावीर ऐसे इतवारी भाग की तीन शाखाओं की जिम्मेदारी थी।

संघ पर प्रतिबंध के काल में भी मैं वह निभा रहा था। मॉरिस कॉलेज के लिए सिलवाया हुआ सूट, नेकटाईवाली वह पोशाक इस समय बहुत काम में आई। इस पोशाक में मुझे कोई रोकता नहीं था, क्योंकि किसी को भी मुझ पर संदेह ही नहीं होता था। बुलेटिंस से भरा थैला साइकिल पर टाँगकर निर्भयता से घूमता था। भूमिगत संघ के अधिकारियों के निवासस्थान पर जाना भी आसान हो जाता। जनवरी में मैंने सत्याग्रह किया और उस समय मेरी नौकरी न होने के कारण और प्राइवेट रूप से एम.ए. के लिए फॉर्म भरा होने के कारण, विद्यार्थी होने के नाते मुझे औरों से कम सजा मिली थी। जनवरी 17 को संघ पर से प्रतिबंध हटा दिया गया था। उसके बाद तुरंत विद्यार्थियों को छोड़ देने के आदेश निकलने लगे थे। मैं भी छूट गया। 'तरुण भारत' के दीपावली अंक में हिस्लौप कॉलेज के दिन यह लेख मैंने लिखा है। उसमें हिस्लौप में मुझे कैसे नौकरी मिली, इस बात का विस्तारपूर्वक वर्णन किया गया है। 9 फरवरी, 1949 में हिस्लौप के संस्कृत के प्राध्यापक श्री बापट का निधन हो गया। प्राचार्य किसी की प्रतीक्षा कर रहे थे। मैं पूछताछ करने के लिए पहुँचा और नौकरी पर लग गया। 21 फरवरी से 31 मार्च तक यह नौकरी थी, वेतन 115 रुपए और 30 रुपए महँगाई भत्ता। आखिरी दिन डॉ. मोज़ेज़ से शिष्टाचार निभाने के लिए मिलने के लिए गया तो वे बोले, ''हम विज्ञापन देंगे, आप फिर से आवेदन कर सकते हैं।'' उसी प्रकार फिर मई के महीने में विज्ञापन निकला। मैंने फिर आवेदन किया। किसी को भी साक्षात्कार के लिए बुलाया ही नहीं गया, सीधे नियुक्ति का आदेश ही मिल गया।

अब 60 वर्ष पूर्ण होने तक यहीं नौकरी करूँगा, ऐसा मैंने अपने मन में सोचा था। सरकारी नौकरी में जाना ही नहीं था, विद्यापीठ के पदव्युत्तर विभाग में जाने का मन में था। मैंने डॉ. मोज़ेज़ से ही पूछ लिया। उन्होंने कहा, ''यहीं रहो।'' मुझे भी अपने संघ और जनसंघ के काम के लिए हिस्लौप और खासतौर पर डॉ. मोज़ेज़ बहुत ही अनुकूल थे। 17 साल यहाँ नौकरी की और 17 साल कर सकता था, उसमें ऐसा कोई व्यवधान या अड़चन नहीं थी। कॉलेज में मुझे भी एक विशिष्ट स्थान प्राप्त था। कॉलेज के नियामक मंडल में सर्वाधिक मतों से प्राध्यापकों के प्रतिनिधि के रूप

में दो बार चुना गया था, विद्यापीठ में सीनेट का दो बार प्रतिनिधि था, यूनिवर्सिटी टीचर्स क्लब का, आरपार के चुनाव में अध्यक्ष के तौर पर चुना गया था, प्राचार्य का विश्वास भी प्राप्त किया था, पर नियति के मन में कुछ और ही था।

'तरुण भारत' के शिखर पर

एक दिन श्री बालासाहब देवरस का संदेश आया। वे उस समय श्री नरकेसरी प्रकाशन के अध्यक्ष थे। 'तरुण भारत' में संपादक के तौर पर आने के लिए उनकी सूचना थी। हिस्लौप में कितना वेतन मिलता है, यह उन्होंने पूछा। मेरं वेतन बताते ही वे बोले, ''इतना वेतन तो हम भाऊ साहब माडखोलकर और भैया साहब खांडवेकर (उस समय के प्रबंध संचालक) को भी नहीं देते।'' मैंने कहा, ''सवाल वेतन का नहीं है, परंतु मैं लिखना नहीं जानता, मैंने करीब 18-19 साल पढ़ाया है, पर लिखा तो करीब-करीब नहीं के बराबर। मैं यह काम किस तरह कर पाऊँगा?''

अच्छी तरह नहीं लिख पाए, तब भी चलेगा, सबको साथ लेकर चल सके, ऐसे व्यक्ति की हमें तलाश है। आप यह काम कर सकेंगे, ऐसा लगता है। वेतन के बारे में मैं बाद में बताऊँगा। दो दिन के बाद ही पुनः बुलावा आया, वेतन भी बताया। हिस्लौप कॉलेज में मिलनेवाले वेतन से दो सौ रुपए कम मिलनेवाला था। मैंने तुरंत हामी भर दी। संघ के इतने बड़े अधिकारी अगर कह रहे हैं, तो मना क्यों करना? इन बीते दो दिनों में ऐसा युक्तिवाद अपने मन के साथ करके मैंने एक तरह से निश्चित कर लिया था। गरमी की छुट्टियों में संघ शिक्षा वर्ग के समाप्ति के लिए सदा की तरह प.पू. गुरुजी नागपुर आए थे। तभी उन्हें मिलने के लिए मेरे गाँव में संदेश आया। मिलते ही पहला प्रश्न उन्होंने यही किया कि इतने कम वेतन में आपका निबाह कैसे होगा? उन्हें मेरे परिवार के विस्तार की पूरी जानकारी थी। मैंने कहा, ''इतने वेतन में संसार चलानेवाले अनेक परिवार से मैं परिचित हूँ। उनकी तरह हमें भी रहना आ जाएगा।'' पर मेरी तकलीफ दूसरी है, मुझे लिखना नहीं आता। गुरुजी ने बड़े ही आश्वासक स्वर में कहा, ''अभ्यास से आ जाएगा।'' मैं उसे आशीर्वाद समझकर अपने निश्चय पर, अपने निर्णय पर अडिग रहा।

'तरुण भारत' में नौकरी स्वीकार करने के पीछे एक पृष्ठभूमि थी। सन् 1961 से जनसंघ के नागपुर शहर और नागपुर जिला शाखा के संगठन मंत्री का काम मैं करता था। रामभाऊ गोडबोले उस समय महाराष्ट्र जनसंघ के संगठन मंत्री थे। संघ के प्रचारक थे, संपूर्ण विदर्भ के लिए किसी पूर्णकालिक कार्यकर्ता की आवश्यकता है, ऐसा उन्हें महसूस हुआ। वैसे बबनराव देशपांडे तो थे ही, पर और एक की

आवश्यकता थी और मुझे भी यह महसूस हो रहा था। उन्होंने मुझे हिस्लौप की नौकरी छोड़कर विधान परिषद् का सदस्य बनकर पूर्णकाल जनसंघ का काम करना चाहिए, ऐसा सुझाव दिया। मैंने इसे मान्य कर लिया। विधायक का वेतन उस समय बहुत अधिक नहीं होता था, परंतु खेती की ओर थोड़ा ध्यान देकर मैं उस कमी को पूरा कर पाऊँगा, ऐसा मुझे लगा। एक मजेदार विचार भी मन में आ गया कि हिस्लौप में 17 वर्ष नौकरी की। यह मालिक मुझे बहुत काल तक प्राप्त हुआ, ये मेरे स्वभाव के अनुरूप तो नहीं है। अब इस मालिक से छुटकारा मिलना चाहिए। फिर उसी प्रकार ऊपर तक बात गई मोरोपंत पिंगले महाराष्ट्र प्रांत के प्रचारक थे, सन् 1965 के दिसंबर के शीत शिविर में उन्होंने मुझसे बातचीत की और मेरे निर्णय को परखकर देख लिया। पं. बच्छराजजी व्यास की जगह सन् 1966 के जून माह में रिक्ति होनेवाली थी। उस समय वे जनसंघ के अखिल भारतीय अध्यक्ष थे। उस पद के लिए विदर्भ पदवीधर मतदार संघ में से चुनाव के लिए खड़ा होना, ऐसा तय हुआ, परंतु बाद में अप्रैल में ऐसा तय हुआ कि बच्छराजजी ही पुन: इस चुनाव को लड़ना चाहिए, अर्थात् मेरा नाम निकल गया। यह सारा इतिहास बालासाहब देवरसजी को मालूम था। उन्होंने पहली ही मुलाकात में पूछा था, "मैंने सुना है कि आप हिस्लौप की नौकरी छोड़ने के लिए तैयार हैं?" मैंने कहा, "ऐसी रामभाऊ गोडबोले ने सूचना दी थी और मोरोपंत ने भी इस बारे में बातचीत की थी।" मैंने हामी भर दी थी।

यह पहले ही निश्चित कर लेने के बाद उन्होंने ही मुझे भाऊसाहब माडखोलकर से मुलाकात करने को कहा। मैंने भाऊसाहब से उनके धंतौली स्थित बँगले पर मुलाकात की। यह मेरी और उनकी पहली ही मुलाकात थी। जनसंघ की खबरों के संदर्भ में मैं 'तरुण भारत' की कचहरी में जाता रहता, पर दिगंबर राव घुमरे और तात्या साहब करकरे इन्हें लाँघकर उस पार जाने का कभी काम नहीं पड़ा था। भाऊसाहब को मैंने अनेक बार देखा था, पर प्रत्यक्ष बातचीत कभी नहीं हुई थी। मुझे भी वे नहीं पहचानते थे। हमारी यह पहली मुलाकात डेढ़ घंटे तक चली। उन्हें लगा कि मैं इतिहास का प्राध्यापक हूँ, मैं संस्कृत का प्राध्यापक हूँ, यह जानने के बाद उन्हें हर्ष हुआ। उनका शुरू में बोलना मुझे आज भी स्मरण में है। वही अधिक बोल रहे थे, मैं केवल प्रश्नों के उत्तर दे रहा था।

हमारे आज के संपादक वर्ग में संपादक पद की बागडोर सँभालनेवाला जवान संपादक कोई भी नहीं है, वृद्ध लोग बहुत हैं—तात्यासाहब करकरे, बाबूराव उलाभाजे, गोविंदराव गोखले, आबासाहब गोलेगाँवकर, ये सभी अपनी उम्र के

साठ वर्ष पार कर चुके हैं। इसलिए मैंने बालासाहब से कहा कि किसी दूसरे को संपादक के तौर पर भेजिए। बालशास्त्री हरदास, श्री. भा. वर्णेकर, इन सबके नाम मेरे सामने आए, पर मुझे उनसे भी अधिक युवा संपादक पसंद था। यहाँ उन्होंने अपनी खास शैली में हर एक का मूल्यांकन भी मुझे सुनाया। 'तरुण भारत' की सेवा में रहनेवाले और संभाव्य व्यक्ति को भी यह सब बताना इतना आवश्यक भी नहीं और योग्य भी नहीं। इसके बाद उन्होंने मुझसे मैंने क्या-क्या पढ़ा है, इस बारे में पूछा, गीता रहस्य पढ़ा है क्या ? यह भी पूछा, मैंने हाँ कहा। महात्मा गांधी और विनोबा भावे के बारे में मेरा अपना मत पूछा। मेरे उत्तर देने से पहले ही अपना मत बताया। मेरे नाम से आए हुए किसी भी पत्र के ऊपर 'प्राइवेट' ऐसा लिखा होगा तब भी खोलकर पढ़ो, ऐसा भी कहा। मैं मद्यपान करता हूँ, पर सोमवार को नहीं, मांसाहार नहीं करता, ऐसा भी खुलकर बताया। यह सुनकर मुझे भी आश्चर्य ही हुआ। मद्यपान करते हैं, यह सुनकर आश्चर्य नहीं हुआ, पर खुलकर बता रहे थे। इस बात का आश्चर्य हुआ। मुझसे भी वे बोले, "आप भी बिल्कुल खुलकर, किसी भी तरह का परदा न रखते हुए, बिल्कुल निर्वस्त्र होकर आइए।" दुर्योधन ने गांधारी के सामने जाते वक्त एक छोटा सा अधोवस्त्र परिधान किया था। उसके शरीर का वही भाग दुर्बल रह गया और उस पर आघात होते ही उसकी मृत्यु हो गई। ऐसा बहुत कुछ सुनकर मैं उठा। एक तरह से मैं डर ही गया था। दिल बुरी तरह से धड़क रहा था। भाउसाहब ने जितना पूछा था, उसमें से बहुत थोड़ा सा मैंने पढ़ा था, इस बात का एहसास हुआ। लिखा तो कुछ भी नहीं था। किसी महान् लेखक की शागिर्दी भी नहीं की थी। यह किस तरह कर पाऊँगा मैं ? इस तरह की आशंका के काले बादल धंतौली से लेकर प्रोफेसर्स कॉलोनी तक आते वक्त मन पर छाए हुए थे, परंतु अब पीछे मुड़ना संभव नहीं था। वापसी की डोर खुद ही काट चुका था। हिस्लौप में इस्तीफा दे चुका था। उम्र के 43 वर्ष पार कर लेने के बाद अच्छे खासे वेतनवाली, आरामदायक नौकरी छोड़कर अनिश्चित भविष्य के अँधेरे में कूद पड़ने के लिए मैं तैयार हो चुका था। कुछ आत्मीय लोग यह कहने से भी नहीं चूके कि यह पागलपन है।

परंतु अब वापस जाने का कोई सवाल ही पैदा नहीं होता था। बालासाहब को हामी भरते वक्त मैंने किसी की सलाह नहीं ली थी और सलाह लेता भी किससे ? घर में सबसे बड़ा मैं ही था, बाकी के लोग ही मेरी सलाह लेते, पर प.पू.गुरुजी के आश्वासक शब्द अंत:करण में पक्के तौर पर ठस चुके थे। अभ्यास से सबकुछ हो जाएगा। मैंने भी निश्चय कर लिया कि अभ्यास करना ही है, परिश्रम में कोई कोताही

नहीं करूँगा। पत्नी से कह दिया कि अब हमें जरा काट-कसर करनी पड़ेगी, बाई छुड़वानी होगी, लड़की को हिस्लौप कॉलेज से निकालकर घर में ही पढ़ाएँगे, दूध की मात्रा कम करेंगे, उसने सबकुछ मान्य कर लिया जैसे कि हम बहुत ऐशोआराम से रह रहे थे और अब वे ऐशोआराम छोड़ रहे थे, पर कुछ तो बोलना ही होगा न? लड़की का नाम हिस्लौप कॉलेज में से चाहे निकाल लें, पर उसे केवल घर में ही नहीं पढ़ाना है, उसी वर्ष प्रा. गो.मा.कुलकर्णी बिन्झानी महाविद्यालय के प्राचार्य हो गए थे। हमारे पड़ोसी थे। वहाँ, लड़की को उसके अंकों के आधार पर कॉलेज के फीस जितनी शिष्यवृत्ति मिल गई और वह नियमित विद्यार्थिनी की तरह पढ़ने लगी, प्राचार्य कुलकर्णी के अनुग्रह के कारण ही यह संभव हो सका।

11 जुलाई, 1966 के दिन 'तरुण भारत' की कचहरी में दाखिल हुआ। प्रबंध संचालक श्री भैया साहब खांडवेकर से मिला। उन्होंने कहा कि एक औपचारिक आवेदन देकर रखें। उनके सामने ही आवेदन लिखा, सायंकाल नियुक्ति का आदेश मिल गया। 375 रुपए वेतन और 75 रुपए महँगाई भत्ता।

इस तरह से प्रा. मा.गो. वैद्य, 'तरुण भारत' के सहसंपादक बन गए, यह सातवाँ मालिक सर्वाधिक काल तक रहा। संपादकी के कार्यकाल में दो वर्षों तक प्रबंध संचालक भी रहा और आगे चलकर कुछ वर्षों तक अध्यक्ष, यानी एक तरह से मालिक भी बन गया! तरुण भारत से बने इस प्रदीर्घ संबंध के अनुभव इतने भिन्न-भिन्न, इतने व्यामिश्र, इतने आपातकाल के, इतने संयम और कष्टों की परीक्षा लेनेवाले थे कि जिनके कारण मेरा जीवन बहुत समृद्ध और संपन्न हुआ। 'तरुण भारत' का ऋण भुला देना असंभव है।

('तरुण भारत', दीपावली अंक 1997)

❐

8

मेरी मूर्खता की कथाएँ

मुझे लगता है कि मैं एक जन्मजात मूर्ख हूँ। मैं, यानी माधव गोविंद वैद्य। मुझे मालूम है कि कुछ लोगों को यह मान्य नहीं होगा, कुछ लोगों को अच्छा नहीं लगेगा, क्योंकि यह तो नियम ही है न, अप्रियस्य च पथ्यस्य वक्ता श्रोता च दुर्लभ। उनके लिए मैं कुछ छूट देने के लिए तैयार हूँ। मैं कहूँगा कि मैं अभिजात मूर्ख हूँ। जन्मजात कहिए, या अभिजात, मेरा कुछ नहीं जाता। मुझे अपने बचपन की एक बात याद आ रही है। वह झूठी है, ऐसा कोई नहीं कह सकेगा, क्योंकि मुझसे दो-साल बड़ी बहन जीवित है। वह इस बात की सत्यता की गवाही दिए बगैर नहीं रहेगी। मैं बड़ा ही लाड़ला पुत्र था उसका। एक कारण यह था कि मैं चार बहनों के बाद आया उनका भाई था। और दूसरा कारण यह था कि पुत्र जन्म का असीम आनंद मनाया जाए, ऐसी उस वक्त की वैद्य घराने की परिस्थिति थी। तीन सगे भाई और उनके चचेरे भाई मिलाकर चार भाई। ऐसे मेरे इन चारों दादाजी को एक ही पुत्र था। वह पुत्र, यानी मेरे पिताजी गोविंदराव। उन्हें उनके पिताजी और चाचा आबा कहकर पुकारते। उनसे उम्र में छोटे लोग उन्हें आबाजी कहकर पुकारते। मेरी माँ का ससुराल का नाम यमुना था और पीहर का सुभद्रा। चार लड़कियों के बाद लड़का मतलब पुत्ररत्न ही। मुझे कितने लाड़ लड़ाए जाते, इसकी कथा तो मैं आपसे क्या कहूँ? मेरे नामकरण के वक्त हिंगनघाट से दो नाचनेवालियों को बुलाकर उनका नृत्य हमारे आँगन में आयोजित किया गया था। मैंने इसका लिखित सबूत देखा है। हमारे पिताजी की डायरी में इस नृत्य के लिए 16 रु. का खर्च लिखा था। हँसिए मत, उस समय के सोलह रुपए में आज का दो क्विंटल कपास होता है और कम-से-कम 7-8 ग्राम सोना मिलता था।

मुझे तो याद नहीं आता, पर मेरी बड़ी बहन आज भी बता सकती है कि

मुझे बैठने के लिए बड़ा पीढ़ा चाहिए होता था, खाना खाने के लिए बड़ी थाली ही चाहिए, ऐसा मेरा हठ होता और माँ को वह हठ पूरा करना पड़ता था, क्योंकि दादाजी की पंगत में ही मेरा खाना होता। उनके सामने मुझपर हाथ उठाने की किसी की हिम्मत नहीं थी। यह भी एक बार समझ सकनेवाली बात है, पर रसोईघर में से बरतन में निकालकर लाया गया सारा अन्न मेरी ही थाली में परोसा जाना चाहिए, ऐसी मेरी जिद होती और माँ को उसे भी पूरा करना पड़ता। 'पाकगृह' (रसोईघर के लिए मराठी में हम रांधणी कहते थे। उस वक्त वह शब्द जरा गंवार जैसा लगता। अब लगता है कितना सुंदर शब्द है यह। किचन से तो हजार गुना अच्छा अर्थपूर्ण।) वे केवल मेरे लिए पदार्थ परोसकर लातीं और मेरी थाली में सारा बरतन खाली करके फिर सबको परोसने के लिए फिर बरतन भरकर लाने के लिए रसोईघर का एक और चक्कर लगातीं।

जिकिन में रखे छल्ले

इस तरह से लाड़-प्यार से पला-बढ़ा मैं, जिसका प्यार से बुलाने का नाम था बाबू। बाबू, बेबी यह उस वक्त के बड़े आधुनिक नाम हुआ करते थे। बापू, अप्पा, आबा, ये सारे पुराने नाम थे, बाबू आधुनिक। इस बाबू के लिए उँगलियों में पहनने के लिए सोने के छल्ले बनवाकर दिए गए, छल्लों के स्वरूप का वर्णन मैं नहीं कर पाऊँगा, अँगूठी जैसा उँगली में पहनने का अलंकार था वह, पर उसकी आकृति और रूप भिन्न था। दीपावली के दिनों में मेरी उँगलियों में वे छल्ले अनेक वर्षों तक थे, पर जो बात मैं बताने जा रहा हूँ, वह उस वक्त की है, जब मेरी उम्र केवल 3-4 साल की रही होगी। मुझे वह याद है। मेरी बड़ी बहन को भी वह याद है। यहाँ मैं आपकी शब्द संपदा बढ़ानेवाला हूँ। एक नया शब्द बताने जा रहा हूँ 'रांधणी' जैसा 'रांधणी' शब्द की उत्पत्ति मैं अब बता सकता हूँ, पर इस शब्द की नहीं, वह शब्द है 'जिकिन'। 'जिकिन' का मतलब गुप्त स्थान, रहस्यमय स्थान। मैंने वे सोने के चमकीले पीले छल्ले एक छोटे से कटोरे में रख दिए और कटोरा ढोली के पावठे में छुपा दिया। अब आ गई न मुश्किल? मेरी माँ की नहीं, आप सब पाठकों की ढोली, यानी क्या? पावठा, यानी क्या? ये शब्द आपको शब्द-कोष में भी देखने को मिलते है क्या? ढोली का मतलब है अरहर के पौधों के सूखे हुए अवशेषों को मिट्टी से लीप-पोतकर बनाए गए बड़े-बड़े ड्रम, इन ड्रमों का उपयोग अनाज भरने के लिए किया जाता। ड्रम आप जरूर समझ पाएँगे। ये ढोलियाँ स्थिर रहतीं। दोनों ओर पत्थर रखकर उस पर ये बनाए जाते। इनमें आज की परिभाषा में करीब

18–20 क्विंटल अनाज समा सकता था। इन दो पत्थरों के बीच की जगह करीब दो-फुट की रहती। इस जगह को पावठा कहा जाता। मैं इधर-उधर से खेलकर वापस घर आया। माँ ने पूछा, ''बाबू, छल्ले कहाँ हैं ?'' मेरा उत्तर था, ''जिकिन में रखे हैं।'' मुझे दिखा वह जिकिन, माँ जिकिन में रखे हैं, किसी को नहीं दिखाऊँगा।

माँ ने कई बार कई तरह से समझाया, डाँटकर देखा, पर मैं टस-से-मस नहीं हुआ। जिकिन भी नहीं दिखाई। मेरी माँ को पक्का विश्वास हो गया कि किसी ने मेरी उँगलियों से वे छल्ले निकाल लिये हैं। वे अपनी चाची सास के पास गईं आँगन एक ही था, पर घर दो, अपनी इस दादी को हम माय कहते थे। आँगन के इस तरफ हम सब काले 4–5 सौ बरसों के पहले तेलंग से आए हुओं की निशानी लिये हुए। माय गोरी और सुंदर, हाथ में हमेशा सोने के कड़े और चूड़ियाँ पहने हुए। उसने भी मुझसे वही प्रश्न पूछा। मेरा भी वही उत्तर, जिकिन में रखे हैं। माय ने माँ को वापस घर जाने के लिए कहा। मैं और माय उनके झूले पर बैठ गए, वह मुझसे कहने लगी, बाबू, मेरा यह सोने का कड़ा भी जिकिन में रख दे और किसी को भी बताना मत, अच्छी तरह से छिपाकर रख दे और उसने अपने हाथ से सोने का कड़ा निकालकर दे दिया। मुझे कितना आनंद हुआ होगा, इसकी कल्पना कौन कर सकता है ? मेरी जिकिन के खजाने में कितनी मूल्यवान वस्तु रखी जानेवाली थी। मैंने वह कड़ा ले लिया और अपने कदम बढ़ा दिए ढोली के पावठे की ओर। माय दूर से देख रही थी। मिट्टी के ढेर के नीचे छुपाया हुआ कटोरा निकाल रहा था, तब चुपके से माय आकर पीछे खड़ी हो गई थी। उसने लपककर कटोरा हाथ में से ले लिया अपना कड़ा भी झटककर ले लिया, और मेरी माँ के पास आकर बोली, ''यह लो छल्ले।'' मैं उस समय दहाड़ मारकर रोया था या नहीं वह याद नहीं आ रहा। ऐसी बातें कहाँ याद रहती हैं ? इसलिए आप इसके लिए मुझे दोष देंगे, ऐसा मुझे नहीं लगता।

बाघ के घर बकरी

ऐसे मेरे दिन बीत रहे थे। फिर छठे वर्ष से पाठशाला शुरू हुई। मास्टरजी तो क्या मारते ? मारोत राव उरकांदे मास्टरजी हमारे ही घर में एक कमरे में रहते थे। पहली और दूसरी कक्षा के यही मास्टरजी थे। हमारी पाठशाला में चार वर्ग थे, पर शिक्षक केवल दो। उरकांदे मास्टर पहली और दूसरी कक्षा और दूसरे मास्टरजी तीसरी और चौथी कक्षा लेते थे। ये ही हेड मास्टर भी थे। सच पूछो तो मैं कक्षा चार तक तरोड़ा (हमारा गाँव वर्धा ज़िले के हिंगनघाट तालुके में स्थित) में ही पढ़ना

चाहता था। वह स्वाभाविक भी था। पर बीच में ही एक अकल्पनीय घटना घट गई। पिताजी के एक मौसेरे भाई थे। जिनका नाम था, अंबादास पंत। पंत उनका उपनाम था। ये दोनों मौसेरे भाई अपने-अपने माँ-बाप के इकलौते पुत्र थे, न कोई दूसरा भाई या बहन और पंत हमारे ही हिंगनघाट तालुके के ही पिंपरी गाँव के रहनेवाले थे। उनके पिताजी घटाटे सावकार के बाड़े में नागपुर में मुनीम थे। अंबादासजी भी नागपुर में ही एक मारवाड़ी के यहाँ मुनीम थे। इसलिए पिंपरी में स्थित उनकी खेती पर, वह गाँव हमारे गाँव से करीब 32 कि.मी. की दूरी पर होने के बावजूद मेरे पिताजी ही ध्यान देते थे।

अंबादासजी को हम लोग दाजी कहते थे। आबाजी और दाजी मौसेरे भाई होने के बावजूद बिल्कुल सगे भाइयों की तरह थे। सभी महत्त्वपूर्ण प्रसंगों पर एक-दूसरे की सलाह लेते थे। दाजी को कोई संतान नहीं थी, उनका आग्रह था कि बाबू को हमारे पास रख दें, वह हमारे पास रहकर पढ़ेगा। हमारे दादाजी के जीवित रहते यह संभव नहीं था। इसका मुख्य कारण था पंत घराना। इस घराने के सारे पुरुष जरा खब्ती (विक्षिप्त) और बहुत क्रोधी हैं, ऐसी उनकी कीर्ति फैली थी। उनकी विक्षिप्त कथाओं का बहुत सा संग्रह मेरे पास है, पर वह विषय यहाँ प्रस्तुत नहीं है। सन् 1931 में गरमी में हमारे दादाजी का निधन हो गया और मेरा नागपुर जाना निश्चित हो गया। मेरी माँ भी तैयार हो गई थी। इस बात का आज आश्चर्य होता है। पड़ोस में रहते चचेरे दादाजी ने माँ से कहा भी था कि बहू, लड़का भारी हो गया क्या? बाघ के घर बकरी को भेज दिया।

पाँच के सात

सन् 1931 में जुलाई के महीने में मैंने नागपुर के आदितवार दरवाजा प्राइमरी शाला के चौथी कक्षा में प्रवेश लिया। यहाँ का वातावरण अलग था, भाषा भी भिन्न थी। मेरा गँवारपन हर जगह अड़चनें पैदा कर रहा था, मेरे मुँह से गाँव की बोली में प्रयोग होनेवाले शब्द आदतन निकलते, जिसके लिए घर में चाची और बाहर मेरे साथ पढ़नेवाले बच्चे चिढ़ाते रहते। मुझे इस बात से इतनी तकलीफ नहीं होती थी, जितनी चाचा के उस आग्रह के कारण होती कि मुझे हमेशा पूरे-के-पूरे अंक मिलने चाहिए। छड़ी लागे छमछम…वाले सिद्धांत पर चाचाजी की अटूट श्रद्धा थी। उनके पास छड़ी नहीं होती थी, उनके हाथ का पंजा ही उनका शस्त्र हुआ करता था और उनके करकमल और हमारे कपोल इनकी आपस में बारंबार टक्कर होती रहती, करीब-करीब रोज ही। तरोड़ा से यह एकदम उलटा अनुभव था, तरोड़ा में

मैं राजा था, नौकर बिस्तर बिछाता, वही उठाता, नहाने के लिए बड़ी बहनों में से कोई पानी निकाल देता था। नाश्ते में रात की बची रोटी, जौ की तीखी मीठी चटनी और ऊपर से जौ का तेल मिलता था, फिर दादाजी की पंगत में दोपहर करीब दो बजे दाल, भात, सब्जी रोटी, ऐसा पूरा खाना बनता, पाठशाला में उसी वक्त खाने की छुट्टी मिलती।

खाना खाकर पाठशाला में वापस जाने में थोड़ी देर भी हो जाए तो डाँट या सजा नहीं मिलती थी, पर यहाँ स्कूल में तो नहीं, घर में हमेशा ही सजा मिलती रहती, ऊपर से सभी के बिस्तर उठाना, नहाने का पानी गरम करने के लिए चूल्हा जलाना और नल से पानी भरना तो मेरे रोज के काम हो गए थे। नल से पानी भरने में मजा आता। रस्सी और बालटी के बिना पानी! मजा! तरोड़ा की पाठशाला में साल भर में एक बार परीक्षा हुआ करती और यहाँ नागपुर की पाठशाला में हर सप्ताह परीक्षा, हर शनिवार को होती थी यह परीक्षा। भाषा और भूगोल में जरा कम मार्क मिलने पर दाजी पंत को इतनी परेशानी नहीं होती थी, पर गणित में एक भी मार्क कम मिला तो फिर खैरियत नहीं होती थी। एक बार मुझे पंद्रह में से चौदह मार्क मिले थे, मैं वैसे खुश था। पर उत्तरपुस्तिका सोमवार के दिन दाजी के हाथ में दी और दाजी के करकमलों ने मेरे गालों का रंग ही बदल दिया। एक बार तो और भी मजा आया। साप्ताहिक परीक्षा के तीन उदाहरणों में से केवल एक ही ठीक निकला। पंद्रह में से पाँच मार्क ही मिले, पंद्रह में से चौदह मार्क मिलने पर भी मिलता था एक झन्नाटेदार थप्पड़। अब तो पाँच ही मिले थे तो कितने थप्पड़ पड़ेंगे, यह मन-ही-मन सोचने लगा। मूर्खत्व को चतुराई ने पदच्युत कर दिया। एक झटके में सोच लिया, एक झटके में जेब से रबर बाहर निकाली, पेपर पर पेंसिल से मार्क लिखे हुए थे, पाँच के नीचे की पूँछ मिटाकर उसे सात कर दिये। जरा आश्वस्त होकर घर चला गया। दाजी के पास पेपर लेकर गया, जरा दूर ही खड़ा रहा। पेपर पर लिखे अंक पढ़ते ही पहले वह जोर से गरजे, फिर अंदर खोलकर देखा तो अंक केवल पाँच मिले थे। मैंने, मूर्ख ने केवल ऊपर के मार्क बदले, अंदर के पन्ने पर के मार्क बदलने का नहीं सूझा। एक तरह से वह ठीक ही हुआ। एक ही उदाहरण ठीक था, बाकी के दोनों पर बड़े से अंडे बने हुए थे और फिर पीठ की जो ऐसी की तैसी हुई है कि पूछिए मत। आज सत्तर साल के बाद भी याद बिल्कुल ताजा है। इस मूर्खतापूर्ण हरकत के कारण एक बात मैं अवश्य सीख गया कि सजा के डर से कुछ खास उत्पन्न नहीं होता। उलटे झूठ का ही निर्माण होता है। उस दिन मेरी अच्छी-खासी मरम्मत करने के बाद दाजी ने कहा, ''तुम्हारी इस गलती के

लिए कल मैं स्कूल में आकर सबके सामने तेरी मरम्मत करूँगा।" उस रात मैं सो नहीं पाया, वापस तरोड़ा भागकर चले जाने की इच्छा हो रही थी। मेरे सौभाग्य से दाजी भूल गए कहो...या फिर कचहरी के काम आ जाने के कारण से, पता नहीं पर वे स्कूल नहीं आए। मेरी मूर्खता की बरात नहीं निकली।

दाजी वैसे उदार थे। पाँचवीं कक्षा में वार्षिक परीक्षा में सौ में सौ मार्क मिलने पर उन्होंने मेरे हाथों पेड़े मँगवाकर बाँटे, बाँटते हुए सबको बता रहे थे कि बाबू को परीक्षा में सेंट-पर्सेंट अंक प्राप्त हुए हैं। उन्हें पूरा विश्वास था कि वे रोज जो मार की मात्रा की खुराक मुझे देते थे, उसी की वजह से यह यश मुझे प्राप्त हुआ है। मराठी चौथी से लेकर सातवीं कक्षा तक हर रोज यह खुराक मुझे बराबर मिलती रही, रविवार को इसकी मात्रा अधिक होती थी इसलिए अगर बीच में एकाध-दो दिन अगर छूट भी जाता तो उसकी भरपाई हो जाती। आठवीं कक्षा में यह प्रमाण बहुत कम हो गया, क्योंकि उस वर्ष मेरी माँ का देहांत हो गया था। सबकी नजर में मेरे लिए सहानुभूति थी, नौवीं कक्षा के बाद मार का कोई प्रश्न ही नहीं था, क्योंकि दाजी आठवीं कक्षा फेल थे। उस वक्त हाईस्कूल एंट्रन्स नामक बोर्ड की परीक्षा हुआ करती थी, वह आठवीं कक्षा के बाद हुआ करती थी। वह पास कर लेने के बाद ही हाईस्कूल में, यानी नौवीं कक्षा में प्रवेश मिलता था। इस नौवीं कक्षा के ज्यामिति, प्रमेय, बीजगणित वगैरह से दाजी का पाला ही नहीं पड़ा था। मैं ग्यारहवीं कक्षा में था, तभी विषमज्वर की वजह से दाजी की अकाल मृत्यु हो गई, तब वे केवल अड़तीस वर्ष के थे, परंतु उनके सेंट-पर्सेंट के आग्रह के कारण अपना काम संपूर्णतया दोषरहित होना चाहिए और गलती करना मनुष्य मात्र का धर्म है, यह बात सच हो, तब भी अपना मनुष्यत्व साबित करने के लिए गलती करना ही चाहिए, यह आवश्यक नहीं है, इस बात का पाठ सीखने को मिला और आगे चलकर जीवन में मुझे उसका बहुत लाभ हुआ। बुराई में से अच्छाई, कचरे में से कमल, ऐसा कभी-कभी हम पढ़ते या सुनते आ रहे हैं, वैसा ही कुछ यह होगा।

मूर्ख का मित्र

सयाने लोग सयाने लोगों से ही मित्रता करते हैं, पर मेरा उलटा ही था, जो मिला वह मित्र और वह भी सदा के लिए। ऐसा ही भैया भुमरालकर नामक मित्र मुझे छठी कक्षा में मिला। पड़ोस में ही रहता था। भैया लड़ने से कभी नहीं डरता था। उसमें अधिक ताकत थी, ऐसा नहीं है, पर पहले आक्रमण उसी के द्वारा ही होता था। वह कक्षा में एक आड़ी रखी हुई बेंच पर बैठता था। बाकी के बच्चे सामने

रखी बेंचों पर बैठते। भुमरालकर की बेंच दीवार की ओर एक तरह से काटकोन में, उसके डेस्क को ढक्कन तथा उसे बंद करने के लिए कुंडी भी होती थी। भैया के उस बेंच पर अपना सिक्का जमा लेने के बाद उस पर बैठने की किसी की हिम्मत नहीं थी। उसकी बगल में कौन बैठेगा, यह वही तय करता था। उसने अपने पास बैठने के लिए मुझे चुना। मास्टरजी के पढ़ाते समय भैया अपनी ही कमेंट्री चलाता रहता। फिर और पास बैठे बच्चों को भी चिढ़ाता रहता, नियम के अनुसार बरताव नहीं करना, यह उसका नियम बन गया था।

साइलेंस प्लीज जहाँ लिखा हुआ हो, वहाँ जाकर जोर से चिल्लाने में उसे विशेष आनंद मिलता। सच पूछो तो ऐसे मित्र से मुझे दूर रहना चाहिए था, पर एक प्रलोभन था। वह खाने की छुट्टी में स्कूल के बाहर बैठे विक्रेताओं से केले, संतरे, अमरूद, चिवड़ा, चने, ऐसा कुछ-न-कुछ खाने के लिए लाता और मुझे भी देता, रिसेस में तो खाता ही, पर वर्ग में लाकर भी खाता। मुझे भी आग्रह करता। मैंने भी वर्ग जारी रहते कभी उसका साथ नहीं दिया, पर फिर भी एक बार उसके साथ-साथ मुझे भी शिक्षक के हाथ से मार खानी पड़ी थी। मार खाने से अधिक कष्ट मुझे इस बात के कारण हुआ कि जुमले मास्टरजी जैसे अत्यंत सौम्य प्रकृति के मास्टरजी के हाथ से मुझे मार खानी पड़ी। क्रोधी स्वभाव के और मारनेवाले और मास्टरजी नहीं थे, ऐसा नहीं था, पर उनके हाथ से भी कभी मार खाने की नौबत मुझ पर नहीं आई थी। सब मुझे अच्छा विद्यार्थी समझते थे। जुमले मास्टरजी का स्वभाव बहुत ही सौम्य था। उन्होंने कभी किसी को मारा हो, ऐसा हमें याद नहीं, पर भैया और मैंने उनके हाथों मार खाई, किस्सा कुछ यूँ हुआ था।

भैया उस दिन रिसेस में अमरूद लेकर आया था। बाहर हमने एक-एक खा लिया था। बचा हुआ एक अमरूद लेकर वह कक्षा में आया। कुंडी खोलकर ढक्कन खोला और अंदर बेंच के खाने में रख दिया। मराठी भाषा का वर्ग चल रहा था। पढ़ाई अच्छी तरह से चल रही थी कि तभी भैया ने वह अमरूद निकाला और बाकी के बच्चों को चिढ़ाते हुए खाने लगा, बच्चे हँसने लगे। जुमले मास्टरजी ने उस ओर देखा, भैया का मुँह अमरूद से भरा हुआ था, पर उसने चालाकी से बाकी का अमरूद तुरंत डेस्क का ढक्कन खोलकर मेरी तरफवाले खाने में डाल दिया। मास्टरजी पास आए, उन्होंने भैया की मरम्मत की, डेस्क को खोलकर देखा, वहाँ उन्हें सूँघनी की डिबिया के अलावा और कुछ नहीं मिला फिर उन्होंने मेरी और के खाने में देखा। वहाँ उन्हें आधा खाया हुआ अमरूद दिखाई दिया। अब इतना प्रत्यक्ष सबूत मिलने के बाद मेरा बचना मुश्किल था "तू भी इस जैसा ही है क्या?"

कहते हुए उन्होंने मेरी भी पिटाई कर दी। घर पर हर रोज पिटाई होने के बावजूद मुझे स्कूल में कभी मार खाने की नौबत नहीं आई थी। जुमले मास्टरजी के हाथ की मार केवल अपवाद थी, पर मुझे सबसे अधिक तकलीफ इसी कारण हुई। अब यह अपवाद ठीक था या मूर्खतापूर्ण, यह आप ही तय कीजिए।

जैसे-जैसे उम्र बढ़ती जाती है, वैसे-वैसे मूर्खता भी बढ़ती है या नहीं, यह मैं ठीक-ठीक नहीं बता सकता, पर उसका स्वरूप बदल जाता है। हमारे दादाजी सभी तरह की मूर्खता का संबंध गधे से एकरूप कर देते। उन्हें कहना होता मूर्ख और वे कहते गधा। बाद में उनके मेरी मूर्खता के वर्णन और अभिप्राय में से गधे को मुक्ति मिल गई और उसकी जगह पागलपन यह शब्द कानों पर पड़ने लगा था, पर शब्द बदल गए, इसका मतलब भाव भी बदल गया था, ऐसा नहीं समझना।

मूर्खता का नया आविष्कार

घटना है सन् 1946 की, अमरावती में शिवाजी महाविद्यालय इसी साल शुरू हुआ। प्राध्यापकों के लिए विज्ञापन छपा, मैंने भी उसी साल एम.ए.की परीक्षा उत्तीर्ण की थी। प्रथम श्रेणी और स्वर्णपदक भी प्राप्त किया था। छाती फूलकर कुप्पा होना स्वाभाविक ही था। मैंने संस्कृत के प्राध्यापक के पद के लिए आवेदन किया। उसके पहले, लोकसेवा आयोग का विज्ञापन भी आया था, शासकीय मौरिस कॉलेज में प्राध्यापक चाहिए, ऐसी घोषणा उसमें छपी थी। मैंने भी उस पद के लिए आवेदन किया। मैं स्वयं वहाँ छह वर्ष तक विद्यार्थी रह चुका था। अच्छा विद्यार्थी था, बी.ए. में भी संपूर्ण विद्यापीठ में संस्कृत विषय में मैं प्रथम स्थान पर आया था, स्वर्णपदक भी मिला था, सब प्राध्यापक लोग मेरे परिचित थे। इस कॉलेज में मुझे नौकरी मिल ही जाएगी ऐसा विश्वास था, लोकसेवा आयोग की गड़बड़ी का मुझे पता नहीं था आपको लगेगा कि विषयांतर हो रहा है, पर नहीं। सब कुछ विषय से संबंधित ही है।

अमरावती में साक्षात्कार के लिए गया, डॉ.ज्वालाप्रसाद की प्राचार्य पद पर नियुक्ति हो गई थी, वे साक्षात्कार लेनेवालों में बैठे थे। डॉ. पंजाबराव देशमुख थे या नहीं, यह याद नहीं आ रहा, शायद नहीं थे। डॉ. ज्वालाप्रसाद ने भी अधिक प्रश्न नहीं पूछे थे, एक ही महत्त्वपूर्ण प्रश्न पूछा था, "अगर तुम्हे नौकरी दे दी जाए तो पूरे साल भर तक नौकरी छोड़कर नहीं जाओगे, ऐसा लिखकर दे सकते हो क्या?" मैंने कहा, "मैं ऐसा लिखकर नहीं दे सकता, क्योंकि मैंने लोकसेवा आयोग में आवेदन दे रखा है। उसके लिए मुलाकात के लिए निमंत्रण-पत्र भी मिल चुका है

अगर वह नौकरी मुझे मिल जाती है तो मैं उसे पसंद करूँगा।'' स्वाभाविक ही था कि मेरे आवेदन-पत्र का निर्णय हो चुका था। बाहर आने पर किसी और विषय के लिए आए एक मित्र से साक्षात्कार की पूरी घटना कह सुनाई। वह बोला, ''अरे, तूने ऐसा पागलपन क्यों किया। हाँ कह देना था, अगर तू बीच में नौकरी छोड़कर चला भी जाता तो वे तेरा क्या बिगाड़ लेते? अधिक-से-अधिक इतना करते थे कि उस महीने का वेतन तुझे नहीं देते।'' परंतु इस तरह की बुद्धिमानी करना मुझे नहीं सूझा, जन्मजात मूर्खता को इस बात से बिल्कुल फर्क नहीं पड़ा।

वैसे देखा जाए तो मुझे इस सरकारी नौकरी का बहुत आकर्षण था, ऐसा नहीं है, परंतु सन् 1946 का वातावरण भिन्न था, देश स्वतंत्र हो चुका था। सरकारी नौकरी का मतलब विदेशी लोगों के यहाँ काम करना, यह समीकरण अब खत्म हो चुका था, लोकसेवा आयोग में साक्षात्कार के लिए गया था, जो कुछ आवेदन में लिखा था, वही सबकुछ उत्तर के रूप में कहा जाए, ऐसे ही प्रश्न उन्होंने मुझसे पूछे गए। मैं मन में उम्मीद लेकर बाहर आया, लेकिन हुआ इससे ठीक उलटा। मुझे छोड़कर द्वितीय श्रेणी में उत्तीर्ण हुए एक वैसे व्यक्ति को जिसे ढंग से संस्कृत पढ़ना भी नहीं आता था, उसे यह नौकरी दे दी गई। आश्चर्य हुआ, पूछताछ करने पर मालूम हुआ कि नई-नई सत्ता प्राप्त किए हुए मंत्रिमंडल में से अत्यंत प्रभावी मंत्री के और उस व्यक्ति के पिता के बहुत निकट के संबंध थे। उस उम्मीदवार के पिता मेरे भी शिक्षक रह चुके थे, परंतु पुत्र प्रेम ने शिष्य प्रेम को मात दे दी। स्वराज की सत्ता का एक नया पहलू दिखाई दिया। हमारे प्राचार्य महामहोपाध्याय मिराशी को भी शायद यह बुरा लगा होगा। क्योंकि 5-6 महीनों के बाद डॉ. रघुवीर को उनके शब्दकोश के लिए सहायक की आवश्यकता महसूस होने पर उन्होंने ही मेरा नाम डॉ. रघुवीर को सुझाया और मुझे मेरे घर के पते पर पत्र भेजकर डॉ. रघुवीर से मिलने के लिए कहा।

रघुवीरजी के यहाँ की मूर्खता

1 जनवरी, 1947 के दिन मैंने डॉ. रघुवीर की सेवा में नौकरी शुरू की। वेतन डेढ़ सौ रुपए। रघुवीरजी ने जब मुझे वेतन के बारे में बताया तो सहसा मुझे अपने कानों पर विश्वास ही नहीं हुआ। शिवाजी महाविद्यालय में अगर नौकरी की होती तो मुझे सौ रुपए वेतन मिला होता। 100-10-300 ऐसा उस वक्त प्राध्यापकों का वेतनमान हुआ करता। मैं यह वस्तुस्थिति जब अपनी पौत्री, जो हाल ही में बी.ई. हुई है, उसे बताता, तो वह हँसकर कहती कि इतनी रकम में तो मेरी चप्पल भी

नहीं आती। कहने का मतलब यह है कि रघुवीरजी के यहाँ बहुत अच्छी नौकरी मिल गई। 1 जनवरी, 1947 के रघुवीरजी अलग थे, सूट-बूट और नेक टाई पहने रहते, संस्कृत और संस्कृतनिष्ठ हिंदी के बहुत अच्छे पुरस्कर्ता थे। हमारी नागपुरी हिंदी में अनेक शब्द उर्दू या फारसी के आते, जिन्हें वे तुरंत शुद्ध करते। उनका मुझपर स्नेह था, वे हिंदू संगठन के महत्त्व को पहचानते थे। मैं संघ का एक कार्यकर्ता हूँ, यह बात जब उन्हें मालूम हुई, तब उन्होंने लाहौर में हिंदुओं के संरक्षण के लिए स्वयं निर्माण किए हुए संगठन की संपूर्ण जानकारी मुझे दी और मुझसे यह भी कहा, "आप अपने आपटेजी से (अर्थात् स्व. बाबासाहब आप्टे) कहिए कि अपना रा.स्व. संघ हमारे इस संगठन में विलीन कर दें", ऐसा सुझाव भी दिया था। सन् 1947 में मुझे मद्रास में होनेवाले संघ शिक्षा वर्ग में शिक्षक के तौर पर जाना है, ऐसा उनसे कहा तो उन्हें बहुत आनंद हुआ और उन्होंने बिना वेतन क्यों न हो, पर मुझे जाने के लिए छुट्टी दे दी। मद्रास से आने के बाद मैं फिर से अपने काम पर लग गया।

मुझपर उनके विश्वास का प्रत्यय मुझे जल्दी ही आ गया, पर मैंने अपनी मूर्खता के कारण वह नौकरी गँवा दी। कोई पूछे अगर कि क्या हुआ? तो मैं जवाब दूँगा कि मेरी मूर्खता और क्या? मुझे कहीं नौकरी ही नहीं मिल रही थी। डॉ. रघुवीर ने शाप दिया था या क्या? पता नहीं पर कहीं भी जाता तो वे क्वालिफिकेशन पूछते और क्वालिफिकेशन बताने पर केवल नकारात्मक उत्तर मिलता। पैसे भी खत्म हो गए थे। नागपुर में रहना मुश्किल हो गया। आखिर एक मित्र ने योग्य सलाह दी कि शिक्षक की नौकरी पाने के लिए तेरा एम.ए. फर्स्ट क्लास और गोल्ड मेडल यह सब बेकार है। उन्हें लगता है तू वहाँ नहीं टिकेगा, तू केवल बी. ए. है, ऐसा बताना, जरा होशियारी से काम लेना सीख और सचमुच मैंने उस उपदेशक के उपदेश की ही शरण ली। मैंने अपनी क्वालिफिकेशन केवल बी.ए. बताई तो मुझे नौकरी मिल गई। वेतन था 86 रुपए प्रतिमाह। उस शुक्रवार को डॉ. रघुवीर की कही बात अगर मैं अपने मन में ही रख लेता, चुप रहता, दूसरों के मामले में, सच-झूठ साबित करने के चक्करों में न पड़ता तो मुझे अच्छी-खासी डेढ़ सौ रुपए प्रतिमाह की नौकरी मिल गई होती। तीन महीने बेकार नहीं रहना पड़ता। उस मित्र को डॉ. रघुवीर का केवल माफीनामा मिला, पर माफीनामे से पेट भरता है क्या? मुझसे मेरे अनेक रिश्तेदारों ने जब पूछा कि इस सारे पचड़े में पड़कर तुझे क्या मिला तो, मैं क्या उत्तर देता? मूर्खों के पास कहीं ऐसे प्रश्नों के उत्तर होते हैं क्या, मूर्खता केवल प्रश्न उत्पन्न करती है, उसके जवाब अक्ल से देने पड़ते हैं कि नहीं?

महामूर्खता

यह 86 रुपए वेतन की नौकरी के पहले नौकरी की तलाश में था, तब पुन: लोकसेवा आयोग का विज्ञापन छपा, मैंने आवेदन किया। नौकरी मिलने की आशा तो थी ही नहीं, पर साक्षात्कार के लिए बुलावा आया। पूछे गए प्रश्नों को, जैसा मुझे याद है कि मैंने बिल्कुल उड़ाऊ जवाब दिए थे। आयोग के अध्यक्ष महोदय ने पूछा, ''इसके पहले कभी लोकसेवा आयोग में आए थे?'' मैंने कहा, ''हाँ।'' उन्होंने प्रतिप्रश्न किया, ''परिणाम क्या आया था?'' मैंने उत्तर दिया, ''फिर से आपके सामने आया हूँ।'' अध्यक्ष महोदय ने त्यौरी चढ़ाकर मेरी ओर देखा, मैं शांत, निर्विकार बैठा था। उन्होंने कहा कि तुम जा सकते हो। नौकरी मिलने की आशा थी ही नहीं, इसलिए निराशा नहीं हुई, पर मजेदार बात यह हुई कि मुझे यह नौकरी मिल गई। नियुक्ति का आदेश मिला और 1948 के जुलाई महीने में मैं शासकीय मौरिस कॉलेज का प्राध्यापक बनकर उसमें दाखिल हुआ। कॉलेज, वहाँ का पूरा परिसर, वहाँ का वातावरण और अधिकांश प्राध्यापक परिचित थे। और वेतन? पूछिए मत असल वेतन 225 रुपए और ऊपर से 35 रुपए महँगाई भत्ता, 86 रुपयों से सीधे 260 रुपए! यानी हनुमानजी की छलाँग!

इस नौकरी में एक और मजेदार बात हुई। यहाँ दो पद रिक्त थे—एक स्थायी और रिक्त तथा दूसरा अंशकालीन, अस्थायी, मुझे दूसरे पद पर रखा गया। जिसे स्थायी पद पर रखा गया था, वह उन्हीं प्रभावशाली मंत्री के घरवालों की कुंडलियाँ बनाता था और भविष्य भी बताता था। राजज्योतिषी को अग्रक्रम मिले, यह कोई अनोखी बात नहीं थी। स्वराज्य के मंत्रियों के ज्योतिषी, तांत्रिक वगैरह पर विश्वास होने की कथाएँ अनगिनत हैं। अक्तूबर के आखिर में मेरी यह सरकारी नौकरी समाप्त हो गई। इसके बाद दिसंबर में संघ का सत्याग्रह शुरू हुआ। मैंने सत्याग्रह किया। लोगों को ऐसा लगा कि मैंने सरकारी नौकरी को लात मारकर सत्याग्रह में भाग लिया, पर सच बात यह है कि मेरी नौकरी ही केवल तीन महीने के लिए थी। वह अवधि खत्म हो गई और उसके बाद मैंने सत्याग्रह किया।

सत्याग्रह की सजा भुगतकर वापस आने के बाद फरवरी के अंत में मुझे हिस्लौप कॉलेज में अस्थायी नौकरी लग गई। आगे के सत्र में यह नौकरी विधिवत् स्थायी नौकरी के रूप में लग गई। तब प्राचार्य डॉ. मोज़ेज़ ने ऐसी अपेक्षा व्यक्त की थी कि साल समाप्त होने तक बीच में नौकरी छोड़कर नहीं जाएँगे। मैंने यह बात कबूल कर ली थी। यह सब मौखिक रूप से ही तय हुआ था। दीपावली की छुट्टी के कालखंड में डॉ. मोज़ेज़ और सरकारी कॉलेज के संस्कृत विभागाध्यक्ष

की मुलाकात हुई और उन्होंने डॉ. मोज़ेज़ से कहा कि अब वैद्य हमारे यहाँ आएँगे। मैं लोकसेवा आयोग के द्वारा पसंद किया हुआ उम्मीदवार था ही, वह अस्थायी पद था, जो अब रिक्त हो गया था। इसलिए संस्कृत विभागाध्यक्ष ने जो अपेक्षा की थी, उसमें कुछ भी गैर नहीं था। हिस्लौप कॉलेज के अनेक ईसाई प्राध्यापकों ने भी हिस्लौप की नौकरी छोड़कर सरकारी नौकरी स्वीकार कर ली थी। मैं तो ईसाई भी नहीं था, इसलिए मैं भी ऐसा ही करूँगा, ऐसा अगर डॉ. मोज़ेज़ को लगा होगा तो उसमें आश्चर्य की कोई बात नहीं थी। मैं दीपावली की छुट्टियों में अपने गाँव तरोड़ा में गया था। वहाँ डॉ. मोज़ेज़ ने चपरासी को पत्र देकर भेजा, उस समय हमारे गाँव में पक्की सड़क नहीं थी, बस भी नहीं थी, वह चपरासी वर्धा से साइकिल पर हमारे गाँव तरोड़ा आया और वह पत्र मुझे दिया। मैंने भी उसी के साथ उत्तर भेज दिया, मुझे सरकारी नौकरी का कोई आकर्षण नहीं है, समाज में स्वतंत्रता से रहना मुझे अच्छा लगता है और मुझे यह स्वतंत्रता आपके निजी कॉलेज में मिल सकेगी, ऐसा विश्वास है इसलिए मैं आपके महाविद्यालय में ही रहूँगा। इसके बाद उस सरकारी कॉलेज के यच्चयावत प्राध्यापकों ने तो मेरी गणना मूर्खों में ही कर दी, पर हमारे हिस्लौप कॉलेज के प्राध्यापकों ने भी यही बात कही। एक बार ऐसे ही किसी प्रवास के दौरान रेलवे स्थानक पर गया था, तब वहाँ मेरी मुलाकात तत्त्वज्ञान के प्राध्यापक प्रो. पी.एस. रामनाथन से हो गई। मैंने उन्हें प्रणाम किया। उन्हें यह सारा घटनाक्रम मालूम था। वे मुझसे तुरंत बोले, "यू आर अ बिग फूल।" वे उम्र में मुझसे इतने बड़े थे कि उन्होंने मुझे दस लोगों के सामने महामूर्ख कहा, पर फिर भी मुझे बुरा नहीं लगा, मूर्ख से महामूर्ख बन गया था।

हिस्लौप कॉलेज के नौकरी के सत्रह साल आनंदपूर्वक व्यतीत हो गए। डॉ. मोज़ेज़ खुश थे। लगातार तीन साल हिस्लौप कॉलेज के विद्यार्थी को बी.ए. की परीक्षा में स्वर्णपदक प्राप्त हुआ था। विद्यार्थियों के साथ-साथ प्राध्यापकों में भी मुझे अच्छी लोकप्रियता मिली।

दूसरे महामूर्ख

और फिर एक बार मुझे मूर्खता का झटका आया। श्री बालासाहब देवरस ने मुझे बुलाया और पूछा, "तरुण भारत में आना चाहोगे?" दैनिक 'तरुण भारत' चलाने वाली नरकेसरी प्रकाशन संस्था के वे तब अध्यक्ष थे। मैंने कहा, "हाँ-हाँ। क्यों नहीं?" फिर उन्होंने स्पष्ट किया कि श्री भाऊसाहब माडखोलकर की उम्र बहुत हो गई है (उस समय उनकी उम्र करीब 66 वर्ष की होगी) उनकी जगह पर

आना होगा। एक-दो वर्षों तक उनके साथ काम करना होगा, फिर मैं घबरा गया। मुझे लगा, व्यवस्थापकीय विभाग में वे मुझे काम दे रहे हैं। मैंने कहा कि मुझे लेखन का जरा भी अनुभव नहीं है। मैं उनकी जगह कैसे ले सकता हूँ। मुझे लगा आपको प्रशासकीय विभाग में मेरी आवश्यकता है। उन्होंने कहा कि प्रशासकीय विभाग में आवश्यकता थी पर हमने श्री अनंतराव भिड़े को उस पद के लिए चुन लिया है और 1 जनवरी से वे काम पर लग भी गए। मेरे मन में अब संदेह और डर का कोहराम मच गया कि कहाँ भाऊसाहब और कहाँ मैं? माडखोलकर सफल उपन्यासकार, शैलीदार निबंधकार और सारे विदर्भ में दबदबा रखनेवाले पत्रकार।

संघ और विद्यापीठ के बाहर मुझे कोई जानता तक नहीं था। एक-आध पत्र कभी पाठक का मनोगत में भेजा होगा। इसके सिवाय वृत्तपत्रीय लेखन से मेरा कोई संबंध नहीं था, प्राध्यापक होने के बावजूद कभी कोई क्रमिक या अक्रमिक ऐसी कोई पुस्तक नहीं लिखी। मुझसे यह नहीं होगा परंतु, अविचार से ही सही मैं आऊँगा, ऐसा कह दिया था। उससे पीछे हटना उचित नहीं था, फिर ये शब्द मैंने संघ के सरकार्यवाह के सामने कहे थे। मेरे मनोभावों को पहचानते हुए बालासाहब बोले, "अच्छे लेखक कि बजाय हमें संपादकों की टीम साथ लेकर चलनेवाले व्यक्ति की तलाश है, जिसके लिए आपकी आवश्यकता है।" मैं मौन रहा। फिर उन्होंने पूछा कि हिस्लौप में आपको कितना वेतन मिलता है? मेरे रकम बताते ही वे बोले, "इतना वेतन तो हम भाऊसाहब को भी नहीं देते।" मैंने कहा, "वेतन का उतना सवाल नहीं है पर... ?" मेरा वाक्य पूरा होने से पहले ही उन्होंने 'तरुण भारत' में कितना वेतन मिलेगा, यह कहा और आगे कहने लगे कि, अगर तेरा नुकसान हुआ तो मैं अपने कारंजा के खेत बेचकर भरपाई कर दूँगा। मैंने कहा, "आपको ऐसा करने की कोई आवश्यकता नहीं होगी मैं 'तरुण भारत' में आऊँगा।"

बालासाहब देवरस के अचानक बुलाने के पीछे एक पृष्ठभूमि थी। मैं सन् 1961 से नागपुर शहर व जिला इन भागों के लिए भारतीय जनसंघ का संगठन मंत्री था। मेरे ध्यान में आया कि हिस्लौप कॉलेज की नौकरी के साथ-साथ मैं अपेक्षाकृत काम नहीं कर सकता। उस समय रामभाऊ गोडबोले महाराष्ट्र प्रदेश जनसंघ के संगठन मंत्री थे। मैंने उनसे कहा कि पूर्णकालीन काम कर सके, ऐसे किसी व्यक्ति की आवश्यकता है और उन्होंने मुझे ही पूर्णकालीन करने का तय कर लिया। सन् 1965 के दिसंबर में उन्होंने यह विषय मेरे सामने रखा और कहा, "सन् 1966 के जून-जुलाई में विधान परिषद् के स्नातक मतदारसंघ के चुनाव हो रहे हैं। उसके लिए आप खड़े रहें। विधायकों को जितना मानधन मिलता है, वह

आपको मिलनेवाले वेतन से कम है, पर हम उसकी भरपाई कर देंगे।'' मैंने कहा, ''आपको भरपाई कर के देने की आवश्यकता नहीं है, अगर कोई तकलीफ हुई तो मैं आपसे कहूँगा। मैं चुनाव में खड़ा होकर पक्ष का काम करने के लिए तैयार हूँ।''

उन्होंने और कुछ लोगों से बात की होगी। उसी में बालासाहब देवरस से भी परामर्श हुआ होगा, क्योंकि बालासाहब के निर्देश के कारण ही मैंने संघ से जनसंघ में प्रवेश किया था, पर आगे चलकर संघ का इरादा बदल गया और उन्होंने फिर से बच्छराजजी को ही चुनाव में खड़ा करने का फैसला किया अर्थात् मेरा जीवनक्रम पहले जैसा ही चल रहा था। इस परामर्श के दौरान बालासाहब को मालूम हुआ कि मुझे नौकरी छोड़ने में दिक्कत नहीं है, इसलिए उन्होंने यह प्रस्ताव मेरे सम्मुख रखा था। शायद उनकी बातचीत प.पू. गुरुजी से भी हुई होगी, क्योंकि, संघ शिक्षा वर्ग के निमित्त जून के पहले सप्ताह में गुरुजी का निवास नागपुर में होने के दौरान जब मेरी मुलाकात उनसे हुई, तब उन्होंने मुझसे प्रश्न किया, ''इतने वेतन में तुम्हारा निर्वाह किस तरह होगा?'' क्योंकि उन्हें मेरे परिवार के विस्तार की कल्पना थी। मैंने कहा, ''इतने वेतन में जीवन निर्वाह करनेवाले अनेक परिवार हैं नागपुर में, उनकी तरह रहा जा सकेगा।''

उसके पश्चात् मैं डॉ. प्राचार्य मोज़ेज़ से मिला और 1 जुलाई से खुद को मुक्त करने के लिए उसे विनती की। वे बोले, ''अच्छा! तो आप राजनीति में जाना चाहते हैं। हम आपको एक महीने में मुक्त कर सकते हैं। आपको कम-से-कम एक महीने पहले नोटिस देना होगा।'' मैंने तुरंत अपना त्याग-पत्र दे दिया, पर उन्होंने मुझे एक महीने तक रोककर नहीं रखा। उस वर्ष एम.ए. की परीक्षा में प्रथम क्रमांक और स्वर्णपदक प्राप्त करनेवाली विद्यार्थिनी कु. रूपा कुलकर्णी को प्राध्यापक के तौर पर चुन लिया गया। चुनाव समिति का मैं भी एक सदस्य था। 11 जुलाई को मैं हिस्लौप में से पदमुक्त हुआ और उसी दिन मैंने 'तरुण भारत' की नौकरी शुरू कर दी, अर्थात् उसके पहले भाऊसाहब माडखोलकर के साथ, दो बार उनके घर पर मेरी प्रदीर्घ मुलाकातें हुई थीं, उनसे मेरी खास पहचान नहीं थी। मैं इतिहास का प्राध्यापक हूँ, ऐसी उनकी धारणा थी। भाऊसाहब बिल्कुल खुले मन से बातचीत करते। कौन-कौन से बड़े नाम उनके उत्तराधिकारी बनने के लिए उनके सम्मुख आए थे, यह उन्होंने मुझे बताया। उन्होंने बालासाहब से कहा था कि आप मुझे नई कोरी स्लेट दीजिए। अपरिचय के कारण मैं उस नई कोरी स्लेट जैसा ही था।

मैं हिस्लौप छोड़कर 'तरुण भारत' में गया हूँ, यह बात मेरी पत्नी को छोड़कर बहुत कम रिश्तेदारों को मालूम हुई थी, कुछ लोगों को मैंने स्वयं बताया। सभी

ने मेरी मूर्खों में गणना की। एक रिश्तेदार ने तो यहाँ तक कहा कि आपको यह दुर्बुद्धि कैसे हुई ? हर साल चार माह छुट्टी, पूरे दिन में केवल तीन घंटे काम, फिर प्रतिष्ठा। संपादक को कौन पूछता है ? रिश्तेदार बहुत नजदीकी थे और फिर उम्र से भी बुजुर्ग मैंने केवल हँसकर प्रतिवादन किया।

मूर्खता को पत्नी का साथ

पत्नी का विरोध था ही नहीं। उसका मेरी बुद्धिमानी पर बहुत विश्वास था, आज भी है। मैंने उसे परिस्थिति की कल्पना कराई। कपड़े और बरतन साफ करनेवाली बाई केवल बरतन साफ करने के लिए रखी गई। पहले व्यायाम करने की दृष्टि से ईंधन के लिए कुल्हाड़ी से लकड़ियाँ तोड़ता था, अब आवश्यकता के लिए तोड़ने लगा था। अच्छा ही हुआ, जरा व्यायाम अधिक होने लगा। थोड़ी दूध की मात्रा कम हो गई, पर हमारे घर में जरा सी भी खिचखिच नहीं हुई जैसे कुछ हुआ ही न था। सारे तीज-त्योहार होते रहे। मेहमानों का आना-जाना लगा रहा। उनकी मेहमाननवाजी में जरा सी भी कमी नहीं आई। इसका सौ प्रतिशत श्रेय सौ. सुनंदा वैद्य को जाता है।

अब मूर्खता करना तय ही कर लिया था तो उसके परिणाम भी भोगने ही पड़ेंगे, फिर जीवन का एक सूत्र तो निश्चित ही है न ? जलते अँगारे पर पैर जान-बूझकर रखा जाए या फिर गलती से पड़ जाए, पैर तो जलेगा ही न और जानबूझकर रखा है, इसलिए वह ज्यादा जलता है, ऐसा भी नहीं होता।

मूर्खता कायम

और फिर दीपावली के करीब अचानक एक घटना घटी। हिस्लौप कॉलेज के हिंदी के प्रोफेसर श्रीवास्तव साहब एक समृद्ध गृहस्थ को लेकर 'तरुण भारत' में आए। इस समृद्ध खानदान की नई बहू आगरे से आई थी। उसे उस समय बी.ए. की परीक्षा देनी थी। उसका एक विषय संस्कृत था। उसे मैं संस्कृत पढ़ाऊँ, ऐसी उनकी सूचना थी। उसे हिंदी माध्यम से पढ़ाना था। नागपुर के लोगों को उतनी हिंदी आती है, पर यह परिवार नागपुर में नहीं रहता था, नागपुर से करीब 20 कि.मी.की दूरी पर कन्हान में रहते थे। उन्होंने मुझसे शुल्क के बारे में पूछा। मैंने कहा, "अगर वे मेरे घर पर पढ़ने आ सकती हैं तो मुझे शुल्क नहीं चाहिए। घर पर पढ़ने के लिए आनेवालों से मैं शुल्क नहीं लेता।" उन्होंने कहा, "वह आपके घर नहीं आएगी, आपको हफ्ते में तीन दिन हमारे घर पर कन्हान आना होगा। हमारी गाड़ी आपको

लेने और पहुँचाने आ जाएगी।'' मैंने प्रतिमाह डेढ़ सौ रुपए शुल्क बताया। वे तुरंत मान गए। मैं उन्हें छोड़ने उनकी गाड़ी तक आया। उनकी वह विशाल आलिशान डॉज देखाकर उनकी अमीरी का अंदाजा लगाया जा सकता था, वे चले गए। प्रो. श्रीवास्तव वहीं रुके रहे। उन्होंने मेरी गणना मूर्खों में ही की, वे बोले, ''इतने कम क्यों माँगे, उन्हें किस बात की कमी है?'' मैंने कहा, ''गुरुजी, (हिस्लौप में प्रो.श्रीवास्तव को सभी प्राध्यापक गुरुजी कहकर ही बुलाते थे) आपने पहले सूचना क्यों नहीं दी?'' मैं खुश था। मेरी हिस्लौप की कमी 75 प्रतिशत से भर गई थी। नवंबर से मार्च तक आलीशान गाड़ी में बैठने को मिला और महीने के अंत में एक सुंदर लिफाफे में 150 के नए कड़कते नोट हाथ में दिए गए। एक-दो बार वह गाड़ी 'तरुण भारत' के कार्यालय में से लेकर गई। जुलनी विभाग के अनेक लोगों ने मुझे उस गाड़ी में बैठते हुए देखा। वह बैठना, संघ की गाड़ी में बैठने जैसा सरल सादा नहीं था। चालक अदब से गाड़ी का दरवाजा खोलता, मैं बैठ जाता, फिर वही दरवाजा बंद करता, ये सारी क्रियाएँ वह बड़ी नम्रता से करता। तरुण भारत के कर्मचारियों में मेरी इज्जत और बढ़ गई।

थोड़ी खेंच अब भी चल रही थी, पर अब उसकी भी आदत पड़ चुकी थी और सालभर के बाद भाऊसाहब की निवृत्ति का दिन आ गया। अब मुख्य संपादक बनने की मेरी ही बारी थी। पर वहाँ भी मेरी जन्मजात मूर्खता आड़े आ गई। मैंने खुद जाकर बालासाहब देवरसजी से कहा, ''तात्या साहब करकरे को मुख्य संपादक बनाइए, वे ज्येष्ठ संपादक हैं।'' बालासाहबजी को बड़ा आश्चर्य हुआ। उन्होंने कहा, ''उनका सार्वजनिक जीवन क्षेत्र से किसी तरह का कोई संबंध नहीं है। मुख्य संपादक राजकीय, सामाजिक, शैक्षणिक इत्यादि सभी क्षेत्रों से संबंध रखनेवाला होना चाहिए।'' मैंने कहा, ''वह सब मैं सँभाल लूँगा। मेरी इच्छा है कि आप उन्हें मुख्य संपादक बनाइए''। इस तरह सन् 1986 में श्री तात्या साहब करकरे (पां. चिं. करकरे) मुख्य संपादक बन गए और उनके साथ कार्यकारी संपादक के तौर पर समाचार-पत्र में मेरा नाम भी 'तरुण भारत' के प्रथम पृष्ठ पर चमकने लगा था। मुझे कहते हुए जरा भी संकोच नहीं हो रहा कि तात्यासाहब ने मुझे मुख्य संपादक जैसा ही बरताव करने दिया। लक्ष्मणराव जोशी, प्रभाकर सिरास, वामनराव तेलंग, शशिकुमार भगत, बालासाहब बिनिवाले, ये सारे सहकारी मैं मुख्य संपादक न होते हुए भी चुन सका। सन् 1966 में विधान परिषद् में जाने की संधि चूक गया था, पर जब मैंने इस बारे में सोचा भी न था, तब सन् 1978 में मैं विधान परिषद् का सदस्य बन गया। सभी कुछ बदला हुआ। शरद पवार तब मुख्य कांग्रेस

से अलग होकर मुख्यमंत्री बने थे, सादिक अली महाराष्ट्र के राज्यपाल थे। मैं राज यपाल द्वारा नियुक्त किया हुआ विधायक बन गया। शरद पवार से मेरी पहचान नहीं थी, वे शिक्षा मंत्री थे। तब एक बार 'तरुण भारत' की कचहरी में हमारे ही निमंत्रण पर आए थे। नागपुर से मुंबई जानेवाला विमान उस दिन जरा विलंब से जानेवाला था। इसलिए वे काफी देर तक 'तरुण भारत' की कचहरी में ही रुके रहे, केवल उतना ही उनका परिचय था।

सन् 1978 में पुणे में हमारे 'तरुण भारत' के संपादक बापूसाहब भिशीकर (चं. प. भिशीकर) का सत्कार समारोह मुख्यमंत्री श्री शरद पवार के द्वारा होनेवाला था। इस कार्यक्रम के लिए मैं 'तरुण भारत' के प्रतिनिधि के रूप में गया था। कार्यक्रम के पश्चात् चाय-पान के दौरान मैं श्री शरद पवार से मिला। अपना परिचय दिया। वे मुझे तुरंत एक ओर ले गए और पूछा, "विधान परिषद् में राज्यपाल को साहित्यिकों की नियुक्ति करनी है, विदर्भ में से कोई अच्छा नाम आपके ध्यान में हो तो बताइए।" मैंने श्री अनंतराव शेवड़े, डॉ. मधुकर आष्टीकर, प्राचार्य राम शेवालकर, श्री वसंतराव वरखेडकर ऐसे कुछ नाम सुझाए। उस पर वे बोले, "मैं नागपुर 2-3 दिन में ही आ रहा हूँ। आप मुझसे मिलिए, फिर बात करेंगे।" वे नागपुर आए पर मैं उनसे नहीं मिला और फिर पंद्रह दिन बाद मुझे वसंतराव भागवत (तब वे नए-नए वे जनता दल के बड़े पदाधिकारी थे) का पुणे से फोन आया कि आपका नाम पक्का हो रहा है। खुद शरद पवारजी ने ही सूचित किया है। मैंने कहा, "पहली बात तो मैं साहित्यिक नहीं हूँ 'तरुण भारत' के संपादक की जिम्मेदारी मैंने स्वीकार कर ली है। ऐसे समय मैं विधायक की जिम्मेदारी कैसे उठा सकता हूँ?" उनका आग्रह था कि मुझे इसके लिए मना नहीं करना चाहिए। आखिर मैंने उनसे कहा कि मैं अपने अध्यक्षजी से पूछकर आपको बताता हूँ। फिर मैंने बाबासाहब टालाटुले से पूछा। उन्होंने मा. बालासाहब देवरस से बातचीत की और दूसरे दिन मैंने अपनी स्वीकृति दे दी। जल्दी ही हमारा नाम समाचार-पत्र के पन्नों पर चमका, अभिनंदन के पत्र भी मिले। डॉ.ल.व.पडोले का पत्र लक्षणीय था। उन्होंने लिखा था कि मैंने भी अपनी नियुक्ति के लिए बहुत प्रयत्न किए थे पर मैं सफल नहीं हो सका, आपके प्रयत्नों को यश मिला, इसके लिए आपका अभिनंदन करता हूँ। ऐसे पद प्राप्त करने के लिए भी प्रयत्न करने पड़ते हैं, यह बात इस मूर्ख को तब पता चली, पर आगे चलकर एक बात समझ में आई कि कुलगुरु बनने के लिए, इतना ही नहीं, पर उच्च न्यायालय के न्यायाधीश बनने के लिए भी प्रयत्न करने पड़ते हैं। मैं एक बार नागपुर विद्यापीठ के कुलगुरु चुनाव समिति का सदस्य था, तब अनेक

इच्छुक लोगों ने मुझे पत्र भेजे, कोई प्रत्यक्ष रूप से आकर मिला, कोई उम्मीदवार की सिफारिश लेकर आया, उत्तम शिक्षक का पुरस्कार प्राप्त करने के लिए भी, कहते हैं कि अपनी प्रशंसा स्वयं ही करनी पड़ती है और इतने से भी काम नहीं होता तो बड़े लोगों की सिफारिश लगती है। विद्वत्ता का यह विधिवत भारत मान्य रास्ता है। अब इस रास्ते पर कदम रखना इस मूर्ख की समझ में कैसे आता?

मुझे शपथविधि के लिए आमंत्रित किया गया। मैं मोर्शी गया था भाषण देने के लिए। वहाँ पुलिस अधिकारी ने मुझे यह सूचना दी। वहीं से मुंबई के अधिकारियों से बात हुई। उन्होंने शपथविधि के दिन व समय के बारे में बतलाया, पर मैं उस दिन जाने में असमर्थ था। विनायकराव देशमुख के हाईस्कूल में जाने के लिए वचन दे चुका था। वह वचन तोड़ना मेरे लिए संभव नहीं था। जहाँ तक मुझे याद है, एडवोकेट रा.का.मनोहर संस्था के अध्यक्ष थे। उनके साथ मैंने वह कार्यक्रम किया। एक महीने बाद मैं मुंबई गया। शपथ ली। श्री रा.सू. गवई अध्यक्ष थे, पर लोगों ने मुझे फिर एक बार मूर्खों में ही गिना। एक महीने के मानधन का नुकसान हुआ, पूरा कार्यक्रम टी.वी.पर दिखाया गया था। उसमें दिखने का मौका था, वह भी गँवा दिया।

छह वर्षों के बाद विधायक की मुद्दत समाप्त हुई, विधायक को रास्ते की यात्रा के लिए कूपंस मिलते थे। सेंड ऑफ का कार्यक्रम हुआ। नागपुर जाने के पहले मैंने वह कूपन वापस कर दिए। उस समय उस महिला कर्मचारी ने मुझे कुछ इस तरह देखा कि मुझे विश्वास हो गया कि यह मुझे पागल समझ रही है, परंतु मुझे इस बात का बुरा नहीं लगा। मूर्ख को मूर्ख नहीं तो क्या होशियार समझेगा कोई?

मूर्खता का एक और उदाहरण याद आ रहा है। वह इससे पहले का है। पाठकों से नम्र निवेदन है कि उन्हें थोड़ा कालविपर्यास सहना होगा। विधायक की मालिकी का घर मुंबई में होना चाहिए, ऐसी एक आवाज उठी। मुंबई में जाने पर, रहने के लिए विधायक निवास था, पर विधायकी समाप्त होने पर और वह आज या कल समाप्त तो होनी ही थी, तो फिर विधायक कहाँ रहेंगे? इस उदात्त प्रश्न का एक उदात्त उत्तर भी मिला—विधायकों के घर बनने चाहिए। विधायक लोगों की सहकारी संस्था बनाने का तय हुआ। जल्दी ही वह बना ली गई, वरली में जगह मिल गई। वहाँ विधायकों के लिए फ्लैट्स बनाने की योजना बनी। विधायकों का काम, उसमें क्या देर लगती? मैं उस सोसाइटी का सदस्य नहीं बना। हमारे मित्र श्री दत्ता मेघे, उस समय सभागृह में मेरी बगल में बैठे थे, या मैं उनकी बगल में बैठा था, ऐसा कहिए। उनके ध्यान में आया कि मैंने सदस्यत्व का फॉर्म नहीं भरा है। उन्होंने आग्रह किया। मैंने कहा, "हमें मुंबई में नहीं रहना है, नागपुर में अगर

ऐसी कोई योजना बनती है तो मैं सदस्य बनूँगा। अभी तो मैं किराए के मकान में रह रहा हूँ। खुद का घर कौन नहीं चाहता?'' वे बोले, ''अगर हम नहीं रहना चाहते, तब भी बच्चों के लिए वह बनाया जा सकता है।'' मैंने कहा, ''हमारे बाप ने हमारे लिए घर नहीं बनाया, हम भी बच्चों के लिए नहीं बनाएँगे, वे चाहें तो बना लेंगे अपनी कमाई से।'' संवाद समाप्त हुआ, गवई साहब अध्यक्ष थे। उन्होंने भी पूछा, मैंने उनसे भी कहा, ''नागपुर में ऐसी योजना बनाएँगे तो मैं उसमें सहभागी बनूँगा।'' वे बोले, ''नागपुर में भी ऐसी योजना बनाएँगे।''

यह बात दूसरी है कि ऐसी योजना नागपुर में बन नहीं पाई इसलिए हमें जिंदगी भर किराए के मकान में रहने का सुख मिला और यह कहने का मौका भी मिला कि, fools build houses and wise men live in them. मूर्ख व्यक्ति को अपना मूर्खत्व दूसरों पर संक्रमित करने में बड़ा आनंद होता है। मुंबई जैसी जगह पर अनायास फ्लैट बन रहा था, वह भी चार-साढ़े चार लाख में, उसे नकार देना मूर्खता नहीं तो और क्या है? पिछले 15 अगस्त को हमारे मित्र पूर्व विधायक विनोद गुप्ता के 19वीं मंजिल पर स्थित फ्लैट में भोजन के लिए गया था तो उन्होंने बताया कि अब उस फ्लैट की कीमत 90 लाख से 1 करोड़ तक हो गई है। बीस सालों में चार लाख के नब्बे लाख! यह सौदा खराब नहीं था और अब तो सुना है कि विधायकों को उसे बेचने की अनुमति भी मिल गई है। अनुमति के बिना भी वे बेचे जा रहे थे, यह बात दूसरी है, पर अब उसे वैधता प्राप्त हो गई है। इतना ही फर्क हुआ है, पर चार लाख के नब्बे लाख करना, इस मूर्ख को कैसे सूझता? जन्मजात मूर्ख को तो यह बात इस जन्म में नहीं सूझेगी।

मूर्खों के आठ गुण

ऐसी अनगिनत मूर्खताएँ करने में जिंदगी के 79 वर्ष बीत गए। अब क्या कुछ नया सीखने की उम्र है? एक सुभाषित में मूर्खों के आठ गुणों का जिक्र किया गया है, सुभाषित ऐसा है—

मूर्खत्वं सुलभं भजस्व कुमते मूर्खस्य चाष्टौ गुणाः
निश्चिंतो बहुभोजनोऽतिमुखरो रात्रंदिवं स्वप्नभाक्।
कार्याकार्यविचारणान्धबधिरो मानपमाने सम।
प्रायेणामयवर्जितो दृढवपूमूर्ख। सुखं जीवति॥

अर्थ सरल है पर फिर भी बता देता हूँ।

इस दुनिया में मूर्खता करना सरल होता है। उसी का अनुसरण कर मूर्खों के

आठ गुण होते हैं। वह निश्चिंत होता है, खूब खाता है, बहुत बोलता है, रात-दिन सोता है, क्या करना और क्या न करना, इस बारे में अंधा और बहरा होता है। मान-अपमान उसके लिए एक समान होता है, वह सामान्यत: निरोगी होता है। उसका शरीर बलवान होता है और वह सुख से अपना जीवन व्यतीत करता है।

मुझे लगता है कि मैं साठ प्रतिशत अंक प्राप्त कर मूर्खत्व की परीक्षा में अवश्य प्रथम श्रेणी प्राप्त कर लूँगा। मुझसे बहुत से लोग पूछते रहते हैं कि आपकी अच्छी सेहत का राज क्या है? मैं उनसे कहता हूँ कि मैं चिंता नहीं करता, दस मिनट से अधिक समय तक मैं तनाव में नहीं रहता। यही उसका कारण होगा। नियमित व्यायाम और आसन आदि के बारे में भी कभी-कभार बताता रहता हूँ। यह सुभाषित पढ़ने के बाद मेरे ध्यान में आया कि इतना सब कहने की आवश्यकता नहीं है। मैं मूर्ख हूँ, इतना कहने से काम बन जाएगा।

('तरुण भारत', दीपावली अंक 2002)

❑

9

कारावास के दिन

‘‘आइए आई.जी. साहब। आपकी हम क्या खिदमत करें ? गाँजा, शराब, चरस चाहे जो चीज माँगिए, सब यहाँ मिलेगा। हाँ, लेकिन पान नहीं मिलेगा।’’

गोंदिया के एडवोकेट बापट ने इंस्पेक्टर जनरल ऑफ प्रिजंस, नागपुर जेल में मुलाकात के लिए आए थे, तब ऐसी सलामी देकर उनका स्वागत किया। पलभर के लिए आई.जी. साहब चौंक गए, केवल आई.जी. ही नहीं, जेल के और अधिकारी और आठ नंबर के बैरेक में कैद हम सब भी, पर बापट साहब के ऐसे धमाकेदार व्यक्तित्व का अब तक हमें परिचय हो चुका था। बापट साहब के चिढ़ने का एक कारण भी था। बापट पान के शौकीन थे और उनके पान जेल के अधिकारियों ने जेल से वापस लौटा दिए थे।

बापटजी की नाराजगी का आशय ध्यान में आने में देर नहीं लगी। जेल की दीवार चाहे कितनी ही मजबूत और डरावनी क्यों न हो, वहाँ के दरवाजे और ताले कितने भी दिल दहलानेवाले हों, आने-जानेवालों की कड़ी जाँच-परख हो, अंदर बंद लोगों को जो चाहें, वह चीज मिले नहीं, ऐसा नहीं होता था। स्मगलिंग इन और स्मगलिंग आउट धड़ल्ले से चल रहा था, केवल इसी जेल में नहीं, सभी जेलों का यही अनुभव था और नागपुर की जेल में तो करीब सौ से अधिक सचमुच के स्मगलर थे, पर उनके बिना भी यह स्मगलिंग चल रही थी। जेल में शराब पर पाबंदी होने के बावजूद शराब के नशे में धुत वार्डन, यह कोई नई बात नहीं थी। दरवाजे के आड़े गांजे की चिलम भरकर उस पर नारियल की रस्सी की गाँठ जलाकर, उसके दिल भरकर कश लगानेवाले कैदियों के दर्शन-दुर्लभ नहीं थे। इन चीजों का थोक और फुटकर वितरण करनेवाले कैदी हमारी नजरों से बच नहीं पाए थे। इस

घटना के बाद बापटजी को भी कभी पान मिलने में दिक्कत नहीं हुई। कोई पूछे कि पान पर पाबंदी क्यों तो उसका समाधानकारक उत्तर किसी से नहीं मिलेगा। जेल में सुपारी चलती है, तंबाकू चलता है, बीड़ी पीने पर कोई पाबंदी नहीं थी। सन् 1948 में जब हम जेल में थे, तब बीड़ी पीने पर भी पाबंदी थी। इसीलिए शायद उस समय बीड़ी; यह जेल में सबसे मूल्यवान चलन था। बीड़ी के बदले में कोई भी सेवा उपलब्ध हो जाती, पर अब बीड़ी को सरकार की ओर से मान्यता मिल गई है। तंबाकू-सुपारी के साथ जेल की कैंटीन में वह विराजमान है, कैदी उसे खरीद सकते हैं, पर पान पर पाबंदी क्यों है? पर इसका उत्तर कौन देगा?

जेल क्वालिटी

शुरुआत में हमें रोटियाँ अंगारों पर सेंककर नहीं दी जाती थीं, तवे पर ही दो बार पलट दी तो हो गईं। इस तरह की रोटियाँ अकसर कच्ची रह जाती हैं। गेहूँ की तो बात ही मत करो, राशन की दुकान में से जो मिलता, वह आता। अब राशन की दुकान पर कैसा गेहूँ बिकता है, यह महाराष्ट्र में बसनेवाले लोगों को बताने की आवश्यकता नहीं है। फिर जेल क्वालिटी। इन सभी पदार्थों की एक अलग जात है। हमारी ही बैरक में एक बागवान किसान कैदी थे। बंदी बनाए नहीं गए थे, तब वे बाजार में सब्जी-तरकारी बेचने के लिए कभी-कभी जाते थे। एक बार बिल्कुल हलके किस्म की, कड़ी और बेकार, मुरझाई हुई सब्जियों का ढेर अपने दलाल के पास देखकर उन्होंने पूछा, ''दलाल साहब, यह कचरा यहाँ क्यों इकट्ठा कर रखा है?'' दलाल ने जवाब दिया, ''अभी जेल का खरीदार आएगा न! वह ले जाएगा सारा।'' तो ऐसी थी यह जेल क्वालिटी। गेहूँ कैसा भी हो, पर रोटी ठीक से सिकी हुई हो, इस बात के लिए हमने आग्रह किया। अंगारों पर रोटी क्यों नहीं सेंकी जानी चाहिए, इस बात का सही कारण किसी के पास नहीं था। यहाँ ऐसा ही होता है, इतना ही उत्तर मिलता। चार-पाँच महीने हम लगातार कोशिश करते रहे, तब कहीं जाकर हमें रोटियाँ सेंकने की मंजूरी मिली और उसके लिए अधिक ईंधन भी मंजूर किया गया। गेहूँ की क्वालिटी में भी 1976 के बाद जरा सुधार हुआ। कालांतर के बाद हमें पता चला कि जेल में रोटियाँ न सेंकने की प्रथा ब्रिटिश काल से चली आ रही है। सेंकने के बाद रोटी फूल जाती है और उसकी एक परत ऊपर आ जाती है। इस परत के अंदर कोई चिट्ठी, चपाटी न भेजी जा सके, इसलिए रोटियाँ सेंकने पर पाबंदी लगाई गई थी। सच क्या है, पता नहीं, पर जो पद्धति एक बार चल पड़ी, वह नियम और रूढ़िवादी के बंदे गुलामों ने अब तक जारी रखी है, क्योंकि हम

जैसे राजकीय कैदियों को सिंकी हुई रोटियाँ मिलने लगी थीं, तब भी बाकी के सारे कैदियों के लिए अब भी तवे पर पलटी हुई रोटियाँ ही बनती हैं।

11 अक्तूबर, 1975 को रात 9 बजे के करीब मुझे घर पर गिरफ्तार कर लिया गया था। रात साढ़े ग्यारह के करीब मुझे जेल भेज दिया गया। तब तक नागपुर जेल में कैद किए हुए लोगों की संख्या करीब दो-सौ के आसपास थी। सुबह उठने के बाद मैं परिस्थिति का अंदाजा लेने लगा। पिछले तीन महीनों में कैदी लोगों ने बहुत सारी व्यवस्था अपने पास ले ली थी। चाय पर स्थानबद्ध लोगों की देख-रेख शुरू हो गई थी। रसोई पर भी हमारा नियंत्रण होने लगा था, वितरण भी हम ही करते। शुरुआत की साबुत मूँग जाकर अब उसकी दाल बनने लगी थी। इसलिए अब एक ओर मूँग और एक ओर पानी ऐसी जेल क्वालिटी वाली दाल बनना बंद हो गया था। चने की दाल खाने की बजाय उसके आटे का बेसन बनना शुरू हो गया था। इतवार के दिन खिचड़ी-बेसन का मेनू करीब-करीब तय हो गया था। साधारणत: संघ के शिविर की तरह व्यवस्था शुरू हो गई थी। जमाते-इस्लामी, आनंदमार्गी, एक दो सर्वोदयवादी, पाँच सात समाजवादी, उतने ही मार्क्सवादी, ये सभी इस योजना में शामिल थे। अधिकांश संख्या संघ के कार्यकर्ताओं की होने के कारण व्यवस्था उनके पास आ गई थी। रोज सुबह खामगाँव के प्रा. सहस्रबुद्धे ज्ञानेश्वरी पर प्रवचन करते, सप्ताह के तीन दिन महाभारत चलता, बाकी के दिनों में भाषण होते। आगे चलकर हर रोज भाषण शुरू हो गए। ब्रिज, वॉलीबॉल, चौसर और शतरंज जैसे खेल खेले जाते, फिर योगासन के वर्ग भी चलते। शुरुआत के दिनों में सायंकाल 6 बजे ताला लगा दिया जाता, बाद में 8 बजे तक बैरक खुली रहने लगी। सन् 1976 की गरमियों में बाहर सोने की आज्ञा मिल गई, तब से बैरक में ताला लगना बंद हो गया। केवल यार्ड को ताला लगता। इसलिए यार्ड में कहीं भी और कभी भी घूमा जा सकता था। इस तरह से भौतिक रूप से छूट बढ़ती गई, पर मानसिक रूप से घुटन बढ़ती गई। पहले पाँच-छह महीने कार्यक्रम ठीक-ठाक रहा, फिर सत्याग्रह शुरू हो गया। वे दो महीने भी किसी तरह बीत गए, पर 26 जनवरी, 1976 के बाद सत्याग्रह समाप्त हो गया। उसका कोई फल दिखाई नहीं दे रहा था, तुरंत उसका फल मिलेगा, ऐसी अपेक्षा करना गलत था, पर अपेक्षा थी, इस बात को नकारा नहीं जा सकता।

कार्यक्रम पहले की तरह ही चल रहे थे। कुछ और कार्यक्रम भी बढ़ाए गए, पर अब यह सब जैसे साँचे में ढला हुआ लगने लगा था। एक प्रकार की घुटन का निर्माण हो गया था। वातावरण घुटन से भरा था। उसमें जरा सुखद हवा के झोंके छोड़ने का काम किया ग्रास पार्लियामेंट ने। ग्रास पार्लियामेंट यह शब्दावली अपने

आप तैयार हो गई। जेल के विस्तार में ही एक जगह घास पर कुछ लोग इकट्ठा होते, गप्पें लड़ाते, अखबारों में छपी हुई और अनछपी खबरों पर चर्चा करते और उनका अन्वयार्थ करते। इनमें से ही तैयार हुई यह ग्रास पार्लियामेंट। प्रारंभ में जेल में हमें रेडियो रखने की परमिशन नहीं थी। सात-आठ महीनों के बाद यह मिल गई। इसलिए बी.बी.सी. और वॉइस ऑफ अमेरिका से खबरें मिलती रहतीं। भारतीय आकाशवाणी से समाचार सुनने को मिलते, पर उन पर कैदी लोगों का विश्वास कम ही रहता। इस ग्रास पार्लियामेंट का किसी को बुलावा नहीं होता, न ही कोई सूचना दी जाती। सुबह 9 बजे आना, दस बजे जाना, आते समय उत्सुकता रहती और जाते समय उत्साह, क्योंकि ग्रास पार्लियामेंट उत्साहप्रद समाचारों की जननी थी। समाचार सच ही होना चाहिए, ऐसा इस ग्रास पार्लियामेंट का आग्रह नहीं होता था, समाचार नया हो तो काम तमाम फिर समाचार तैयार करनेवाले भी तैयार हो गए। आपातकाल के विरोध में विनोबाजी सत्याग्रह करनेवाले हैं, संजय गांधी ने अपनी माँ को तमाचा मारा, बालासाहब देवरसजी को बातचीत के लिए दिल्ली ले जाया गया है, एकनाथजी रानडे और श्रीमती इंदिरा गांधी की मुलाकात हुई। इस तरह के समाचार ग्रास पार्लियामेंट के मुख्य समाचार होते थे। ऐसे कितने ही छोटे-मोटे समाचार रोज उत्साह बढ़ानेवाले समाचार होते। उत्साह के समाचार आने पर नींद की गोलियों की मात्रा एकदम कम हो जाती और उधर भारतीय आकाशवाणी से लोकसभा की मुद्दत बढ़ाई गई, मिसा के 16(अ) कलम की मुद्दत बढ़ाई गई, ऐसे समाचार सुनते ही या फिर संघ पर या जे.पी.जी पर प्रधानमंत्री ने हल्ला बोला, सुनते ही कंपोज (नींद की गोलियाँ) लेनेवालों की संख्या बढ़ जाती।

इस ग्रास पार्लियामेंट का चुनाव भी बहुत धूमधाम से हुआ, लोकसभा में दूसरी बार मुद्दत बढ़ाने की खबर आई और कारावास का वातावरण एकदम से उदास बन गया। अब हम कभी नहीं छूट पाएँगे, इंदिरा गांधी के हाथ में जब तक शासन की बागडोर है, तब तक चुनाव नहीं होंगे, इस तरह की भविष्यवाणी छाती पर हाथ रखकर की जाने लगी। निराशा में से उत्पन्न होनेवाले साहसी विचार लोग खुलकर व्यक्त करने लगे। वातावरण भीषण मानसिक तनावपूर्ण बन गया, पर ग्रास पार्लियामेंट के चुनाव ने उसे पूरी तरह बदल डाला। इंदिरा गांधी के पार्लियामेंट के चुनाव भले ही रद्द कर दिए गए हों, पर ग्रास पार्लियामेंट के चुनाव अवश्य होंगे, ऐसी घोषणा की गई। एक राष्ट्रपति की नियुक्ति की गई। एक व्यक्ति को चुनाव आयुक्त बनाया गया। पार्लियामेंट की बरखास्तगी की राष्ट्रपति ने घोषणा कर दी। चुनाव आयोग ने चुनाव का कार्यक्रम घोषित कर दिया। अध्यक्ष तथा सचिव

ऐसे दो पदों पर नियुक्ति की गई, पार्लियामेंट के कार्यक्रमों में उत्सुकता से भाग लेनेवाले चुनाव के मैदान में उतरे, तो उनका नक्शा उतारने के लिए, रिहाई के लिए आतुर और उतावले हो रहे एक किसान को खड़ा करने का दाँव रचा गया। चतुरंगी मुकाबला हुआ। धूमधाम से प्रचार किया गया, पोस्टर चिपकाए गए, अखबार छपे। मिसा टाइम्स और दैनिक बेधड़क नामक भित्तिचित्रों ने भी धूम मचा दी। दिन में दो-दो बार आवृत्तियाँ छपने लगीं और हरेक यार्ड की दीवारों पर फहराने लगीं। एक उम्मीदवार की घोषणा थी, ग्रास पार्लियामेंट के लिए समाचार तैयार करनेवाले एक नए अधिकारी को नियुक्त किया जाएगा। किसान उम्मीदवार का घोषणा-पत्र एक शब्दी था, वह शब्द था, 'रिलीज'। चुनकर आने पर ताबड़तोड़ 'रिलीज'। एक दिन हाईड पार्क की तरह छोटी-छोटी सभाओं के कार्यक्रम किए गए। भाषणबाजी, ताने, अड़चनें, इन सबकी वजह से सारा परिसर गूँज उठा। तय कार्यक्रम के अनुसार चुनाव हुआ और हमारा किसान मित्र बहुसंख्य वोटों से जीत गया। ग्रास पार्लियामेंट के दिग्गजों को अच्छा-खासा सबक दिया गया। कौन जीता और कौन हारा, इससे भी अधिक रोमांचकारी वातावरण जो पिछले हफ्ते भर में बन गया था, उस कारण विषाद के जो बादल छाए थे, वे छँट गए थे। बैरेक में बैठकर अंदाजा लगानेवालों के लिए इस चुनाव के नतीजों ने एक गहरा आघात दे दिया था, मानो जैसे भविष्य ही इन नतीजों के द्वारा संकेत दे रहा था।

जेल के डॉक्टर

कंपोज की गोलियों से याद आई जेल के भीतर की वैद्यकीय व्यवस्था। इसे व्यवस्था कहने की बजाय अव्यवस्था कहना अधिक उचित होगा। यहाँ डॉक्टरों से अधिक रोब कंपाउंडरों का होता था। जेल की नौकरी में कोई अच्छा डॉक्टर अधिक दिनों तक नहीं टिकता था, ऐसा कहते हैं। अस्वस्थ कैदियों को अधिक फल व दूध के लिए सिफरिश करना इन डॉक्टरों का अधिकार होता था और वे इस बारे में काफी उदार थे। यह मानना होगा। नासिक जेल के डॉक्टर बहुत ही उदार थे, ऐसा वहाँ से दाँत का इलाज करवाने के लिए आए हुए कैदी बताते थे। (नासिक या ठाणे की जेलों के कैदियों को दाँत गिराने या बिठाने के लिए नागपुर जेल में लाया जाता, फिर वहाँ से सरकारी अस्पताल में ले जाया जाता। कैदी मुंबई के अस्पताल से भाग न जाएँ, इसलिए ऐसी व्यवस्था महाराष्ट्र सरकार ने की थी।) हमारे ही साथ एक उत्तम प्रैक्टिस करनेवाले डॉक्टर भी कैद थे, इसलिए अच्छा था अधिकतर कैदी अपनी बीमारी के बारे में जेल के डॉक्टरों को बताते ही नहीं थे, वह चिकित्सा जेल में कैद

डॉक्टर से करवाते थे और दवाइयाँ जेल के डॉक्टर के पास से माँगते।

उन डॉक्टरों को भी इस बात पर कोई एतराज नहीं होता था। डॉक्टर के सामने खड़े होकर इतनी कांपोज, इतनी यूनियनजैम, इतनी कोसैविल, इतनी बी कॉम्प्लेक्स इतना कहते और अपनी-अपनी दवाइयाँ लेकर चले जाते। जेल के डॉक्टरों के बारे में एक किस्सा सभी को परिचित है। कम्पाउंडर की सुविधा के लिए विशेष प्रकार के रोगों के लिए विशेष औषधियाँ बोतलों में भरकर उन पर नंबर डाल दिए जाते। बीमार कैदियों को अपनी बीमारी के अनुरूप दवाई का नंबर बताने पर उसे वह दवाई दे देने का रिवाज था। एक बार इसी तरह 9 नंबर की दवाई किसी बीमार कैदी को देनी थी, कंपाउंडर ने कहा कि 9 नंबर की दवाई खत्म हो गई है तो डॉक्टर ने कहा, ''तो फिर थोड़ी 6 नंबरवाली और थोड़ी 3 नंबरवाली दवाई को मिलाकर दे दो।'' इस किस्से में लिखी अतिशयोक्ति से इनकार नहीं है, पर फिर भी जेल के डॉक्टरों की लापरवाही भी छिपी नहीं है।

हमारे एक सहवासी के बारे में घटी एक घटना ऊपर के किस्से जैसी ही है। उसका हाथ दर्द हो रहा था, इसलिए उसने डॉक्टर से रिलेक्सिल नामक मरहम की ट्यूब माँगी। डॉक्टर ने कहा, ''रिलेक्सिल नहीं है।'' टेबल पर दूसरी कोई ट्यूब पड़ी थी, हमारे उस मित्र ने पूछा, ''डॉक्टर साहब यह कौन सी ट्यूब है?'' डॉक्टर ने कहा, ''यह टूथपेस्ट है'' मित्र बोला, ''मैं ले लूँ?'' डॉक्टर ने कहा, ''ले लो।'' बैरेक में आकर उसने हमें यह किस्सा सुनाया। रिलेक्सिल नहीं तो टूथपेस्ट ही सही, हम सब जी भरकर हँसे।

मौत की खबर

जेल में बीमार पड़ने से ज्यादा बड़ी सजा और कोई नहीं हो सकती। बीमार व्यक्ति के पास इतने सारे व्यक्ति होते हुए भी उसे अकेलेपन का तीव्रता से एहसास होता। मनुष्य का धैर्य छूट जाने की नौबत अधिकतर उसकी बीमारी में ही होती है। बीमारी अगर लंबी चली तो अपना क्या होगा, इस विचार के कारण वह बेचैन हो जाता है। मैं स्वयं का ही उदाहरण देता हूँ। मुझे फ्लू हो गया था। डॉक्टर ने मुझे टेरामाइसिन की गोलियाँ दे दी। 24 गोलियाँ खाने के बाद मेरा बुखार उतरा, पर मुझे बहुत अधिक कमजोरी हो गई थी, भूख मर चुकी थी और लगातार चक्कर आ रहे थे। एक शाम को तो ऐसा लगने लगा जैसे अब सब कुछ खत्म हो जाएगा। वैसे मैं अपने आपको बड़ा ही धैर्यवान समझता हूँ, मृत्यु से डर जाऊँ, ऐसा मेरा स्वभाव नहीं है, न ही मेरे संस्कार। सहसा मैं तर्कों पर भावनाओं को हावी नहीं होने देता,

पर उस समय मुझे लगा कि अगर मौत आनी ही है तो वह मेरे बच्चों के आसपास रहते हुए आए। इस तरह अकेले में मौत को नहीं आना चाहिए, अकेले में? चार-सौ लोग आस-पास थे, बैरेक में ही 32 सहृदय मित्र थे और फिर भी अकेलापन? पर उस समय मन बहुत ही संवेदनशील बन गया था।

आज जब मैं उस पल को याद करता हूँ और उसकी मीमांसा करता हूँ तो स्वयं से ही कहता हूँ कि अरे, घर पर भी मौत से तुझे कोई बचा सकता था क्या? पर यह हुआ तर्कशास्त्र। मेरी भावनाओं के सामने वह उस समय बिल्कुल कमजोर पड़ गया था, मौत की खबर से पूरी जेल में वातावरण कितना दुःखमय बन जाता था। आज फलाँ के पिताजी चल बसे, फलाँ की माँ गुजर गई, किसी के लड़के की हादसे में मौत हो गई। पौने दो साल में ऐसा सब कुछ तो होना ही था, पर जिसके भी रिश्तेदार की मौत होती, वह यहाँ जेल में होता, फिर पैरोल के लिए भागदौड़ होती, पैरोल जल्द मिलता नहीं। ऐसे वक्त पर उस दुःखी आत्मा की वेदना सभी कैदियों के मुख पर अंकित हो जाती। खामगाँव के मूर्तिकार सान्याल के पिता नागपुर में चल बसे। अंतिम यात्रा में शामिल होने के लिए सान्याल बहुत तड़प रहा था, परंतु उसे छोड़ना मुंबई के गृहखाते के और बुलढाना के कलेक्टर के हाथ में था। सांन्याल अंतिम यात्रा में शामिल न हो सका। उसके साथ पूरी जेल में नमी छा गई। देउलगाँव राजा के जनार्दन पंत तो अपने पिता की तेरहवीं में भी न जा सके। उनके पैरोल के बारे में सोचने के लिए सरकार को तेरह दिन भी कम पड़ गए। कम-से-कम मृत्यु के कारण के लिए ही जेल के अधिकारियों को पैरोल का अधिकार दे दिया होता तो कोई बड़ा नुकसान नहीं होनेवाला था, पर वैसा कोई नियम नहीं था। ऐसे वक्त पर जेल के अधिकारी बहुत मदद करते, पर उनके हाथ भी कहाँ तक पहुँचते? मीसा के अंतर्गत कैद किए हुए लोगों की पैरोल की अरजी की पहले हाईकोर्ट में सुनवाई होती थी, पर सुप्रीम कोर्ट के निर्णय के पश्चात् हाईकोर्ट भी हतबल हो गया था और इसलिए पैरोल मिलना भी मुश्किल हो गया था। एक जैसे कारणों के लिए सभी को पैरोल, ऐसी सरकार की नीति नहीं थी। इसलिए किसी को मौसेरे भाई की लड़की की शादी के लिए तीन दिन तक पैरोल मिला तो मेरे सगे भाई को जो मेरे ही साथ जेल में था, उसे मेरी बेटी की शादी के लिए तीन घंटे का पैरोल भी नहीं मिला। मेरी बेटी की शादी मेरे जेलवास के दौरान ही तय हुई थी। सगाई की रस्म के लिए एक कैदी को तीन दिन का पैरोल मिला था।

कुछ दिनों पहले ही एक कैदी को इसी तरह के कारण के लिए आठ घंटों का पैरोल मिला था। इसलिए मेरी भी आशा बँधी हुई थी, पर सरकार चुप लगाए बैठी थी, न हाँ कहते थे, न न। मेरे बेटे ने मुंबई में मेरे मित्र को फोनकर पूछताछ करने

को कहा तो उनके पास से उसे पता चला कि पैरोल नहीं मिलेगा। यह सब हुआ, सगाई के दिन घर पर सारी तैयारियाँ हो चुकी थीं, मेहमान आ चुके थे। दोपहर तीन बजे बेटा रूआँसे चेहरे के साथ जेल के फाटक पर आया और उसने मुझे यह निराश कर देनेवाली खबर सुनाई। गेट के जेलर ने इतनी सज्जनता दिखाई। इसलिए कम-से-कम मेरा बेटा मुझे यहाँ आकर यह खबर तो सुना सका। वापस जाते हुए बेटे के मुख पर छाई निराशा की रेखाएँ आज भी मेरे स्मृतिपटल पर अंकित हैं। उस दिन मुझे भी नींद के लिए कांपोज की ही शरण लेनी पड़ी थी।

कंपोज की गोलियाँ उस संकट के वक्त पर बिल्कुल मित्र की तरह मदद करती थीं। दिन तो अनेक तरह के कार्यकलापों में बीत जाता, पर रातें काटे नहीं कटती थीं। सुप्त मन रात को जाग जाता और फिर तरह-तरह के विचार, विकार पैदा होते। पलकें बंद होतीं, पर नींद का नामोनिशान नहीं होता जैसे पलकों की किलेबंदी ही नींद को अंदर आने से रोक रही हो। शेली नामक अंग्रेज कवि ने रात को अफीम की छड़ी से सबको स्पर्श करनेवाली (touching all with the opiate wand) ऐसा कहा है, पर जेल में रात अनेक बार बैरन बन जाती थी, अफीम की छड़ी का स्पर्श तो दूर रहा, झुलसा देनेवाली आग बन जाती, नींद चुराकर ले जाती। निद्रा को वड्र्सवर्थ कवि ने ताजे विचारों की और आनंदी जीवन की ममतामयी माँ (dear mother of fresh thoughts and joyous health) कहा है, पर वह निद्रा प्रयत्न करने पर भी नहीं आती जैसे दुश्मनी निकाल रही थी। योगासन के वर्ग में सीखी हुई योग निद्रा का प्रयोग भी असफल हो जाता। मन को निश्‍चिंत और निर्विचार करने का जितना भी प्रयत्न करता, उतनी ही तेजी से मन चिंता और विचारों में घिर जाता। ऐसे समय केवल कांपोज की गोली ही मददगार साबित होती। उस कालावधि में प्रत्येक जेल में उपयोग की गई कंपोज की गोलियों के आंकड़े एकत्रित किए जाएँ तो उस समय राजकीय कैदियों की मनोव्यथा का अंदाजा लगाया जा सकेगा। दिन चढ़ते ही हम फिर से धैर्य के पर्वत बनकर घूमते रहते। इस मनोव्यथा का मुख्य कारण एक अनिश्‍चितता, यह भी हो सकता है। आजीवन कैद की सजा पाए हुए कैदियों को भी पता रहता है कि 13-14 वर्षों के बाद वह छूटेगा ही, पर हम जैसे स्थानबद्ध लोगों के बारे में कोई तर्क काम नहीं कर रहा था। अचानक कभी चार-छह लोगों को छोड़ दिया जाता तो छूटने की आशा पल्लवित हो जाती। जेल में वाक्प्रचार था कि प्रक्रिया शुरू हो गई, पर महीने बीत जाते, प्रक्रिया बंद पड़ जाती। 18 जनवरी, 1977 में चुनाव घोषित किए गए। उस सप्ताह में 100 लोग छोड़ दिए गए। पर अब भी 300 लोग यूँ ही लटके थे। सौ लोगों को क्यों छोड़ा और बाकी

के तीन सौ को क्यों नहीं, इसकी कारण मीमांसा कोई नहीं कर सकता था। छोड़े गए सौ लोगों में चार नागपुर महापालिका के सदस्य थे। बाकी बचे तीन सौ में भी तीन लोग थे, वे चार क्यों कर छुट गए और बाकी के तीन क्यों नहीं छूटे, इसके लिए कोई कारण नहीं है।

आत्माओं का असहयोग

हमारी रिहाई के लिए बाहर व्रत आदि रखे जा रहे थे। यह अंदर आनेवाले प्रसाद से पता चल जाता था, पर ऐसे व्रत आदि कारागृह में भी चलते रहते। नवनाथ की पोथी कारावास से छूटने के लिए उपयुक्त समझकर उसका पारायण करनेवाले दो-चार लोग तो थे ही, पर ज्योतिषियों और हस्तरेखा पढ़नेवालों की भी अच्छी चल रही थी। इंदिरा गांधी की, आपातकाल की, संघ की, संघ पर बंदी की, ऐसी सारी कुंडलियाँ बन चुकी थीं, पर सारी भविष्यवाणियाँ गलत साबित हो चुकी थीं। तो घिस जाने तक प्लैंचेट का उपयोग किया गया। एक बार तो हमारी जेल में ही फाँसी पर चढ़े एक व्यक्ति की आत्मा को प्लैंचेट पर बुलाया गया, पर इन सभी मृतात्माओं की दी हुई तारीखें गलत साबित हुईं। मेरा पहले से ही इन सब विद्याओं पर विश्वास नहीं था, फिर भी प्लैंचेट क्या चीज है, यह जानने के लिए एक बार किसी प्लैंचेटवाले को बैरेक में बुलवाया गया। उसने आकर बहुत कोशिश की, परंतु आत्माओं का असहयोग खत्म नहीं हुआ और वे कुछ नहीं बोलीं, आखिर प्लैंचेट वाला बोला, ''श्रद्धावंतों को ही इसमें सफलता मिलती है।''

नियतकालिक भेंट

मृत्यु से एक बात याद आ रही है, हमारी जेल में दो कैदियों को फाँसी दे दी गई थी। फाँसीघर हमारे बैरेक के पास ही था। उसका सरकारी नाम अमरधाम था। इस तरह का बोर्ड वहाँ लगाया हुआ था, पर फाँसीघर यही नाम प्रचलित था, फाँसी देते वक्त जेल के अधिकारियों को कैसा लगता होगा, यह तो वे ही बता सकेंगे, पर हम जैसे स्थानबद्ध लोगों को अच्छा नहीं लगता था। फाँसी की सजा मिले कैदी खूँखार खूनी थे। एक ने पाँच लोगों का खून कर दिया था। उसकी बीवी तक उसका मुँह देखने को तैयार नहीं थी, पर फाँसी के एक दिन पहले उसकी कोठरी के पास जाकर जब हमने उसकी तरफ देखा, तब हमें उस पर दया करनी चाहिए, ऐसा ही एक जीव लगा। उसके चेहरे से लग रहा था कि वह कितना असहाय था। उसने हम सबको

हाथ जोड़कर प्रणाम किया, तो हम सब भी सिहर उठे थे। जिस दिन उसे फाँसी दे दी गई, उस पूरे दिन जैसे हम श्मशान में ही थे, ऐसा लग रहा था, पूरी जेल उस दिन गंदी और अपवित्र सी महसूस हो रही थी। एक लाश के साथ जकड़ी हुई सी।

बी.बी.सी. और वॉयस ऑफ अमेरिका खबरों को प्रसारित करते थे, पर दिल को तसल्ली केवल भूमिगत साहित्य पढ़ने से मिलती थी। हर तरह का साहित्य पढ़ने को मिलता था। सबको एक ही वक्त पर समाचार मिल सके, सत्याग्रह के बारे में पता चले, इसलिए सत्याग्रह के कालखंड में हमने एक नियतकालिक शुरू किया था। उसका नाम था भेंट। रिश्तेदारों की मुलाकात के लिए लोग जितने बेताब होते थे, उतने ही बेताब लोग भेंट के लिए होते थे, सत्याग्रह के पर्व में हफ्ते में तीन दिन निकलता था। आगे चलकर वह रोज निकलने लगा, आगे जाकर भूमिगत साहित्य और बढ़ गया। फिर उसका सामूहिक रूप से पतन होने लगा। मैंने स्वयं वाचन प्रतिष्ठान नामक संस्था शुरू कर उसे चलाना शुरू किया। एम.एन. रॉय के साइंटिफिक पॉलिटिक्स को पढ़ने के लिए केवल तीन ही श्रोता मिले, पर थैंक यू मिस्टर ग्लैड को बहुत भीड़ इकट्ठा हो गई थी। डेमोक्रेटिक मैनीफैस्टो, ख्रुश्चेव रिमेम्बैर्स, द लास्ट फेज के कुछ प्रकरण, जयप्रकाशजी का स्वगत आदि का वाचन लोगों के स्मरण में दीर्घकाल तक रहेगा। भूमिगत व्यवस्था के कारण, बाहर के लोगों को जो साहित्य प्राप्त नहीं होता था, जो खबरें उन तक नहीं पहुँचती थीं, वे सब अंदर पहुँच जाती थीं। बाहर के लोगों को अंदर रहे लोगों के मनोधैर्य की कदर थी। इसलिए सारा-का-सारा साहित्य बराबर अंदर भेजते रहते।

ऐसे थे ये जेल के दिन। बहुत दिन तक यादों में बसे रहेंगे। देखते-देखते अट्ठारह माह बीत गए, पर अनुभवों का खजाना देकर गए। यहाँ सबकुछ खुल्लमखुल्ला हो रहा था। गांधारी के सामने जाते वक्त दुर्योधन ने कम-से-कम लँगोट तो पहना था, पर कुछ तथाकथित हिम्मतबाज लोगों के चरित्र को आपातकाल के जेलवास में लँगोटी भी प्राप्त नहीं होने दी। हिम्मत के अनेक हिमालय चींटियों के घर जितने ऊँचे निकले, धीरज के पर्वत बनकर जिन्हें नेतृत्व करना चाहिए था, वे मिट्टी के माधो निकले। तो आमतौर पर छोटे लगनेवाले लोग समय आने पर कैसे गगनचुंबी बन जाते हैं, यह अनुभव भी हुआ। आज बाहर आने पर ये लोग सामान्य उद्योग कर रहे हैं, पर उनसे भेंट होने पर मेरा माथा उनके आगे विनम्रता से झुक जाता है। अनुभवों का यह खजाना जिसे भी मिला होगा, वह इस जेलवास के लिए भी सदैव कृतज्ञ ही रहेगा।

('महाराष्ट्र टाइम्स', दीपावली विशेषांक 1977)

❒

10

हिस्लौप कॉलेज के सत्रह वर्ष

21 फरवरी, 1949 से लेकर 10 जुलाई, 1966 नागपुर के हिस्लौप कॉलेज में संस्कृत विषय के प्राध्यापक की हैसियत से नौकरी की। हिस्लौप कॉलेज की शुरुआत चर्च ऑफ स्कॉटलैंड नामक प्रोटेस्टेंटपंथीय चर्च के द्वारा हुई है। इस महाविद्यालय में मेरा नौकरी माँगने जाना, इस नौकरी का मुझे मिलना और सत्रह से अधिक वर्षों तक वहाँ टिके रहना, अपने आपमें एक आश्चर्य ही है। सन् 1966 में मैंने यह नौकरी छोड़ दी। इसके लिए भी कारण मैं स्वयं ही हूँ। कॉलेज में ऐसा कुछ भी नहीं घटा था, जिसके कारण मुझे नौकरी से इस्तीफा देना पड़े। 'तरुण भारत' नामक दैनिक समाचार-पत्र के संपादक मंडल में आने के लिए मैंने वह नौकरी छोड़ी थी।

संघ सत्याग्रह के पश्चात्

सन् 1948 में गांधी हत्या के बाद संघ पर लगाई हुई पाबंदी उठवाने के लिए 9 दिसंबर, 1948 से संघ ने सत्याग्रह शुरू किया था। मेरे पास भूमिगत रहकर, सत्याग्रह का आयोजन करना, पत्रिकाएँ छापना और बाँटना, जैसे काम थे, परंतु मेरा आग्रह सत्याग्रह में भाग लेने का था, जिस क्षेत्र का दायित्व मेरे जिम्मे था, वह काम पूरा होने के पश्चात्, मुझे सत्याग्रह में भाग लेने की अनुमति मिल गई। ठीक-ठीक तारीख याद नहीं आ रही, पर शायद 14-15 जनवरी होगी। सत्याग्रह की टुकड़ी का मैं नायक था, परंतु मुझे केवल 6 हफ्तों की सजा हुई, क्योंकि उस वक्त मैंने अंग्रेजी विषय में एम.ए. की परीक्षा देने के लिए आवेदन किया था और कहीं भी नौकरी नहीं कर रहा था, इसलिए विद्यार्थी के रूप में मेरा नाम अंकित किया गया था। मेरी टुकड़ी के अन्य लोगों को तीन महीने की सजा हुई थी। संघ पर पाबंदी

के कालखंड में मैं यहाँ के मौरिस कॉलेज नामक सरकारी महाविद्यालय में नौकरी पर था। यह नौकरी चार महीनों के लिए ही थी और 31 अक्तूबर, 1948 को वह समाप्त भी हो गई, पर बहुत से लोगों को यह गलतफहमी हो गई कि मैंने मोटी तनख्वाहवाली नौकरी को लात मारकर सत्याग्रह में भाग लिया, पर यह सच नहीं है। मेरी नौकरी समाप्त हो चुकी थी और मैं खाली था।

संघ के अधिकृत तौर पर सत्याग्रह का आंदोलन रोक देने के बाद परीक्षा में बैठनेवाले विद्यार्थियों को सरकार ने छोड़ दिया, इसलिए छह हफ्ते पूरे होने से पहले ही मुझे छोड़ दिया गया। शायद यह 16 या 17 फरवरी, 1949 का दिन था। मेरी रिहाई के दूसरे ही दिन हिस्लौप कॉलेज का मेरा एक परिचित विद्यार्थी मेरे पास आया और बताया कि हमारे संस्कृत के प्राध्यापक श्री बापट का स्वर्गवास हो गया है और वहाँ संस्कृत पढ़ानेवाला कोई नहीं है, आप वहाँ जाकर देखिए। ऐसा उसने सुझाव दिया। प्राध्यापक बापट की मृत्यु 9 फरवरी, 1949 को हो गई थी। किसी व्यक्ति की मौत के बाद उसकी जगह पर नौकरी माँगने जाना मुझे बड़ा विचित्र लग रहा था। इसलिए वह दिन मैंने यूँही जाने दिया। दूसरे दिन आवेदन-पत्र डाक के द्वारा भेजने का विचारकर मैंने अरजी लिखी और फिर मुझे ही आश्चर्य होने लगा, क्योंकि हिस्लौप कॉलेज का पैदल का रास्ता दस मिनट का भी नहीं था, वहाँ डाक से अरजी भेजना ठीक नहीं होगा। ऐसा सोचकर मैंने वह अरजी वैसे ही छोड़कर सीधे मौरिस कॉलेज के संस्कृत के विभाग प्रमुख, जो पहले मेरे प्राध्यापक भी थे, उन डॉ. हीरालाल जैन के पास गया। उन्होंने कहा, "केवल एक डेढ़ महीने के लिए वहाँ प्राध्यापक की नियुक्ति करेंगे, ऐसा मुझे नहीं लगता। वहाँ डॉ. शं.दा. पेंडसे नामक संस्कृत के विद्वान् प्राध्यापक पहले से हैं। उनसे यह काम ले लिया जाएगा, फिर भी तुम वहाँ जाकर पूछ आओ कि क्या वह प्राध्यापक की नियुक्ति करनेवाले हैं ? और मुझे भी बताना फिर मैं प्राध्यापक डॉ. मोज़ेज़ से बात करूँगा।"

हिस्लौप की इमारत में

तिलक के पुतले के पास अपनी साइकिल नीचे रखकर मैंने हिस्लौप कॉलेज की इमारत में प्रवेश किया। मैंने अभी तक इस कॉलेज की इमारत को केवल बाहर से ही देखा था अंदर कभी नहीं गया था। सामने की और जाने के बाद, कुरसी पर बैठे एक चपरासी से प्रिंसिपल साहब कहाँ बैठते हैं, यह पूछा। उसने कुरसी पर से खड़े हुए बिना ही अँगूठे से एक कमरे की और संकेत किया, दरवाजा खुला ही था। मैंने अंदर प्रवेश किया। लकड़ी के कठड़ेवाले ऊँचे स्थान पर एक व्यक्ति

बिल्कुल आधुनिक पोशाक में सज्ज नेकटाई लगाए हुए बैठे थे। मैंने उन्हें ही प्राचार्य समझ लिया और पूछा, ''आप संस्कृत के लिए प्राध्यापक की नियुक्ति करनेवाले हैं क्या?'' उन्होंने उत्तर दिया, ''आप प्राचार्यजी से मिलिए।'' इतनी अपटूडेट पोशाक में सज्ज व्यक्ति अगर प्राचार्य नहीं है तो प्राचार्य की पोशाक कैसी होगी? ऐसा विचार मेरे मन में आए बगैर नहीं रहा। मेरे शरीर पर आधी बाँह की कमीज और धोती थी। मैंने उनसे कहा, ''कल मिलूँगा।'' मैंने मन-ही-मन सोच लिया कि कल अच्छी पोशाक पहनकर प्राचार्य से मिलूँगा, पर वह सज्जन बोले, ''अभी मिलिए।'' कल वे नागपुर में नहीं है, मैंने भी मन में सोचा, 'चलो मिल ही लिया जाए। वैसे भी ज्यादा-से-ज्यादा क्या होगा? नौकरी नहीं मिलेगी। वैसे भी फरवरी के महीने में नौकरी कहाँ मिलनेवाली थी?'

प्रवेश के लिए आज्ञा माँगते हुए मैंने अंदर प्रवेश किया। मेरा रूप और पोशाक देखकर प्राचार्य मोज़ेज़ ने शायद मुझे एक विद्यार्थी ही समझ लिया था। त्यौरियाँ चढ़ाकर कुछ कठोर स्वर में उन्होंने पूछा, ''क्या?'' उन्होंने मुझसे बैठने तक के लिए नहीं कहा। मैंने अपना प्रश्न उनके सम्मुख रख दिया उन्होंने पूछा, 'एम.ए. में कौन सी श्रेणी प्राप्त की है?'' मैंने कहा, 'प्रथम श्रेणी और स्वर्णपदक भी।' उन्होंने दूसरा प्रश्न किया। 'बी.ए. में कौन-सी श्रेणी प्राप्त की है?' मैंने कहा, ''बी.ए. में भी प्रथम श्रेणी और स्वर्णपदक भी।'' तुरंत उनके चेहरे के भाव बदल गए। उन्होंने मुझे कुरसी पर बैठने के लिए कहा और फिर मुझे बोलने ही नहीं दिया, जिन्हें मैं पहले मिला था, वह कॉलेज के सेक्रेटरी, यानी आज की भाषा में सुपरिटेंडेंट श्री अगस्टिन थे। उनके द्वारा एक प्रथम वर्ष के विद्यार्थी को और तृतीय वर्ष के विद्यार्थी को बुलवाया गया। उनसे मैंने अभ्यासक्रम के बारे में जानकारी ली। डॉ. मोज़ेज़ के ध्यान में आ गया कि मुझे अभ्यासक्रम के बारे में जानकारी है उन्होंने तुरंत पूछा, ''अरजी लाए हो?'' मैंने कहा, 'नहीं।' वह बोले, ''कल अरजी लेकर आइए।'' और तुरंत श्री अगस्टिन को मेरा नियुक्ति-पत्र बनाने के लिए आदेश दे दिया। 115 रु. वेतन और 30 रु. महँगाई भत्ता। उन्होंने यह भी स्पष्ट कर दिया कि नौकरी 31 मार्च तक ही रहेगी, उसके बाद कॉलेज विज्ञापन देकर अरजी मँगाएगा, आप कल आइए। मैं बोलने का प्रयत्न कर रहा था, पर मुझे मौका ही नहीं मिल रहा था। उनका बोलना समाप्त होने पर मैंने कहा, 'सर, मैं कल से नहीं आ पाऊँगा। मेरे पिताजी बहुत बीमार हैं और मुझे उनसे मिलने के लिए जाना है, वे गाँव में रहते हैं, मैं सोमवार से काम पर आ पाऊँगा।' डॉ. मोज़ेज़ बोले, 'मैं सोमवार को वापस आ रहा हूँ, आप अरजी लेकर आ जाइए।'

मुलाकात समाप्त हुई, मैं सोमवार को अरजी लेकर गया। वह श्री अगस्टिन को दी। नियुक्ति-पत्र तैयार ही था। उन्होंने वह मेरे हाथ में रख दिया और प्राचार्य से मिलने के लिए कहा। मैं डॉ. मोज़ेज़ के कमरे में गया। वे मुझे लेकर संस्कृत के वर्ग में गए और वहाँ के विद्यार्थियों से मेरी गुणवत्ता-सह परिचय करवाया। हिस्लौप कॉलेज में प्राध्यापक बनना एक तरह का हादसा ही था और इस प्रकार मैं वहाँ का प्राध्यापक बन गया।

कायमी प्राध्यापक बना

आगे तय कार्यक्रम के अनुसार विज्ञापन निकाला गया। मैंने अरजी दी। चर्च ऑफ स्कॉटलैंड द्वारा चलाई जानेवाली एक माध्यमिक पाठशाला भी थी। सेंट उर्सुला गर्ल्स हाईस्कूल, ऐसा उसका नाम था। उस पाठशाला में संस्कृत में एम.ए. किए हुए और बी.टी. किए हुए और लेखक और संशोधक के रूप में ख्याति प्राप्त एक शिक्षक थे। उनके छोटे बंधु मेरे समवयस्क थे। उन्होंने ही मुझसे कहा कि उनके बड़े भाई को हिस्लौप में नौकरी मिल जाएगी परंतु ऐसा कुछ नहीं हुआ। डॉ. मोज़ेज़ ने साक्षात्कार के लिए किसी को नहीं बुलाया, केवल मुझे पत्र लिखकर नियुक्ति का आदेश दे दिया। अब वेतन 150+30 रु. हो गया था। नियुक्ति का आदेश लेकर मैं डॉ. मोज़ेज़ से मिलने और उन्हें धन्यवाद देने गया तो उन्होंने एक ही शर्त मेरे सामने रखी कि सत्र के बीच में नौकरी छोड़कर नहीं जाना। इसके पीछे भी एक कारण था, सरकारी कॉलेज का वेतन और प्राइवेट कॉलेज का वेतन। इसमें बहुत अंतर था। करीब-करीब डेढ़ गुना। इसलिए हिस्लौप कॉलेज के अनेक प्रसिद्ध ईसाई प्राध्यापक सरकारी नौकरी में चले गए थे। प्रो.राघवय्या, प्रो. आईज़ेक, प्रा. एडवर्ड माने, प्रा. डेविड, ये प्रसिद्ध लोग हिस्लौप कॉलेज छोड़कर अन्यत्र चले गए थे। मैंने डॉ. मोज़ेज़ से बीच में कॉलेज छोड़कर नहीं जाने का वचन दिया।

ये सारी बातें बताने के पीछे भी एक कारण है। दीपावली की छुट्टियों में विद्यापीठ की एक सभा में डॉ. हीरालाल जैन और डॉ. मोज़ेज़ की मुलाकात हुई, तब डॉ.जैन ने उनसे कहा, ''मिस्टर वैद्य अब फिर से हमारे यहाँ आएँगे। वे हमारे यहाँ ही थे। वह पद अब पूरी तरह से रिक्त हो चुका है।'' डॉ. मोज़ेज़ ने तुरंत एक पत्र देकर एक कारकुन को हमारे गाँव भेजा। उस वक्त हमारे गाँव में पक्की सड़क नहीं थी। वह कारकून वर्धा तक रेल से आया। वहाँ से किराए की साइकिल लेकर करीब 25 कि.मी. की दूरी तयकर हमारे गाँव आया और डॉ. मोज़ेज़ का वह पत्र मुझे दिया। उसमें उन्होंने मुझे अपने वचन की याद दिलाई थी। मैंने तुरंत

उसी के साथ उत्तर भेजा। उसमें लिखा था, मुझे सरकारी नौकरी का आकर्षण नहीं है, सामाजिक कार्यों में खुलकर भाग लेने की मेरी इच्छा है, इसलिए मैं सरकारी कॉलेज में नहीं जाऊँगा। आपके कॉलेज में ही रहूँगा, इस बात पर विश्वास रखिए। डॉ. मोज़ेज़ का यह पत्र और उस पर मेरा लिखा उत्तर, ये दोनों ही मेरी गोपनीय फाइल में मेरे हिस्लौप छोड़ने तक सुरक्षित रखे थे।

संघ स्वयंसेवक के रूप में पहचान कायम

मैं राष्ट्रीय स्वयंसेवक संघ का सक्रिय कार्यकर्ता था। मैंने अपनी यह पहचान छुपाकर नहीं रखी थी, परंतु कॉलेज को और डॉ.मोज़ेज़ को मैं इस बात का सारा श्रेय देता हूँ कि उन्होंने मुझसे कभी भी, तुम यह क्यों कर रहे हो, ऐसा नहीं पूछा। सन् 1961 से 66 तक तो मेरे पास भारतीय जनसंघ के नागपुर जिले के संगठन का काम था। इस कालखंड में मैंने अनेक पत्रिकाएँ छापीं, भाषण दिए, दौरे किए, आंदोलन में भी भाग लिया, परंतु मुझसे यह कभी नहीं पूछा गया कि तुम यह सब क्यों कर रहे हो? उलटे संघ पर की पाबंदी हटाए जाने के बाद के कालखंड में अनेक विदेशी लोग, उनमें से कुछ गुप्तचर संस्था के भी होंगे, संघ के संबंध में जानकारी हासिल करने के लिए नागपुर में आते। उन्हें अधिकृत तौर पर मेरे पास भेजा जाता। उस समय हिस्लौप कॉलेज के संचालन करनेवाली समिति के अध्यक्ष डॉ. ई. ड्ब्ल्यू. फ्रैंकलिन थे। उनके साढू श्री भांबल हमारे कॉलेज के रजिस्ट्रार थे। सरकारी नौकरी में से एस.डी.ओ. के पद पर से निवृत्त होकर या फिर इस्तीफा देकर वे हिस्लौप कॉलेज में आए थे। वे मराठीभाषी थे और हम आपस में एक-दूसरे के साथ तू-मैं की भाषा में ही बोलते थे। एक बार उन्होंने मुझसे कहा, "अरे वैद्य, तुम्हारे उस आर.एस. एस. के संबंध में एक पन्ने पर मुझे थोड़ी जानकारी लिखकर दे।" मैंने कहा, 'भांबल साहब, आर.एस.एस को समझना आपके बस की बात नहीं है। आप उस लफड़े में मत पड़ना।' उन्होंने कहा, "अरे मजाक नहीं, फ्रैंकलिन साहब को यह जानकारी चाहिए।" मैंने कहा, 'फिर फ्रैंकलिन साहब से मैं स्वयं मिल लूँगा।' फ्रैंकलिन साहब उस समय राज्य पुनर्निर्माण के बाद बने नए मध्य प्रदेश के सरकारी खाते के सचिव थे। इतने बड़े व्यक्ति को मेरे जैसा छोटा युवक प्रत्यक्ष रूप से मिलने की बात कर रहा है, यह देखकर भांबल साहब को बहुत आश्चर्य हुआ। वे फिर हिंदी में बोलने लगे, "तू मिलेगा फ्रैंकलिन साहब से?" मैंने कहा, 'क्यों नहीं? वह क्या शेर है, खाएगा क्या मुझे?' प्राचार्य मोज़ेज़ के यहाँ से बुलावा आने पर काँपते पैरों से फ्रैंकलिन साहब के कक्ष में प्रवेश करनेवाले प्राध्यापकों को

भांबल साहब ने देखा था, इसलिए फ्रैंकलिन साहब को प्रत्यक्ष रूप से मिलूँगा, यह उत्तर उन्हें बदतमीजी भरा लगा होगा, यह स्वाभाविक ही था।

उन्होंने फ्रैंकलिन साहब से संपर्क किया। वे नागपुर कब आएँगे, यह जानकारी लेने के बाद मिलने के लिए आज्ञा दी है, ऐसा कहा। कहाँ मिलेंगे, यह मुझसे पूछा, मैंने कहा, 'कहीं भी। मेरे घर या आपके घर पर या फ्रैंकलिन साहब जिस होटल में ठहरेंगे, उस होटल में।' विजयादशमी के दूसरे दिन हमारी यह बैठक तय हुई। अभी-अभी सरसंघचालक श्रीगुरुजी के 51वें जन्मदिन का सालभर का कार्यक्रम संपन्न हो चुका था। उस समय संघ के संबंध में 'Shree Guruji:The Man and His Mission' नामक एकमात्र अंग्रेजी पुस्तक निकाली गई थी। उसकी एक कॉपी लेकर मैं तय किए हुए समय पर श्री भांबल साहब के घर फ्रैंकलिन साहब से मिलने के लिए पहुँचा। पुस्तक का पहला पृष्ठ खोलते ही उन्हें वहाँ डॉ. हेडगेवार का चित्र नजर आया, वे तुरंत बोले, "मैं इन्हें पहचानता हूँ।" मैंने आश्चर्यचकित होकर पूछा, 'कैसे?' वे बोले, "सन् 1920 के कांग्रेस के अधिवेशन में मैंने इनके साथ वालंटियर के रूप में काम किया है। उस समय मैं हाईस्कूल का विद्यार्थी था।" हमारी करीब आधे घंटे तक यह अनौपचारिक चर्चा चलती रही और फिर मैं उनकी आज्ञा लेकर वापस लौट आया। उसके कुछ दिनों बाद उनका एक धन्यवाद पत्र मेरे नाम आया और इसके साथ ही उन्होंने 'Shree Guruji: The man and His Mission' पुस्तक की एक और कॉपी मँगवाई थी।

सम्मान बढ़ा

हिस्लौप कॉलेज में मेरे दिन बड़े ही आनंद से बीत गए। मेरे 17 वर्षों के कार्यकाल में तीन बार बी.ए. की परीक्षा में संस्कृत विषय में पूरी विद्यापीठ में सर्वाधिक अंक प्राप्त किए हुए विद्यार्थी को स्वर्णपदक भी मिला था। हिस्लौप कॉलेज के इतिहास में यह घटना अनोखी थी। बाहर सार्वजनिक कार्यों में मैं चाहे कितना भी व्यस्त रहूँ, पर कॉलेज में कभी एक मिनट की देरी से नहीं पहुँचा। पाठ्य विषय की पूर्व तैयारी के बिना कभी वर्ग में कदम नहीं रखा। मेरा स्वयं का ऐसा अनुभव है कि पुस्तक चाहे हमने पहले पढ़ी हो, पर फिर भी जितनी बार पढ़ी जाए, हर बार कोई न कोई नया पहलू, नया आशय, नई विशिष्टता ध्यान में आती है और हमें ही अपनी पढ़ाई पर नाज होता है। संस्कृत के पीरियड कॉलेज शुरू होते ही पहले दो और फिर दो आखिरी पीरियड होते थे। कॉलेज का समय पत्रक बनानेवाले ज्येष्ठ प्राध्यापक के पास मैंने इस बात के लिए थोड़ी नाराजगी व्यक्त की

तो वे उलटे मुझ पर ही बरस पड़े और बोले, ''तो फिर आप ही बनाइए न समय पत्रक।'' मैंने भी इस चुनौती को स्वीकार कर लिया और कॉलेज के काउंसिल की बैठक में समय पत्रक बनाने की जिम्मेदारी मुझ पर सौंपने के लिए विनती की। सभी को बड़ा आश्चर्य हुआ। संस्कृत का प्राध्यापक, समय पत्रक बनाने के गाणितिक पचड़े, इसकी क्या समझ में आएँगे, ऐसा उनका मानना था। ज्येष्ठ प्राध्यापक, जो अब तक समय पत्रक बनाने का काम करते थे, वे बोले, ''केवल कला शाखा का समय पत्रक बनाने से काम नहीं चलेगा, विज्ञान शाखा का उनके प्रात्यक्षिक के वर्गों के साथ भी बनाना पड़ेगा।''

मैंने यह चुनौती स्वीकार कर ली और उसके बाद करीब-करीब 10-11 वर्षों तक समय पत्रक मैं ही बनाता रहा। मेरा इसमें यह फायदा हुआ कि मैंने अपने सारे पीरियड्स सोमवार से शुक्रवार के बीच रखे थे। इसलिए शनिवार और रविवार मेरी छुट्टी होती थी। यह सुविधा मेरे अतिरिक्त मिस वॉर्ड नामक मिशनरी प्राध्यापिका को ही उपलब्ध होती थी। एक बार की बात है शनिवार के दिन डॉ. मोज़ेज़ को मुझसे कुछ काम पड़ गया और उन्होंने मुझे बुलावा भेजा। मैं उस दिन कॉलेज गया ही नहीं था। सोमवार के दिन मुझे फिर से बुलावा भेजा गया। मैं गया तो उन्होंने पूछा, ''आप शनिवार के दिन कॉलेज नहीं आते?'' मैंने कहा, 'नहीं सर।' उनका आश्चर्यचकित प्रश्न था, ''हाउ डू यू मैनेज इट?''

कॉलेज के प्रशासन की भी कुछ जिम्मेदारियाँ मुझ पर आती गईं। कॉलेज के द्वारा ली जानेवाली परीक्षाओं का संचालन मेरे जिम्मे आया। प्रवेश प्रक्रिया के प्राध्यापकों की टुकड़ी का मैं एक महत्त्वपूर्ण सदस्य बन गया था। इस कारण अनेक विद्यार्थियों के साथ और समय पत्रक बनाने की जिम्मेदारी लेने के कारण सभी विषयों के प्राध्यापकों के साथ मेरे घनिष्ठ संबंध स्थापित हुए। मेरे कॉलेज के बाहर के कार्यकलापों के बारे में कॉलेज को जानकारी तो अवश्य होगी, पर उन्होंने मुझसे इस बारे में कभी नहीं पूछा, उलटे मुझे तो ऐसा ही महसूस हुआ कि मेरा सम्मान और मेरे विषय में आदर और बढ़ता जा रहा था।

इम्तिहान की घड़ी

एक घटना का जिक्र करना चाहता हूँ। जब प्राचीन मध्य प्रांत वर्हाड राज्य था, उस समय कांग्रेस सरकार ने एक ऐसा फतवा जारी किया कि सरकारी तथा अनुदानित शिक्षा संस्थाओं में नौकरी करनेवाले लोग ऐसा प्रतिज्ञा-पत्र लिखकर दें कि मैं राजनीति में भाग नहीं लूँगा और न ही कभी चुनाव लड़ूँगा। इस फतवे का

रुख राष्ट्रीय स्वयंसेवक संघ का कार्य करनेवाले शिक्षकों, प्राध्यापकों की ओर था, यह हमारे ध्यान में आया। इस संबंध में कार्यकर्ताओं के बीच कुछ विचार-विमर्श हुआ और मैं और बापुराव वर्हाड़पांडे ने ऐसा तय किया कि हम ऐसा कोई प्रतिज्ञा-पत्र लिखकर नहीं देंगे। इस फतवे की सूचना आते ही मैं डॉ. मोज़ेज़ के पास गया और उनसे कहा, 'मैं यह प्रतिज्ञा-पत्र लिखकर देने के लिए तैयार नहीं हूँ। मुझे चुनाव नहीं लड़ना, पर चुनाव लड़ना कोई पाप करना है, ऐसा मैं नहीं समझता, पर मैं कॉलेज को भी मुश्किल में नहीं डालना चाहता। अगर आप कहें तो मैं अभी अपना त्याग-पत्र लिखकर देने के लिए तैयार हूँ। मैं सरकारी कॉलेज में नौकरी के लिए क्यों नहीं गया और आपके कॉलेज में क्यों रहा, यह बात आप अच्छी तरह से जानते हैं।' डॉ. मोज़ेज़ मेरी बात को समझ गए और बोले, "ठीक है, आपको लिखकर देने की आवश्यकता नहीं है।" प्रा. बापुराव वर्हाड़पांडे ने जब प्रतिज्ञा-पत्र लिखकर नहीं दिया तो सरकार ने उनके कॉलेज का अनुदान रोककर कॉलेज को मुसीबत में डाल दिया। आखिर बापुराव को नौकरी से निकाल दिया गया। बाद में करीब-करीब एक साल के बाद न्यायालय से बापुराव को न्याय मिला और उस कालखंड का पूरा वेतन भी उन्हें मिल गया। हमारे कॉलेज के सभी प्राध्यापकों ने ऐसा प्रतिज्ञा-पत्र लिखकर दिया था। अगले साल, किसी ने चुगली की या पता नहीं किस कारण से, पर हिस्लौप कॉलेज को सरकार की ओर से एक पत्र मिला कि आपके एक प्राध्यापक ने यानी मैंने ऐसा प्रतिज्ञा-पत्र लिखकर नहीं दिया है। उस समय डॉ. मोज़ेज़ छह महीनों के लिए अमेरिका गए हुए थे और उनकी जगह पर डॉ. शं.दा. पेंडसे कार्यवाहक प्राचार्य थे। उन्होंने मुझे बुलवाकर पूछा, "आपने प्रतिज्ञा-पत्र लिखकर नहीं दिया है?" मैंने कहा, 'न दिया है, न अब दूँगा। मैंने डॉ. मोज़ेज़ से कहा था कि अगर चाहें तो मुझसे इस्तीफा ले लें, पर अब मैं इस्तीफा भी नहीं दूँगा। आप चाहें तो मुझे नौकरी से निकाल सकते हैं।' हमारा सारा संभाषण मराठी में ही हो रहा था। डॉ. पेंडसे ने कहा, "आप मुझे मुश्किल में डाल रहे हैं।" मैंने कहा, 'कैसी मुश्किल?' उन्होंने मेरे सामने वह सरकारी परिपत्र रख दिया और पूछने लगे, "बताइए, मैं इसका किस तरह उत्तर दूँ?" मैंने कहा, 'मैं आपको सलाह कैसे दे सकता हूँ? आप हर तरह से मुझसे श्रेष्ठ हैं, पर हाँ, अगर मैं आपकी जगह होता तो क्या करता यह बताता हूँ।' उन्होंने पूछा, "क्या करते आप?" मैंने उत्तर दिया, 'मैं सरकार को कहलवा देता कि अभी हमारे प्राचार्य छुट्टी पर हैं। उनके आने के बाद इस पर उचित निर्णय लेंगे और आपको सूचित करेंगे।' डॉ. पेंडसे मेरे इस उत्तर से काफी प्रसन्न हुए और बोले, "यह बड़ा अच्छा सुझाव है, लिख

दीजिए यही उत्तर।'' मैंने तुरंत अंग्रेजी में उत्तर लिखकर दे दिया और काम फिर से सुचारु रूप से चलने लगा। जल्द ही राज्य पुनर्रचना की भनक पड़नी शुरू हो गई और सरकार की राजधानी बदल जाने के कारण यह प्रकरण आगे नहीं खींचा।

सभी के साथ मित्रता

अनेक कारणों से प्राध्यापकों के साथ मेरे मित्रतापूर्ण संबंध प्रस्थापित हुए। हिस्लौप कॉलेज एक ईसाई कॉलेज था, इसलिए स्वाभाविक ही था कि वहाँ ईसाई प्राध्यापकों की संख्या का बाहुल्य था। सन् 1949 से मराठी और हिंदी माध्यम भी शुरू हो गया। इस कारण से कला शाखा के विषय पढ़ाने के लिए मराठी और हिंदी भाषिकों की नियुक्तियाँ होने लगीं। उससे पहले मराठी पढ़ाने के लिए डॉ. शं.दा. पेंडसे और डॉ. अ.ना. देशपांडे, ये दो प्राध्यापक और हिंदी पढ़ाने के लिए प्रा. श्रीवास्तव थे। अन्यत्र कुछ अपवादों को छोड़ दें तो बाकी के सारे प्राध्यापक ईसाई ही थे। अर्थशास्त्र पढ़ाने के लिए जमशेद गिमि नामक एक पारसी प्राध्यापक थे। अनेक ईसाई प्राध्यापक सरकारी नौकरी में चले जाने के कारण रसायनशास्त्र, पदार्थ विज्ञान, वनस्पतिशास्त्र, प्राणिशास्त्र, इन विषयों के लिए भी गैर ईसाई लोगों की नियुक्तियाँ होने लगीं। विज्ञान विभाग में अनेक वर्षों से इस महाविद्यालय में इंटरमीडिएट तक ही शिक्षा देने की व्यवस्था थी। सन् 1949 से बी.एससी. के वर्ग शुरू किए गए। इसलिए अधिक शिक्षकों की नियुक्तियाँ होने लगीं और उसमें बहुसंख्य प्राध्यापक ईसाई नहीं थे। हिस्लौप कॉलेज का संचालन करनेवाला चर्च प्रोटेस्टेंटपंथी था, इसलिए कैथोलिक पंथी ईसाई को यहाँ नौकरी मिली हो, ऐसा मुझे नहीं दिखा। शायद, हमें यहाँ नौकरी मिलेगी ही नहीं, ऐसा सोचकर वह अरजी ही न डालते हों।

सन् 1960-61 के दौरान महाविद्यालय के अंतर्गत संचालन में प्राध्यापकों के प्रतिनिधि होने चाहिए, ऐसा संस्था को लगा और स्टॉफ गवर्निंग बॉडी (एस.जी.बी.) का निर्माण हुआ। इस एस.जी.बी. के पास पर्याप्त अधिकार थे। प्राध्यापकों के चुनाव का और नियुक्ति का अधिकार था। एस.जी.बी. के लिए प्राध्यापकों में से तीन प्रतिनिधि चुनकर देने होते और बाकी के तीन प्रतिनिधि संचालक समिति में से होते। प्राचार्य पदसिद्ध अध्यक्ष हुआ करते। मेरी स्मृति के अनुसार 1961 में एस.जी.बी. के लिए पहली बार चुनाव हुए, चुनाव प्रक्रिया भी अच्छी थी। उम्मीदवारों के लिए कम-से-कम दस वर्षों की कायम सेवा यह पहली शर्त थी और मतदान करनेवालों के लिए पाँच वर्ष की कायम सेवा की शर्त हुआ

करती थी। मतदान के लिए पात्रता प्राप्त किए हुए प्राध्यापकों की संख्या 34 थी। इनमें से 11 लोग उम्मीदवारी के लिहाज से भी योग्य थे। मेरी सेवा अब तक ग्यारह वर्ष की हो चुकी थी। इस कारण मैं उम्मीदवारी के लिए लायक था। मतदाताओं के पास इन ग्यारह लोगों के नाम लिखा हुआ कागज भेजा जाता और उन्हें अपनी पसंद के तीन उम्मीदवारों के नाम के आगे निशान लगाना होता। इस तरह चुनाव की एकदम सरल प्रक्रिया थी। नामनिर्देश भरना, फिर उसमें सूचक और अनुमोदक भरना वगैरह आवश्यक नहीं था। सभी उम्मीदवार इस चुनाव में भाग लेने ही वाले हैं, ऐसा सोचकर यह चुनाव होता। अपना स्वयं का प्रचार करना वगैरह का कोई प्रश्न ही नहीं था, तब भी मेरा एक मित्र मेरे लिए कुछ प्राध्यापकों के पास गया था। तब उनमें से एक हिंदू प्राध्यापक ने उसे अच्छी तरह सुना दिया कि मैं वैद्य को मत नहीं दूँगा। वह बहुत जूनियर है। फिर मैंने ही अपने उस मित्र को इस बहस में न पड़ने के लिए कहा। मतदान के लिए पात्र 34 प्राध्यापकों में से 15 प्राध्यापक हिंदू थे, एक प्राध्यापक पारसी थे तथा बाकी 18 प्राध्यापक ईसाई थे। चुनाव का परिणाम घोषित हुआ, तब ध्यान में आया कि मुझे 31 मत मिले हैं। दूसरे क्रमांक पर चयनित प्राध्यापक को 17 और क्रमांक तीन पर के प्राध्यापक को 12 मत मिले थे। मतों के यह अंक देखकर मुझे बहुत आश्चर्य हुआ। साधारणत: बीस मत मिलने की मेरी कल्पना थी, परंतु मुझे बहुत अधिक मत प्राप्त हुए थे। डॉ. मोज़ेज़ ने मेरा अभिनंदन करते हुए कहा, ''आप बहुत ही लोकप्रिय लगते हैं।'' मैंने कहा, 'सर, मुझे भी बहुत आश्चर्य हुआ है। इतने अधिक मतों की मुझे भी अपेक्षा नहीं थी, पर इन भरपूर मतों का कारण, मेरे सबके साथ मित्रतापूर्ण संबंध थे, यही था।'

एस.जी.बी. में

चाहे इस कारण से हो या किन्हीं अन्य कारण से, पर एस.जी.बी. की सभा में मेरे शब्दों का काफी मान होता था। मेरे एस.जी.बी. के सदस्यता के कालखंड में एस.के. अमीन, केशेट्टीवार, वसंत वर्हाड़पांडे, रूपा कुलकर्णी, विश्वरूपे इत्यादि प्राध्यापकों की नियुक्तियाँ हुईं। मराठी के प्राध्यापक पद के लिए श्री वसंत वर्हाड़पांडे और श्री राम शेवालकर इन दोनों ने आवेदन किया था। मराठी विषय के प्रमुख की हैसियत से डॉ. शं.दा. पेंडसे चयनकर्ताओं के पैनल में समाविष्ट थे। उनका झुकाव प्रा. शेवालकर की ओर था और मेरा वर्हाड़पांडे की ओर। डॉ. पेंडसे ने शेवालकर के नाम की सिफारिश की और मैंने वर्हाड़पांडे की। किसी कारण से डॉ. मोज़ेज़ ने मेरी बात पर अधिक तवज्जो दी और इस तरह डॉ. व. कृ. वर्हाड़पांडे हिस्लौप

कॉलेज में प्राध्यापक की हैसियत से नौकरी पर लग गए। एस.के. अमीन की नियुक्ति के लिए मुझे थोड़ा संघर्ष का सामना भी करना पड़ा। श्री अमीन दो वर्ष तक मेरे विद्यार्थी रह चुके थे, बाद में उन्होंने मौरिस कॉलेज में से अंग्रेजी विषय में एम.ए. किया। अंग्रेजी विभाग यानी उसमें ईसाई प्राध्यापक ही होना चाहिए, ऐसा एक अलिखित नियम था। मैं प्रा. अमीन की गुणवत्ता से परिचित था। हिस्लौप कॉलेज की एक बहुत अच्छी पद्धति थी। उसके तहत यहाँ सभी आवेदन करनेवालों को एक साथ साक्षात्कार के लिए नहीं बुलाया जाता। उम्मीदवारों के आवेदन-पत्रों को जाँच-परखकर केवल दो उम्मीदवारों को साक्षात्कार के लिए बुलाया जाता। अंग्रेजी विषय के प्राध्यापक का चयन करने के लिए यहाँ श्री अमीन और हैदराबाद की एक ईसाई युवती को ही साक्षात्कार के लिए बुलाया गया। साक्षात्कार में दोनों ने ही अच्छे उत्तर दिए, पर मैंने श्री अमीन के नाम का आग्रह किया। प्राचार्य मोज़ेज़ का आग्रह उस युवती के लिए था। थोड़ा संघर्ष हुआ, पर डॉ. मोज़ेज़ के मन का बड़प्पन ऐसा था कि उन्होंने अपनी ही बात मनवाने का आग्रह नहीं किया। दोनों को पाठ पढ़ाने के लिए आमंत्रित किया गया। उन्हें यात्रा का किराया भी देने का कॉलेज ने तय किया। एक हफ्ते के बाद दोनों का पाठ पढ़ाने का प्रात्यक्षिक हुआ। उसमें न मैं ही गया, न ही डॉ. मोज़ेज़। अंग्रेजी विषय के प्रमुख प्रा. विलियम जोसेफ गए थे और उन्होंने अपना अहवाल डॉ. मोज़ेज़ को पहुँचाया। उसमें उन्होंने श्री अमीन को प्रथम क्रमांक दिया और डॉ. मोज़ेज़ ने किसी भी तरह की शिकायत न करते हुए श्री अमीन को नियुक्ति का आदेश दे दिया। प्रा. अमिन अधिक दिनों तक हिस्लौप कॉलेज में नहीं रहे। वे महाराष्ट्र लोकसेवा आयोग की परीक्षा में बैठकर, प्रथम उप जिलाधिकारी और फिर जिलाधिकारी बन गए थे। दुर्भाग्य से उनके जिलाधिकारी रहते हुए ही उनकी मृत्यु हो गई।

इसी तरह की एक घटना फिर से घटी। हमारे महाविद्यालय में मानसशास्त्र के विषय के लिए अल्पावधि के लिए पद रिक्त हुआ था। एक प्रौढ़ महिला अध्यापिका की नियुक्ति की गई। वह विद्यापीठ की सेवा में रत एक ज्येष्ठ प्राध्यापक की पत्नी थी, वे प्राध्यापक भी एक बड़ी हस्ती थे। आगे चलकर मानसशास्त्र विषय की जगह पूर्णकालिक की हैसियत से रिक्त हो गई। इसलिए विज्ञापन देकर आवेदन मँगवाए गए। यह पद ज्येष्ठ प्राध्यापक यानी सीनियर लेक्चरर का था। हिस्लौप की पद्धति के अनुसार दो लोगों को साक्षात्कार के लिए बुलाया गया। उनमें एक यह महिला थी और दूसरे थे सिटी कॉलेज के प्रा. पद्‌माकर पंढरीपांडे। आवेदन-पत्रों पर लिखी हुई जानकारी के अनुसार दोनों उम्मीदवार गुणवत्ता में समकक्ष थे, परंतु

उस प्राध्यापिका के हाथ से परीक्षा के संदर्भ में एक अनाचार हुआ था। वह नागपुर विद्यापीठ के अंतर्गत महाविद्यालय की प्राध्यापिका नहीं थी, पर मेरी जानकारी के अनुसार दिल्ली विद्यापीठ में वह कई वर्षों से कार्यरत थी और इस आधार पर उसे विद्यापीठ में परीक्षा के लिए प्रश्न-पत्र बनाकर देने का सम्मान भी प्राप्त था। यह प्राध्यापिका मराठीभाषी नहीं थी, तब भी उसने अंग्रेजी मूल के प्रश्न-पत्र का मराठी अनुवाद विद्यापीठ को भेजा। अनुवाद के लिए मिलनेवाले आर्थिक मुआवजे को प्राप्त करने के लालच की वजह से यह किया गया होगा।

विद्यापीठ में इस बात की काफी चर्चा हुई, पर बात बाहर नहीं आई। यह एक प्रकार से गोपनीयता का भंग था, क्योंकि इस महिला को जो भाषा नहीं आती थी, उसने उस भाषा में अनुवाद किया था। इसका अर्थ था कि उसने यह अनुवाद किसी और से करवाया था। उसके पति के प्रभाव के कारण विद्यापीठ ने उस पर कोई काररवाई नहीं की। केवल प्रश्न-पत्र निकालने का और उत्तर-पत्रिका जाँचने का मानधन उसे नहीं दिया गया। यह बात मेरे कानों पर उड़ते-उड़ते आई थी। इसलिए साक्षात्कार के समय मैंने उनसे प्रश्न किया, 'मैंने जो कुछ सुना है, वह सच है क्या?' स्वाभाविक था कि वह महिला चकरा गई, फिर मैंनें ही स्थिति सँभालते हुए कहा, 'इस प्रश्न का उत्तर देना आवश्यक नहीं है।' उसने कहा, "आप दूसरा प्रश्न पूछिए।" इस बार साक्षात्कार के वक्त डॉ. मोज़ेज़ कहीं बाहर गए हुए थे। इसलिए उपस्थित नहीं थे। अध्यक्ष के स्थान पर उपप्राचार्य श्री विलियम जोसेफ थे। हमने निर्णय लिया कि महिला को नियुक्ति न करके प्रा. पांढरीपांडे की नियुक्ति करना ठीक होगा। डॉ. मोज़ेज़ के लौटने पर उन पर उस महिला की नियुक्ति करने के लिए दबाव आया। उन्होंने मुझे बुलाया और कहा, "साक्षात्कार मंडल के अन्य सदस्यों को इस महिला की नियुक्ति पर कोई विरोध नहीं है, तब आप इसका विरोध क्यों कर रहे हैं?" मैंने कारण बताया और यह भी कहा, 'आप बहुमत से निर्णय ले सकते हैं, पर मेरा विरोध अवश्य दर्ज रहेगा।' मैंने डॉ. मोज़ेज़ से यह भी कहा, 'वह महिला अपने पति के साथ मेरे घर पर भी आई थी फिर भी मैं अपने निर्णय पर कायम हूँ।' डॉ. मोज़ेज़ की प्रशंसा मैं इस बात के लिए करता हूँ कि उन्होंने उस महिला की नियुक्ति नहीं की। हाँ, उन्होंने ऐसा निर्णय किया कि किसी की भी नियुक्ति नहीं की। इस बात के लिए विरोध करने का कोई कारण मेरे पास नहीं था, क्योंकि प्राध्यापक की आवश्यकता है या नहीं, यह तय करने का अधिकार एस.जी.बी. को नहीं था।

विशेष नामों का गुणात्मक अर्थ

प्रतिवर्ष सत्र के प्रारंभ में हिस्लौप कॉलेज में डॉ. मोज़ेज़ का भाषण होता था। उस भाषण को सुनने के लिए हिस्लौप कॉलेज में नए प्रवेश लिए हुए सभी विद्यार्थी और प्राध्यापक उपस्थित रहते थे। डॉ. मोज़ेज़ उत्तम वक्ता थे और उनके भाषण के दो वाक्य मेरे अंत:पटल पर अंकित हो चुके हैं। अपने महाविद्यालय के बखान में वे कहते थे कि इस कॉलेज का नाम हिस्लौप कॉलेज है। हिस्लौप यह विशेष नाम (प्रॉपर नाउन) है। तर्कशास्त्र कहता है कि विशेष नाम का गुणात्मक अर्थ नहीं होता, परंतु हिस्लौप शब्द का गुणात्मक अर्थ है। उसका अंग्रेजी वाक्य होता था—"Logic says that, proper nouns have no connotation, but Hislop has connotation." जिसके कारण महाविद्यालय को यह हिस्लौप नाम मिला। वे एक स्कॉटिश मिशनरी थे। बुटीबोरी के पास वेणा नदी में आई बाढ़ में डूबते हुए एक परिवार को बचाने के लिए उन्होंने बाढ़ के पानी में छलाँग लगा दी और उसमें उनकी मृत्यु हो गई थी। दूसरों के लिए अपने प्राणों की आहुति देना, यह सबसे बड़ा सेवा धर्म है। यह डॉ. मोज़ेज़ शिद्दत के साथ बताते। हमें भी यह बात मान्य करनी ही होगी कि ईसाई मिशनरियों में औरों की तुलना में सेवा भाव अधिक होता है। इसका कारण ईसाई धर्म के संस्थापक ईसा मसीह का चरित्र भी हो सकता है। भगवान् ईसा मसीह ने भी महारोगियों की सेवा करने में कभी हिचकिचाहट नहीं दिखाई। यही सेवाभाव उनके संप्रदाय ने उठाया है, ऐसा मुझे लगता है। मेरा खुद का अनुभव है कि अस्पतालों में सेवा करनेवाली परिचारिकाओं में ईसाई परिचारिकाएँ अधिक सेवाभावी होती हैं।

सेवाभाव का आदर्श

सत्र के प्रारंभ में होनेवाले डॉ. मोज़ेज़ के भाषण में एक और बात का वर्णन आता। इस बात का वर्णन करते वक्त डॉ. मोज़ेज़ की आवाज और सीना गर्व से चौड़ा हो जाता। यह अभिमान सार्थक ही था, पर मैं इस बात से लज्जित हो सिर झुका लेता। डॉ. मोज़ेज़ बताते, ''जब यह कॉलेज नहीं खुला था, तब चर्च ने एक विद्यालय शुरू किया था। विद्यार्थी पढ़ने के लिए आते। कुछ वर्षों के बाद उस विद्यालय में एक अनुसूचित जाति के (भंगी) विद्यार्थी का प्रवेश दिया गया। उसका विरोध करने के लिए अन्य विद्यार्थियों ने यह विद्यालय छोड़ दिया परंतु विद्यालय ने इसकी परवाह नहीं की।'' डॉ. मोज़ेज़ कहते, "For that one "royal" student the school was run for whole year." केवल एक विद्यार्थी के लिए पूरे साल

भर विद्यालय चलाना आसान काम नहीं है, पर वह इन मिशनरियों ने की। यह उनकी महानता बखानने लायक नहीं है, ऐसा कौन कह सकता है?

सहेतुक हो या निर्हेतुक, ईसाई संस्थाएँ सेवा कार्य में अग्रसर होती हैं। उनका सेवा भाव सचमुच अनुकरणीय है। हिस्लौप कॉलेज को यह बात क्यों सूझनी चाहिए कि चक्की मजदूरों के लिए रात्रिशाला का आयोजन किया जाए, अन्य शालाओं को यह बात क्यों नहीं सूझी? हिस्लौप कॉलेज ने अनेक वर्षों तक नाइट स्कूल चलाया। चक्की मजदूरों के लिए तथा दिनभर मजदूरी करके पेट भरनेवाले गरीब विद्यार्थियों के लिए यह नाइट स्कूल चलाया जाता। इस नाइट स्कूल के शिक्षक कॉलेज के विद्यार्थी ही हुआ करते। उनका प्रशिक्षण भी हो जाता और बिना आर्थिक मुआवजा समाज के लिए काम करने के संस्कार भी प्राप्त होते।

धर्मचर्चा

हिस्लौप कॉलेज के प्राध्यापक कक्ष का वातावरण सामान्यत: खेलदिली का रहता, मजाक भी होते, पर निरुपद्रवी और सहज होते। कभी-कभी धर्मचर्चा भी हो जाती। विषय अब याद नहीं, पर एक बार ऐसी चर्चा शुरू हुई तो बीच-बचाव करते हुए रसायनशास्त्र के प्राध्यापक डॉ. फ्रांसिस ने मुझसे कहा, ''मिस्टर वैद्य, स्टाफरूम में धर्म चर्चा नहीं होनी चाहिए।'' मैंने उत्तर दिया, 'सच है, पर इस तरह की चर्चा शुरू करने के लिए भी किसी को प्रयत्न नहीं करना चाहिए।'

श्रीगुरुजी के 51वें जन्मदिन के समारोह के कालखंड में गणित विषय के प्रमुख प्रा. पी.जी. चंडी ने एक बार मुझसे प्रश्न किया, ''मि. वैद्य, मैं आर.एस.एस. का सदस्य बन सकता हूँ क्या?'' श्री चंडी के लिए मेरे मन में बहुत आदर था। वे बिल्कुल साफ चरित्रवाले गृहस्थ थे, अविवाहित थे और मुझसे करीब पच्चीस साल उम्र में बड़े थे। इसलिए मैंने उनका प्रश्न गंभीरता से लिया। मैंने कहा, 'बन सकते हैं।'

''मुझे क्या करना होगा?'' प्रा. चंडी।

'आपको बाइबिल पर की अपनी श्रद्धा छोड़नी नहीं पड़ेगी, चर्च छोड़ने का भी कोई कारण नहीं है।' मैंने कहा। उनके चेहरे पर आश्चर्य की रेखाएँ मुझे दिखाई दे रही थीं। मैंने आगे कहा, 'केवल आपको अन्य धर्म मतों की वैधता को मान्यता देनी होगी।' मैंने अंग्रेजी में उनसे यह कहा था "You have to accept the validity of other faiths and religions.' वे बोले, ''मैं यह बात मान्य नहीं कर सकता। अगर मैंने यह बात मान ली तो मैं अपने धर्म का प्रचार नहीं कर

सकूँगा। संभाषण वहीं खत्म हो गया, पर इस बात के कारण उनका मुझ पर स्नेह यत्किंचित भी कम नहीं हुआ। एस.जी.बी. की बैठक में कार्यक्रम पत्रिका के संबंध में मैं उनसे अवश्य सलाह-मशविरा करता और वे भी निर्मल बुद्धि से सलाह देते। एक समय वे संचालक समिति के 'बर्सर' यानी खजांची भी थे। प्रा. चंडी के पद छोड़ने के बाद प्रा. पी. डब्ल्यू. काणे खजांची बने।

और एक घटना का मुझे स्मरण है। हमारे उपप्राचार्य प्रो. विलियम जोसेफ को अमेरिका की एक विद्यापीठ की विशेष अध्ययन के लिए फेलोशिप मिली थी। विषय था थियोलॉजी। थियोलॉजी के लिए हिंदी में ठीक-ठीक पर्याय के बारे में मैं सशंकित हूँ। धर्मज्ञान कहें या धर्मशास्त्र। प्रो.जोसेफ के विदाई समारोह के कार्यक्रम में मुझे बोलने हेतु आग्रह किया गया, मैंने पहले इसे नकार दिया था। कार्यक्रम में कॉलेज के बाहर के चर्च के लोग भी उपस्थित रहनेवाले थे, परंतु कॉलेज की काउंसिल के सेक्रेटरी के आग्रह करने पर मैंने बोलने के लिए हामी भर दी। शुरुआत के एक-दो भाषणों के बाद मेरा नंबर आया। मैं 8-10 मिनट तक बोला। मैंने कहा, 'जोसेफ साहब को थियोलॉजी के लिए फेलोशिप मिली है, इस बात को मैं महत्त्वपूर्ण मानता हूँ। धर्म की शिक्षा और वह धर्म माननेवालों का प्रत्यक्ष आचरण में इतना अधिक अंतर क्यों होता है, इस बात का गहरा एहसास प्रो. जोसेफ कर सकेंगे। उदाहरण के तौर पर, पवित्र बाइबिल के सर्मन ऑफ द माउंट इस नितांत सुंदर प्रकरण में भगवान् यीशु ने शांति का कितना उदात्त उपदेश दिया है, पर व्यवहार में क्या दिखाई देता है ? ईसा मसीह के उपदेश को माननेवालों ने ही केवल दो दशकों के अंतराल में ही दुनिया पर दो नरसंहारक महायुद्ध लाद दिए और तीसरे की भी तैयारी में ये ही राष्ट्र लगे हुए हैं। इस विसंगति के कारणों पर प्रो. जोसेफ का अध्ययन व संशोधन प्रकाश डाल सकेगा तो वह एक महान् उपलब्धि होगी।' मेरे इस भाषण के कारण वातावरण गंभीर हो गया था, ऐसा मुझे प्रतीत हुआ। आखिरी भाषण डॉ. मोज़ेज़ का था, करीब-करीब 35 मिनटों के अपने भाषण में उन्होंने मेरे प्रतिपादन का ही परामर्श लिया। उसके बाद चायपान हुआ और कार्यक्रम संपन्न हुआ। मुझे लगा, विषय खत्म हुआ, पर दूसरे दिन खाली पीरियड में, प्राध्यापक कक्ष में, मैं समाचार-पत्र पढ़ रहा था, तभी डॉ. मोज़ेज़ मेरे पास आकर बैठ गए, मेरा उनकी ओर ध्यान नहीं था। उन्होंने ''गुड मॉर्निंग मिस्टर वैद्य'' कहा, तब मुझे उनकी उपस्थिति का एहसास हुआ। मैंने तुरंत उठकर उनका अभिवादन किया। उन्होंने मुझसे बैठने को कहा और कल के अपने भाषण के मुद्दों का स्पष्टीकरण करने लगे। मैंने

उन्हें रोकते हुए कहा, 'सर, ईसाई धर्म की आलोचना करना मेरा उद्‌देश्य नहीं था। मुझे अपने धर्म की दांभिकता का परिचय नहीं है क्या? पुस्तक में ब्रह्म सत्यं जगन्मिथ्या ऐसा हम पढ़ते हैं, उन पर हम भाषण भी करते हैं और व्यवहार में भ्रष्टाचार भी करते हैं, स्वार्थ के लिए दूसरों को ठगते हैं। मैं तत्त्व और व्यवहार इन दोनों की विसंगतियों की ओर अंगुलिनिर्देश करना चाहता था।' उनके मन का समाधान हो गया था, ऐसा मुझे प्रतीत हुआ।

डॉ. मोज़ेज़ का बड़प्पन

कॉलेज ईसाई चर्च का। मैं हिंदुत्व में निष्ठा रखनेवाला सक्रिय कार्यकर्ता, पर वहाँ मुझसे सभी लोग बड़ी अच्छी तरह से पेश आते। मुझे वहाँ सदैव बहुत आदर मिला। यह सब डॉ. मोज़ेज़ की उदार मानसिकता के कारण, निर्मल और मूल्यनिष्ठ व्यवहार के कारण संभव हुआ, ऐसा मुझे लगता है। इस संबंध में एक घटना को बताते हुए मैं अपना निवेदन समाप्त करता हूँ।

विद्यापीठ के सीनेट में से (उस समय इस सभा का नाम कोर्ट था) कार्यकारी मंडल (एक्जिक्युटिव काउंसिल) में भेजे जानेवाले सदस्यों का चुनाव होना था। प्राध्यापकों के बहुमत से मैं सीनेट का सदस्य बना था। प्राध्यापकों में से दो, प्राचार्यों में से दो, इस तरह से एक्जिक्यूटिव काउंसिल के लिए सीनेट को चुनाव करना था। मतदान का अधिकार सीनेट के सभी सदस्यों को था। मैं शिक्षकों की ओर से और डॉ. मोज़ेज़ प्राचार्यों की ओर से चुनाव में खड़े थे। डॉ. मोज़ेज़ ने अपनी उम्मीदवारी जरा देर से घोषित की थी। मेरे मित्र प्रा. बापूराव वर्हाड़पांडे ने मुझसे सलाह-मशविरा कर प्राचार्य तोखी और उनके गुट से हाथ मिलाया था। इसके बाद शिवाजी शिक्षा संस्था ने भी अपना उम्मीदवार खड़ा किया और हमसे सहकार्य का प्रस्ताव रखा, किंतु हमने वचन दिया है, यह कहकर हमने उसे नकार दिया। डॉ. मोज़ेज़ से भी हमने यही कहा, परंतु हमने जिनके लिए यह समझौता किया था, उनसे हमें जरा भी मदद नहीं मिली। मैं चुनाव जीत जाऊँगा, ऐसा मुझे अहंकार हो गया था, पर मैं हार गया, डॉ. मोज़ेज़ भी हार गए। दूसरे दिन कॉलेज में हम दोनों की नजरें मिलीं। वे अपनी खास दक्षिणात्य हिंदी में बोले, ''अरे, तुम हमको मदद करता तो तुम भी जीतता, हम भी जीतता।'' उनका कहना सही था पर अपने कॉलेज के एक प्राध्यापक ने मुझे साथ नहीं दिया, इस बात के लिए मन में जरा भी द्वेष भावना डॉ. मोज़ेज़ ने नहीं रखी।

ऐसे थे डॉ. मोज़ेज़ और उनके अधिकार में चलनेवाला हिस्लौप कॉलेज। मैं डॉ. मोज़ेज़ को कभी नहीं भूल सकता और इसीलिए हिस्लौप कॉलेज को भी कभी नहीं भूल सकता। हिस्लौप कॉलेज के सत्रह वर्षों के अनुभव के कारण सर्वपंथ समादर की मेरी भावना बहुत सुदृढ हो गई।

('तरुण भारत', दीपावली अंक, 1994)

❐

11

नागपुर विद्यापीठ में

विद्यापीठ के साथ यानी नागपुर विद्यापीठ के साथ मेरा संबंध सन् 1939 में हुआ। उस वक्त मैंने मैट्रिक की परीक्षा उत्तीर्ण करके उस समय के मौरिस कॉलेज में प्रवेश लिया था। उस मौरिस कॉलेज का नाम स्वतंत्रता के बाद नागपुर महाविद्यालय हो गया। अब वह नाम भी बदल गया है और वसंतराव नाइक समाजशास्त्र संस्था के नाम से प्रचलित है। मौरिस कॉलेज, तब भी सरकारी कॉलेज था और नागपुर विद्यापीठ से संलग्न था। अब पद्धति क्या है, इस बात का तो मुझे पता नहीं है, परंतु उस समय संलग्न महाविद्यालय के प्रत्येक विद्यार्थी को विद्यापीठ की ओर से एक अंकन क्रमांक दिया जाता था। मुझे पी-1456 क्रमांक मिला था, उसमें का पी अक्षर और आँकड़ों में से 14 यह क्रमांक मुझे आज भी पक्की तरह से याद है। नागपुर विद्यापीठ की स्थापना सन् 1923 में हुई थी। तब से अंग्रेजी भाषा की वर्णमाला ए अक्षर से अंकन क्रमांक दिए जाते रहे हों, ऐसा मेरा तर्क है। पी अंग्रेजी वर्णमाला का 16वाँ अक्षर है और सन् 1939 में नागपुर विद्यापीठ का भी 16वाँ साल था।

विद्यार्थी के रूप में सम्मान

इस नागपुर विद्यापीठ के लिए मेरे मन में बहुत प्रेम और आस्था है, तब भी थी और आज भी है। कभी-कभी विद्यापीठ के किसी घोटाले के संबंध में समाचार-पत्र में खबर छपती है तो मैं आज भी अस्वस्थ हो जाता हूँ। इस विद्यापीठ ने मुझे बहुत सम्मान दिया। कोई भी परीक्षा उत्तीर्ण करते वक्त, कभी भी विद्यापीठ ने मुझे दूसरी या तीसरी श्रेणी नहीं दी, बल्कि दो बार तो स्वर्णपदक देकर मुझे मंडित किया गया। सन् 1944 में बी.ए. में मिले स्वर्णपदक को तत्कालीन गवर्नर सर हेनरी ट्वायनेम

के हाथों से ग्रहण करने पर, दीक्षांत समारंभ संपन्न होने पर अनेक लोगों ने मेरा इस बात के लिए अभिनंदन किया था कि अंग्रेज गवर्नर से हाथ मिलाने का भाग्य मुझे मिला था। सन् 1939 में मैट्रिक की परीक्षा पास कर लेने के बाद बी.ए. पास करने में सन् 1944 क्यों हो गया, ऐसा प्रश्न किसी के भी मन में पैदा हो जाना स्वाभाविक है। एकाध बार मैं किसी परीक्षा में अनुत्तीर्ण तो नहीं हुआ, ऐसा संदेह उत्पन्न होना भी स्वाभाविक है, पर ऐसा कुछ भी नहीं हुआ था। सन् 1942-43 वर्ष में मैं पढ़ नहीं सका था। हमारे पिताजी सन् 1942 के जून महीने में गंभीर रूप से बीमार पड़ गए थे, करीब-करीब पूरे साल वे बीमार ही रहे। उनकी बीमारी में घर की सारी पूँजी भी खत्म हो गई थी। नागपुर जाकर पढ़ना असंभव हो गया था। मैं ही क्या, मेरे दो छोटे भाई भी नहीं पढ़ सके थे। हम सभी इस साल तरोड़ा अपने गाँव में ही रहे। सन् 1942 का यह वर्ष आंदोलन का वर्ष भी होने के कारण दीर्घकाल तक अनुपस्थित रहे विद्यार्थियों की सरकार की ओर से पूछताछ की गई थी। मेरी पूछताछ के लिए भी तरोड़ा में पुलिस आकर गई थी, शिक्षा के बीच इस अंतराल के कारण मैं सन् 1944 में बी.ए. और 1946 में एम.ए. हुआ। विद्यार्थी के नाते विद्यापीठ का संबंध मेरा इस वर्ष समाप्त हुआ।

उसके बाद करीब तीन वर्षों के कालखंड में पाँच नौकरियाँ छोड़कर सन् 1949 में हिस्लौप कॉलेज में प्राध्यापक की हैसियत से जुड़ गया था और सत्रह वर्षों तक इस कॉलेज में ही रहा। शिक्षक के नाते इस तरह सत्रह वर्षों तक विद्यापीठ से संबंध रहा, उस काल में भी संलग्न महाविद्यालय के प्राध्यापकों को विद्यापीठ के प्रशासन में भाग लेने का अवसर प्राप्त होता था। प्रत्येक महाविद्यालय से दो प्राध्यापक, जिसे अब सीनेट कहा जाता है और इसका पहले नाम कोर्ट हुआ करता था, इस कोर्ट के सदस्य हुआ करते थे। महाविद्यालय के ये प्रतिनिधि क्रम से आते थे। इसलिए इनका चुनाव नहीं होता था। मेरा क्रमांक आने पर मैं भी हिस्लौप कॉलेज के प्रतिनिधि के रूप में कोर्ट का सदस्य बन गया।

कुलगुरु का चुनाव

उस समय के विद्यापीठ के कायदे के अनुसार कुलगुरु का (वाइस चांसलर) चुनाव किया जाता और कोर्ट के सदस्य कुलगुरु का चुनाव किया करते। हर तीन वर्षों के बाद यह चुनाव किया जाता। मैंने अपने कोर्ट सदस्यता के कार्यकाल में एक चुनाव में एक बार अपने मताधिकार का प्रयोग किया था। न्यायमूर्ति बड़कस और न्यायमूर्ति मंगलमूर्ति इनमें काँटे का मुकाबला था। इसके पहले के चुनाव में

न्यायमूर्ति मंगलमूर्ति चुनकर आए थे अगर मुझे ठीक से स्मरण है तो न्यायमूर्ति मंगलमूर्ति निर्विरोध कुलगुरु बने थे। मतलब जिस चुनाव में मैंने अपना मतदान किया था, उस चुनाव के वक्त न्यायमूर्ति मंगलमूर्ति कुलगुरु थे। चुनाव गुप्त मतदान की पद्धति से हुआ करता, पर अब कहने में कोई हर्ज नहीं कि मैंने अपना मत न्यायमूर्ति मंगलमूर्ति को दिया था, पर चार मतों से न्यायमूर्ति मंगलमूर्ति का पराभव हुआ और न्यायमूर्ति बड़कस कुलगुरु के रूप में निर्वाचित हुए। कुलगुरु पद पर चुनकर आए हुए चार कुलगुरुओं से एक नहीं तो किसी और कारण से मेरा संबंध हुआ। क्रम से न्यायमूर्ति मंगलमूर्ति, न्यायमूर्ति बड़कस, न्यायमूर्ति कोतवाल और न्यायमूर्ति देव, ये वे चार कुलगुरु थे। किसी का भी अपमान न करते हुए मैं आज यह कहना चाहता हूँ कि न्यायमूर्ति बड़कस की कार्यशैली अधिक अच्छी थी। हर एक की अपनी एक विशिष्ट कार्य पद्धति थी। न्यायमूर्ति बड़कस वैसे तो कांग्रेस पार्टी के माने जाते हैं, परंतु उनके कार्य करने का तरीका बिल्कुल निष्पक्ष था, ऐसा मेरा उनके बारे में मत बन गया था, जिसे बदलने की आज भी मुझे आवश्यकता नहीं लगती।

न्यायमूर्ति बड़कस के तीन वर्षों के कार्यकाल के बाद फिर एक काँटे का मुकाबला हुआ। उम्मीदवार थे न्यायमूर्ति कोतवाल और डॉ. वि. भि. कोलते। डॉ. कोलते शायद पहले उम्मीदवार थे, जो न्यायपालिका के अतिरिक्त अन्य क्षेत्र से इस चुनाव में खड़े थे। उस समय वे मौरिस कॉलेज के प्राध्यापक थे। इस चुनाव में न्यायमूर्ति कोतवाल विजयी हुए। वे उस समय न्यायमूर्ति मंगलमूर्ति या न्यायमूर्ति बड़कस की तरह सेवानिवृत्त न्यायाधीश नहीं थे, बल्कि पदासीन न्यायमूर्ति थे। उस समय मध्य प्रांत औए वर्हाड़ (सी.पी.ऐंड बेरार) इन राज्यों की पुनर्रचना हो चुकी थी। हिंदी भाषिक जिले अलग होकर नए मध्यप्रदेश में शामिल हो चुके थे। अभी-अभी तक यानी छत्तीसगढ़ का अलग राज्य बनने तक यह सारा भाग मध्यप्रदेश में शामिल था और मराठी भाषिक आठ जिले द्विभाषिकों में समाविष्ट हो चुके थे। सन् 1960 में आज का महाराष्ट्र बना।

कोतवाल-कोलते का चुनाव महाराष्ट्र बनने के बाद का है। डॉ. कोलते का पराभव कांग्रेस पार्टी ने जरा दिल से लगा लिया था। न्यायमूर्ति कोतवाल की बदली उनका तीन साल का कार्यकाल समाप्त होने से पहले ही मुंबई उच्च न्यायालय में कर दी गई। नागपुर का न्यायालय, मुंबई उच्च न्यायालय की खंडपीठ बन चुका था। यह बदली होने के समय न्यायमूर्ति कोतवाल की मुंबई उच्च न्यायालय के मुख्य न्यायाधीश के रूप में पदोन्नति की गई थी। अलबत्ता इसी कारण से पुनः चुनाव का प्रसंग आया और यह चुनाव भी बहुत अधिक चर्चित हुआ, कुछ इतना

अधिक कि सरकार ने पुराना कायदा ही बदल डाला और चुनाव की जगह नियुक्ति की प्रथा शुरू की गई।

बहुचर्चित चुनाव

यह चुनाव, न्यायमूर्ति कोतवाल, इनके कार्यकाल में कोषाध्यक्ष रहे हुए न्यायमूर्ति पी.पी.देव और शिवाजी शिक्षा के संस्थापक, अध्यक्ष और पं. नेहरू के मंत्रिमंडल में उनके सहकारी रहे हुए डॉ. पंजाबराव उपाख्य भाउसाहब देशमुख के बीच हुआ। किसी ने भी अपेक्षा नहीं की थी कि डॉ. भाउसाहेब देशमुख हार जाएँगे। न्यायमूर्ति देव हिसाब के लिए बड़े ही कठोर रहते। ऐसे व्यक्ति कभी भी लोकप्रिय नहीं होते। परंतु पता नहीं क्या हुआ कि सारा नागपुर विभाग एकजुट होकर उनके पक्ष में खड़ा हो गया और सभी की अपेक्षाओं को धक्का देकर चुनाव में डॉ. भाऊसाहब बहुत थोड़े मतों से हार गए। डॉ. भाऊसाहब को चुनने का महाराष्ट्र सरकार का भी दृढ निश्चय था। कोर्ट के सदस्य रहे सभी मंत्री मतदान के लिए आए हुए थे। इस चुनाव का परिणाम घोषित करने के बाद उसका विश्लेषण करते वक्त, ब्राह्मण और गैर ब्राह्मण विवाद कभी दबे स्वरूप में, तो कभी खुले स्वरूप में उल्लेख किया जाने लगा, पर वह विवाद नहीं था, दो बातों के लिए नाराजगी थी। एक न्यायमूर्ति कोतवाल की बदली करने के पीछे रही सरकार की अधिक जल्दबाजी और नागपुर विद्यापीठ में अमरावती विभाग का वर्चस्व स्थापन होने का संभावित डर। ब्राह्मण-अब्राह्मण विवाद नहीं था, ऐसा कहने का कारण यवतमाल के हमारे मित्र प्राचार्य दाते, इन्होंने न्यायमूर्ति देव के प्रचार के लिए गए लोगों को साफ-साफ कहा था कि वे डॉ. देशमुख को ही अपना मत देंगे और जिन्हें बाबाजी दाते का स्वभाव मालूम है, उनका पक्का विश्वास है कि बाबाजी दिया हुआ शब्द और लिया हुआ निर्णय कभी नहीं बदलते।

टीचर्स क्लब

कोतवाल-कोलते और देव-देशमुख इनके बीच जब चुनाव हुआ, तब मैं कोर्ट का सदस्य नहीं था और मेरे पास मताधिकार भी नहीं था। तथापि विद्यापीठ से संलग्न रहे महाविद्यालयों के प्राध्यापकों में मेरा नाम भी था और थोड़ा दबदबा भी, क्योंकि उस कालखंड में मैं नागपुर यूनिवर्सिटी टीचर्स क्लब का बहुमत से चुनकर आया हुआ अध्यक्ष था। यह संस्था इसके पहले चुनाव के संदर्भ में सक्रिय थी या नहीं, यह मुझे पता नहीं, पर उसकी एक प्रतिष्ठा थी और उसके अध्यक्ष के

रूप में कोई प्रतिष्ठित और प्रसिद्ध प्राचार्य ही होता। अनेक वर्षों तक हमारे हिस्लौप कॉलेज के प्राचार्य डॉ. मोज़ेज़ यूनिवर्सिटी के टीचर्स क्लब के अध्यक्ष थे जिस वर्ष चुनाव में मैं अध्यक्ष बना, तब उस वक्त के साइंस कॉलेज के और आज के इंस्टीट्यूट ऑफ साइंस के प्राचार्य डॉ. असोलकर अध्यक्ष थे। उनकी अध्यक्षता में ही इस बहुचर्चित, टीचर्स क्लब का चुनाव हुआ। प्राचार्य व्यवस्थापन का ही एक भाग है, ऐसा आज की तरह उस समय भी माना जाता, इसलिए अनेक प्राध्यापकों को लगता कि टीचर्स क्लब का अध्यक्ष प्राचार्य नहीं होना चाहिए, प्राध्यापकों में से होना चाहिए। शिक्षकों के कुछ वेतन संबंधी और कुछ सेवाशर्त संबंधी प्रश्न थे, उन प्रश्नों को रखने के लिए उस समय कोई अन्य व्यासपीठ उपलब्ध नहीं थी। टीचर्स क्लब की व्यासपीठ का उपयोग इस बात के लिए किया जाना चाहिए, ऐसी अनेक प्राध्यापकों की इच्छा थी। उस समय प्रा. र.वि. रानडे, बिन्झानी सिटी कॉलेज की नौकरी छोड़कर पदव्युत्तर विभाग के राज्यशास्त्र विभाग में नौकरी पर लगे थे। प्रा. रानडे उत्तम संघटक और परिश्रमी कार्यकर्ता हैं। पहले वे उत्तर प्रदेश में और थोड़े समय तक गुजरात में भी संघ के प्रचारक थे, पर आगे चलकर उनका झुकाव साम्यवाद की ओर हो गया था और संघ कार्य से उन्होंने अपने आपको अलग कर लिया, उनके छोटे भाई प्रा. पंढरीनाथ रानडे कम्युनिस्ट पार्टी के सक्रिय कार्यकर्ता थे। नौकरी पर लगते ही प्रा. रानडे ने अपने संगठन कौशल्य से प्राध्यापक वर्ग में भी अपना एक विशिष्ट स्थान निर्माण कर लिया था। टीचर्स क्लब के कार्यक्रमों में भी उनका सक्रिय सहभाग होता था। उन्होंने इस नए चुनाव के लिए लेडी अमृता बाई डागा (एलएडी) महिला महाविद्यालय की प्राचार्या कु. सालढाना का नाम सुनिश्चित किया। वह अध्यक्षा बन भी गई होती तो केवल नाममात्र की अध्यक्षा रहती। सारा सूत्र संचालन प्रा. रानडे के हाथ में ही रहता, परंतु नाममात्र के लिए भी प्राध्यापकों को कोई प्राचार्य नहीं चाहिए था, उन्हें वह परंपरा मिटानी थी। उन्हें लगा कि इस चुनाव के लिए मैं शक्तिशाली उम्मीदवार रहूँगा। मैंने टीचर्स क्लब के कार्य में कभी भी दिलचस्पी नहीं ली थी। क्लब का मैं सदस्य तक नहीं था। चुनाव के पाँच-छह दिन पहले उन्होंने मुझे सदस्य बनाया और चुनाव के लिए राजी किया।

हिस्लौप की एस.जी.बी.

इस पसंदगी की पृष्ठभूमि के लिए मेरी हिस्लौप कॉलेज की लोकप्रियता कारण बनी। हिस्लौप के व्यवस्थापन में प्राध्यापकों को प्रतिनिधित्व देने के लिए स्टाफ गवर्निंग बॉडी (एस.जी.बी.) की नई-नई निर्मिति की गई थी। इस एस.जी.बी. के

पास बहुत से अधिकार भी थे। प्राध्यापकों के साक्षात्कार लेकर उन्हें चुनने का अधिकार भी इस एस.जी.बी. के पास होता था। प्राध्यापकों के प्रश्न भी वहाँ रखे जा सकते थे। सन् 1960 के बाद ही एस.जी.बी. की निर्मिति हुई थी, प्राध्यापकों को लगा, टीचर्स क्लब के अध्यक्ष पद के लिए मुझे खड़ा करना चाहिए और उस दृष्टि से उन्होंने अपने कदम उठाने शुरू किए। प्रा. रानडे के ध्यान में आया कि प्राचार्या कु. सालढाना मेरा सामना नहीं कर पाएँगी, पर अब वे पीछे हटने को तैयार नहीं थीं। इसलिए डॉ. रानडे स्वयं ही चुनाव में खड़े हो गए। इस त्रिकोणीय मुकाबले में मैं विजयी हुआ। रानडे और सालढाना को मिले हुए मतों को जोड़ने पर उनसे केवल एक मत कम मिला था, ऐसा मुझे स्मरण है। प्राचार्या सालढाना प्रा. रानडे पर बहुत नाराज हुईं। मुझे फँसाया गया, ऐसा उन्होंने कहा। उन्हें अब भी एक गलतफहमी थी कि अगर रानडे खड़े नहीं होते तो सारे मत उन्हें मिलते। ऊपर जो आँकड़े दिए गए हैं, उसमें गलती हो सकती है। प्रा. रानडे, जो आजकल पुणे में रहने चले गए हैं, वे अगर इस लेख को पढ़ें तो अवश्य इसे ठीक कर सकते हैं और उनका इस बारे में किया गया प्रतिपादन ही सच माना जाए, ऐसी मेरी विनती है।

नूटा की स्थापना

टीचर्स क्लब चलाना यानी एक तरह से नाकों चने चबाने जैसा काम था। 18-19 लोगों की कार्यकारिणी में मुझे चाहनेवालों की संख्या केवल 3 थी। सर्वसामान्य प्राध्यापकों में से मुझे बहुमत मिला था, पर कार्यकारिणी में हर महाविद्यालय के प्रतिनिधि थे और वे मेरी ओर नहीं थे। बैठक में काफी तनातनी होती, पर तय किया हुआ काम हो जाता, फिर हमारे ध्यान में भी एक बात आ गई कि टीचर्स क्लब की व्यासपीठ किसी भी आंदोलन के लिए उपयुक्त नहीं है। उसके लिए नई आंदोलन प्रवण संस्था की आवश्यकता है और फिर नागपुर यूनिवर्सिटी टीचर्स एसोसिएशन (नूटा) की मेरे अध्यक्ष पद पर रहते ही निर्मिति हुई। नूटा के पहले अध्यक्ष डॉ. श्री. आ. देशपांडे थे, उसके बाद डॉ. गो. मा. कुलकर्णी अध्यक्ष हुए, ये दोनों एक-एक वर्ष तक अध्यक्ष रहे। प्रा. र. वि. रानडे ने कार्यवाह की हैसियत से बहुत अच्छा काम किया। उनके बाद प्रा. पी.एन. चांदुरकर तथा उनके बाद प्रा. बी.टी. देशमुख अध्यक्ष बने। प्रा. रानडे ने नूटा को अधिक शक्तिशाली बनाया। टीचर्स क्लब के अध्यक्ष पद पर एक से डेढ़ साल रहने के बाद मैंने भी टीचर्स क्लब का अध्यक्ष पद छोड़ दिया और डॉ. एन. आर. देशपांडे को अध्यक्ष पद पर चुनकर लाए। इस चुनाव में जी. एस. कॉलेज ऑफ कॉमर्स के मेरे सभी सहकारी मेरे विरोध में गए,

परंतु मुझे प्रा. रानडे और उनके सहकारियों का आधार मिला। रानडे जिस विभाग में सेवारत थे, उस विभाग के डॉ. देशपांडे प्रमुख थे, इसलिए उन्हें विरोध करना संभव भी नहीं था। एक संघवाला वहाँ से हट रहा है, इसी बात का उन्हें आनंद था।

टीचर्स क्लब के संविधान के अनुसार, कुलगुरु क्लब के पदसिद्ध आश्रयदाता (पेट्रन) होते हैं। उस समय न्यायमूर्ति कोतवाल कुलगुरु थे। इसलिए उनसे संबंध हुआ। देव-देशमुख चुनाव के वक्त अध्यक्ष के रूप में मैं ही था और हमने ऐसा तय किया था कि टीचर्स क्लब किसी की तरफदारी नहीं करेगा। मैंने उस पर कट्टरता से अमल किया, पर प्रा. रानडे ने न्यायमूर्ति देव की ओर से सक्रियता से काम किया। उसके बाद मेरे अध्यक्ष पद पर न होने के बावजूद अनौपचारिक तौर पर अनेक प्राध्यापक मेरे पास अपने प्रश्न लेकर आते और मैं भी निःसंकोच प्राचार्य से मिलकर उनकी मुश्किलों का हल निकालने का प्रयत्न करता।

नया कायदा, नया चुनाव

देव-देशमुख चुनाव में अनपेक्षित पराभव के बाद, (उस पराभव के कारण ही, ऐसा कहने में कोई हर्ज नहीं) महाराष्ट्र सरकार ने नागपुर विद्यापीठ का नियम बदल दिया और चुनाव के बजाय नियुक्ति की प्रथा शुरू हो गई। डॉ. वि.भि. कोलते पहले नियुक्त किए गए कुलगुरु थे। इसी कायदे के तहत कोर्ट का सीनेट में रूपांतर हुआ। सीनेट में प्राध्यापकों के लिए निश्चित सीटें और प्राचार्यों के लिए भी सीटें निश्चित की गईं। पंजीकृत पदवीधारकों के लिए सबसे अधिक यानी 30 सीटें थीं। कुछ नियुक्तियाँ कुलपति (चांसलर) यानी सरकार की ओर से होती हैं। राज्यपाल ही कुलपति होने के कारण सरकार का यानी मंत्रियों का हस्तक्षेप स्वाभाविक रूप से होता ही था।

विद्यापीठ सीनेट का यह चुनाव सन् 1965 में हुआ। प्राध्यापक वर्ग में से, निश्चित कोटा से भी अधिक मतों को प्राप्तकर मैं यह चुनाव जीत गया। नागपुर विद्यापीठ का क्षेत्र यानी संपूर्ण वर्हाड़ का क्षेत्र। उस समय अमरावती विद्यापीठ नहीं थी। आज के जितनी महाविद्यालयों की संख्या भी नहीं थी, तब भी बहुत सारे महाविद्यालय अवतीर्ण हो चुके थे। चिखली-देउलगाँव, राजा से लाखनी-नवरगाँव तक महाविद्यालय अस्तित्व में आ चुके थे। उन सभी विविध महाविद्यालयों में से मुझे इतने अधिक मत प्राप्त होने के कारण मेरे नाम को एक वजन विद्यापीठ के क्षेत्र में प्राप्त हो चुका था।

आगे चलकर सीनेट में से विद्यापीठ के कार्यकारी मंडल (एक्जिक्यूटिव

काउंसिल) के लिए प्रतिनिधि चुनकर भेजने के लिए चुनाव होना था। प्राध्यापकों के लिए दो और प्राचार्यों के लिए दो, ऐसे नियम की व्यवस्था थी। हम चार लोग चुनाव में खड़े थे, ऐसा मुझे स्मरण है। प्रा. सरदेसाई, प्रा. रानडे, प्रा. कालमेघ और मैं। इस चुनाव में मैं पराभूत हो गया। इन चारों में मेरा नंबर सबसे नीचे था। सभी को आश्चर्य हुआ। सीनेट के चुनाव के समय सर्वाधिक मतों से जीता हुआ और यहाँ पराभव होने पर सबसे कम मत? यह गणित सामान्यत: किसी के समझ में नहीं आ रहा था, पर मतदाता संघ बिल्कुल भिन्न था जिन्होंने मुझे प्रचंड बहुमत से जिताया था। उन्हें इस चुनाव में मत देने का अधिकार था ही नहीं। हम चारों में यद्यपि मुझे सबसे कम मत मिले थे, परंतु मत संख्या में 2-3 मतों से अधिक का फर्क नहीं था। मेरे निर्वाचन में से कम होते ही मेरे द्वितीय पसंदगी (यह चुनाव एकल संक्रमणीय मत पद्धति के अनुसार होता था जिसमें उम्मीदवारों के बारे में पसंद वरीयता क्रम में पूछी जाती है।) के मतों का बँटवारा हुआ और उसमें मेरे मतदाताओं की ओर से प्रा. कालमेघ को 9 मतों की प्रचंड मदद मिलने के कारण वे प्रा. रानडे को पीछे छोड़कर जीत गए। यह घटना अनेक लोगों को बड़ी विचित्र लगी, पर उसके पीछे कुछ घटनाक्रम था। इस बात का पता बहुत थोड़े लोगों को है।

वचन के पक्के

विद्यापीठ कार्यकारिणी के इस चुनाव के कारण लोगों के ध्यान में भी एक बात आ गई कि हमारा भी एक गुट है, जो अधिक शक्तिशाली भी है और इसलिए नए चुनाव के लिए हमसे संबंध जोड़ना आवश्यक है, इस बात का एहसास सभी को हो गया था। इस बारे में सबसे पहले पहल की उस समय के साइंस कॉलेज के प्राचार्य डॉ. आबासाहेब काजले ने। कोतवाल-देव की ओर से लोगों के नेता डॉ. काजले थे। उन्होंने प्राचार्यों में से, जी. एस. कॉलेज ऑफ कॉमर्स के प्राचार्य श्री तोखी और प्राध्यापकों में से (शायद इंजीनियरिंग कॉलेज के) प्रा. सरदेसाई को खड़ा करने का तय किया। अपने खुद के बलबूते पर चुनकर आने का विश्वास नहीं था, पर यह गुट सबसे बड़ा था। हमारे गुट से प्राचार्य पद के लिए भी कोई खड़ा नहीं था। डॉ. काजले ने उस समय मोहता साइंस कॉलेज के प्राध्यापक, मेरे घनिष्ठ मित्र बापूराव वर्हाड़पांडे से संपर्क किया और प्राचार्य तोखी को हमें मदद करनी चाहिए, ऐसा सुझाव दिया। हमारी ओर से इस श्रेणी में से कोई भी खड़ा नहीं होनेवाला था, इसलिए बापूराव ने इस बात के लिए मान्यता दे दी। मुझे भी कोई हर्ज नहीं था, पर यह युक्ति मुझे बहुत महँगी पड़ी। वह इस दृष्टि से कि हमें

उनसे कोई भी मदद नहीं मिली। तोखी को की जानेवाली मदद के बदले में मेरे लिए प्रथम पसंदगी के कुछ मत माँगे जा सकते थे और वह शायद योग्य भी होता, परंतु यह बात न मुझे सूझी, न ही बापूराव को। हम दोनों को ही, किसी भी मदद के बिना जीत जाएँगे, इस बात का आवश्यकता से अधिक आत्मविश्वास था। इसकी पृष्ठभूमि में मुझे सीनेट में मिला प्रचंड बहुमत था।

प्राचार्यों की श्रेणी में से हमारे कॉलेज से डॉ. मोज़ेज़ भी खड़े हो गए। उन्होंने हमें यह चुनाव साथ लड़ेंगे, ऐसा सुझाव दिया। इस बात के लिए वे मेरे घर पर भी आए थे, परंतु मैंने उनसे कहा कि हम तोखी से वचनबद्ध हैं इसलिए अब यह संभव नहीं है। मैं और डॉ. मोज़ेज़ ने इकट्ठे होकर यह चुनाव लड़ा होता तो हम दोनों पहली ही फेरी में जीत जाते। मेरे युति के लिए मनाकर देने के बाद उन्होंने मुझसे मेरे कुछ परिचित मतदाताओं के साथ उनका परिचय करवा देने के लिए निवेदन किया। मैंने उसे मान्य कर कुछ लोगों के साथ उनका परिचय करवा दिया। डॉ. काजले से यह बात छिपी न रह सकी। इसलिए उन्होंने मुझे काफी खरीखोटी सुनाई। मैंने उनसे कहा, 'हमारे मत आप ही को मिलेंगे, इस बात पर विश्वास रखिए। वचन भंग करें ऐसे हम नहीं हैं।' तथापि डॉ. मोज़ेज़ जहाँ मैं नौकरी कर रहा हूँ, वहाँ के प्राचार्य हैं, उनका परिचय करवाने के लिए मैं कुछ मतदाताओं के पास गया था। यह बात उन्हें कितना आश्वस्त कर पाई, यह तो कौन जाने, पर परिणाम घोषित होने तक वे मुझ पर नाराज थे। हमारी ओर से नकार मिलने के बाद डॉ. मोज़ेज़ ने प्रा. र. वि. रानडे के गुट से समझौता कर लिया, पर प्रा. रानडे के मतों के जितने मत डॉ. मोज़ेज़ को नहीं मिले, वे पराभूत हो गए। रानडे भी हार गए। चुनाव परिणाम घोषित होने के बाद वे अपनी खास दाक्षिणात्य हिंदी में बोले, "अरे मिस्टर वैद्य, अगर तुम हमारा साथ देता तो तुम भी जीतता और हम भी जीतता।" उनका कहना सही था।

प्राचार्य श्रेणी में से तीसरे उम्मीदवार थे अमरावती के शिवाजी कॉलेज के प्राचार्य एन. सी. देशमुख। हम उन्हें मदद करें तो उसके बदले में वे हमें मदद करेंगे, इस तरह से टटोलना शुरू किया। डॉ. मोज़ेज़ से जो कहा था, वही बात इनसे भी कही। इसके पहले यवतमाल में, प्राचार्य बाबाजी दाते के यहाँ शिवाजी शिक्षा संस्था के अध्यक्ष बाबासाहब घारफलकर से भेंट और परिचय हुआ था। डॉ. भाउसाहब देशमुख के बाद घारफलकर संस्था के अध्यक्ष बन गए थे।

आखिरी प्रयत्न के रूप में चुनाव के एक दिन पहले मिलने का प्रस्ताव आया, जिसे हमने मान्य कर लिया। रात 10 बजे के बाद मैं व बापूराव वर्हाड़पांडे दक्षिण

अंबाझरी रास्ते पर के श्रद्धानंद अनाथालय में उन्हें जाकर मिले। बाबासाहब और एन. सी. देशमुख उपस्थित थे और भी एक-दो लोग थे, पर उसमें प्रा. कालमेघ नहीं थे। प्राध्यापकों में से शिवाजी शिक्षा संस्था की ओर से या कहें कि उनके सहारे से प्रा. कालमेघ खड़े थे, पर बाबासाहब घारफलकर को चिंता थी प्राचार्य एन. सी. देशमुख को जिताने की। वह उनकी प्रतिष्ठा का प्रश्न बन गया था। प्रा. कालमेघ हार भी जाते तो कोई बात नहीं थी। उन्होंने बोलने की शुरुआत अच्छी की। उन्होंने मुझसे कहा, "आप यह चुनाव जीत जाएँगे, इसमें कोई शक नहीं है।" देशमुखजी को पहली पसंदगी के 4-5 मतों की आवश्यकता है, उतने अगर आप हमें दिलवा दें तो उतने ही मत हम आपको दिलवा देंगे, पर हमने उनसे भी कहा, 'हम वचनबद्ध हैं, इसलिए प्राचार्य देशमुख को मत नहीं दिलवा पाएँगे। हमारी दूसरी पसंदगी के मत भी उन्हें नहीं मिल पाएँगे, क्योंकि उसे हमने डॉ. मोज़ेज्र को देना कबूल कर लिया है।' फिर बातचीत प्राध्यापक श्रेणी की ओर मुड़ गई। यहाँ प्रथम पसंदगी के मत मुझे ही मिलने वाले थे, अतः इस संबंध में कोई प्रश्न ही नहीं था, पर दूसरी पसंदगी के लिए हम सबके पास अवकाश था तो हमने कहा कि अब सब लोगों को यह बात कहलवाना संभव नहीं है तथापि कुछ 9-10 नजदीकी लोगों को हम चुनाव के वक्त दूसरी पसंदगी के मतों के बारे में अवश्य कहेंगे। वे भी बोले, "हम भी दूसरी पसंदगी के मत आपको देंगे, हमने अगर कहा होता कि आप भी हमें प्रथम पसंदगी के 4-5 मत हमें दे दें तो उन्होंने उसे मान्य कर लिया होता, पर हमें यह बात नहीं सूझी। हम दोनों ही चुनाव जीतने के बारे में निश्चिंत थे।" उस रात की उन बातों के आधार पर हमारी द्वितीय पसंदगी के 9 मत डॉ. कालमेघ को मिल गए और वह चुनाव जीत गए इस बात का एक और फायदा हुआ और वह आज तक कायम है, वह यह कि ये लोग अपने वचन के पक्के हैं, किसी भी तरह का प्रलोभन इन्हें विचलित नहीं करता, ऐसी हम लोगों की छवि निर्माण हो गई।

यह पराभव भी एक तरह से इष्ट आपत्ति ही समझना चाहिए, क्योंकि उसके बाद एक साल में ही मैं प्राध्यापक का पेशा छोड़कर 'तरुण भारत' के संपादक मंडल में शामिल हो गया। वैसे भी एक साल बाद मुझे यह पद छोड़ना ही पड़ता, साल भर पहले मुझे मिला ही नहीं, इतना ही।

सन् 1970 का चुनाव

करीब-करीब चार साल तक विद्यापीठ के घटनाक्रम से मैं अलिप्त रहा। अपने काम में ही डूबा रहा। उस समय वह आवश्यक था। सन् 1969-70 में पुनः

सीनेट और उसके बाद कार्यकारिणी के चुनाव का अवसर था। डॉ. वि. भि. कोलते, फिर पाँच वर्षों के लिए कुलगुरु की हैसियत से नियुक्त कर लिये गए थे। अब मैं पंजीकृत स्नातकों की श्रेणी में सीनेट का चुनाव जीत गया था। कार्यकारिणी के चुनाव के लिए भी खड़ा हो गया। पंजीकृत स्नातकों के लिए कार्यकारिणी में छह सीट होने के कारण मतों का कोटा कम था। इसलिए मेरा जीतना सरल था। मुझे लगा कि और कोई भी साथ होना चाहिए। सीनेट पर मेरे ज्येष्ठ मित्र एडवोकेट ना. श्री. मुंशी भी चुनकर आए थे। उनकी इच्छा कार्यकारिणी में आने की थी। मैंने उनकी इच्छा को और सहारा दिया। पसंदगी के क्रमांक की चुनाव पद्धति की विशेषता ऐसी है कि जब एक की सफलता की गारंटी हो, तब अवश्य दो उम्मीदवार खड़े किए जाएँ। दो उम्मीदवारों को खड़ा करने से पहला हारता नहीं है, दूसरा हार जाए तो दूसरे क्रमांक के मत जो सामान्यत: उसी गुट के उम्मीदवार को मिले होते हैं, अपनी पूरी कीमत से पहले उम्मीदवार के पास संक्रमित हो जाते हैं। इसलिए एड. मुंशी की इच्छा को मैंने सम्मति दी और मेरे प्रथम पसंदगी के कुछ मत उन्हें मिल गए। चुनाव प्रक्रिया बिल्कुल जोरों पर थी, तब एड. मुंशी के भाई मेरे पास आकर बोले, 'बाबा को (बड़े भैया) को 4–5 मत कम पड़ रहे हैं वे उन्हें दिलवा सकेंगे क्या?' मैंने कहा, 'आपने बहुत देर कर दी, पर अभी तक मैंने और बापूराव ने मतदान नहीं किया है, हम अपनी पहली पसंदगी के मत उन्हें दे देंगे। अब इस समय किसी और से कहना ठीक नहीं होगा।' चुनाव की मतगणना शुरू हुई, तो पहली फेरी में श्री बाबासाहब घारफलकर चुन लिये गए। मुझे कोटा से केवल दो मत कम मिले थे। उस समय सबसे कम मत अटल बहादुर सिंह को मिले थे, वे पाँच थे। उनके हारकर बाहर होते ही उनके मत पत्रिकाओं में से द्वितीय पसंदगी के दो मत मुझे मिल गए। उनमें से एक मत जाम्बुवंतराव धोटे का था जो उन्होंने मुझसे कबूल किया था और मैं चुनाव जीत गया। कोई भी प्रयत्न किए बिना, मुझे और अटलबहादुर सिंह को मतदान में मतदाताओं की संख्या बहुत अधिक रहती आई है। पाँच वर्षों के बाद हुए सीनेट के चुनाव में कोटा पूर्ण करने के बाद बचे हुए करीब दो सौ मत मेरी ओर से अटल बहादुर सिंह को मिले थे। कार्यकारिणी के लिए हुए चुनाव में एड. मुंशी के नीचे जाल गिमि का क्रमांक था, पर हारकर बाहर होनेवाले उम्मीदवारों की दूसरी और तीसरी पसंदगी के मतों पर जाल गिमि जीत गए और एड. मुंशी हार गए।

इस चुनाव के लिए प्राचार्य श्रेणी में से डॉ. गो. मा. कुलकर्णी को हमने खड़ा किया। उनके लिए मैंने व्यापक तौर पर प्रवास किया और वे चुन लिये गए। प्राचार्यों

में से जीतनेवाले दूसरे उम्मीदवार नागपुर के शिवाजी विद्यालय के प्राचार्य लांजेवार थे। पंजीकृत स्नातकों में से चुने गए अन्य उम्मीदवारों में नागपुर के प्रसिद्ध वकील एड. अरुण मनोहर का भी समावेश था। एड. गोवर्धन अग्रवाल भी चुनकर आ गए थे और कुलपति के नियुक्त किए हुए में एड. भा.अ. मासोदकर भी थे। पूरी कार्यकारिणी इन दिग्गजों के कारण वजनदार प्रतीत हो रही थी।

फजीहत का अवसर

नई कार्यकारिणी के पहले कुछ महीनों में ही मुझ पर फजीहत का भयंकर अवसर आया। आजकल नागपुर के पालक मंत्री श्री सतीश चतुर्वेदी उस समय विद्यार्थी नेता थे। वे एक विद्यार्थी को लेकर मेरे पास आए। वह विद्यार्थी एम.बी.बी.एस. की परीक्षा दे रहा था। उस पर नकल करने का आरोप था। उसने कहा, ''मैंने दूसरे विद्यार्थी के पास से कंपास बॉक्स माँगा था। यह बात सच है। मैंने बॉक्स खोला तो उसमें मुझे एक कागज नजर आया, उसी समय निरीक्षक की नजर मुझ पर पड़ी और उन्होंने मुझे पकड़ लिया। मैं बिल्कुल निर्दोष हूँ।'' हमारे रामटेक के मित्र एड. गोविंदराव अंबागडे, जो आजकल नागपुर में आकर वकालत करने लगे थे, वे भी मेरे पास आए और इस निरपराध लड़के को सजा नहीं होनी चाहिए, ऐसी विनती करने लगे। समस्या कठिन थी, क्योंकि पहलेवाली कार्यकारिणी की बैठक में गैर प्रकार समिति (अनफेयर मीन्स कमिटी) की रिपोर्ट मंजूर कर ली थी। उस रिपोर्ट के अनुसार इस विद्यार्थी को सजा हो गई थी। इस कमेटी के अध्यक्ष पद पर स्वयं कुलगुरु डॉ. कोलते थे। आगे की कार्यकारिणी की बैठक में पिछली बैठक में हुए निर्णयों पर मुहर लगानी होती है। उस तरह गैर प्रकार समिति के दिए हुए रिपोर्ट पर कार्यकारिणी का लिया हुआ निर्णय मुहर लगाने के लिए लाया गया और मैंने उस विद्यार्थी का विषय उठाया। डॉ. कोलते का प्रतिपादन कायदे व नियम के अनुसार ही था। वे बोले, ''अब आप दी हुई सजा पर पुनर्विचार नहीं कर सकते। आपके सामने प्रश्न इतना ही है कि उस बैठक में लिये गए निर्णय का अंकन ठीक से हुआ है या नहीं, यह देखना।'' डॉ. कोलते का कहना बिल्कुल सही था, पर मैंने विषय न छोड़ते हुए पुनः कहा, 'कायदे से आपका कहना बिल्कुल सही है, पर यहाँ एक विद्यार्थी के चरित्र का और उसके जीवन-मरण का प्रश्न उठ खड़ा हुआ है। हमें नियमों की कठोरता को एक ओर रखकर जरा सहानुभूति से विचार करना चाहिए।' मेरे कहने का समर्थन करने के लिए कोई भी आगे नहीं आया। जो भी बोले, वे कुलगुरु के मतानुसार ही बोले,

क्योंकि वह नियमानुसार था। नियमों के विरुद्ध मैं ही खड़ा था, पर मैंने अपना हठ नहीं छोड़ा। आग्रह किया कि वह उत्तर-पत्रिका, कंपास बॉक्स, वह कागज और निरीक्षक का अहवाल सभी कुछ जाँचने के लिए बैठक में लाया जाए। डॉ. कोलते नाराज हो गए और बोले, "हमारी समिति ने ये सारी चीजें नहीं देखी हैं और वह गैरजिम्मेदारी से काम कर रही है, क्या आप यह कहना चाहते हैं?" मैंने कहा, 'मुझे ऐसा कुछ नहीं कहना था, परंतु गैर प्रकार समिति का निर्णय यदि अंतिम होता है तो वह निर्णय मंजूरी के लिए कार्यकारिणी के पास कैसे आया होगा?' आखिर एड. मासोदकर उठे और बोले, "अगर वैद्य इतनी शिद्दत से कह रहे हैं तो एक बार उस सारे मामले की जाँच फिर से करने में क्या हर्ज है?" मसोदकर कोलते के समर्थक माने जाते हैं। उनके कहने का प्रभाव हुआ। कार्यकारिणी के सारे काम एक ओर रखकर वह उत्तर-पत्रिका, कंपास बॉक्स, कागज वगैरह सब कुछ बैठक में लाया गया। उस उत्तर-पत्रिका के हस्ताक्षर और कागज में लिखे हस्ताक्षर एक जैसे ही थे, कंपास बॉक्स भी उसी का था। किसी ने दस-बीस प्रतिष्ठित लोगों के सामने, पैरों से चप्पल निकालकर मेरे मुँह पर दे मारी हो, ऐसा मेरा चेहरा हो गया था। मैंने संपूर्ण कार्यकारिणी से क्षमा माँगी और बैठक के दौरान मैं पूरी तरह से मौन धारण किए बैठा रहा। बैठक समाप्त होने के बाद एड. मासोदकर मेरे पास आकर बोले, "आपने ठीक से पूछताछ नहीं की थी क्या?" मेरे पास देने के लिए कोई उत्तर नहीं था। मैंने कहा, 'मुझसे गलती हो गई।' दूसरे दिन वह विद्यार्थी क्या हुआ, यह पूछने के लिए आया। मैंने उसे दरवाजे से ही बाहर निकाल दिया और कहा, 'आज के बाद कोई भी विद्यार्थी मेरे पास इस तरह की शिकायत लेकर आएगा, तब भी मैं उस पर भरोसा नहीं कर पाऊँगा। तुमने मेरी प्रतिष्ठा को तो धक्का पहुँचाया ही। पर सभी विद्यार्थियों का नुकसान किया।' उसकी एम.बी.बी.एस. की दो परीक्षाओं में सजा के तौर पर उसे बैठने नहीं दिया, पर उसके बाद वह एम.बी.बी.एस. हुआ भी होगा और कहीं प्रैक्टिस या सरकारी नौकरी भी कर रहा होगा, अपने व्यवसाय में झूठ फैलाकर कितने रोगियों का नुकसान किया होगा, क्या पता? इन सारी चीजों का एक परिणाम अच्छा हुआ कि कुलगुरु डॉ. कोलते ने अध्यक्ष पद त्याग दिया। एड. गोवर्धन अग्रवाल समिति के अध्यक्ष बने और डॉ. कोलते के रिक्त हुए पद पर कार्यकारिणी ने मेरी नियुक्ति कर दी।

एकेडेमिक काउंसिल का चुनाव

डॉ. कोलते के नए कार्यकाल में दो बार चुनाव हुए, इसके लिए कारणीभूत

मैं ही था। एक चुनाव था कलाशाखा (आर्ट्स फैकल्टी) के अधिष्ठाता (डीन) का। इस कालखंड में मेरा डॉ. मधुकर आष्टीकर के साथ स्नेह संबंध बन गया था। वे उस समय अमरावती के विदर्भ महाविद्यालय में संस्कृत विषय के प्रमुख थे। उन्होंने इस अधिष्ठाता का चुनाव लड़ने का फैसला किया। मैंने उन्हें मदद करने का आश्वासन दिया। हमारा जो गुट समझा जाता था, उसका सामूहिक निर्णय नहीं था यह हमने इकट्ठे बैठकर कोई भी निर्णय नहीं लिया था। प्रतिस्पर्धी उम्मीदवार स्नातकोत्तर हिंदी विषय के प्रमुख डॉ. के.के. पाठक थे। स्नातकोत्तर संस्कृत विभाग के हमारे स्नेही डॉ. श्री. भा. वर्णेकर, डॉ. अ.ना. देशपांडे का डॉ. पाठक को समर्थन था। मेरा भी डॉ. पाठक से परिचय था, इसलिए डॉ. पाठक को सफलता मिलेगी, इस बात का विश्वास था। मैं डॉ. आष्टीकर को लेकर वर्धा के व नागपुर के कुछ दोस्तों से मिला। कुलगुरु डॉ. कोलते का डॉ. आष्टीकर पर विशेष स्नेह था। उनसे भी उनको मदद मिली और डॉ. आष्टीकर चुनाव जीत गए। इस श्रेय में मेरा हिस्सा बहुत कम था, परंतु इसका सारा श्रेय मुझे दिया गया। आष्टीकरजी से मेरी दोस्ती और गहरी हो गई। कुछ महीनों के बाद ही अकेडेमिक काउंसिल (विद्वत सभा) में से कार्यकारिणी का चुनाव हुआ। बापूराव वर्हाड़पांडे अब तक मोहता कॉलेज के प्राचार्य बन गए थे। वे भी अकेडेमिक काउंसिल में से कार्यकारिणी में आ गए थे। वे कौन सी श्रेणी में से चुनाव जीते थे, यह मुझे स्मरण नहीं है, पर डॉ. आष्टीकर जिस चुनाव में जीतकर अकेडेमिक काउंसिल में से कार्यकारिणी में पहुँचे थे, वह चुनाव बहुत रस्साकशी भरा था। दो सीटों के लिए तीन उम्मीदवार खड़े थे। एक प्रा. कालमेघ, दूसरे स्नातकोत्तर रसायन शास्त्र विभाग के प्रमुख डॉ. रा. ह. सहस्रबुद्धे और तीसरे डॉ. आष्टीकर। मैं अकेडेमिक काउंसिल का सदस्य नहीं था। उस काउंसिल के सदस्यों की संख्या व स्वरूप की मुझे जरा भी जानकारी नहीं थी। डॉ. आष्टीकर ने मुझे वह सूची दिखाई और मेरे ध्यान में आया कि जरा और योग्य प्रकार से आयोजन किया जाए तो डॉ. सहस्रबुद्धे और डॉ. आष्टीकर दोनों जीत सकते हैं। डॉ. सहस्रबुद्धे को प्रा. रानडे का समर्थन प्राप्त था, ऐसा कहने में भी हर्ज नहीं कि प्रा. रानडे ही उनके चुनाव की बागडोर सँभाले हुए थे। डॉ. सहस्रबुद्धेजी से भी मेरा परिचय था ही, वे स्पष्ट वक्ता थे, किसी की नाराजगी की परवाह न करते हुए वे निर्भयता से अपना मुद्दा रखते। उनका कार्यकारिणी में आना, कार्यकारिणी का गौरव बढ़ानेवाला ही होता, पर उन्हें जितवाने के लिए डॉ. आष्टीकर को मिलनेवाले कुछ मत डॉ. सहस्रबुद्धे को दिलवाने पड़ते।

डॉ. आष्टीकर का मुझ पर विश्वास था। मैंने उन्हें पूरी योजना समझा दी। आष्टीकरजी को उनके खुद के प्रयत्नों से जो मत मिलनेवाले थे, उन्हें न छूकर मेरे प्रयत्नों से जो मत मिलनेवाले थे, उनमें से कुछ मत डॉ. सहस्रबुद्धे को दिलवाना आवश्यक था। डॉ. आष्टीकर के मेरी बात से सहमत हो जाने पर मैं डॉ. सहस्रबुद्धे के पास गया। मैंने उनसे कहा कि मैं उन्हें थोड़ी मदद कर सकता हूँ, तब वे जरा आश्चर्यचकित हो गए। पसंदगी की क्रमांकवाली चुनाव पद्धति से वे अच्छी तरह से अवगत नहीं थे। उन्होंने प्रा. रानडे को बुलवाया। रानडे इस पद्धति के अच्छे जानकार हैं। मैंने उनसे कहा कि जिन मतों पर आपका और रानडे का पक्का विश्वास है, उन्हें हम बिल्कुल नहीं छुएँगे, परंतु आप नकारात्मक प्रचार मत कीजिए, इस चुनाव में द्वितीय पसंदगी का मत आप डॉ. आष्टीकर को दीजिए, इतना ही करिए। डॉ. सहस्रबुद्धे जरा शंकित हो गए कि कहीं इस कारण से हमारे मतों पर विपरीत परिणाम तो नहीं होगा। मैंने उस शंका को दूर कर दिया। जब तक हम उस चुनाव से बाहर नहीं हो जाते, तब तक दूसरी पसंदगी के मतों की गणना ही नहीं होगी। हम भी दूसरी पसंदगी के क्रमांक का मत डॉ. सहस्रबुद्धे को ही देने के लिए कहेंगे। प्रा. रानडे के ध्यान में सारी प्रक्रिया आ गई। उनके उम्मीदवार का इसमें नुकसान होने की कोई संभावना नहीं थी, उलटे 4-5 मत प्रथम पसंदगी के उन्हें मिलनेवाले थे। केवल डॉ. आष्टीकर के विरोध में प्रचार नहीं करना था। उससे अधिक कुछ करने की कोई आवश्यकता नहीं थी। दूसरी पसंदगी का मत डॉ. आष्टीकर को दे सकते हैं, ऐसा ही कहने की आवश्यकता थी। विद्यापीठ की अकेडेमिक काउंसिल हो, या सीनेट हो, थोड़ा विचार जाति पर हो ही जाता है। सीनेट के पहले चुनाव के वक्त एक कद्दावर उम्मीदवार हिस्लौप के पदार्थ विज्ञान विभाग के प्रा. एस. पी. सिंह के पास गए थे और बोले, "हम दोनों क्षत्रिय हैं, आपका मत मुझे मिलना चाहिए।" प्रा. सिंह बोले, "आप क्षत्रिय हैं, यह सुनकर मुझे अत्यंत आनंद हुआ है, परंतु मैं अपना मत प्रा. वैद्य को ही दूँगा।" प्रा. सिंह ने ही यह जानकारी मुझे दी थी। डॉ. आष्टीकर और डॉ. सहस्रबुद्धे और प्रा. कालमेघ, ये तीनों उम्मीदवार थे और दो में से एक ब्राह्मण जरूर हारेगा, ऐसी सार्वत्रिक धारणा थी। हम कुछ गिने-चुने लोग, चुनाव के एक दिन पहले, प्राचार्य बापूराव वर्हाड़पांडे के पास गए। मैंने सभी को किस तरह से मतदान करना है, यह समझा दिया। बाकी के सदस्यों के यहाँ जाकर मतदान किस तरह करना है, यह समझाने की जिम्मेदारी उपस्थित लोगों में बाँट दी। चुनाव संपन्न हुआ।

मुझे लगा था कि डॉ. आष्टीकर और डॉ. सहस्रबुद्धे को समान मत मिलेंगे,

पर डॉ. आष्टीकर को दो मत अधिक मिले। यह उनकी व्यक्तिगत कमाई थी। चुनाव में डॉ. आष्टीकर और डॉ. सहस्रबुद्धे दोनों जीत गए, प्रा. कालमेघ हार गए। डॉ. आष्टीकर हों या डॉ. सहस्रबुद्धे, दोनों में से किसी को भी अगर आवश्यकता से अधिक मत मिले होते तो जिसको कम मत मिलते, वह हार जाता अर्थात् यह बारी डॉ. सहस्रबुद्धे पर ही आई होती। पाँच वर्ष पहले इसी कार्यकारिणी के चुनाव में प्रा. कालमेघ मेरे इसी तरह के अज्ञात समर्थन के कारण चुनाव जीत गए थे। इस बात के लिए वे जब भी मुझसे मिलते, तब मुझे धन्यवाद देते। इस बार उन्हें यह व्यूहरचना ज्ञात होने के बाद भी पराभव चखना पड़ा। इस बात के लिए उनकी मुझ पर स्वाभाविक नाराजगी थी। आगे चलकर वे कुलगुरु बने, पर उनकी नाराजगी कायम रही। इस बात का एहसास मुझे होता रहा।

सामूहिक नकल प्रकरण

डॉ. वि. भि. कोलते की दूसरी पारी पाँच साल नहीं चली, उन्हें बीच में ही त्याग-पत्र देना पड़ा। इस त्याग-पत्र के लिए कारण बना था सामूहिक नकल प्रकरण। यह वर्ष था सन् 1972। उस वक्त जो विद्यार्थी जिस कॉलेज के होते थे, उन विद्यार्थियों के लिए परीक्षा का केंद्र वही कॉलेज होता था। नकल करवाने के लिए यह व्यवस्था बहुत अनुकूल होती थी। सन् 1972 में विद्यापीठ की वार्षिक परीक्षाओं में खूब नकल की जा रही है अखबारों में ऐसे समाचार चमक रहे थे। हिस्लौप कॉलेज, एस.एफ.एस. कॉलेज, जी.एस. कॉलेज, इन सभी परीक्षा केंद्रों के नाम शीर्ष पर थे। नेशनल व नागपुर महाविद्यालय भी उनमें थे या नहीं, यह अभी याद नहीं है। केवल अखबारों में छपी खबरों पर विश्वास रखना मुझे ठीक नहीं लगा। इसलिए मैं इन परीक्षा केंद्रों के कुछ अधिकारियों से व कुछ निरीक्षकों से मिला। उन्होंने समाचार-पत्रों में छपी खबरों की पुष्टि ही की। इसलिए मैंने डॉ. कोलते को पत्र लिखकर इस प्रकरण की जाँच करने के लिए एक तात्कालिक बैठक करवाने के लिए सुझाव दिया। इस पत्र का कोई प्रतिसाद नहीं मिला, इसलिए नकल चला लेनेवाले विद्यापीठ के सर्वोच्च अधिकारी से अपना संबंध जारी रखने में कोई औचित्य नहीं है, ऐसा मेरे ध्यान में आते ही मैंने कार्यकारिणी में से अपनी सदस्यता से त्याग-पत्र देने का तय कर लिया। मैं त्याग-पत्र लिखकर, उसे पहुँचाने के लिए स्कूटर से विद्यापीठ के कार्यालय में जा रहा था, तभी मुझे सामने से आती हुई न्यायमूर्ति एड. मासोदकर की गाड़ी मिली। मैंने उन्हें त्याग-पत्र देने जा रहा हूँ, यह कहा तो वह बोले, ''घर चलें, हम थोड़ा विचार करते हैं, त्याग-पत्र देने से अगर सवाल हल होनेवाला हो तो मैं भी अपना

त्याग-पत्र दे दूँगा।'' उनके घर उस दिन हमने इस प्रकरण के सभी अंगों पर चर्चा की। मैंने उनसे कहा, ''आप केवल मेरे कहने पर विशवास न रखें, कल मैं कुछ केंद्राधिकारियों को भी आपके समक्ष ले आता हूँ।''

दूसरे दिन शाम को तय कार्यक्रम के अनुसार कुछ केंद्राधिकारी और कुछ निरीक्षक न्यायमूर्ति मासोदकर के धंतोली स्थित बँगले पर आ गए। उन्होंने कहा, ''हमने कुलगुरु को ये सारी बातें बताई हैं, स्वयं कुलगुरु ने यह देखा है। हमें क्या करना चाहिए, यह हमारी समझ में नहीं आ रहा। कुछ विद्यार्थियों की गुंडागर्दी हमें सहनी पड़ती है।'' मासोदकर को विश्वास हो गया। नागपुर विद्यापीठ का यह सामूहिक नकल प्रकरण पुणे-मुंबई के अखबारों में भी छपा था। सरकार और विशेषत: मुख्यमंत्री वसंतराव नाईक भी चिंतित थे, यह बात बाद में मालूम हुई। न्यायमूर्ति मासोदकर दूसरे दिन डॉ. कोलते से मिले और कार्यकारिणी पर तात्कालिक बैठक बुलाने का निर्णय कुलगुरु ने लिया। बैठक में इस केंद्र की परीक्षा रद्द करने का निर्णय लिया गया था। विद्यार्थियों में इस बात की तीव्र प्रतिक्रिया होने ही वाली थी। सरकार भी सतर्क थी, विद्यापीठ को उसकी पूरी मदद थी। नागपुर में नए पुलिस कमिश्नर की नियुक्ति हुई थी। उनका नाम भी वसंतराव नाइक ही था। कुलगुरु को और कार्यकारिणी के सदस्यों के घरों को भी पुलिस संरक्षण प्राप्त हुआ।

इसी कालखंड में एक मजेदार घटना घटी। सामूहिक नकल प्रकरण में अंबेडकर कॉलेज का अंतर्भाव नहीं था, परंतु बाद में यहाँ भी परीक्षा रद्द करनी पड़ी। उस समय 11वीं और 12वीं ऐसे वर्ग नहीं थे। प्री-यूनिवर्सिटी व बी.ए., बी.एससी., बी.कॉम, भाग-1 ऐसे वर्ग थे। बी.एससी. भाग-1 की परीक्षा मेडिकल और इंजीनियरिंग कॉलेज के प्रवेश के लिए अर्हता परीक्षा थी। बी.एससी. भाग-1 की गणित की उत्तर पुस्तिका महाराष्ट्र के बाहर के परीक्षक के पास जाँचने के लिए भेजी गई थी। उस परीक्षक ने डॉ. कोलते को एक गोपनीय पत्र में यह लिखकर भेजा था कि एक विशिष्ट केंद्र के प्रत्येक परीक्षार्थी को 70 प्रतिशत से अधिक अंक प्राप्त हुए हैं और विषय गणित का होने पर भी कहीं भी कच्चा काम (रफ वर्क) नहीं किया गया। डॉ. कोलते ने इस बात को गंभीरता से लिया, विशेषज्ञ लोगों की मदद से पूरे प्रकरण की जाँच की गई। नकल हुई थी, यह साबित हो गया था। वह परीक्षा केंद्र था अंबेडकर कॉलेज। इसलिए वहाँ की परीक्षाएँ भी रद्द की गईं। पहले हुई परीक्षा में इस केंद्र का परिणाम 91 प्रतिशत से अधिक था और जब फिर से परीक्षाएँ ली गईं, तब यह परिणाम केवल 17.5 प्रतिशत था।

इन सभी परीक्षा केंद्रों पर फिर से परीक्षाएँ कड़े पुलिस बंदोबस्त के अंतर्गत

ली गई थीं। परीक्षार्थियों के परीक्षा केंद्रों की रचना फिर आगे चलकर अलग पद्धति से की गई। नागपुर शहर के तीन भाग किए गए, उन सभी भागों के परीक्षा केंद्रों पर उन भाग के महाविद्यालयों के सभी विद्यार्थियों का विशेष सहयोग था। इन महाविद्यालय के सभी परीक्षार्थियों ने उसी महाविद्यालय में परीक्षा देने की प्रथा बंद कर दी। नकल करने में सहायता करनेवाले प्राध्यापकों के सहयोग पर काफी हद तक नियंत्रण हो गया।

कोलते गए, मेने आ गए

परंतु इस प्रकरण में अखबारों ने डॉ. कोलते पर आलोचनाओं के बहुत कड़े प्रहार किए, उसका सरकार ने बड़ी गंभीरता से दखल लिया और इसकी वजह से डॉ. कोलते को त्याग-पत्र देना पड़ा। मैं कुल चार नियुक्त कुलगुरु के कार्यकाल में कार्यकारिणी का सदस्य रहा हूँ। डॉ. कोलते, डॉ. मेने, डॉ. गोहोकर तथा डॉ. कालमेघ। किसी का भी अपमान न करते हुए मैं यह कहना चाहता हूँ कि डॉ. कोलते इन सभी में सबसे अधिक योग्य थे। उन्हें विद्वत्ता की कदर थी, प्रशासन में माहिर थे। अन्य कुलगुरु के कार्यकाल में मुझे बिल्कुल अलग अनुभव हुए। एक समय में, कुलसचिव असल में (डी फैक्टो) कुलगुरु थे तो दूसरी बार कुलगुरु ने कुलसचिव पद को जैसे निरर्थक बना के रख दिया था। डॉ. कोलते के कार्यकाल में कुलगुरु और कुलसचिव अपनी-अपनी मर्यादाओं में रहते। यह सच है कि डॉ. कोलते के कुछ खास चहेते लोग थे। उनके मेरे साथ अनेक मुद्दों पर मतभेद थे, अनेक बार हम दोनों के बीच किन्हीं मुद्दों पर झगड़े भी हुए, परंतु फिर भी विद्यापीठ में शैक्षणिक स्तर हमेशा उच्च रहे, इसके लिए वे सदा ध्यान रखते थे। स्नातकोत्तर विभाग में प्रमुखों की नियुक्ति के समय उनकी यह गुण ग्राहकता किसी के ध्यान में आई होगी। सामूहिक नकल प्रकरण के वक्त उन्होंने मुझसे अनेक बार सलाह-मशविरा किया। पुरानी गलतफहमियाँ दरकिनार करने का उनके मन का बड़प्पन भी मुझे महसूस हुआ। ब्राह्मण द्वेषी जैसी उनकी छवि थी, पर मुझे यह अन्याय मूलक लगी। उनके खास मित्र ब्राह्मण ही थे। उनके त्याग-पत्र देने के बाद मैं उनसे मिलने गया था। तब वे बोले, ''मैंने जिन्हें मदद की थी, उन्होंने ही मेरी पीठ में छुरा घोंपा।'' डॉ. कोलते के त्याग-पत्र देने के बाद डॉ. मेने अस्थायी रूप से कुलगुरु बने। उसी समय सरकार ने विद्यापीठ के कानून में कुछ बदलाव लाने के लिए एक समिति का गठन किया। उस समिति की सिफारिशें आने और उनका कायदे में रूपांतर होने में स्वाभाविक ही देर लगी। इसलिए डॉ. मेने का अस्थायी

पद भी करीब ढाई साल तक चलता रहा।

डॉ. कोलते को त्याग-पत्र देना पड़ा, वह भी सामूहिक नकल प्रकरण के तहत। इस बात का अनेक लोगों को बुरा लगा। ऐसे ही किसी कारण के तहत डॉ. मेने को बदनाम करने का षड्यंत्र कुछ लोगों ने शुरू किया। इस षड्यंत्र में ब्राह्मण और गैर ब्राह्मणवाद भी कहीं शामिल था। बी.ए., बी.एससी., भाग-1 की परीक्षा के प्रश्न-पत्रों को लीक करने की व्यूहरचना बनने लगी थी। उस साल, विदर्भ के बाहर के जिस सरकारी मुद्रणालय में विद्यापीठ की प्रश्न-पत्रिकाएँ छापी जाती थीं, वहाँ कर्मचारियों ने हड़ताल कर दी। परीक्षाएँ अब बिल्कुल नजदीक आ चुकी थीं, इसलिए डॉ. मेने ने नागपुर के ए.आई.आर. (आल इंडिया रिपोर्टर) बड़े मुद्रणालय के मालिक से संपर्क कर उन्हें इस मुद्रण का काम सौंप दिया। रोटरी क्लब की एक बैठक में यूँ ही कही गई बातों से यह जानकारी किसी के हाथ लग गई और उन्होंने मुद्रणालय के किसी कर्मचारी को खरीदकर, इस परीक्षा के अंग्रेजी विषय की प्रश्न-पत्रिका हासिल कर ली। सच या झूठ, यह पता नहीं, परंतु अफवाह ऐसी उड़ी थी कि ए.आई.आर. में प्रूफ निकालनेवाले एक कर्मचारी ने अपने शरीर पर पहने हुए बनियान पर इस प्रश्न-पत्रिका का प्रूफ निकाला था। गोपनीय काम करनेवाले कर्मचारियों की घर जाते समय की जानेवाली चैकिंग यहाँ भी होती ही होगी, पर पहने हुए कपड़ों को उतारकर ऐसी जाँच कहीं नहीं की जाती। परीक्षा के एक दिन पहले यह प्रश्न-पत्रिका बाहर आ गई। इसलिए यह परीक्षा रद्द करनी पड़ी। अन्य विषयों के प्रश्न-पत्र लीक नहीं हुए थे, परंतु आगे होनेवाली अनेक परीक्षाओं के प्रश्न-पत्रों का मुद्रण होना था। उस समय परीक्षा विभाग का काम देखनेवाले विद्यापीठ के सहकुलसचिव मोहनराव मार्डीकर का मुझे फोन आया और आप कुछ परीक्षाओं के (विशेषत: स्नातकोत्तर परीक्षाओं के) प्रश्न-पत्र मुद्रित कर सकेंगे क्या, ऐसी पूछताछ की। मैंने उनसे कहा, 'अगर कुलगुरु इसके लिए निवेदन करेंगे तो मैं यह काम करना स्वीकार करूँगा।' तब डॉ. मेने का मुझे फोन आया। मैं उनसे मिला और उनसे कहा, 'मैं यह प्रश्न-पत्रिकाएँ 'तरुण भारत' में मुद्रित नहीं करूँगा और कहाँ करूँगा यह मैं आपको नहीं बताऊँगा। प्रश्न-पत्रिकाओं के प्रूफ की मैं स्वयं ही जाँच करूँगा। मुझसे सिर्फ मार्डीकर संबंध रख सकेंगे और किसी को भी यह बात मालूम न होने पाए।' डॉ. मेने ने यह बात स्वीकार कर ली। मैं किसी भी बड़े मुद्रणालय के यहाँ नहीं गया। धंतोली स्थित श्री भिड़े के अरुण प्रिंटिंग प्रेस में से कुछ प्रश्न-पत्रिकाएँ छपवाई और कुछ महल विभाग के श्री धाक्रस के नाग मुद्रणालय में। नाग मुद्रणालय में काम करवाना बहुत सरल था, क्योंकि इनके

मुद्रणालय में हमारे नवयुग विद्यालय की प्रश्न-पत्रिकाएँ छपवाईं जाती थीं। नागपुर विद्यापीठ विशेष विषय, विशेष परीक्षा, इतना ऊपरी भाग की लिखावट छोड़कर बाकी के केवल प्रश्न मैं कंपोज करवा लेता था। बाद में विश्वसनीय मुद्रक के पास ऊपरी भाग कंपोज करवा लेता था, पाठशाला की प्रश्न-पत्रिकाओं के साथ ही इन प्रश्न-पत्रिकाओं का मुद्रण भी हो जाता। किसी का इस पर ध्यान नहीं गया, क्योंकि ये सारे मुद्रणालय बहुत छोटे थे। एम.ए. के संस्कृत व हिंदी प्रश्न-पत्रिकाओं को तो मैंने स्वयं अपने हाथ से लिखकर साइक्लोस्टाइल करवा ली थी, क्योंकि वे बहुत ही अल्प संख्या में थीं।

मध्यरात्रि की सेवा

पर अहम् मुद्दा पार्ट-1 की अंग्रेजी प्रश्न-पत्रिका के मुद्रण का था। मार्डीकर ने घर आकर समस्या कही। मैंने कहा, 'मैं इसमें मदद कर सकता हूँ, पर एक शर्त है कि परीक्षा जिस रोज होगी, मुद्रण उसके एक दिन पहले, रात को होगा।' वे बोले, "देउलगाँव राजा से लेकर आमगाँव तक प्रश्न-पत्रिकाएँ भेजनी होंगी, यह कैसे संभव होगा?" मैंने पूछा, 'पैसों की तकलीफ है क्या?' वे बोले, "नहीं, पर सबसे अधिक दूरी पर स्थित गाँव हैं चिखली और देउलगाँव राजा, स्पेशल टैक्सी से भेजे जाएँ, तब भी आठ घंटे लगेंगे। परीक्षा सुबह 10 बजे से होनी है। अत: कम-से-कम 9 बजे तक प्रश्न-पत्रिकाओं को पहुँच जाना चाहिए।" मैंने कहा, 'हम ऐसी योजना करेंगे कि रात बारह बजे इन प्रश्न-पत्रिकाओं को दूर के गाँवों में भेजने के लिए खास टैक्सी की व्यवस्था करेंगे।' उन्होंने यह बात मान ली। मैंने रोटा प्रिंट प्रश्न-पत्रिकाओं का मुद्रण करने का तय किया। हमारे घर के करीब ही मधुकर आर्ट्स नामक रोटा प्रिंट करनेवाला छोटा सा मुद्रणालय था। उसके मालिक मधुकरराव वैद्य मेरे मित्र हैं। वे गरीबी से ऊपर उठकर आए कारीगर थे, स्वयं मुद्रण करने की कला जानते थे। मैंने उनसे कहा, 'यह गोपनीय काम है, पाँच-छह घंटे मुद्रण का काम है, पर यह काम आप स्वयं करेंगे। आपका कोई भी कर्मचारी वहाँ उपस्थित नहीं रहेगा। आपका जो भी पारिश्रमिक होगा, वह हम देंगे।'

परीक्षा की तारीख निश्चित होने के कारण मुद्रण की तारीख भी हमने अपने मन में निश्चित कर ली। प्रश्न-पत्रिका अंग्रेजी विषय की थी। इसके लिए हमें एक निष्णात और भरोसेमंद टाइपिस्ट की आवश्यकता थी। मार्डीकर ने उनके स्टेनोग्राफर व्यंकटेश्वर को चुना रोटा के लिए, कितने दबाव से प्लेट अंकित करनी पड़ती है,

इस बात का थोड़ा अभ्यास उसे करने दिया। करीब चार पाँच प्लेटें इसके लिए खराब करनी पड़ीं। मधुकरराव वैद्य ने जब कहा कि व्यंकटेश्वरजी तैयार हो गए हैं, तब इस परीक्षा के पहले 1-2 वर्ष की प्रश्न-पत्रिकाओं का टंकनकर उसका मुद्रण कर के देखा। समाधानकारक परिणाम देखने के बाद नई प्रश्न-पत्रिकाओं का टंकन करवाया और वे प्लेटें मार्डीकर ने सँभालकर रख लीं।

परीक्षा के एक दिन पहले रात 9 बजे विद्यापीठ के कुछ कर्मचारी और दो टैक्सी, कांग्रेस नगर के मार्ग पर आकर खड़ी हो गईं। टैक्सियाँ मेरे घर के बगीचे के पास रुकवाई गईं। मधुकर आर्ट्स बिल्कुल मुख्य रास्ते पर था, पर उनका मुख्य कारखाना अंदर की ओर था, सामने बड़ा-सा मैदान था। रात ठीक बारह बजे दूर के गाँव के लिए टैक्सियों को दो दिशाओं में रवाना कर दिया गया। तब तक मुद्रण करना, प्रश्न-पत्रिकाओं को गिनकर उन्हें लिफाफे में डालना, लिफाफों को मुहर लगाकर बंद करना, वगैरह सारे काम सुचारु रूप से और यंत्रवत शुरू हो गए। मुद्रणालय के मालिक, एक कुशल कारीगर की तरह मुद्रण कर रहे थे। मार्डीकरजी की प्रशासन क्षमता का भी प्रत्यय आया। तड़के चार बजे तक यह मुद्रण होता रहा। मैं पूरे समय वहाँ उपस्थित था। परीक्षा सुव्यवस्थित रूप से संपन्न हो गई। डॉ. मेने की इज्जत बच गई। असल में विद्यापीठ की इज्जत बच गई। डॉ. मेने को ढाई साल का प्रदीर्घ कार्यकाल प्राप्त हुआ, पर उन्होंने इस कार्यकाल में कुछ विशेष काम नहीं किया। नए नियम के अनुसार पूर्णकालिक कुलगुरु बनने की महत्त्वाकांक्षा लिये, बस उसी के लिए उधेड़बुन करने में मगन रहे।

दो महाविद्यालयों की मान्यता

विद्यापीठ की कार्यकारिणी के समय मेरी सदस्यता के कालखंड में, दो जगहों के महाविद्यालयों की स्थापना के लिए आए हुए आवेदनों का परीक्षण कर, उस स्थान पर जाकर विद्यापीठ की कार्यकारिणी को सिफारिश करने के लिए गठित की हुई समितियों का अध्यक्ष पद मेरे पास आया था। एक स्थान था, अमरावती जिले का चांदूर (रेलवे) और दूसरा चंद्रपुर जिले का चिमूर। चांदूर (रेलवे) के महाविद्यालय के लिए प्रतिष्ठित शिवाजी शिक्षा संस्था का आवेदन भी था। इस शिक्षा संस्था के अध्यक्ष बाबासाहब घारफलकर थे। उनसे मेरे स्नेहत्व के और मित्रत्व के संबंध बन गए थे, पर एक ही शिक्षा संस्था का, एकाध जिले के सर्वाधिक साम्राज्य निर्माण हो जाए, यह मुझे मान्य नहीं था। बाबासाहब तायडे, जिस संस्था के अध्यक्ष

थे, उनका भी आवेदन था। यह तायडे कौन हैं काले या गोरे हैं, यह भी मैं नहीं जानता था। शिवाजी शिक्षा संस्था के ही महाविद्यालय हेतु सिफारिश करने के लिए मेरे ऊपर काफी दबाव था। संस्था के उपाध्यक्ष बाबासाहब देशमुख मेरे परिचय के एक प्रभावी संघ कार्यकर्ता को लेकर मेरे घर आए। मैंने उनसे इतना ही कहा, 'अमरावती जिले में सर्वत्र आपकी ही संस्था के महाविद्यालय हैं। एकाध जगह पर किसी दूसरे का महाविद्यालय होने दीजिए न?' हमारी समिति ने तायडे की शिक्षा संस्था की अरजी को स्वीकार कर उसकी सिफारिश की, कार्यकारिणी ने भी इसे स्वीकार कर लिया। अब वहाँ उस संस्था का महाविद्यालय है। उस संस्था का और उसके महाविद्यालय का नाम भी अब मेरे स्मरण में नहीं है, पर वह महाविद्यालय आज भी चल रहा है। दूसरा प्रसंग चिमूर का है। मूल के सांसद नागपुरे की संस्था का भी चिमूर के लिए आवेदन आया था। इस संस्था के मूल में पहले ही एक महाविद्यालय था। दूसरा आवेदन संत तुकड़ोजी के गुरुदेव सेवा मंडल से संबंधित संस्था का था। नागपुरे की संस्था की ओर से कांग्रेस पार्टी के कुछ श्रेष्ठ लोग मुझसे मिलकर गए, परंतु हमारी समिति ने गुरुदेव सेवा मंडल के आवेदन को मंजूर कर लिया। कार्यकारिणी में थोड़ा विरोध भी हुआ, पर वह सिफारिश मान्य कर ली गई। इस महाविद्यालय के प्राचार्य श्री कुमारन थे, वे हर दीपावली पर याद करके शुभकामनाओं का कार्ड भेजते हैं।

आपातकालीन चुनाव

इसके बाद के सीनेट और कार्यकारिणी के चुनाव आपातकाल के कालखंड में हुए। सीनेट में चुनकर आया तब मैं जेल में था या नहीं, यह मुझे याद नहीं आ रहा, क्योंकि आपातकाल घोषित होने के बाद और संघ पर पाबंदी लगा देने के तुरंत बाद मुझे गिरफ्तार नहीं किया गया था। वह गिरफ्तारी करीब तीन महीने के बाद हुई। इसलिए सीनेट के चुनाव के समय मैं शायद मुक्त ही था, पर कार्यकारिणी का चुनाव मैंने कारावास में रहकर लड़ा था। यह सन् 1976 की बात है, सीनेट पर चुनाव जीतना सरल था, यह चुनाव तो मैंने सहज रूप से जीत लिया। पर कार्यकारिणी का चुनाव ऐसा नहीं था, फिर मैं किसी से मिल भी नहीं सकता था। मैंने कारावास से ही, परिचित मतदाताओं को पत्र लिखे और यह चुनाव भी जीता।

कार्यकारिणी की बैठकें शुरू हुईं। उस बैठक की कार्यक्रम पत्रिका मुझे मिल जाती, पर मैं बैठक में नहीं जा सकता था। पैरोल मिलने की कोई संभावना

नहीं थी। मेरी बेटी की सगाई के वक्त अरजी देने के बाद भी मुझे पैरोल नहीं मिला था। अन्य राजकैदियों को ऐसे कारणों के लिए पैरोल मिल जाता था, पर मुझ पर सरकार की खास मेहर नजर थी। इसलिए मुझे वह नहीं मिला और सगाई मेरी अनुपस्थिति में कर दी गई। मैं जिन्हें अपना पालक मानता था, उन प्राचार्य भा. रा. देशपांडे ने मेरी ओर से वरपूजन किया था। ऐसे समय कार्यकारिणी की बैठक के लिए पैरोल मिलना नामुमकिन था। हर बार बैठक के वक्त मैं अनुपस्थित रहने के लिए अनुमति लेने के लिए अरजी देता था। अरजी देनी ही पड़ती थी, क्योंकि लगातार तीन बैठकों में अनुपस्थित रहने पर सदस्यता रद्द कर दी जाती थी, वैसा नियम था। आपातकाल के समर्थकों की विद्यापीठ कार्यकारिणी में कोई कमी नहीं थी। मेरी छुट्टी की अरजी मंजूर न हो और मेरी सदस्यता रद्द हो जाए, ऐसा चाहनेवाले कार्यकारिणी में बहुत थे। उस समय के विधायक श्री यादवराव देवगडे, वे जब कार्यकारिणी के सदस्य थे, वे इस प्रयत्न में सबसे आगे थे। सेवानिवृत्त न्यायमूर्ति श्री न. ल. अभ्यंकर ने भी एक बार कार्यकारिणी में यह प्रश्न पूछा था, ''बैठक में उपस्थित रहने की आवश्यकता नहीं थी तो चुनाव लड़ने की क्या आवश्यकता थी?'' सन् 1977 मार्च में मैं कारावास से मुक्त कर दिया गया था और मैं नियमित रूप से बैठकों में उपस्थित रहने लगा था। उस समय डॉ. दे.य. गोहोकर कुलगुरु थे। उनसे मेरे संबंध बहुत ही सौहार्दपूर्ण रहे। डॉ. कोलते या फिर प्रा. कालमेघ जिस तरह कुलगुरु के विशेषाधिकार का उपयोग कर फटाफट निर्णय लेते, वैसे डॉ. गोहोकर नहीं करते थे। सिद्ध स्थिति (फेट अकम्प्लाय) ऐसी परिस्थिति वे आने ही नहीं देते थे। सभी छोटी-बड़ी बातें वे कार्यसमिति के सम्मुख लाते। इस कारण वाद-विवाद और संघर्ष की स्थिति पैदा होने से टल जाती थी। डॉ. गोहोकर के बाद प्रा. वा.मो. कालमेघ कुलगुरु बन गए। उनके साथ काम करने का मुझे डेढ़ साल से अधिक का समय नहीं मिला होगा। सन् 1980 के बाद विद्यापीठ के क्षेत्र से मैंने अपना मन निकाल लिया। 'तरुण भारत' के संपादकीय विभाग के साथ ही व्यवस्थापन की जिम्मेदारी भी मुझ पर आ गई। दत्ताजी डीडोलकर नई सीनेट में और कार्यकारिणी में चुनाव जीतकर आए और हमारे तथाकथित गुट के नेतृत्व की जिम्मेदारी उनके समर्थ कंधों पर स्वाभाविक रूप से आ गई।

कुलगुरु चुनाव समिति में

सामान्यत: विद्यापीठ के व्यवहार में मेरा सक्रिय सहभाग यहाँ समाप्त हो

गया। पंजीकृत स्नातक होने के कारण, सीनेट के चुनाव के वक्त मैं मतदान करने जाया करता था। इतना ही संबंध बचा था मेरा विद्यापीठ के साथ, पर कुछ वर्षों के बाद, एकाएक कुलगुरु चुनाव समिति के लिए अकेडेमिक काउंसिल की ओर से सर्वानुमति मुझे चुन लिया गया। मुझे आश्चर्य का धक्का सा लगा। कार्यकारिणी ने विद्यापीठ अनुदान आयोग की अध्यक्षा श्रीमती माधुरी बहनशाह का चुनाव किया था, तो वहीं कुलपति ने श्री आबिद हुसैन की नियुक्ति कर दी थी।

आबिद हुसैन उस समय केंद्रीय योजना आयोग के सदस्य थे, आगे चलकर वे अमेरिका में भारतीय राजदूत की हैसियत से चले गए। मेरा नाम अखबारों में छपकर आते ही, कुलगुरु पद के लिए इच्छुक लोगों ने मुझसे संपर्क करना शुरू कर दिया। मुझे यह सब अच्छा नहीं लगता था पर मैंने सबके साथ सम्मानजनक व्यवहार किया। वस्तुतः इस समिति को सिर्फ नाम का सुझाव देने का अधिकार होता था। इन नामों में से कुलपति (मतलब राज्यपाल) एक की नियुक्ति करते थे। सामान्यतः राज्यपाल बाहर के प्रांत के होने के कारण उन्हें स्थानिक परिस्थिति की कल्पना नहीं होती। इसलिए मुख्यमंत्री, शिक्षामंत्री इत्यादि जिसकी सिफारिश करते उसका चुनाव हो जाता था, पर इनमें भी अपवाद होते थे, जिनका जिक्र मैं आगे करनेवाला हूँ।

माधुरीबहन शाह की तबीयत ठीक न होने के कारण इस बार समिति की बैठक उनके बँगले पर हुई। आबिद हुसैन कुछ समय पहले ही दिल्ली से आए थे। बैठक में आने में अभी उन्हें करीब आधा घंटा लगनेवाला था। इस अवधि में माधुरीबहन ने मुझसे निजी प्रश्न किया, ''कुलगुरु की हैसियत से डॉ. रजनी राय का चुनाव किस तरह किया जाए?'' उस समय रजनी राय एल.ए.डी. कॉलेज की प्राचार्या थीं या सेवानिवृत्त हो चुकी थीं, संपूर्ण राय परिवार से मेरे व्यक्तिगत स्नेह संबंध थे। इसलिए मैंने उन्हें अपनी पसंदगी कहलवा दी। हमारा जो गुट कहलाता था, उनके नेताओं ने नागपुर के विश्वेश्वरय्या इंजीनियरिंग कॉलेज के प्राचार्य श्री द्रविड़ का नाम सुझाया था। आबिद हुसैन के आने के बाद उनकी अध्यक्षता में समिति की बैठक शुरू हुई। विद्यापीठ के प्रशासन में कुलसचिव (रजिस्ट्रार) आदि पदों पर काम किए हुए व्यक्ति के नाम का सुझाव नहीं देना चाहिए, ऐसा श्रीमती शाह का आग्रह था, जिसे हमने स्वीकार कर लिया था। आबिद हुसैन ने डॉ. राम ताकवले का नाम सुझाया था। उन्होंने मुझसे प्रश्न किया, ''डॉ. राम ताकवले विदर्भ से नहीं हैं, उनकी नियुक्ति की जाए तो कैसी प्रतिक्रिया रहेगी?'' मैंने कहा, 'प्रतिक्रिया तो अवश्य होगी, पर डॉ. ताकवले कर्तृत्ववान हैं, वे परिस्थिति

को सँभाल सकते हैं।' प्रत्येक व्यक्ति के अपने-अपने नाम का सुझाव देने के बाद बैठक समाप्त हो जानी चाहिए थी, पर वह नहीं हुई। मुझे इस सूची में दो नाम और डालने थे। डॉ. जिचकार चाहते थे कि डॉ. म. गो. बोकरे का नाम सूची में समाविष्ट होना चाहिए। मैंने उस नाम का सुझाव दिया तो माधुरीबहन और आबिद हुसैन दोनों ने कहा, ''आपने तीन नाम सुझाए हैं और अधिक क्यों?'' मैंने कहा, 'कायदा कहता है कि कम-से-कम तीन नाम यह कम-से-कम की मर्यादा है, अधिकतम मर्यादा नहीं है।' ''कुलपति ने इन तीनों नामों में से किसी का भी चुनाव नहीं किया तो आप त्याग-पत्र देंगे क्या?'' 'पर, मैं दे सकता हूँ, इसलिए आप और नाम शामिल कीजिए।'

मेरी सूचना उन्होंने मान्य की विदर्भ से अधिक परिचित नहीं होने के कारण, उनके पास अन्य नाम तथा उनका जीवन वृत्तांत नहीं था। मैं डॉ. म.गो. बोकरे और डॉ. मधुकर आष्टीकर का जीवनपट लेकर गया था। डॉ. आष्टीकर के नाम के साथ श्रीमती शाह अनुकूल नहीं थीं। उन्होंने कहा, ''ये विवादित व्यक्तित्व हैं।'' उस समय, मराठी साहित्य महामंडल के संदर्भ में डॉ. आष्टीकर के संबंध में विवाद अखबारों में चमक रहे थे, पर मेरे आग्रह पर इस तरह पाँच नामों की सूची तैयार की गई। उस पर हम तीनों के हस्ताक्षर लिये गए। लिफाफा मुहरबंद करवा लिया गया। माधुरीबहन ने कहा, ''मैं स्वयं अपने पी.ए. के हाथों उसे कुलपति के पास भिजवा दूँगी।'' उस पर आबिद हुसैन बोले, ''मैं स्वयं लेकर जाऊँगा।'' हमें विश्वास हो गया था कि डॉ. ताकवले कुलगुरु बन जाएँगे, श्री ब्रह्मानंद रेड्डी उस समय राज्यपाल थे।

शंकरराव चह्वाण की भूमिका

डॉ. श्रीकांत जिचकार उस समय राज्यमंत्री थे। शंकरराव चह्वाण मुख्यमंत्री थे। विधानसभा का अधिवेशन मुंबई में चल रहा था। मेरा निवास डॉ. जिचकार के बँगले पर था। शाम को मैंने उन्हें बैठक की जानकारी दी। डॉ. बोकरे का नाम यादी में समाविष्ट है, यह भी उन्हें कहा, पर डॉ. राम ताकवले के कुलगुरु होने की संभावना है, यह भी कहने से नहीं चूका। विदर्भ के बाहर का कुलगुरु नहीं चाहिए। इस मुद्दे पर डॉ. जिचकार अड़े हुए थे। उन्होंने कहा, ''आप मुख्यमंत्री शंकरराव चह्वान से मिलिए और उन्हें डॉ. बोकरे के नाम की सिफारिश राज्यपाल रेड्डी के पास करने का निवेदन करें।'' मैंने कहा, 'कुलगुरु विदर्भ का होना चाहिए, ऐसा मैं आग्रहपूर्वक कहूँगा। जब उन नामों की चर्चा होगी तो

डॉ.बोकरे के नाम का सुझाव देने का भी सोचूँगा।' डॉ. जिचकार ने शंकरराव चह्वाण से मेरी मुलाकात निश्चित करवा दी। रात 9.30 बजे यह बैठक तय की गई। मा. शंकरराव चह्वाण का दृष्टिकोण मुझे प्रशंसनीय लगा। उन्होंने कहा, "मैं किसी की भी सिफारिश नहीं करूँगा, आप अच्छा पैनल दीजिए, कुलपति चुनाव करेंगे।" इसलिए किसी विशेष नाम का आग्रह करने का प्रश्न ही पैदा नहीं हुआ। डॉ. जिचकार को मैंने सारी हकीकत बता दी। उन्हें लगा कि शायद मैंने पूरी ताकत से विषय उनके सम्मुख नहीं रखा है। इसलिए वे दूसरे दिन स्वयं शंकरराव से मिले, पर शंकरराव अपने निर्णय पर अड़े रहे। मुझे शंकरराव चह्वाण की यह बात बहुत अच्छी लगी। मैं अच्छी तरह से समझ गया था कि डॉ. ताकवले कुलगुरु बन जाएँगे, पर डॉ. जिचकार हार माननेवाले नहीं थे। वे तुरंत दिल्ली चले गए। वसंतराव साठे से मिले। साठे उस वक्त श्रीमती इंदिरा गांधी के मंत्रिमंडल में सहकारी थे। वहाँ से चाबी घुमाई गई और डॉ. जिचकार की इच्छानुसार डॉ. बोकरे नागपुर विद्यापीठ के कुलगुरु बने।

राज्यपाल का संवैधानिक पद होने के कारण उन्हें मंत्रिमंडल की, यानी सरकार की सलाह मानना बंधनकारक हो जाता है, पर कुलपति के नाते सरकार की या मुख्यमंत्री की सलाह मानना बंधनकारक नहीं होता। कुछ कुलपतियों ने यानी राज्यपालों ने मुख्यमंत्री की सलाह नहीं मानी। काका साहब गाडगिल ने पंजाब में राज्यपाल रहते हुए मुख्यमंत्री प्रताप सिंह कैरों की, कुलगुरु की नियुक्ति के बाबत सलाह नहीं मानी थी। इसलिए राज्यपाल व मुख्यमंत्री में बेवजह तनातनी पैदा हो गई थी। प्रतापसिंह कैरों को खुश रखना, ये नेहरू सरकार की राजकीय मजबूरी होने के कारण गाडगिल त्याग-पत्र देकर बाहर आ गए, पर उन्होंने कैरों की बात नहीं मानी। महाराष्ट्र के राज्यपाल पी.सी. अलेक्जेंडर भी कुलगुरु की नियुक्ति के बारे में मुख्यमंत्री की नहीं सुनते थे, ऐसी जानकारी है, वे स्वयं चुनाव समिति ने सुझाए हुए उम्मीदवारों को बुलाकर उनका साक्षात्कार लेकर अपना निर्णय लेते। नागपुर विद्यापीठ के कुलगुरु की नियुक्ति के संदर्भ में, मुख्यमंत्री श्री मनोहर जोशी विदर्भ के मंत्री के साथ अलेक्जेंडर के पास जाकर एक व्यक्ति की सिफारिश कर आए, पर अलेक्जेंडर ने वह सिफारिश नहीं मानी। कहते हैं कि मुख्यमंत्री को उन्होंने अपना मत स्पष्ट रूप से कहा। यह भी नहीं कहा कि मैं आपकी सूचना पर विचार करूँगा। गाडगिल हों या अलेक्जेंडर, उन्होंने संवैधानिक संकेतों व औचित्य का योग्य रूप से पालन किया। सरकार को, उसकी मर्यादा दिखा देने की हिम्मत दिखाई, पर शंकरराव चह्वाण का उदाहरण

अधिक गौरवास्पद है। उन्होंने राज्यपाल को मिलने से ही मना कर दिया। अपने मंत्रिमंडल के सहकारी का आग्रह तक नहीं माना और सरकारी मर्यादाओं का पालन करने से भी नहीं चूके। आजकल मेरा संबंध केवल उस संबंध में अखबारों में समाचार पढ़ने तक ही मर्यादित है, पर नागपुर विद्यापीठ के बारे में मेरे स्नेह और आस्था में किंचित भी कमी नहीं आई है। उसकी प्रतिष्ठा व उसके गौरव पर जरा सी भी आँच आ जाए तो मैं व्यथित हो जाता हूँ, फिर वह आँच कुलगुरु, कार्यकारिणी या संलग्न महाविद्यालय या विद्यार्थी किसी के भी कारण लगी हो, तब भी। निष्पक्ष रीति से, कट्टरता से वर्तन करने पर अपना कभी कोई नुकसान नहीं होता, उलटे सम्मान और वजन बढ़ता है। ऐसा मेरा अनुभव है, दूसरों का अनुभव मैं कैसे कह सकता हूँ ?

('तरुण भारत', दीपावली अंक-2005)

❐

तुकडोजी महाराज नागपुर विद्यापीठ

12

हमारे विदेशी मेहमान

नागपुर के हिस्लौप कॉलेज में प्राध्यापक की नौकरी करने के कुछ विशेष लाभ भी मुझे प्राप्त हुए। हिस्लौप का यह कॉलेज चर्च ऑफ स्कॉटलैंड के द्वारा चलाया जाता था। इस कॉलेज में नौकरी मिलना और उसे स्वीकार करना अपने आपमें एक अनोखी बात थी। गांधीजी की हत्या के बाद संघ पर से पाबंदी उठवाने के लिए संघ की ओर से सत्याग्रह के एक बंदी के रूप में मेरी मुक्तता हुई थी। सन् 1949 के फरवरी का महीना था। उस महीने का भी तीसरा सप्ताह। उस समय यहाँ क्या, कहीं भी नौकरी मिलने की संभावना नहीं थी। नए वर्ष के प्रारंभ में, यानी जुलाई से किसी पाठशाला में नौकरी करना और उसके बाद लॉ कॉलेज में प्रवेश लेकर, एल.एल.बी. के अभ्यासक्रम का आखिरी वर्ष समाप्त कर आगे वकीली करने का मैंने सोचा था।

जेन मैकाल्पिन

डॉ. मोज़ेज़ या फ्रैंकलिन या अगस्टिन या अन्य ईसाई प्राध्यापक, ये सब लोग एतद्देशीय थे। पहले जो गोरे लोग थे, वे स्वतंत्रता के बाद चले गए। केवल मिस मागरिट वार्ड नामक गोरी मिशनरी बाई स्टाफ में थी और वह अंग्रेजी पढ़ाती थी। सन् 1960 से पहले वह भी स्कॉटलैंड चली गई। उस कालखंड में अमेरिकन लोगों की आवाजाही बहुत बढ़ गई थी। अल्पावधि की नौकरी के लिए उनकी नियुक्ति होती थी। काले नीग्रो और गोरे अमेरिकन, इनके सम्मिश्र प्रजाति का एक शारीरिक शिक्षा प्रमुख बहुत दिन तक नौकरी पर था। एक दिन यूँ ही प्राध्यापक कक्ष में बैठा था, तब एक गृहस्थ मुझसे मिलने आए और बोले, ''एक ऑस्ट्रेलियन को आप कुछ दिन अपने घर पर रख लेंगे क्या? कुछ ऑस्ट्रेलियन युवक-युवतियाँ

नागपुर में भारतीय जीवन का अनुभव लेने के लिए आ रहे हैं। क्या आप किसी एक को अपने घर पर रखेंगे?'' मैंने कहा, 'मुझे कोई हर्ज नहीं है, पर हमारा घर आधुनिक नहीं है। कमरे से लगकर शौचालय या स्नानघर नहीं है, खाने के लिए मेज नहीं है, हम पूरी तरह से शाकाहारी हैं। यह सब मंजूर हो तो किसी का भी हमारे यहाँ स्वागत है।' उन्होंने कुछ और पूछताछ की और वे चले गए। 3-4 दिन के बाद उनका फोन आया और उन्होंने पूछा, ''आपके यहाँ लड़की को भेजें या लड़के को?'' मैंने कहा, 'आप तय कीजिए, हमें कोई एतराज नहीं है।' मेरी बड़ी बेटी की उम्र उन्होंने पूछा। विभावरी तब करीब 15 साल की होगी, वह दसवीं कक्षा में पढ़ रही थी। उन्होंने बाद में कहलवाया कि जेन मैकाल्पिन नामक युवती आपके यहाँ आएँगी।

करीब आठ दिन के बाद वह आई। मैं उस दिन नागपुर में नहीं था, अहमदाबाद में था। मराठी माध्यम में पढ़नेवाली मेरी बेटी और उसी माध्यम में सन् 1947 में पास हुई मेरी पत्नी के साथ उसका संवाद अंग्रेजी में होता था, मतलब भाषा कम और हाव-भाव अधिक। ऐसा वह संवाद होता था। आते ही उसने नहाने की इच्छा व्यक्त की। उसे स्नानघर दिखाया गया। उसने पूछा, ''टब कहाँ है?'' हमारे यहाँ टब नहीं था। फिर मेरी बेटी ने बालटी में पानी लेकर किस तरह स्नान किया जाता है, इसका प्रात्यक्षिक कर दिखाया। सन् 1963 साल का दिसंबर का महीना था, जेन के लिए उसने फिर से स्नान किया, फिर उसने भोजन किया। खाने के लिए मेज न होने के कारण उसे नीचे जमीन पर पीढ़े पर बैठकर भोजन करना पड़ा। इस तरह बैठने की उसे आदत नहीं थी। इसलिए एक ओर दोनों पैर फैलाकर उसने भोजन किया। खाना थोड़ा तीखा था। वह उसे बहुत अधिक तीखा लग रहा था। वह बोली, ''इट्स वेरी हॉट।'' हमारी श्रीमतीजी ने सब्जी ठंडी करके उसे परोसी, हॉट माने गरम, इतना ही उसे और मेरी बेटी को पाठशाला में सिखाया गया था। मैं दूसरे दिन वापस आया और फिर उस बेचारी की हॉट सब्जी से मुक्तता हुई। उसके लिए बिना मिर्ची के सब्जी बनने लगी।

काले अंग्रेज

वह आठ-दस दिन हमारे घर रही। नौ गज की मराठी पद्धति की साड़ी भी उसने बाँधकर देखी। उसे इन सबमें बहुत मजा आया। वह घर में पूरी तरह से घुलमिल गई। उसी साल हिस्लौप कॉलेज में कैरोल विल्सन नामक अमेरिकन युवती अंग्रेजी विषय की ट्यूटर की हैसियत से आई थी। उसे संस्कृत और मराठी विषय

पढ़ने की इच्छा थी। उसे मेरे पास भेजा गया। कॉलेज में मिले फ्री पीरियड में मैं उसे आधा घंटा मराठी और आधा घंटा संस्कृत पढ़ाता था। वह एक साल तक ही थी। इस कालावधि में उसे मराठी तो नहीं आई, पर संस्कृत में उसकी दिलचस्पी हो गई थी। मराठी में उच्चार किए जानेवाले दो प्रकार के च का उच्चारण मैं उसे नहीं समझा सका। मैं केवल प्रतिप्रश्न करता कि आपके बट में यू का और पुट में यू का उच्चारण अलग क्यों है ? इसका उत्तर उसके पास नहीं था। मैंने उसे ए.सी. वूल्नर नामक जर्मन पंडित का अंग्रेजी में मुक्त छंद में किया हुआ कालिदास के मेघदूत का अनुवाद पढ़ने के लिए दिया। उससे वह काफी प्रभावित हुई थी। संस्कृत भाषा में इतना रमणीय काव्य हो सकता है, इस बात की उसे जरा भी कल्पना नहीं थी। हिंदुस्तान अनाड़ियों का देश है, ऐसी ही उसका अन्य अमेरिकनों की तरह का सोच था। जेन मैकाल्पिन जब हमारे घर पर रह रही थी, तब मैंने एक दिन कैरोल विल्सन को भी उसके साथ भोजन पर बुलाया। दोनों तीन-चार घंटे तक इकट्ठे हमारे घर पर रहीं। दोनों समवयस्क यानी 22-23 साल की थीं। ''तुम्हारी आपस में क्या बातें हुई ?'' ऐसा मैंने जेन से पूछा, तो उसने कहा, ''कैरोल ने मुझसे प्रश्न किया कि तुम भारत में केवल एक हफ्ता रही हो और मैं छह महीनों से रह रही हूँ, पर तुझे एक हफ्ते में भारत, उसकी संस्कृति, उसकी मूल्य प्रणाली वगैरह के संबंध में इतनी जानकारी कैसे मिली ? मुझे तो यह भारत समझ में ही नहीं आया।'' मैंने जेन से कहा, 'उससे कहो कि, तू (जेन) भारतीयों के साथ रहती है और वह (कैरोल) काले अंग्रेजों के साथ रहती है।'

जेन चली गई पर वह हमारे घर की ही बन गई। अगले साल उसकी छोटी बहन जो हिंदुस्तान में आई थी, अपनी बड़ी बहन के आग्रह के कारण वह एक दिन के लिए हमारे घर पर भी रहकर गई। वह अपने साथ स्लीपिंग बैग लेकर आई थी। बच्चों को बहलाने के लिए उसने वह स्लीपिंग बैग ओढ़कर नाचना शुरू किया पर बच्चे खुश होने के बजाय घबराकर रोने लगे। करीब दो वर्षों के बाद जेन पुनः अकल्पित रूप से घर आ गई। मुझसे कहने लगी, ''मुझे आपकी सलाह चाहिए।'' नागपुर की पहली यात्रा के दौरान, दैनिक हितवाद के एक रिपोर्टर पर उसका दिल आ गया था। अब तक मैं हिस्लौप छोड़कर 'तरुण भारत' के संपादकीय विभाग में शामिल हो चुका था इसलिए मेरी उसके साथ थोड़ी पहचान हो गई थी, वह दक्षिण का था। वह काला, ठिगना। जेन गोरी, ऊँची पूरी। प्रेम अंधा होता है, यह सुना था, पर अब उसका प्रत्यक्ष अनुभव हो रहा था। मैंने उससे कहा, 'इतनी अल्पावधि में तुम्हें उससे असली पहचान हो गई है क्या ? यह विवाह टिक पाएगा,

ऐसा तुझे लगता है क्या?" उसने कहा, "इस संबंध में पूरा भरोसा मुझे नहीं है, विवाह सुखद नहीं रहा तो मैं तलाक ले लूँगी।' उसका उत्तर सुनकर मैं अवाक् हो गया। इतने सहज रूप से विवाह बंधन तोड़ा जा सकता है? हाँ, तोड़ा जा सकता है। वह वापस सन् 1969 में आई थी, करीब दो हफ्तों तक रही। अब उसने उस पत्रकार से विवाह करने का विचार छोड़ दिया था। वह पत्रकार भी हितवाद छोड़कर दिल्ली में कृष्ण मेनन के 'लिंक' नामक साप्ताहिक में नौकरी पर लग चुका था। हमने सहज रूप में उसकी छोटी बहन से पूछताछ की। उसने कहा, "जेन ने एक ऑस्ट्रेलियन के साथ शादी की और दो वर्षों के भीतर ही उसने तलाक ले लिया।" वह सन् 1969 में आई, तब विभावरी का विवाह हो चुका था। जेन अमरावती में उसकी ससुराल में जाकर एक दिन रहकर आई। वह बोली, "विभा बहुत बदल चुकी है। नागपुर में मेरे साथ जैसे घंटों बातें करती, वैसे वह मेरे साथ वहाँ नहीं बोली, सदा किसी-न-किसी काम में व्यस्त रहती।" जेन को क्या मालूम कि एकत्र परिवार में ससुराल में लड़की किस तरह रहती है? उसके बाद जेन के एक-दो पत्र आए। वह इंग्लैंड चली गई थी, यह पता चला। वहाँ उसने एक अंग्रेज गृहस्थ के साथ शादी कर ली थी, पर पिछले तीस सालों से हमारा उससे कोई संपर्क नहीं है, वह अब कहाँ है, यह भी हमें नहीं मालूम।

फिलिप ओल्डनबर्ग

कैरोल विल्सन, साल भर का यहाँ का मुकाम खत्म कर देने के बाद अमेरिका से फिलिप ओल्डनबर्ग आ गया, वह भी इंग्लिश ट्यूटर की हैसियत से ही। वह पुरुष होने के कारण पुरुष प्राध्यापकों के कक्ष में बैठता। इसलिए उससे अधिक परिचय हुआ। उसने शिकागो विद्यापीठ में से स्नातक की पदवी प्राप्त की थी और उसमें उसके अभ्यास-क्रम में एक विषय हिंदी भी था, उसने अंग्रेजी माध्यम से हिंदी पढ़ी थी तथापि वह देवनागरी में से हिंदी पढ़ सकता था, पर हिंदी अच्छी तरह से बोल नहीं पाता था।

अच्छी तरह से परिचय हो जाने पर एक दिन उसने मुझसे कहा, "मुझे भारतीय गाँव देखना है।" मैंने उससे कहा, 'चल, हमारे गाँव में चल।' पर बैलगाड़ी में बैठकर जाना पड़ेगा। वह इसके लिए तैयार हो गया। वह बैलगाड़ी में बैठकर आया, हफ्ते भर तक रहा, बहुत कुछ सीखा। गाँव में जाते ही दूसरे दिन उसने पूछा, "शौचालय कहाँ है?" मैंने कहा, 'शौचालय नहीं है। हमारे यहाँ ही नहीं, गाँव में कहीं भी नहीं है।' "फिर?" उसका आश्चर्यचकित चेहरा और प्रश्न। फिर मैंने

उसे सारी थियरी समझाई। दाहिने हाथ से बाएँ हाथ पर पानी किस तरह लेना है वगैरह गाँव के बाहर जरा दूर उसे ले गया और एक झाड़ी के पीछे आश्रय लेने को कहा। एक हफ्ते में वह पूरी तरह से तैयार हो गया।

मेरे भाई के खेत में कुआँ खोदने का काम चल रहा था। अंदर से मिट्‌टी, पत्थर वगैरह रस्से से खींचकर मजदूर बाहर निकाल रहे थे। वह बोला, "पुली से यह काम आसान हो सकता है।" फिर वह हमारे पारंपरिक लोहार के पास गया। उससे उसने एक पहिया बनवा लिया। पुली यानी यह पहिया, गिर्री। फिर उस पर से रस्सा डालकर अंदर से मिटटी, पत्थर वगैरह निकालने का काम शुरू हुआ। उतने ही श्रम में अधिक काम होने लगा। मिट्‌टी के घड़े बनानेवाले कुम्हार के पास गया। उसने इससे पहले नहीं देखा था। उसे वह देखकर बहुत आनंद हुआ। हम अमेरिका से किसी सहायता योजना के अंतर्गत गेहूँ आयात करते थे। अमेरिका गेहूँ उत्पादन करनेवाला एक अग्रगण्य देश, पर हमारे इस अमेरिकन मित्र ने गेहूँ का दाना देखा नहीं था। हमारे खेतों में उत्पन्न हुए गेहूँ के ढेर को देखकर वह बड़ा ही प्रसन्न हुआ। वह चम्मच का प्रयोग न करते हुए हाथ से खाना खाने लगा। जेन मैकाल्पिन को शुरुआत में यह करना नहीं आ रहा था। वह उँगलियों को गॉड गिवन स्पून कहती। फिलिप को पत्तल पर खाना भी अच्छा लगा। जेन हमारे यहाँ नागपुर में रहती थी, तब संघ के कुछ लोग भोजन के लिए आए थे। कुल संख्या 10-12। सभी को पत्तल पर खाना परोसा गया था। खाना खाने के बाद सभी पत्तलें फेंक दी गई थीं तो जेन को बहुत आश्चर्य हुआ। वह बोली, "हमारे यहाँ अगर इतने लोग खाना खाने के लिए आते तो मेरी माँ को बरतन साफ करने में रात के बारह बज जाते। यहाँ सब काम रात 9 बजे समाप्त हो गया।" वह बोली, "लीफ प्लेट और लीफ बाउल्स की पद्धति बहुत अच्छी है।" फिलिप हमारे यहाँ धोती पहनना भी सीख गया। नागपुर में रहते वक्त उसने अपनी उपस्थिति तबला के वर्ग में भी दर्ज करवाई, उसे चौपड़ खेलने में भी रस आने लगा था। जब वह अमेरिका वापस जाने लगा, तब हमने उसे चौपड़ का खेल भेंट किया।

पुनः भारत में

वापस जाने के बाद उसने पुनः शिकागो विद्यापीठ में प्रवेश लिया और हिंदी का आगे का अभ्यासक्रम स्वीकार कर लिया। अब वह अच्छी तरह से हिंदी बोल सकता था। शिकागो में रहते हुए घटी एक मजेदार घटना उसने मुझे लिखी थी। शिकागो में पढ़नेवाले भारतीय विद्यार्थियों ने एक नाटक प्रस्तुत करने का तय किया

था। उस नाटक में एक पात्र पंडितजी का था, पर उसके लिए आवश्यक वेशभूषा यानी धोती पहनना किसी को भी नहीं आता था। फिलिप ने उसे धोती पहना दी। एक अलग पत्र में उसने लिखा था कि वह एक बार धोती पहनकर टेनिस भी खेला था।

सन् 1969 में फिलिप वापस हिंदुस्तान आया। इस बार पी-एच.डी. करने के लिए। उसे इसके लिए अच्छी शिष्यवृत्ति मिली थी। उसके प्रबंध का विषय था—म्युनिसिपल पॉलिटिक्स इन इंडिया-विथ स्पेशल रेफरेंस टू दिल्ली कार्पोरेशन। इसके लिए दो वर्ष उसको हिंदुस्तान में रहना था। बीच-बीच में उसका नागपुर आना होता। हमारे घर पर वह सामान्यत: धोती ही पहनता। वह बताता कि दिल्ली में वह धोती पहनकर बाहर नहीं जाता, क्योंकि वहाँ धोती पहननेवाले को हिप्पी समझा जाता था। सन् 1969 के मई के महीने में एक बार वह नागपुर आया था, तब मैं एक रिश्तेदार की शादी में उसे साथ लेकर अमरावती गया था। हम हमारे छोटे भाई के यहाँ अंबापेठ में उतरे थे। वहाँ एक मजेदार घटना हुई। मेरा भाई जिस घर में किराए पर रहता था, वहाँ तब तक फ्लशवाले शौचालय नहीं बने थे। वह शौचालय में गया हुआ था तभी नीचे से दो सूअर आए, वह तुरंत ही बाहर निकल आया और बोला, ''हौरिबल पिग्ज।'' मैंने कहा, 'डरो मत, तुम अपना काम करो, वे अपना काम करेंगे।' शौचालय को साफ करनेवाले सूअर शायद उसने पहली बार देखे थे।

विवाह समारंभ में हम भारतीय पोशाक पहनकर गए थे। बाराती और घराती दोनों ओर के लोग पैंट और शर्ट पहने हुए थे। उसे इस बात के लिए आश्चर्य हुआ और कहा, ''आप लोग विवाह को पवित्र संस्कार मानते हैं और इस समय भी आप अपनी पोशाक नहीं पहनते।'' उसके इस प्रश्न का मेरे पास कोई उत्तर नहीं था। मैंने बस इतना ही कहा, 'फुल पैंट, शर्ट, टाई वगैरह हमारे यहाँ अधिक प्रतिष्ठा के माने जाते हैं, धोती-कुरता पहननेवाले को बुद्धू और गँवार समझते हैं।' हम शादी संपन्न होने के बाद पैदल ही घर लौट आए। धोती-कुरते में सज्ज, गोरे व्यक्ति को देखकर आने जानेवाले लोग कौतूहल से देखते रहते इस चक्कर में आमने-सामने से आनेवाली दो साइकिलों में हमारे सामने ही आपस में टक्कर भी हो गई। मैंने कहा, 'इस टक्कर का कारण तुम हो।'

बीरसिंह का प्रश्न

जिस तरह से शिष्यवृत्ति लेकर फिलिप दिल्ली आया था, उसी तरह से और एक विद्यार्थी शिष्यवृत्ति लेकर नागपुर आया था। उसका और इसका विषय एक ही था। नगरपालिकाओं की राजनीति, इसका संदर्भ नागपुर महानगरपालिका था और

फिलिप का दिल्ली महानगरपालिका। इस शोधकार्य करनेवाले विद्यार्थी का नाम था बीरसिंह। नाम भारतीयों जैसा लग रहा हो, तब भी वह अमेरिकन था। विवाहित था और पत्नी को लेकर नागपुर आया था। फिलिप ओल्डनबर्ग के कहे अनुसार वह पता ढूँढ़ते हुए कांग्रेस नगर स्थित हमारे घर पर आया। उसकी युवा, रूपवती पत्नी भी उसके साथ थी। वह सावन का महीना था। दो ही दिन के बाद मेरी नवोढ़ा बेटी विभावरी की मंगलागौर का समारोह हमने आयोजित किया था। श्रीमती बीरसिंग को भी हमने आमंत्रित किया। वह आई, साड़ी पहनकर। पूजा में भी बैठी। सब लड़कियों ने हाथ-पाँव में मेहँदी लगाई थी। उसकी उत्सुकता बढ़ गई। पूजा के बाद उसने भी अपने हाथ-पाँव में मेहँदी लगवा ली। इस बीरसिंह ने मुझसे एक प्रश्न पूछा था। अपने शोध-प्रबंध में उसने इस मुद्दे का उल्लेख किया है। उसने पूछा था कि अपनी पार्टी के लोगों को खुश करने के लिए शराब की दुकानों के या अनाज की दुकानों के (राशन शॉप्स) लाइसेंस देना मैं समझ सकता हूँ, परंतु पाठशाला और महाविद्यालय के लाइसेंस यह खुश करने का कैसा प्रकार हो सकता है? अपने देश की बदनामी न हो, इसलिए मैंने केवल इतना ही कहा, 'पाठशाला और महाविद्यालय खोलकर भी यहाँ पैसा कमाया जा सकता है।' उस समय शायद उसे मेरे कहने का मतलब समझ में नहीं आया होगा, ऐसा मुझे लगता है।

फिर आगे चलकर फिलिप की शादी हो गई। उसने याद रखकर अपने विवाह का निमंत्रण मुझे भेजा था। उसने एक भारतीय लड़की के साथ विवाह रचाया था। वीणा तलवार यह उस लड़की का नाम है। मूलत: वह कानपुर की है। आजकल संघ के कानपुर प्रांत के संघचालक वीरेंद्र प्रतापादित्यसिंह हैं, उनकी वह चचेरी बहन है। पी-एच.डी. प्राप्त करने के बाद न्यूयार्क विद्यापीठ में प्राध्यापक की नौकरी उसे मिल गई। आजकल अंतरराष्ट्रीय राजनीति की विशेषज्ञ के रूप में वह प्रसिद्ध है। दूरदर्शन की वाहिनियों में कभी-कभी उसे देखने का अवसर मिलता है। सन् 1993 में अमेरिका में स्वामी विवेकानंद का सौ वर्ष पूर्व सर्वधर्म सम्मेलन में जो दिग्विजयी भाषण हुआ था, उसकी शताब्दी मनाने का कार्यक्रम वहाँ के हिंदू स्वयंसेवकों ने आयोजित किया था। इस कार्यक्रम का योग्य रूप से आयोजन करने के लिए गुजरात में प्रचारक के रूप में कार्यरत मेरे बेटे, डॉ. मनमोहन वैद्य को 1992 में अमेरिका भेजा गया था। वह न्यूयार्क में गया। तब उसने पता ढूँढ़कर डॉ. फिलिप ओल्डनबर्ग से मुलाकात की। अपना परिचय दिया। फिलिप बहुत खुश हुआ। उसने मुझे पत्र लिखकर यह व्यक्त किया। सन् 2002 में दिल्ली में अचानक उससे मुलाकात हुई। उस समय मैं संघ के प्रवक्ता के रूप में दिल्ली में ही रहता था। इंडियन एक्सप्रेस

में उसने मेरा कहीं वक्तव्य पढ़ा था। वह उस समाचार-पत्र के कार्यालय में गया। वहाँ से मेरा पता लेकर संघ कार्यालय में मुझे फोन किया। दूसरे दिन मुझसे मिलने के लिए झंडेवाला स्थित संघ कार्यालय में आया। मेरे साथ कार्यालय में सामूहिक भोज का आस्वाद भी लिया। करीब-करीब 30-31 वर्षों के बाद उससे मुलाकात हो रही थी। हम दोनों को ही बहुत आनंद आया। उस समय उसी ने कहा कि वह अब भारत में स्थायी होनेवाला है। हरियाणा में गुड़गाँव के पास उसने कुछ जमीन खरीद ली है। मैंने उसे सपरिवार तरोड़ा आने का न्योता दिया। उससे कहा कि अब घर में फ्लशवाला शौचालय बन गया है, बिजली भी आ गई है, तरोड़ा अब समृद्ध बन गया है। सौ से अधिक मोटरसाइकिलें हैं। तीन हजार लोक संख्या के गाँव में दो सौ से अधिक दूरध्वनि हैं, कलर टी.वी. हैं। अब 1965 का तरोड़ा पहचान में नहीं आ सकेगा। इतना बदल गया है। उसने यह निमंत्रण स्वीकार कर लिया है।

बेर्नाडिट

अभी कुछ साल पहले यानी 2002 में नागपुर में हमारे घर पर बेर्नाडिट नामक एक जर्मन युवती, दो महीने तक पेइंग गेस्ट की हैसियत से रह कर गई। पेइंग गेस्ट रखना हमारा व्यवसाय नहीं है। सरकारी समाज-कल्याण विभाग में कार्यरत हमारी एक रिश्तेदार ने पूछताछ की कि हम एक महिला पेइंग गेस्ट रख सकेंगे क्या? मेरा बेटा और बहू तैयार हो गए और इस तरह वह हमारे घर पर दो महीने तक रहकर गई। इस कालखंड में मेरी अधिकांश रिहाइश दिल्ली में ही रहने के कारण मेरा उससे अधिक परिचय नहीं हो सका। पर वह मेरी दो पोतियों की अच्छी दोस्त बन गई। मेरी एक पोती उस समय बी.इ. के अंतिम वर्ष में पढ़ रही थी और दूसरी बी.ए. के वर्ग में। एक प्रकार से समवयस्क ही थीं। ये हमारी दोनों पोतियाँ दूरदर्शन बहुत देर तक देखती थीं यह बात उसे बड़ी अजीब लगी। वह बोली, ''हमारी माँ हमें दूरदर्शन देखने ही नहीं देती।'' हमारी दोनों पोतियों के पास उनके अपने स्वयंचालित वाहन हैं, इस बात का भी उसे बड़ा आश्चर्य होता। वह कहती, ''हमारे यहाँ द्विचक्रीय वाहन करीब-करीब हैं ही नहीं। कार है, पर वह हमें कभी-कभी ही मिलती है। हम केवल साइकिल का ही उपयोग करते हैं।'' यह सुनने के बाद मुझे लगा कि यह बाना (बेर्नाडिट का प्यार भरा नाम) बहुधा पूर्व जर्मनी की होगी। यह भाग करीब-करीब आधे शतक तक कम्युनिस्ट राज के अंतर्गत था। इसलिए वह अविकसित और गरीब रहा है। यह उसी का परिणाम होगा। बाना घर में बहुत घुलमिल गई। वह नागपुर में रहती थी। तब एक दिन उसका प्रेमी उससे मिलने

आया था। वह भी हमारे घर पर रहा। उन दोनों ने मिलकर जर्मन पद्धति से भोजन बनाया अर्थात् शाकाहारी ही। मैं उसका आस्वाद ले पाने के लिए नागपुर में नहीं था, घरवालों ने खाया, पर उन्हें वह अधिक पसंद नहीं आया।

हर्मन युंग

हर्मन युंग नामक एक और जर्मन गृहस्थ से परिचय हुआ। यह पत्रमैत्री थी, आज भी वह जारी है। उन्हें रा.स्व.संघ और हिंदू तत्त्वज्ञान के बारे में जानना था। किसी ने उन्हें मेरा नाम बताया। उस समय मैं संघ के प्रवक्ता की हैसियत से दिल्ली में रहता था। हर्मन युंग हिंदी जानते हैं, संस्कृत सीखने का प्रयास उन्होंने किया था। मुझे लिखे पत्र के अंत में वे अपने हस्ताक्षर देवनागरी में करते थे। उनका संघ का तथा हिंदू तत्त्वज्ञान का अभ्यास काफी गहरा है। जर्मन समाचार-पत्र और दूरदर्शन में संघ विरोधी और हिंदू विरोधी जो भी प्रचार किया जाता है, उसका हर्मन युंग बहुत अच्छी तरह से उत्तर देते हैं, दिए हुए उत्तरों का हिंदी अनुवाद वे मुझे भेजते। उनके उत्तर सटीक होते हैं। हर्मन युंग काफी वृद्ध हैं। अपनी उम्र के सत्तर वर्ष पार कर चुके हैं। दो वर्ष पूर्व वे दिल्ली में आए थे। कॉन्स्टीट्यूशन क्लब में मैंने उनका भाषण आयोजित किया था। विषय था 'भारत और जर्मन प्रसार माध्यम' उनका लिखित विवेचन अच्छा था। अधिकांश जर्मन प्रसार माध्यम भारत के अंग्रेजी अखबारों के आधार पर समाचार और उस पर टिप्पणियाँ करते हैं और अंग्रेजी समाचार-पत्र हिंदू विरोधी और इसीलिए संघ विरोधी भी हैं। उन्हीं का प्रतिबिंब जर्मन प्रसार माध्यमों पर पड़ता है। ऐसे उनके भाषण का सुर था। उसके बाद उनके साथ प्रश्नोत्तरी भी हुई। उस समय मेरे ध्यान में आया कि वे अंग्रेजी लिखते बहुत अच्छा हैं, किंतु बोलने में उनकी वाणी उतनी ओजस्वी नहीं है। मेरा बेटा राम, जो यूरोप में हिंदू स्वयंसेवक संघ का प्रचारक है, वह जर्मनी में श्री युंग के घर जाकर आया। उन वृद्ध दंपती को बड़ा आनंद आया। राम ने भी उन्हें बड़ा प्रभावित किया है, ऐसा लगा। उन्होंने मुझे लिखे पत्र में अपना खेद व्यक्त किया कि इतना अच्छा युवक शादी क्यों नहीं करता? प्रचारक अविवाहित होता है, इस बात को वे क्या जानें? श्री युंग के पत्र व्यवहार के कारण एक बात समझ में आई कि जर्मन भाषा में ज का उच्चार य करते हैं। रोमन लिपि में वह जुंग ऐसा लिखते थे, पर उसका उच्चार युंग करते हैं और इसीलिए देवनागरी में उनकी स्वाक्षरी युंग ऐसी होती थी। हमारे यहाँ ठीक इसका उलटा किया जाता है। हम य का उच्चार ज करते हैं। इसीलिए यमुना जमुना हो जाती है। यादव का जादव बन जाता है

और यशवंत का जसवंत। शुक्ल यजुर्वेदीय माध्यंदिन शाखा के ब्राह्मण वेदमंत्रों का पाठ करते वक्त य के बजाय ज ही कहते हैं। 'जज्ञेन जज्ञम् अयजन्त देवाः', ऐसा उनका मंत्र पाठ होता है।

वैसे हम पुराणपंथी हैं। मैं धोतीवाला, पत्नी नौ गज की मराठी साड़ी में, बहुएँ भी सामान्यतः घर में हमारे सामने साड़ी पहने ही रहती हैं। यद्यपि घर में मम्मी-डैड नहीं घुसे हैं। लड़कियाँ बालों को शायद नहीं काटतीं, ऐसी मेरी धारणा है तथापि आधुनिकता का भूत उनके सिर पर कभी चढ़ेगा ही नहीं और वे जींस कभी नहीं पहनेंगे, इस बात का विश्वास नहीं दिया जा सकता। हम कभी भी उनकी वेशभूषा या केश रचना की चर्चा नहीं करते। ऐसे पुराणपंथी घर में ये गोरे लोग समरस होकर आनंदपूर्वक रहते हैं, इस बात का हमें भी आश्चर्य होता है। हम तो उनका अपनी पारंपरिक पद्धति से ही स्वागत करते हैं। अपनी परंपरा पद्धति कुछ भी नहीं छोड़ते। विदेशी लोगों को इसी बात का तो आश्चर्य नहीं लगता होगा, क्या पता? शायद उन्हें, उनसे अलग दिखनेवाले और लगनेवालों का आकर्षण रहता होगा। इसलिए जेन मैकाल्पिन को नौ गज की साड़ी पहनकर फोटो निकालने की सूझी होगी। फिलिप ओल्डनबर्ग को धोती पहनने का या हिंदी बोलने में संकोच नहीं होता होगा और हर्मन युंग को अपनी स्वाक्षरी देवनागरी में करने में या पत्र के अंत में अत्र कुशलमस्ति ऐसा एकाध छोटा सा संस्कृत वाक्य लिखकर अपने पत्र को सजाने का संकोच नहीं होता होगा। मेरे इतने वर्षों का अनुभव यह कहता है कि हमें अपने स्वत्व पर दृढता से रहना चाहिए, फिर दुनिया उसके अनुकूल बन जाती है। सोचकर देखिए, आपको यह सही लगता है क्या?

('तरुण भारत', दीपावली अंक, 2004)

❐

13

मेरी बहन : एक हँसता हुआ दुःख

मेरी बड़ी बहन श्रीमती मनोरमा दीक्षित का 9 जून, 2007 के दिन निधन हो गया। उम्र के 86 वर्ष पार कर चुकी थी, इसलिए वह अकाल मृत्यु को प्राप्त हुई, ऐसा नहीं कहा जा सकता, फिर भी वह दिल को दुखा गई।

इसका मुख्य कारण यह था कि मुझे उसमें मेरी माँ की झलक दिखाई देती। उसका चेहरा माँ जैसा ही था। फर्क इतना ही था कि यह मेरी बहन, जिसे हम दादी कहते थे, उसका रंग काफी साफ था। हम सभी भाई-बहनों में वह गोरी कहलाई जाती, माँ का रंग साँवला था, पर एक विलक्षण साम्य ऐसा था कि हमारी माँ और उसकी यह बेटी इन दोनों के चेहरों पर सदा स्मित करते हुए ही लोगों ने देखा है, दादी को यह मुस्कान अपने मायके से विरासत में ही मिली थी।

हमारी माँ बहुत होशियार थी, उदार थी, शरारती भी थी। जो लोग रिश्ते में उसकी दृष्टि से शरारत करने लायक थे, उनसे वह शरारत हम बच्चों से करवाती। शक्कर और नारियल का प्रसाद बाँटना हो तो थाली के एक कोने में नारियल के साथ नमक रहता ही। शक्कर और नारियल बाँटनेवाले हम ही होते थे। हमें सूचना होती थी कि उस छोटे ढेर में से किस-किस व्यक्ति को प्रसाद देना है। (हम गाँवों में रहनेवाले हों, तब भी हमने बचपन से सफेद नमक ही देखा है। उसे सांबर नमक कहा जाता। वह खड़ा नमक होता था, माँ उसे चक्की में पीसती। काला नमक भी होता था, पर वह गाय-बैलों के लिए होता था।)

गाँव में हमारा ब्राह्मण का एक ही घर था। इसलिए चाचा-चाची, मामा, मौसी, दादा-दादी सभी अन्य जातियों के ही होते। माँ के उदार स्वभाव के कारण इन सारे रिश्तेदारों का जमघट लगा रहता और माँ की शरारत के कारण किसी को सिकाकाई की चाय, किसी को नारियल के साथ शक्कर की बजाय नमक, तो

किसी के आँचल में डोरी बाँधकर उसे खंभे से बाँध देना वगैरह बीच-बीच में होते रहते। ये सारी खुराफातें हम बच्चे करते, पर उसके पीछे की योजना माँ की होती।

माँ बहुत भाग्यशाली थी। चार ससुर की वह एकमात्र बहू थी। हमारे पिताजी के चचेरे चाचा-चाची की तो वह बहुत लाड़ली थी, इतनी अधिक कि उन दादाजी ने मरने से पहले सन् 1932 रहा होगा, साठ तोले वजन के सोने के गहनों का डिब्बा हमारी माँ को दे दिया था। साठ तोले, यानी आज के करीब 700 ग्राम। 20 तोले की तो केवल एक चेन ही थी।

पर दादी को यह भाग्य प्राप्त नहीं हुआ था। वह चौथी लड़की थी। मैंने अपनी एक बड़ी बहन को नहीं देखा। वह बचपन में ही गुजर गई, तीन बहनें देखी हैं। चौथी बार भी लड़की ही हुई। इसलिए घर में थोड़ी निराशा का वातावरण था। दादी को दुर्लक्षित करना उस काल का विचार करें तो स्वाभाविक ही था। इसलिए वह अधिकतर चचेरे दादा-दादी के यहाँ ही रहती। उन्हें कोई संतान नहीं होने के कारण वे उसे अपनी संतान की तरह प्यार करते। उसका विवाह सन् 1934, में यानी इन दादाजी की मृत्यु के दो साल बाद हुआ, परंतु उसकी शादी के लिए सारे खर्च की रकम उन्होंने मेरे माँ-पिताजी को दे रखी थी और कहा भी था कि यह रकम खेती के लिए खर्च नहीं करनी है, न ही किसी को उधार या कर्ज के रूप में देनी है। पिताजी ने इस शर्त का दृढ़ता से पालन किया।

दादी का जन्म सन् 1921 का। मुझसे वह दो साल बड़ी थी। उसका नाम कलावती था। उस प्राचीन काल में उसका इतना सुंदर नाम सुनकर मुझे बड़ा अच्छा लगता था। वह पढ़ने में बहुत होशियार थी, पर वह मराठी चौथी के आगे नहीं पढ़ पाई यह बात दूसरी है, क्योंकि गाँव में अंग्रेजी पाठशाला ही नहीं थी, प्राथमिकशाला चौथी कक्षा तक ही थी। अगर वह पढ़ी होती तो प्रत्येक परीक्षा में वह प्रथम ही आती। मुझे हमारे रिश्तेदार बहुत होशियार समझते हैं, क्योंकि मैट्रिक से लेकर एम.ए. तक प्रत्येक परीक्षा में मुझे प्रथम क्रमांक मिला, पर दादी पढ़ी होती तो वह भी प्रथम क्रमांक से पास हुई होती। इस विषय में मुझे जरा भी संदेह नहीं है।

माँ की मुस्कान उसे विरासत में मिली थी, पर माँ का भाग्य नहीं, उसका संपूर्ण जीवन दु:खों और कष्टों में बीता, ऐसा मुझे लगता है। पति की खेती थी, वह चली गई, मायके से मिले सोने के गहने चले गए। बड़े संयुक्त परिवार में उठाए जानेवाले कष्ट मैंने देखे हैं, पर उसके चेहरे की मुसकराहट कभी धुँधली नहीं हुई।

पति की कमाई बेभरोसे की। वे कीर्तनकार और प्रवचनकार थे, उनकी इस क्षेत्र में बहुत ख्याति थी, पर हाथ बहुत खर्चीला और वृत्ति सौंदर्यलक्षी। इस बड़े

संयुक्त परिवार को सँभाला हमारी दादी ने; अनेक विपत्तियों को झेलते हुए। मानव जीवन में ये विपत्तियाँ अकसर आती हैं, पर हमने उसे कभी इन विपत्तियों से डरा हुआ नहीं देखा। मुँह से निकले हर शब्द में स्मित की झालर रहती ही थी। मुझे बड़ा आश्चर्य होता कि ऐसी चिरंतन मुसकराहट हो ही कैसे सकती है? उसके माथे पर कभी चिंता की, दुःख की रेखाएँ नहीं देखीं। बबूल के जंगलों में घूमते हुए उसका आविर्भाव ऐसा रहता, मानो सुख के नंदन वन में टहल रही हो। उसकी आवाज बहुत मीठी और सुरीली थी। दो वर्ष पहले मेरी पत्नी के आग्रह पर उसने सुंदर भजन गाया था। इस उम्र में भी उसकी आवाज में प्रसन्नता की झलक पाकर सुननेवाले सभी आश्चर्यचकित हो गए थे।

पिछले दो-तीन सालों से वह बीमार थी, झुक गई थी। उसके बड़े बेटे ने उसकी सेवा अच्छी तरह से की। 5 जून को मैं उससे मिलने हिंगनघाट गया था। उससे बातें की। मेरे ध्यान में आ गया था कि अब यह 8-10 दिनों की ही साथी है, पर उसने चार दिन में ही अपनी जीवन लीला समेट ली। उसकी अंतिम यात्रा में मैं गया था। कठोर मनवाला होते हुए भी मैं अपने आँसू नहीं रोक सका। जैसे मैं अपनी माँ की दूसरी मृत्यु देख रहा था। 9 जून को यह हँसता हुआ दुःख बुझ गया सदा के लिए।

❒

भाग–2

मा.गो. वैद्य के संबंध में

श्री मा. गो.वैद्य ने स्वयं के बारे में और अपने अनुभवों के बारे में जो भी, लिखा वह पहले भाग में है, परंतु मा.गो. वैद्य के संबंध में और लोग क्या सोचते हैं, यह भी आपसे बाँटना चाहिए, ऐसा हमें लगा। इसके लिए सन् 1986 के जनवरी महीने में उनके सार्वजनिक गौरव के निमित्त जो गौरव 'स्मारिका' प्रकाशित हुई, उसका हमने बहुत उपयोग किया है। उसमें से कुछ चुने हुए अभिप्राय हम दे रहे हैं, जिसे पढ़कर मा.गो वैद्य के बारे में वाचकों को बहुत नई जानकारी प्राप्त हो सकती है।

—प्रकाशक

विवेकी

—श्री मोहन धारिया

पत्र क्रमांक 769

नवंबर 22, 1985

प्रिय श्री आयचित,

आपका श्री मा.गो. वैद्य उर्फ बाबूराव वैद्य अभिनंदन समिति की ओर से भेजा हुआ पत्र मिला। उसके लिए आभारी हूँ। श्री बाबूराव वैद्य शिक्षा क्षेत्र में और समाचार-पत्र सृष्टि में महत्त्वपूर्ण काम कर रहे हैं। महाराष्ट्र राज्य विधान परिषद् के एक जागरूक सदस्य, ऐसा उनका नाम लौकिक है। अपने सरल स्वभाव के कारण श्री बाबूराव वैद्य ने असंख्य मित्र प्राप्त किए हैं। अखबार के क्षेत्र में अपनी तत्त्व प्रणाली का विचार करते वक्त विवेक और सामंजस्य से वे कभी दूर नहीं हुए। इसलिए मत भिन्नता होने पर भी श्री बाबूराव के बारे में सदैव आदर ही उत्पन्न होता है। षष्ट्यब्दिपूर्ति समारोह के निमित्त श्री बाबूराव वैद्य का मन:पूर्वक अभिनंदन और समाज सेवा के लिए उन्हें दीर्घ आयुष्य मिले, ऐसी प्रार्थना।

आपका

मोहन धारिया

~*~

उम्दा इनसान

—बाबासाहब घारफलकर

पूर्व अध्यक्ष — घारफल

शिवाजी शिक्षा संस्था, अमरावती — दि. 6/12/1985

प्रति

श्री रा.प्र. अयाचित

स.वंदन, आपका 10/11/1985 का पत्र मिला। इसलिए मुझे श्री बाबूराव वैद्य के बारे में अपने विचार व्यक्त करने का मौका मिला। इसके लिए प्रथम मैं आपका आभारी हूँ।

श्री बाबूराव के साथ मुझे प्रमुखता से नागपुर विश्वविद्यालय की कार्यकारिणी में एक साथ काम करने का मौका प्राप्त हुआ। राजकीय दृष्टि से हम बिल्कुल भिन्न मतों के होने पर भी शिक्षा क्षेत्र में योग्य निर्णय लेने में हमें कभी कोई अड़चन पैदा

नहीं हुई। श्री बाबूराव योग्य निर्णय लेते समय राजकीय पक्षों का रोष सहन करने में भी हिचकिचाए नहीं, उनका मन बहुत बड़ा है, यह बात स्पष्ट रूप से स्वीकार करनी ही होगी।

एक मनुष्य के नाते श्री बाबूराव सरल व वचन का पालन करनेवाले हैं। इसी में उनका बड़प्पन दिखाई देता है। आज की दुनिया में यह एक दुर्लभ चीज है, ऐसे उम्दा इनसान का मैं अभिनंदन करता हूँ और उन्हें सुदृढ, दीर्घायुष्य मिले, ऐसी प्रार्थना कर चार शब्द समाप्त करता हूँ।

आपका

बाबासाहब घारफलकर

~*~

संग्राहकवृत्ति

–श्री. ल. पांढरीपांडे

सेवानिवृत्त प्राचार्य
श्री बिन्झानी नगर महाविद्यालय
व श्री. म. मो. विज्ञान महाविद्यालय, नागपुर

वाठोड़ा
पोस्ट–मोहपा
टी. कलमेश्वर
दि. 3/ 12/ 85

श्री मा.गो. उपाख्य बाबूराव वैद्य इनसे मेरा परिचय काफी पुराना है, परंतु श्री बाबूराव बिन्झानी नगर महाविद्यालय के संस्थापक मंडल, जो नागपुर शिक्षण मंडल के सदस्य बनने के बाद मेरा उनसे निकट का संबंध हुआ। ना.शि. मंडल के सदस्य बनने के बाद बाबूराव जल्दी ही मंडल की व्यवस्थापक समिति में और श्रीमती बिन्झानी महिला महाविद्यालय की गवर्निंग बॉडी में भी चुनकर आए। इन सभी समितियों की सभा में बाबूराव की भूमिका महत्त्वपूर्ण और विवेकी होती थी। कोई भी विवाद सौहार्दपूर्ण वातावरण में और योग्य समझौते के तहत संपन्न हो जाए, इसके लिए वे प्रयत्नशील रहते। उनके पास उत्तम नेतृत्व का गुण है। अपने बुद्धिचातुर्य से एवं संग्राहक वृत्ति के कारण वे समूह का नेतृत्व अपनी ओर खींच सकते हैं और साहस, परिश्रम व त्याग इन गुणों के कारण वे उसे टिका सकते हैं उनकी निष्ठा निश्चित है, फिर भी औरों के विचारों के बारे में वे सहिष्णु हैं। विवेक और समतोल इन गुणों का उनके जीवन में महत्त्वपूर्ण स्थान है, ऐसा मुझे लगता है। मैं उनकी दीर्घ आयु और आरोग्य की कामना करता हूँ।

श्री. ल. उर्फ भैयाजी पांढरीपांडे

समझदार व्यक्ति

–दे. य. गोहोकर
(पूर्व कुलगुरु, नागपुर विद्यापीठ)

श्री बाबूराव से मेरी पहचान, जब मैं पहली बार नागपुर विद्यापीठ के कुलगुरु के पद पर नियुक्त हुआ, उस समय हुई, वे विद्यापीठ के कार्यकारिणी के सदस्य थे। उस समय की विद्यापीठ का वातावरण देखते हुए मुझे उनका सहकार्य मिलेगा या नहीं, इस बारे में मैं प्रथम सशंक था। कुछ लोगों के बोलने के कारण ऐसा मेरा मत बना था, परंतु प्रत्यक्ष अनुभव बिल्कुल भिन्न था। मैं अपनी तरह से कामकाज का निर्णय लेते समय कार्यकारिणी के मतों का आदर करता और परिस्थिति को देखते हुए निर्णय लेता। हमारे अधिकांश निर्णय एक मत से होते थे। उसमें बाबूराव की भूमिका सदैव समझदारी की रहती। अगर उन्हें बात योग्य लगती तो वे विरोध छोड़कर विरोधियों को भी समझाकर सहकार्य देते। मैंने भी कुलगुरु रहते हुए अपना मत किसी पर थोपा नहीं। मेरा कुलगुरु पद का कार्यकाल बहुत अच्छी तरह से बीता, ऐसा मेरे मित्र और उच्च पदस्थों ने कहा। इसके पीछे मुख्य कारण, कार्यकारिणी का मुझे और मेरा कार्यकारिणी को भरपूर सहकार्य मिला। उसमें एक छोर श्री बाबूराव वैद्य और दूसरा छोर श्री बाबासाहब घारफलकर जैसे समझदार व्यक्ति ने सँभाला। इसलिए मैं इसमें सफल हुआ।

दे. य. गोहोकर

~*~

Versatile Personality

—Mr. Justice B. A. Masodkar

15, 'Sarang'
General J. Bhosale Marg
Bombay– 400 021

My Dear Principal Ayachit

Inded it is appropriate and befitting that your commemoration committee has decided to publish a memoir in the shape of a souvenir as an encomium to the good and great services rendered by shri M.G.Vaidya. His presence in Vidarbha and particularly in Nagpur always had bening and blissful influence. Because of that,

I think, this would receive universal reception.

Resons are not far to seek. In Mr. Vaidya, Baburaoji as he is friendly nicknamed, the society has a versatile, dedicated, devoted, personality which age has not aged and remains young with ever bustling ideas and thought. As if he continues to be endearingly evergreen. Fundamentaly, Baburaoji is an educationist, a teacher always on move, an institution by himself. With times and pursuit of knowledge, he has not grayed but burst out in glory, gathering in many ways around him forces of Vedic egalitarianism. It is indeed difficult to find a peer to him.

What I have experienced with my association for a decade with him, impels me to observe that he can not be classed in a category; nor any imprisonment affect his freedom. Open to persuasions and open to questions, he continues to lead the path of Vedas and Upanishadas. His journalistic writings are ample evidence of this. Hardly these display any averse bias to any thought. One finds him finding merit even in those, who are opposed to the matters for which he zealously strived and pursued. May be this is the gift of tolerant, ever encomoassing, ever comprehending Indian culture that he personifies. Serene and humble, he ever appears to pause to ponder with missionary zeal. More he muses, more profound he seems to become.

Surely, the worth of such a person does not depend on material heights on which he happens to perch, but has to be measured by the depth of mental elegance. In this regard, Baburaoji, wherever he is, leaves an indelible mark of his own. In the normative world, he is an eclectic pilgrim and path of constant evaluation. Rules of economics do not control the realm of reason- the empire given to rationality and reign to live by logic.

All those who have come to know and have had friendly association with Baburaoji were soon to realise that for him ethics is stronger than economics. Whether Baburaoji is teaching as a professor or carrying on his dedicated duty on permises of Sangh or penning his erudite articals in a journal or trying to evolve a policy for the University or unfolding some legislative policy, there discerns a running common luminous thread of ideology all through. What name you give is immaterial, but the material of it, is elegant and erudite. That all makes him a gentleman.

Particularly, I recall that whenever there were difficulcies in understanding the Lingua franca like Sanskrit, I often turned to him, for getting to roots of the terms. As though knowing the questions beforehand, his answers were ready. Fondly I recollect my thinking about law, holding it as equivalent to "Dharma". It was shri Vaidya who brought out cascading light on this simple term. Out of his study he referred to the text and offered illustrations of what 'Dharma' should indicate in the modern context and how its connoation is totally comprehensive so as to take in very basic system that keeps life in an ongoing process. Opening the history of Dharmshastra, he brought to me the meaning of the word 'Dharma' and enlightened my mind with regard to the basic Indian concept with regard to basic laws that continue to govern the universe. That which sustains is law or 'Dharma' he said simply and yet profound! For that he quoted Vedas and Upnishadas and tried to impress that the term 'Dharma' should be properly expostulated and applied to the existing socio-legal reality. All that was a memorable treat. On several occasions, his mastery of Sanskrit text and Indian philosophy and his insight about modern politics was readily available. A man with versatile genius has a versatile experession too.

Yours sincerely,
B. A. Masodkar

~*~

नित्य सिद्ध कार्यकर्ता

श्री बालासाहेब देवरस
(तत्कालीन सरसंघचालक)

श्री मा.गो. उपाख्य बाबूराव वैद्य नागपुर के सार्वजनिक जीवन के परिचित व्यक्ति हैं। वे अभी-अभी नरकेसरी प्रकाशन संस्था से निवृत्त हुए हैं। वे इस संस्था से पिछले पच्चीस वर्षों से जुड़े हुए थे। नरकेसरी प्रकाशन संस्था का आज जो विलोभनीय व प्रतिष्ठित रूप नजर आ रहा है, उसके गठन में श्री बाबूराव वैद्य का

महत्त्वपूर्ण हिस्सा होने के कारण उस संस्था के सभी घटकों को उनके विषय में आदर और कृतज्ञता महसूस होना स्वाभाविक ही है।

श्री बाबूराव अपने बाल्यकाल से संघ के स्वयंसेवक हैं। अनेक वर्ष तक मैं संघ का नागपुर शहर का कार्यवाह रहा होने के कारण उनके व्यक्तित्व विकास की सभी अवस्थाओं का अवलोकन करता आ रहा हूँ, वे कुशाग्र बुद्धि के मेधावी विद्यार्थी थे। प्राथमिक वर्ष से एम.ए. तक की सभी परीक्षाओं में वे प्रथम श्रेणी में उच्च क्रमांक से उत्तीर्ण होते रहे हैं। संस्कृत विषय में एम.ए. होने के कारण उस विषय पर तो उनका प्रभुत्व है ही, साथ-साथ अंग्रेजी और मराठी भाषा के व्यासंगी अभ्यासक भी हैं। उनके विद्यार्थी अवस्था से ही उन्हें लिखने का अभ्यास था। आज उनकी कलम के सामर्थ्य का सभी को परिचय हुआ है।

समृद्ध व्यक्तित्व

केवल बौद्धिक ही नहीं, क्रीड़ा क्षेत्र में भी उन्होंने लक्षणीय प्रगति की है। वे कबड्डी के उत्कृष्ट खिलाड़ी माने जाते हैं। संघ के स्वयंसेवक होने के कारण उन्होंने संघ शिक्षा वर्ग के तीनों वर्षों की शिक्षा प्राप्त की है। शारीरिक शिक्षा के अनेक प्रकारों में उन्होंने प्रावीण्य प्राप्त किया है। संघ शिक्षा वर्ग के शिक्षक अथवा मुख्य शिक्षक के रूप में या फिर बौद्धिक विभाग प्रमुख के रूप में उनकी कामगिरी अभिमानास्पद है। संघ के प्रत्यक्ष कार्य में गट नायक, गण शिक्षक, मुख्य शिक्षक, कार्यवाह, भाग कार्यवाह, ऐसे अनेक दायित्व उत्कृष्टता से निभाते समय उन्हें अनेक अवस्थाओं से गुजरना पड़ा। इस कारण उनमें ध्येयवाद, समर्पण भाव, परिश्रमशीलता, सततोद्योगप्रवणता, तितिक्षा, सारासार-विवेकशक्ति, चित्त का समतोल, सभी समस्याओं का मूलगामी विचार और वस्तुनिष्ठ विश्लेषण कर अचूक निर्णय लेने की क्षमता, सभी के बारे में अकृत्रिम अपनापन, सभी के कल्याण के विषय में दक्षता, स्वार्थ निरपेक्ष विचार करने की प्रवृत्ति, परस्पर सहकार्य वृत्ति, सभी को साथ लेकर उन्हें कार्योन्मुख करने की शैली, विचार व आचार की एकरूपता, मनुष्य को परखने की वृत्ति इत्यादि गुणों का विकास होता गया। उनका व्यक्तित्व अनेक गुणों के कारण समृद्ध हुआ है।

आज की परिभाषा में कहा जाए तो श्री बाबूराव बुद्धिवादी हैं। बुद्धि की कसौटी पर खरी न उतरनेवाली बात न स्वीकारने की उनके मन की प्रवृत्ति है, परंतु वे तर्कट और वाचाल बुद्धिवादी नहीं हैं, बुद्धि की मर्यादा वे जानते हैं। बुद्धि का

पलड़ा भारी हो, तब भी उनके जीवन में श्रद्धा का भी स्थान है। संघ के संस्कारों की वजह से सच्चे अर्थ में अनुशासन उनके अंग-अंग में बस गया है। इसीलिए स्वयंसेवक के नाते जो भी काम उन्हें सौंपे गए या उनके सामने जो भी कार्यक्रम रखे गए, वे सारे प्रारंभ में उनके तर्क की कसौटी पर न उतरें हैं, तब भी समाज का व्यापक हित नजरों के सामने रखकर उन्होंने वे सभी काम निष्ठापूर्वक और लगन से संपन्न किए। समाज प्रबोधन का कार्य करनेवालों को बुद्धि और तर्क इनकी कसौटी को कितने प्रमाण में उपयोग में लाना है, इस बात का तारतम्यता से विचार करना पड़ता है, यह बात वे अच्छी तरह से जानते हैं। इसीलिए अपने जीवन के परिवर्तन के क्षण में उन्होंने शुद्ध व्यवहारवाद के स्थान पर श्रद्धा का आश्रय लिया, यही उनके व्यक्तित्व का विशिष्ट पहलू है।

वस्तुतः श्री बाबूराव जैसे बुद्धिमान और मेधावी व्यक्ति को शासकीय उच्च सेवा का क्षेत्र सुलभता से उपलब्ध हो सकता था, परंतु ध्येयवादी दृष्टिकोण होने के कारण उन्होंने शिक्षक का व्यवसाय स्वीकार किया। यह व्यवसाय स्वीकार करने के पीछे उनका उद्‌देश्य संघ कार्य अधिक उत्तम रीति से करना था। वे हिस्लौप कॉलेज में अनेक वर्षों तक संस्कृत के प्राध्यापक रहे हैं, उत्कृष्ट शिक्षक थे और साथ ही अपने विशिष्ट स्वाभाव के कारण प्राचार्य, सहकारी प्राध्यापक व विद्यार्थी गण में भी उन्हें आदर, विश्वास और प्रेम का स्थान प्राप्त था।

व्यापक क्षेत्र में सफल

'नहि कस्तुरिकामोदः शपथेन विभाव्यते' ऐसा एक मार्मिक सुभाषित है। प्राध्यापक की हैसियत से काम करते वक्त उनकी गुणवत्ता के अनेक पहलू प्रकट हुए। अन्य कार्यों में भी उनकी गुणवत्ता का लाभ मिले, ऐसी अनेक लोगों की इच्छा थी। इसलिए तत्कालीन भारतीय जनसंघ के कार्य में वे सक्रियता से भाग लेने लगे। वे अनेक वर्षों तक जनसंघ में प्रमुख स्थान पर थे। मुख्यतः उनकी भूमिका चिंतक व संघटक के रूप में थी। अचूक परखकर, उसकी प्रकृति, प्रवृत्ति, गुणवत्ता के अनुसार कार्यक्षेत्र उपलब्ध करवाना, उन्हें मार्गदर्शन करना, पार्टी के समक्ष उत्पन्न होनेवाली समस्याओं का मूलग्राही विचार व विश्लेषणकर उन्हें हल करने के लिए उपयुक्त योजना बनाना, कार्यकर्ता की वैचारिक बैठक सुदृढ व संभ्रमरहित करना, पार्टी का दृढ, विस्तृत और व्यापक पैमाने पर संगठन खड़ा करना, राजकीय पक्ष के अपरिहार्य अंग के रूप में उत्पन्न हुए विविध प्रश्नों के संदर्भ में आंदोलन करने

की क्षमता बढ़ाना इत्यादि मुद्दों के संदर्भ में श्री बाबूराव का महत्त्वपूर्ण मार्गदर्शन मिलता रहा है, वे जनसंघ में रहे होते तो उनके नेतृत्व की कक्षाएँ विस्तृत हो चुकी होतीं, पर नियति को कुछ और मंजूर था। नरकेसरी प्रकाशन का दायित्व मुझ पर आने के बाद 'तरुण भारत' के संस्थापक स्व. श्री भाऊसाहब माडखोलकर से मेरा घनिष्ठ परिचय हुआ। उनके साथ राजनीति, समाजनीति, अखबारों इत्यादि के संदर्भ में अनेक बार खुलकर चर्चा होती। विचारों की दृष्टि से कुछ मुद्दों पर उनके संघ से मतभेद थे, पर फिर भी संघ के कार्यों के प्रति उन्हें आस्था थी। संघ के कार्यकर्ता और स्वयंसेवकों के अनेक गुणों के बारे में उन्हें आदर था। समाचार-पत्र विचार प्रवर्तन और समाज परिवर्तन का प्रभावी साधन होने के कारण राष्ट्रीय वृत्ति का परिपोश करने के लिए व लोकशिक्षा के लिए तरुण भारत की सहायता हो, यही उनकी इच्छा थी। वे उसी दृष्टि से प्रयत्न कर रहे थे। उनकी कलम की ताकत कितनी प्रभावी थी, यह तो सभी जानते ही हैं, परंतु 'तरुण भारत' केवल एक ही व्यक्ति पर आधारित न रहे, यह उनकी इच्छा थी। इसलिए संघ के स्वयंसेवकों में से कुशाग्र बुद्धि, मेधावी, अध्ययनशील, परिश्रमी व युवा स्वयंसेवक 'तरुण भारत' के संपादक मंडल में हो, ऐसा वे मुझे सदैव आग्रह करते।

इस संबंध में मैंने नागपुर के अधिकारियों के साथ चर्चा की। उन सभी को श्री बाबूराव इस दृष्टि से सुयोग्य व्यक्ति हैं, ऐसा लगा। श्री बाबूराव के साथ इस बारे में बात करते ही तुरंत उन्होंने यह बात मान्य कर ली। वस्तुतः हिस्लौप महाविद्यालय में उन्हें प्राचार्य पद मिला होता। उस समय उन्हें जितना वेतन मिलता था व भविष्य की सुरक्षितता थी, उतना वेतन देने की 'तरुण भारत' की क्षमता नहीं थी, न ही भविष्य की सुरक्षितता के बारे में कोई वचन देना संभव था, परंतु ध्येयानुकूल जीवन-क्रम बनाना स्वयंसेवकों का स्थायी भाव होने के कारण श्री बाबूराव ने अनिश्चितता और मुश्किलों से भरे इस जीवनक्रम को स्वीकार कर लिया। स्व. श्री भाऊसाहब के मार्गदर्शन में संपादक के काम के लिए आवश्यक गुणवत्ता परिश्रमपूर्वक प्राप्त की। तरुण भारत के माध्यम से उन्होंने लोकशिक्षा व लोकसंस्कार का व्रत निष्ठापूर्वक जारी रखा। महाविद्यालय के सीमित क्षेत्र में से समाचार-पत्र के व्यापक क्षेत्र में प्रवेश करने के बाद उन्होंने अनेक प्रकार की चुनौतियों को स्वीकार किया, संघर्ष किया और अपनी गुणवत्ता के आधार पर सफलता प्राप्त की। उनमें रहे अनेक गुण फल-फूलकर उनके व्यक्तित्व को अधिकाधिक समृद्ध करते चले गए।

संघ का कार्य समाजव्यापी होने के कारण संघ के प्रमुख अधिकारियों को संघ कार्य के साथ समाज के सामने उत्पन्न होनेवाली अनेक समस्याओं और प्रश्नों

की ओर ध्यान देना अपरिहार्य हो गया है। मेरे पास भी अनेक मुद्दों के बारे में सलाह-मशविरा करने के लिए अनेक समाज हितैषी आते रहते हैं। अनेक क्षेत्रों में विशेष उद्देश्य से प्रारंभ किए हुए कार्य अथवा संस्थाएँ कुछ समय बाद बीमार हो जाती हैं। सुयोग्य कार्यकर्ताओं के अभाव में कुछ की प्रगति थम जाती है, किसी की अवरुद्ध हो जाती है, कुछ मुरझा जाते हैं तो कुछ उद्देश्य के लिए प्रतिकूल अपप्रवृत्ति होने के कारण वहाँ का वातावरण प्रदूषित हो जाता है। ऐसे समय पर कार्य के लिए या संस्था को सुयोग्य कार्यकर्ता मिल जाए तो उस संस्था को योग्य मार्ग पर चलाया जा सकता है। इस विचार से अनेक सुबुद्ध लोग ऐसा सुयोग्य कार्यकर्ता संघ की ओर से मिले, इसके लिए मेरे पास माँग करते हैं। ऐसे कुछ मामलों में मैंने श्री बाबूराव को ऐसी कुछ बीमार संस्थाएँ सौंप दीं। श्री बाबूराव अत्यंत कुशलतापूर्वक, योजनाबद्ध तरीके से, परिश्रमपूर्वक उन संस्थाओं को पुनः योग्य मार्ग पर ले आए। संघ के अधिकारियों द्वारा सौंपी गई जिम्मेदारी समर्थता से व सफलता से पूर्ण करना, यह उनकी प्रकृति का अविभाज्य भाग बन गया है। इसलिए उन्हें यह सब साध्य हुआ, यह स्पष्ट है।

निरअहंकारी व ध्येयवादी

इतनी विशाल गुण संपदा होने के बावजूद श्री बाबूराव अहंकारी नहीं हुए। ध्येयवादित्व के कारण उनका जीवन एकाकी भी नहीं बना। गंभीर विषयों के अध्ययन में व चर्चा में वे जैसे मग्न होते हैं, उसी तरह से क्रीड़ा, संगीत, कला इत्यादि का आस्वाद वह रसिकता से लेते हैं। गंभीर विषयों के विश्लेषण व विवेचन वे जितनी रंजकता से और सहज भाव से करते हैं, उसी तरह से अपनी मित्र मंडली में बातें करते हुए समरस हो जाते हैं। उनका मित्र परिवार भी बहुरंगी, बहुढंगी है। उनमें जहाँ प्रखर बुद्धि, उच्च विद्या विभूषित, समाज में प्रतिष्ठा पाए हुए व आर्थिक दृष्टि से संपन्न मित्र हैं तो वहीं समान्य व्यवसायी, जिन्होंने विद्यापीठ की दहलीज भी नहीं लाँघी है, ऐसे सर्व सामान्य जीवन व्यतीत करनेवाले भी हैं। उन सभी के साथ उनका संबंध अत्यंत आत्मीयता से भरा है। उन सभी को श्री बाबूराव के विषय में बड़ा गर्व महसूस होता है। उनमें से अनेक लोगों को श्री बाबूराव को बाबू के नाम से पुकारने में संकोच नहीं होता।

उनके एक स्वभाव वैशिष्ट्य की तरफ मैं आपका ध्यान आकृष्ट करना चाहता हूँ। वे 'तरुण भारत' के संपादक के रूप में कार्यरत थे, तब कुछ विशेष कारणों

से संचालक मंडल ने उन्हें निवृत्ति की आयु पूर्ण होने से पहले ही संपादक पद पर से मुक्त कर नरकेसरी प्रकाशन के प्रबंध निदेशक (मैनेजिंग डायरेक्टर) पद की जिम्मेदारी सौंप दी। प्रबंध निदेशक पद के लिए निवृत्ति आयु की मर्यादा नहीं होती। इसलिए श्री बाबूराव इस संचालक पद पर कई साल काम कर सके होते। संचालक मंडल भी यही चाहता था, परंतु श्री बाबूराव ने आयु के 60 वर्ष पूरे होते ही निवृत्ति लेने का निश्चय कर लिया। जब उन्हें निवृत्त न होने का आग्रह किया गया, तब उन्होंने स्पष्ट रूप से कहा, "अगर मैं संपादक रहा होता तो 60 वर्ष पूर्ण होते ही निवृत्त हो गया होता। कार्यकारी संचालक को निवृत्ति आयु की मर्यादा नहीं है, इसका लाभ लेकर नियोजित समय पर निवृत्त न होना यह मेरी सद्‌विवेक बुद्धि को योग्य नहीं लगता। आप मुझसे ऐसा आग्रह न करें।" वे अपने जीवन में निष्ठानुसार नियोजित समय पर निवृत्त हो गए। ऐसा निरपेक्ष और निःस्पृह वृत्तिवाला व्यक्ति बिरला ही होता है।

वे नरकेसरी प्रकाशन में से निवृत्त हो चुके हों, तब भी उनकी स्वयंसेवक वृत्ति कायम है। एक प्रकार से उन्होंने वानप्रस्थाश्रम स्वीकार कर लिया है। स्वामी विवेकानंद ने हिंदू समाज को कुछ समय के लिए देवी-देवता एक ओर रखकर समाज को ही देवता मानकर उसकी सेवा करने का आह्वान दिया था। श्री बाबूराव ने उसी मार्ग को अंगीकार किया है। उनका परमेश्वर वे जहाँ जाएँगे, उनके साथ रहेगा यह विश्वास है।

~*~

विद्यैकनिष्ठ

—वि.भि.कोलते

(पूर्व कुलगुरु, नागपुर विद्यापीठ)

सन् 1944 में जब मैं अमरावती से बदली होकर मौरिस कॉलेज में आया, तब इस महाविद्यालय का एक नामांकित विद्यार्थी के रूप में इनका नाम मेरे कानों में पड़ा। उस वर्ष बी.ए. की परीक्षा प्रथम क्रमांक में उत्तीर्ण कर, संस्कृत विषय में सर्वाधिक अंक प्राप्त करने के कारण उन्हें सरस्वतीबाई कोलते स्वर्णपदक मिला था। वस्तुतः इस कोलते स्वर्णपदक का मेरे या मेरे कुल से कोई संबंध नहीं है, पर मेरे उसी वर्ष बदली होकर मौरिस कॉलेज में आने के कारण कुछ लोगों ने यह संबंध जोड़कर उस बारे में पूछताछ की थी। इसके कारण श्री वैद्य की तरफ मेरा

विशेष रूप से ध्यान गया। आगे चलकर संस्कृत विषय के स्नातकोत्तर अभ्यास के लिए किंग एडवर्ड मेमोरियल शिष्यवृत्ति मिलने के बाद दो वर्ष तक वे मौरिस कॉलेज में ही अध्ययनरत थे। प्रत्यक्ष विद्यार्थी के नाते नहीं, पर क्रीड़ा के मैदान पर मेरा व उनका हमेशा मिलना होता रहा। महाविद्यालय के भारतीय खेलों का मैं प्रभारी प्राध्यापक था। खो-खो, आट्यापाट्या व कबड्डी, ये खेल मेरे आग्रह पर नए-नए शुरू किए गए थे। इन खेलों की तरफ सर्व सामान्य विद्यार्थियों का रुझान नहीं होता था। अपने इन भारतीय-विशेषत: महाराष्ट्र के खेलों का स्वाभिमानपूर्वक जतन होना चाहिए, ऐसी राष्ट्रीय वृत्ति से भरे हुए कुछ ही विद्यार्थी इन खेलों में भाग लेते। श्री वैद्य भी उनमें से एक थे। अपने कुछ सहकारियों के साथ वे कबड्डी में भाग लेते। उस समय उनमें रही अनुशासनप्रियता का, स्वाभिमान का और राष्ट्रीय वृत्ति का प्रत्यय मुझे दिखाई दिया। वे स्वयं कबड्डी के उत्तम खिलाड़ी तो थे ही, पर औरों को भी के यह खेल खेलने के लिए प्रोत्साहित करते और मार्गदर्शन करते।

सन् 1946 में श्री वैद्य एम.ए. में संस्कृत विषय में सर्वाधिक अंक प्राप्त कर प्रथम क्रमांक में उत्तीर्ण हुए। उसके बाद दो वर्षों के बाद ही वे इसी महाविद्यालय में संस्कृत के अधिव्याख्याता के रूप में आ गए। हम सह-प्राध्यापक बन गए। उनकी नियुक्ति तात्कालिक स्वरूप की होने के कारण वे हमारे साथ करीब तीन महीने ही थे। बाद में वे संस्कृत के प्राध्यापक के रूप में हिस्लौप कॉलेज में चले गए। वहाँ वे अनेक वर्षों तक रहे। उत्कृष्ट प्राध्यापक के रूप में वे प्रसिद्ध हुए। प्राचार्य मोज़ेज़ उनके अध्यापन कौशल्य की सदैव प्रशंसा करते। जब उन्होंने कॉलेज छोड़ा, तब डॉ. मोज़ेज़ ने एक बार मुझसे कहा था, ''प्रा. वैद्य के कॉलेज छोड़ने से हमारे कॉलेज को बहुत हानि हुई है। एक उत्कृष्ट प्राध्यापक ही नहीं, एक सदाचार संपन्न सद्गृहस्थ को हमारी संस्था ने खो दिया है।''

विद्यैकनिष्ठ दृष्टि

प्रा. वैद्य लौकिक दृष्टि से अध्यापन के क्षेत्र में से निवृत्त हो गए थे, किंतु उन्होंने शिक्षा क्षेत्र को सदा के लिए राम-राम नहीं किया था। सर्वसाधारण जनता को जाग्रत् करने का कार्य 'तरुण भारत' के संपादकीय विभाग में दाखिल होकर वे करने लगे। इतना ही नहीं, महाविद्यालय के क्षेत्र से भी विशाल ऐसे विद्यापीठ के क्षेत्र में वे ध्यान देने लगे। सन् 1969 में नागपुर विद्यापीठ के कार्यकारी मंडल में वे चुन लिये गए। उस वक्त मैं कुलगुरु था। यहाँ मेरा उनसे अधिक निकट

का संबंध स्थापित हुआ। एक विवेकशील, कर्तव्यदक्ष व विद्यैकनिष्ठ सभासद के रूप में उन्होंने मेरे मन में आदर का स्थान निर्माण किया, वे स्वयं विद्याव्यासंगी व विद्यार्थियों के हितचिंतक होने के कारण प्रत्येक प्रश्न को विद्यैकनिष्ठ दृष्टि से ही देखते, ऐसा मुझे अनुभव हुआ। इसलिए अन्य सभासदों के साथ-साथ विद्यापीठ की कार्यवाही में मुझे बहुमूल्य सहायता प्राप्त होती। एक-दो घटनाएँ आज भी मेरी आँखों के सामने हैं।

नागपुर महानगरपालिका की ओर से चलाया जानेवाला वैद्यकीय महाविद्यालय उस समय सदा ही आर्थिक मुश्किलों से घिरा रहता, इसलिए महाविद्यालय की कुछ सीटें प्रतिव्यक्ति शुल्क (कैपिटेशन फी) लेकर भरने का नगरपालिका ने विचार किया। उसके लिए विद्यापीठ से अनुमति माँगी। विद्यार्थियों का आंदोलन शुरू हो गया। विद्यापीठ प्रतिव्यक्ति शुल्क स्वीकार करने की अनुमति दे दे, इसलिए महानगर पालिका के अनेक सभासदों ने विद्यापीठ के कार्यकारी मंडल के सभासदों पर दबाव डालने का प्रयत्न किया। यह वैद्यकीय महाविद्यालय चलाने के लिए शासन पर बोझ न पड़े, इसलिए शासन की ओर से भी विद्यापीठ के अधिकारियों पर दबाव डालने का प्रयत्न किया गया। अन्य सभी सभासदों की तरह श्री वैद्य पर भी यह दबाव डाला गया। अनेक व्यक्ति उनके पास धरना देकर बैठे थे, पर प्रा. वैद्य उनके आगे नहीं झुके, यह बताते हुए मुझे अत्यंत हर्ष हो रहा है। इस प्रश्न की ओर पक्ष विशेष दृष्टि से न देखते हुए उन्होंने केवल विद्यैकनिष्ठ दृष्टि से देखा। विद्यार्थी वर्ग का भी इस प्रति व्यक्ति शुल्क के लिए विरोध था। कार्यकारी मंडल के अन्य सभासद भी विरोध में थे। उस दिन इस प्रश्न को लेकर बहुत दीर्घकाल तक चर्चा हुई। ऐसी अनुमति अगर विद्यापीठ ने नहीं दी तो शायद यह वैद्यकीय महाविद्यालय बंद करना पड़ सकता है और उससे अन्य विद्यार्थियों का नुकसान भी हो सकता है। ऐसा भी एक युक्तिवाद सामने आया। उस पर हमारा उत्तर यह था, किसी महाविद्यालय को शुरू होने पर उसे बंद करने की अनुमति भी मिलनी चाहिए तो यह युक्तिवाद व्यर्थ है। वाद-विवाद में प्रा. वैद्य ने अत्यंत कठोर भूमिका निभाई आखिर। ऐसी अनुमति न देने का निर्णय सभी ने एकमत से लिया, यह कहने की आवश्यकता नहीं है।

दूसरी घटना है सामूहिक कॉपी के समय की। इस तरह की कॉपी जिन केंद्रों पर हुई, उसमें हिस्लौप कॉलेज भी था। इन केंद्रों पर पुनः परीक्षा लेने का निर्णय विद्यापीठ ने लिया, उस समय भी अनेक ओर से दबाव आए। कॉपी करनेवाले विद्यार्थियों के समूह ने आंदोलन खड़ा किया। इनका नेतृत्व श्री जांबुवंत राव धोटे कर

रहे थे, यह विशेष उल्लेखनीय है। इस आंदोलन में कुछ विद्यार्थी प्रमुखता से हिस्लौप कॉलेज के थे। उन्होंने खून करने की धमकियाँ दीं। यह सारा मामला अदालत में गया, पर किसी भी तरह की धमकी के आगे विद्यापीठ ने झुकना स्वीकार नहीं किया। सौभाग्य से न्यायालय का निर्णय विद्यापीठ के अनुकूल निकला। इन पाँचों केंद्रों पर पुलिस की सहायता से पुनः परीक्षाएँ ली गईं। उस समय कुछ विद्यार्थियों को गिरफ्तार भी करना पड़ा। इस पूरी घटना में प्रा. वैद्य ने अत्यंत कठोर भूमिका निभाई। इस बात का निर्देश यहाँ करना मुझे प्रासंगिक लगता है।

उनकी इस विद्यैकनिष्ठ दृष्टि को देखते हुए कार्यकारी मंडल ने गैर प्रकार करनेवाले विद्यर्थियों के प्रकरणों पर विचार करने के लिए उन्हें गैर प्रकार विचार समिति में नियुक्त किया था। वहाँ भी उन्होंने उत्तम काम किया। मुझे याद आती है एक घटना। एक विद्यार्थी के पास कुछ कागज मिले, पर उसने उनका उपयोग नहीं किया था। इस प्रकरण का सहानुभूति से विचार होना चाहिए, इसलिए मुझे सभासदों को कहने के लिए मुझपर बहुत दबाव डाला गया था। मैंने उन्हें कहा था कि इस प्रकरण को जरा गंभीरता से सोचें तो विद्यार्थी को अधिक सजा नहीं होगी, ऐसा मुझे विश्वास है। समिति योग्य निर्णय लेगी, मैं किसी से नहीं कहूँगा। समिति का निर्णय आया, विद्यार्थी को दोष मुक्त किया गया था। प्रा. वैद्य वहाँ होने के कारण मुझे यह विश्वास पहले से ही लग रहा था।

ऐसे अनेक अवसरों पर विद्यापीठ की काररवाई में मुझे प्रा. वैद्य की सहायता मिलती रही। इस बात का श्रेय उनकी विद्यैकनिष्ठ दृष्टि को जाता है। इसमें कोई संदेह नहीं है। इसके अतिरिक्त एक और बात लिखना चाहता हूँ कि प्रा. वैद्य उत्तम लेखक हैं। 'तरुण भारत' के संपादक के रूप में उन्होंने लोकप्रियता पाई, वह उनके विशिष्ट सांस्कृतिक दृष्टिकोण की ही तरह उनके लेखन कला के कारण भी है। वे संस्कृत के प्राध्यापक होने के कारण उन्हें संस्कृत भाषा का अभिमान होना स्वाभाविक ही है, किंतु मराठी भाषा पर भी उनका नितांत प्रेम है। इस दृष्टि से उनका महाराष्ट्र में राजभाषा वर्ष मनाए जाने पर राजभाषा वर्ष का समारोह यह लिखा हुआ लेख मुझे याद आता है। शासन व्यवहार में राजभाषा के उपयोग के संबंध में उन्होंने सभी पहलुओं पर विचार किया था। मराठी माध्यम में अध्ययन और अध्यापन यह भी उनका आत्मीय विषय है। इस विषय में भी उन्होंने 'तरुण भारत' के माध्यम से अनेक बार लेखन करके इस प्रश्न के बारे में लोकमत जाग्रत् करने का प्रयत्न किया है, मुझे उनकी यह वृत्ति एवं प्रवृत्ति सदैव अभिनंदनीय लगती है।

~*~

Some Recollections

—W. N. Joseph

(Ex. Vice Principal Hislop College)

Prof. M.G.Vaidya, affectionately called Baburao came to Hislop college as a Prof. of Sanskrit after the untimely demise of prof. Bapat.

I have good fortune of knowing him both as a colleague and dare I say as a friend.

Baburao is a brilliant scholar of Sanskrit and we were really lucky to be able to get hold of his services. I am perrsonally greatful to him for all the help he gave me, when I was almost forced to teach logic and philosophy through Hindi and Marathi. He was of immense help explaining to me the *Sankhya Karika* of *Ishwar Krishna*. The felicity of language with which he unravelled the mysteries of Indian philosophy made me aware of his immense popularity as a teacher.

But I really came to know Baburao, the man, more intimately when he became a member of the Staff Governing Body. I found in him an excellent adviser on matters of administration. Even in those early days he exhibited a capacity for organisation unusual in one so young. Occasionally, in those days, I used to be the Acting Principal and it was here that Baburao guided me through some very tricky situations. He is by nature frank and out spoken. This is usually misunderstood by those who do not know him well. Some time he would take up, what I then thought was, a rather rigid stand. But it was only later on that I realized the error of my ways.

When he decided to give up teaching in order to take up journalism, we were sorry to let him go. But what he was able to do for 'Tarun Bharat' as a Editor is too well to bear repetition.

It was quite natural that such a versatile personality should also play an important role in the affairs of the University. Baburao was a member of the Executive council of the Nagpur University.

In 1972 when there was mass copying in the university exams, it was Baburao who, through 'Tarun Bharat' brought to the attention of the public the enormitiy of this very obnoxious practice.

It was during this time, along with some others, that I was involved in the mass copying affair. Baburao was one of the members of the Enquiry Committeee, which had to investigate into, what was euphemistically, called 'miscounduct of Univerity exams'. I was incharge of one of these centres, it must have been very awkward for Baburao to sit in judgement over one of his former colleagues. But let it be said to credit of Baburao, he was emininently fair to those, who were at the receiving end. It was a harrowing time for the officers-in charge of the Exams. But for Baburao it must have been a traumatic experience. Of course, the time was out of joint and we were called upon to set it right."

Baburao, on his side conducted the enquiry without fear or favour, never losing his sense of proportion. Perhaps he remembered what Dr. Moses had once told us, "To know all, is to forgive all." All that is past now and on my part. I should like to forget it. But this incident further strengthened the bond of friendship between us.

Baburao is not only a scholar and educationist, he is also a member of that Aristrocracy of the Intellect, that creative minority, which combines within itself profound erudition, a deep sensitivity, an urbanity of manners, humaneness and all those attributes which go into the making of the pattern of a gentleman. He reminds me of Chaucer' Parfit gentle knight, who loved chivalry, honour and truth, freedom and courtesy.

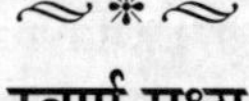

स्वर्ण मध्य

–डॉ. गो.मा. कुलकर्णी

प्रा. मा.गो. वैद्य और मैं हिस्लौप कॉलेज में 17 वर्षों तक, नागपुर विद्यापीठ में 12 वर्षो तक और नागपुर शिक्षा मंडल में 10 वर्षों तक साथ-साथ थे। उनका और मेरा परिचय भी हिस्लौप कॉलेज में ही हुआ। हम दोनों ने एक ही दिन प्राध्यापक के तौर पर हिस्लौप कॉलेज में नौकरी शुरू की थी और छोड़ते समय भी एक हफ्ते के अंतर से ही कॉलेज छोड़कर निकल गए। वे 'तरुण भारत' के संपादक के रूप में और मैं श्री बिन्झानी सिटी कॉलेज का प्राचार्य होने के लिए। योग भी ऐसा कि

हम दोनों ही अपने-अपने पदों पर से एक वर्ष के अंतर से निवृत्त हुए।

हमारा घरेलू संबंध भी बहुत घनिष्ठ था। कुछ वर्षों तक हम निकट के पड़ोसी भी थे। दोनों घरों का आँगन जैसे एक ही था, दोनों घर के बीच एक कुआँ था। जरा पाँच मिनट के लिए कुएँ पर जाते और आधे-पौन घंटे तक बातें होती रहतीं। हमारे इस दीर्घकाल के संबंध में वैद्य के, (उन्हें सब लोग बाबूराव के नाम से पुकारते थे, पर मैं उन्हें प्रा. वैद्य या सिर्फ वैद्य ही कहता हूँ) अनेक गुणों का और विशेषताओं का परिचय हुआ। उन सबके बारे में लिखना चाहूँ तो बहुत से पन्ने भर जाएँगे। इसलिए उनके स्वभाव और वर्तन के एक महत्त्वपूर्ण पहलू पर ही लिख रहा हूँ, वह, यानी स्वर्ण मध्य।

हिस्लौप कॉलेज में हमारा साथ दीर्घकाल तक का रहा। हिस्लौप कॉलेज ईसाई मिशनरियों का कॉलेज, पर डॉ. मोज़ेज़ के कुशल और पुरोगामी नेतृत्व के कारण तथा सर्व संग्राहक वृत्ति के कारण कॉलेज का वातावरण अधिकतर धार्मिक कट्टरता से मुक्त था। प्राचार्य डॉ. मोज़ेज़ का नई पीढ़ी के हम जैसे कुछ प्राध्यापकों पर बहुत विश्वास था। ईसाई और गैर ईसाई प्राध्यापकों में भी एक-दूसरे के साथ धार्मिक बंधुभाव ही था। ऐसे अच्छे, शांत और सेक्युलर वातावरण में एक दिन बड़ा विचित्र प्रश्न निर्माण हो गया। हर वर्ष की तरह गणेशोत्सव आया और कुछ विद्यार्थियों ने कॉलेज में गणेश स्थापना करने का तय किया। हमें इस बारे में कुछ पता नहीं था। एक दिन डॉ. मोज़ेज़ का दोपहर को हमें फोन आया कि आप प्रा. वैद्य को लेकर तुरंत कॉलेज में आ जाइए। हम कुछ देर पहले ही कॉलेज से लौटे थे, पर फिर भी तुरंत वापस कॉलेज गए। डॉ. मोज़ेज़ ने कौन सी आपत्ति आ गई है, इससे हमें अवगत कराया। उनका ऐसा विरोध नहीं था, पर जिस संगठन के वे प्रतिनिधि थे, उन्हें यह बात रास नहीं आ रही थी। हमारे स्वभाव में भी कट्टरता नहीं होने के कारण कॉलेज पर ऐसी आपत्ति नहीं आनी चाहिए, यह बात हमें सचमुच लग रही थी। इसलिए प्रा. वैद्य ने सब विद्यार्थी-नेताओं को समझा-बुझाकर उन्हें इस विचार से परावृत्त कर दिया। यह काम सचमुच बहुत कठिन था। प्रा. वैद्य हिंदुत्ववादी थे, परंतु उनकी बुद्धि संतुलित होने के कारण उन्होंने सभी की शान रह जाए, ऐसा काम किया।

नागपुर विद्यापीठ की कार्यकारिणी में हम दोनों एक ही समय सभासद थे। हमारे कार्यकाल में तीन कुलगुरु हो गए, तीनों ही बहुत अच्छे, पर स्वभाव से और कार्यकुशलता में एक-दूसरे से भिन्न। कार्यकारिणी के सभासदों में भी गुट तो थे

है शायद। यूनिवर्सिटी टीचर्स क्लब के संगठन के व्यासपीठ से नागपुर विद्यापीठ के शिक्षकों के आंदोलन की शुरुआत हो रही थी। इसलिए अध्यक्ष पद पर कौन रहेगा, यह बात महत्त्वपूर्ण बन गई थी। इस चुनाव में बाबूराव ने मेरा पराभव कर दिया, पर उसी के साथ विद्यापीठ शिक्षक आंदोलन को संगठनात्मक रूप देने के कार्यक्रम में संपूर्ण सहयोग का आश्वासन दिया। शिक्षकों के व्यावसायिक संगठन को हम दोनों ही चाहते थे, परंतु विचारधारा के संदर्भ में मूलभूत विरोध था। फिर आगे इसी वर्ष जून के आखिर में नागपुर विद्यापीठ शिक्षक संघ के निर्माण के लिए जो ऐतिहासिक कन्वेंशन हुआ, उसमें बाबूराव वैद्य ने अपने आश्वासन की पूर्ति की। कन्वेंशन के लिए गठित समिति के अध्यक्ष के रूप में किया गया सहयोग नागपुर विद्यापीठ शिक्षक संघ की स्थापना में महत्त्वपूर्ण रहा। उनके इस सहकार्य में उनकी उम्दा सज्जनता के साथ ही विचारधारा की प्रामाणिकता प्रकट हुई। आधुनिक समाज में शिक्षक अनिवार्य रूप से व्यवसायी बन गया है। इस वास्तविकता को स्वीकार करने में बाबूराव वैद्य ने काफी हिम्मत दिखाई।

जिस वातावरण में बाबूराव संस्कारित हुए हैं, उसमें शिक्षकों का व्यवसाय संगठन करने के संघर्ष को नैतिक अधिमान्यता नहीं थी, पर पुराने मूल्यों को बदलकर कर्तव्य के साथ अधिकारों की पूर्ति के लिए शिक्षकों को संघर्ष करना चाहिए, इस भूमिका की ओर आने में और अपनी पुरानी पीढ़ी के सहकारियों को इसमें लाने में बाबूराव का सफल प्रयत्न उनकी वैचारिक प्रामाणिकता का सबूत है। शिक्षा क्षेत्र की पिछले 25 वर्षों में घटी संघर्षपूर्ण घटनाओं में सिद्ध हो चुका है।

इस संदर्भ में यवतमाल के विशुद्ध महाविद्यालय के प्रकरण में उनकी भूमिका बहुत ही प्रामाणिक थी। एक ओर संस्था से लगाव और दूसरी ओर शिक्षकों के कानूनी हितों के संरक्षण जैसी कैंची में फँसे बाबूराव की प्रामाणिकता ने संस्था के लगाव को मात कर दिया था। विशुद्ध महाविद्यालय के गैर व्यवहार की पूछताछ करने का अप्रिय काम करते वक्त प्रकट हुए बाबूराव के व्यक्तित्व में बसी सज्जनता का असली रूप प्रकट हुआ था। वास्तविक बाबूराव उस समय तटस्थ रह सके होते, पर उन्होंने ऐसा नहीं किया। प्रामाणिकता का सज्जनता से अलग होना संभव नहीं है। इस भूमिका पर बाबूराव अटल थे।

सत्य को नजरों से दूर कर दिया है। इसलिए उसे नकारने का अप्रामाणिक प्रयत्न बाबूराव ने नहीं किया। सत्य को ऐसी किसी भी वास्तविकता का सामना करना चहिए इस गुण विशेष का मुझे सदैव ही आकर्षण रहा है, इस बात पर मुझे दो घटनाएँ याद आती हैं। शिक्षा संस्थाओं पर वर्चस्व स्थापित करना, यह शिक्षा संस्थाओं

ही, पर वे इतने जेंटलमैन थे कि उनके अस्तित्व का पता ही नहीं चल पाता था। प्रा. वैद्य एक गुट के अनुल्लेखित नेता थे। चाहे कितने भी वाद-विवाद हों, तब भी कभी कोई प्रकरण लंबा नहीं खींचा। हमारे पाँच वर्ष के कार्यकाल में एक भी मुद्दे के निर्णय के लिए अपना मत बदलना नहीं पड़ा था। सभी निर्णय एकमत से लिये गए। इनका सारा श्रेय सभी सभासदों को तो है ही; पर प्रा. वैद्य को विशेष रूप से जाता है, क्योंकि उन्होंने कभी भी दुराग्रही भूमिका नहीं अपनाई। समझौता किस तरह करवाया जाए और समन्वय किस तरह करवाया जाए, इस बात में प्रा. वैद्य बहुत ही कुशल हैं। सभी मुद्दों पर स्वर्ण मध्य साधने का प्रयत्न करना, यह उनके स्वभाव की विशेषता है।

नागपुर शिक्षण मंडल के कामकाज में भी उनके इस गुण का सदैव प्रत्यय आता रहा है। कभी-कभी मुझे ऐसा भी लगा कि इन गुणों का थोड़ा अतिरेक भी हो रहा है। ऐसे कुछ अवसरों पर मैंने उनसे वैसा कहा भी, तो वे बोले, ''यह मेरा स्वभाव दोष है।''

मेरे स्नेही बहुत कम हैं। उनमें से एक प्रा. वैद्य हैं। यह स्नेह बिल्कुल नि:स्वार्थ है। एक-दूसरे के अस्तित्व का महसूस होना ही काफी है। उनसे मुलाकातें भी अब बहुत कम हो पाती हैं। पर जब भी होती हैं, तब पहले जैसी ही खुशी होती है। जिस प्रकार के सामाजिक कार्य आजकल प्रा. वैद्य कर रहे हैं, उनकी समाज को अत्यंत आवश्यकता है। नि:स्वार्थी, निरभिमानी, निरहंकारी और निष्पक्ष। ऐसे व्यक्ति की ही ऐसे कार्यों के लिए आवश्यकता होती है। प्रा. मा.गो. वैद्य इसमें बिल्कुल फिट बैठते हैं।

~*~

एक पारदर्शी व्यक्तित्व

—प्रा.र.वि.रानडे

नागपुर विद्यापीठ की काररवाई में और विद्यापीठ शिक्षकों के आंदोलन में मेरा बाबूराव वैद्य के साथ बहुत पुराना, यानी करीब 25 वर्ष से अधिक का संबंध है। इस कालखंड में उनकी और मेरी वैचारिक भूमिकाएँ सदैव समांतर रेखा में चलती आ रही हैं, परंतु इससे हमारे व्यक्तिगत संबंधों में कभी कोई कटुता निर्माण नहीं हुई, कारण बाबूराव की उम्दा सज्जनता।

मैत्रीपूर्ण संघर्ष यही हम दोनों के संबंध का रूप रहा है। सन् 1962 की बात

की राजनीति में महत्त्वपूर्ण होता है। नागपुर शिक्षण मंडल में मेरा और बाबूराव का संघर्षपूर्ण सहभाग मुझे याद आता है। एक ऐतिहासिक दिन नागपुर शिक्षण मंडल की साधारण सभा में बाबूराव के ज्येष्ठ सहकारी का पराभव हुआ। उस सभा में मैं उपस्थित नहीं था, ऊपर सभागृह में सभा चल रही थी और मैं नीचे एक कमरे में अकेला बैठा था। पराभव के लिए कारण बने व्यक्तियों का अभिनंदन करने में बाबूराव ने सज्जनता का उम्दा उदाहरण दिखाया, वह मेरी स्मृति में सदैव बना रहेगा।

दूसरी घटना है आपातकाल के कालखंड की। जेल से छूटने पर बाबूराव मेरे घर पर आए थे। मेरे संघविरोधी भूमिका पर बोलते वक्त मुझे एक बात का एहसास हुआ कि उनके साम्यवादी विरोध की कटुता कम हो चुकी है। जनसंघ व मार्क्सवादी कम्युनिस्ट पार्टी की नजदीकी के संबंध में बाबूराव के किए हुए विधान पर से मुझे विश्वास हो गया कि वैचारिक सतह पर वास्तविकता के सामने जाने में उन्हें संकोच नहीं होता। धर्म की बाबत छोड़ दें तो साम्यवादी और संघवादी लोगों में अनबन होने का कारण क्या है और डॉ. हेडगेवार की परंपरा में कहाँ बैठता है, इस संबंध में बाबूराव के साथ हुई चर्चा में एक बात ध्यान में आई कि उनके सालों-साल जतन कर रखी गई विचार रचना में व्यापकता आने की शुरुआत हो गई है। इसीलिए अपनी बनाई गई एक परिधि के बाहर के लोगों से भी बाबूराव संबंध बनाए रख सके।

सभी लोग अपनी-अपनी मर्यादाओं में ही विकसित होते हैं, पर मर्यादाओं का एहसास नहीं पानेवालों के व्यक्तित्व में एक प्रकार की बनावट आ जाती है। ऐसे व्यक्तित्व का विकास, यानी केवल यंत्रवत बढ़ना। श्री बाबूराव संस्कृत के प्राध्यापक होने पर भी उन्होंने स्वयं के विषय में ऐसा होने नहीं दिया, पारंपरिक संस्कृत पांडित्य उनके विचारों में नहीं झलकता। इसलिए विचारों में चमत्कृति से अधिक संवेदनशीलता का गुणधर्म उनके व्यक्तित्व का विशेष गुण बन गया है।

प्रा. वैद्य निवृत्त होने पर भी उनमें रही क्रियाशीलता अवरुद्ध नहीं हुई है। समाज प्रबोधन के क्षेत्र में आगे बढ़ने में वैचारिक विरोध रखनेवाले मेरे सहप्रवासी प्राध्यापक बाबूराव वैद्य को अच्छा स्वास्थ्य प्राप्त हो, ऐसी शुभकामना।

'मंदार'
2-डागा लेआउट,
उत्तर अंबाझरी मार्ग, नागपुर

~*~

महान् समाजसेवक

–रत्नप्पा कुंभार

प्रिय मा.प्रा.रा.प्र. अयाचित

सादर वि.वि.

आपका दि. 18–11–1985 का पत्र मिला। महान् पत्रकार, निष्ठावंत कार्यकर्ता, समाजसेवक श्री. बाबूराव वैद्य की षष्ट्यब्दिपूर्ति समारोह आप जैसे उनके सन्मित्रों ने आयोजित किया है, यह पढ़ा। मुझे बहुत हर्ष हुआ। केवल पैसों के माध्यम से ही समाज संपन्न नहीं होता, पैसे व साधनों के साथ समाज जीवन को कुछ विशेष गुणों की भी आवश्यकता होती है। स्वाभिमान, स्वावलंबन, पराक्रम, पुरुषार्थ, नीतिमत्ता, सामाजिक प्रतिष्ठा ऐसे कुछ विशेष गुणों की समाज को आवश्यकता होती है। समाज के इन गुणों का जतन और संवर्धन सहज रूप से नहीं होता। उसके लिए समाज के कर्तव्य–दक्ष व्यक्ति तथा संस्थाओं के द्वारा प्रयत्न करने पड़ते हैं। ऐसे कुछ विशेष गुणों का आचरण करनेवाले लोग भारतीय समाज में सदियों से निर्माण होते रहे हैं। मा. श्री बाबूरावजी वैद्य भी उन्हीं में से एक हैं। इसके लिए मैं सतत् धन्यता का अनुभव करता हूँ।

मा. श्री बाबूरावजी वैद्य ने उनके जीवनकाल में जीवन निष्ठाओं का अच्छा जतन किया है। हम जिसे सज्ञान लोकशिक्षा कहते हैं, वह लोकशिक्षा समाचार-पत्र के माध्यम से मा. श्री बाबूराव वैद्य ने बहुत ही जिम्मेदारी से तथा समर्थता से की है। उनकी षष्ट्यब्दिपूर्ति के समारोह के निमित्त उनके सफल एवं समर्थ कार्यों का दर्शन समाज को हो सकेगा, ऐसा मुझे विश्वास है। आप उनके सन्मित्र उनकी षष्ट्यब्दिपूर्ति समारोह के माध्यम से उनके जीवन कार्यों का दर्शन अच्छी तरह से करवाने में सफल होंगे, ऐसा विश्वास प्रकट करता हूँ।

आपका नम्र

रत्नप्पा कुंभार

~*~

संपादक बाबूराव वैद्य

–दि.भा. घुमरे
(पूर्व मुख्य संपादक 'तरुण भारत')

अध्ययन काल में सतत एम.ए. तक की सभी परीक्षाओं में प्रवीणता सह उत्तीर्ण होनेवाले मेधावी छात्र अध्यापनकाल में विद्यार्थी प्रिय प्राध्यापक, संस्कृत साहित्य के रसिक अभ्यासक, प्रस्थानत्रय के विचक्षण विद्यार्थी, भारतीय जनसंघ के पहले दशक की पार्टी का संगठन करनेवाले और राजनीति के नाड़ी परीक्षक तथा राष्ट्रीय स्वयंसेवक संघ के निष्ठावान सक्रिय कार्यकर्ता श्री माधव गोविंद उपाख्य बाबूराव वैद्य, पहले चुना हुआ अध्यापन क्षेत्र छोड़कर जब पत्रकारिता के क्षेत्र में आए, तब संबंधित लोगों को आश्चर्य का एक धक्का ही लगा था अर्थात् पत्रकारिता का क्षेत्र बाबूराव नें स्वयं नहीं चुना था, अपितु उन्हें इस क्षेत्र में भेजा गया था। अच्छे वेतनवाली, सुखकारी और प्राचार्य पद का शिखर सर करने की ओर अग्रसर ऐसी आखिरी टप्पे की नौकरी छोड़कर बाबूराव जब 11 जुलाई, 1966 के रोज उम्र के 44 वें वर्ष 'तरुण भारत' के संपादक मंडल में और उपसंपादकों में, तुलना में कम वेतन पर जब जुड़ गए, तब शिक्षा क्षेत्र से संबंधित लोगों को जैसा धक्का लगा, वैसा धक्का पत्रकार क्षेत्र को नहीं लगा। विदर्भ में 'तरुण भारत' को शिखर पर ले जानेवाले श्री भाऊसाहब माडखोलकर के बाद कौन संपादक बनेगा, इस बहुचर्चित प्रश्न का उत्तर बाबूराव वैद्य के रूप में पत्रकार जगत् को मिला।

परंतु सन् 1966 में 'तरुण भारत' में कदम रखनेवाले बाबूराव को तुरंत संपादक पद नहीं मिलनेवाला था। 'तरुण भारत' के सन् 1969 के जनवरी में होनेवाले रौप्य महोत्सव के बाद श्री भाऊसाहब माडखोलकर के निवृत्त होने के बाद ही वह दिन आनेवाला था। तब तक श्री वैद्य को समाचर-पत्रों के विविध कामों में अपनी उम्मीदवारी करनी थी। वे सारे काम उन्होंने किसी तरह की किरकिर न करते हुए अत्यंत आनंद से, विद्यार्थी की भूमिका में सतत् तीन वर्षों तक किए। इस कालखंड में मुद्रित सामग्री की जाँच करना, अंग्रेजी भाषा में आए हुए वृत्त संस्थाओं के समाचारों का अनुवाद करना, प्रादेशिक और शहर वार्ताहरों के लिखे समाचारों का संपादन करना, रात पाली में दूसरे दिन के अंक तैयार करना, सबसे अधिक महत्त्वपूर्ण होता है, वह काम करना, स्फुट लिखना, बीच-बीच में एकाध अग्रलेख लिखना, लोगों के पास से आए हुए लेखों का और वाचकों के पत्रों का संपादन करना, स्वयं बीच-बीच में हर रोज घटनेवाली घटनाओं पर स्वतंत्र रूप से

लेख लिखना आदि काम वे कर्म से ईश्वर भजन करने जैसी निष्ठा से करने लगे।

महत्त्वपूर्ण व्यक्तियों से मुलाकातें और उनके साक्षात्कार लेने में वे निपुण हो गए। रौप्य महोत्सव संपन्न होने के बाद श्री नरकेसरी प्रकाशन मंडल के संचालक मंडल ने उनकी संपादक के पद पर नियुक्ति करने की दिशा में कदम बढ़ाए, पर तब उन्हें बाबूराव के विवेकनिष्ठ, न्यायप्रिय और पारदर्शी मन का परिचय हुआ। श्री भाऊसाहब माडखोलकर को 1944 से प्रथम सहकारी के तौर पर साथ देते रहे तथा कार्यकारी संपादक पद पर रहे श्री पां. चिं. उपाख्य तात्या साहब करकरे को ही भाऊसाहब माडखोलकर के पश्चात् संपादक बनाया जाए, ऐसा आग्रह बाबूराव ने किया। तात्या साहब को निवृत्त होने में सिर्फ एक साल ही बचा था। तब बाबूराव के कहने के अनुसार करकरे संपादक और बाबूराव कार्यकारी संपादक की ऐसी व्यवस्था की गई कि अगले साल सन् 1970 के प्रारंभ में वे 'तरुण भारत' के संपादक बने।

परंतु उसके पहले ही सन् 1969 में कार्यकारी पद पर आते ही पिछले तीन वर्षों में उन्होंने अंकों में सुधार, संपादक मंडल के कार्य पद्धति में सुधार, वार्ताहरों को प्रशिक्षा, विविध वृत्त क्षेत्र और उनके स्रोतों के विषय में किसी के भी साथ चर्चा किए बगैर जो चिंतन किया था, वह अमल में लाना शुरू किया। तरुण भारत के लेखों को लंबाई की मर्यादा नहीं होती थी। चार-पाँच कॉलम के लेख आधे से अधिक पन्ने को रोक लेते थे। वाचकों के पत्र का कॉलम भी अस्त-व्यस्त फैला हुआ रहता। प्रादेशिक समाचारों का एक पन्ना तय किया हुआ रहता। उसमें का एकाध समाचार पहले पन्ने पर देना महत्त्वपूर्ण हो, तब भी उसकी ओर अधिक ध्यान नहीं दिया जाता था। प्रादेशिक पन्ना और उसका संपादन करनेवाला यह एक दुय्यम प्रकरण हुआ करता था। बाबूराव सबसे पहले यहाँ अनुशासन लाए। अग्रलेखों के पन्ने को उन्होंने सबसे पहले एक अलग चेहरा दिया। देश में हो रहे रोज की ताजा घटनाओं के बारे में किसी जानकार का नई दृष्टि देनेवाला अच्छा लेख, निकट समय में दिवंगत हुए, विविध क्षेत्र में उल्लेखनीय कार्य किए हुए व्यक्ति का उनके छायाचित्र के साथ एक छोटा-सा व्यक्ति चित्र, स्फुट काव्यों का एक कॉलम, उसमें एक टेलपीस के तौर पर एक विनोदी, उपहास गर्भ, उपरोधिक स्फुट और फिर वाचकों का मनोगत इस सदर में वाचकों के संपादित पत्र इस तरह का आकार दिया।

पहले पन्ने का लेआउट, उसमें वैविध्य, इतना ही नहीं, अंदर के सभी पन्नों का एक विशिष्ट आकार देकर उसमें सुधारकर अंक की आकर्षकता बढ़ाई अर्थात्

भाऊसाहब माडखोलकर के कालखंड में समाचारों के विषय में भरपूर विविधता हुआ करती थी। तब भी ताजा घटनाओं के बारे में लेख, दिल्ली और मुंबई से वार्ता पत्र वगैरह सब कुछ होता था, परंतु पन्ने का आकर्षक चेहरा नहीं होता था, प्रेस फोरमैन जैसा बना दे, वैसा चेहरा रहता। बाबूराव ने संपादक खाते के सहायक संपादकों का दिल्ली, मुंबई से निकलनेवाले बड़े-बड़े समाचार-पत्रों की रचना की ओर ध्यान आकृष्ट किया। लेआउट को अभ्यास का विषय बनाया। इस वजह से पहले पन्ने का काम करनेवालों में एक स्पर्धा शुरू होकर अंक अधिक आकर्षक बनने लगा। मैं बाबूराव के पहले से 'तरुण भारत' में था, एक उपसंपादक की हैसियत से। बाबूराव ने जो सुधार किए, उस पर बाबूराव के ही 'रविवार का मेवा' के बाद के कालखंड के पुस्तक के प्रकाशन के वक्त, भाऊसाहब के कालखंड में 'तरुण भारत' एक उपवन था, बाबूराव ने उसे उद्यान की शोभा प्रदान की, ऐसा फर्क बताया था। भाऊसाहब के कालखंड में कोई भी लेख, कहीं भी, प्रकाशित किया जाता था। जो आए, वह कोयल, हम न न कहेंगे, ऐसी उनकी वृत्ति थी। बाबूराव ने कोयल को केवल वसंत ऋतु में ही आने का अनुशासन लगा दिया।

यह हुआ बहिरंग के बारे में। 'तरुण भारत' की पहले से बनी सर्व समावेशक, पूर्वाग्रह विरहित और स्वच्छ प्रतिमा। उन्होंने और चमकाकर उसका अंतरंग और समृद्ध कर दिया। रा. स्व. संघ के स्वयंसेवक होने के कारण संघ कार्य में जो सर्वेषाम अविरोधेन यह वृत्ति दिखाई देती है, उस वृत्ति का ऐसा परिचय उन्होंने अपने कार्यकाल में करवाया। इतना कि वसंतराव नाईक मुख्यमंत्री थे, तब नागपुर के एक अधिवेशन में जनसंघ के विधायकों ने जिस प्रकार से अपना विरोध प्रकट किया, मर्यादा भंग की, उसके विरोध में उन्होंने अपने अग्रलेख में से उस सारे प्रकार की भर्त्सना कर संसदीय लोकशाही के आदर्श विरोधी पार्टी का शील और संवाद किस तरह का होना चाहिए, इस बारे में किसी भी भीड़ से मुरव्वत न रखते हुए, जनसंघ के लोगों को सीख दी थी, यह एक उदाहरण ही काफी है।

गुणवत्ता के सुधार हेतु उन्होंने जो भी प्रयत्न किए, वैसे प्रयत्न आज तक किसी संपादक ने किए हों, ऐसा सुनने में नहीं आया। अपने कालखंड में उन्होंने ग्रामीण वार्ताहरों को प्रशिक्षा मिले, उसी तरह पाठकों को हमारी ओर से क्या-क्या अपेक्षित है, यह जानने के ऐसे दो उद्देश्यों से जिले तथा तालुके में वाचक और पत्रकारों के मिलन समारोह आयोजित किए गए। वाचकों की शिकायतें और अपेक्षाएँ जानकर, क्या-क्या किया जा सकता है, यह वाचकों को विश्वास में

लेकर बताना और वार्त्ताहरों को समाचार प्राप्त कर उन्हें ठीक तरह से लिखने तक का प्रशिक्षण दिया। इसके लिए वे अपने साथ संपादक खाते के प्रादेशिक समाचार देखनेवाले उपसंपादक, अन्य कोई ज्येष्ठ उपसंपादक और व्यवस्था विभाग के प्रतिनिधि को साथ लेकर जाते। ऐसी योजना चलानेवाला 'तरुण भारत' विदर्भ का पहला समाचार-पत्र है।

बाबूराव के पहले दिल्ली और मुंबई से साप्ताहिक समाचार-पत्र आते। इन्हें भेजने के लिए पूर्णकालीन संवाददाता नहीं होते थे। बाबूराव ने पूर्णकालीन संवाददाताओं की योजना की। नए-नए कॉलम शुरू किए। वे स्वयं अग्रलेख के अतिरिक्त हर रविवार को नीरद के उपनाम से हर रोज की ताजा घटनाओं पर लिखते। (निवृत्त होने के बाद यही कॉलम वे स्वयं के नाम से आज तक बिना नागा लिखते आ रहे हैं।) पूर्णकालीन संवाददाता महाराष्ट्र में ही नहीं, बल्कि महाराष्ट्र में समाविष्ट मराठवाड़ा की ओर भी ध्यान देकर वहाँ भी पूर्णकालीन संवाददाताओं की नियुक्ति की और विदर्भ के अमरावती, अकोला, चंद्रपुर, यवतमाल, बुलढाना ऐसे कुछ जिलों में पूर्णकालीन वार्त्ताहरों की नियुक्ति भी की।

इसके साथ ही उन्होंने और तत्कालीन संस्थाध्यक्ष श्री बालासाहब देवरस ने टैक्सी आवृत्ति शुरू की। उसके पहले तक सायंकाल को एक डाक आवृत्ति निकलती थी और सुबह एक आवृत्ति निकाली जाती। सायंकाल को 5 बजे तक और पहली डाक में रात 10-11 तक के समाचार ही होते थे। टैक्सी आवृत्ति शुरू होने के बाद रात के 12-1 बजे तक के समाचार उसमें समाविष्ट होने से, यह अंक पहले की डाक आवृत्तियों की तुलना में अधिक तरोताजा हो गया था। यह योजना शुरू करनेवाला विदर्भ का पहला समाचार-पत्र 'तरुण भारत' है।

संपादक केवल लेखन और समाचारों के लिए जिम्मेदार, यह पुरानी परिपाटी तोड़कर वे स्वयं इसकी अधिक बिक्री के लिए नई-नई योजनाएँ व्यवस्थापकों को सुझाते और उसे अमल में लाने के लिए उसके पीछे पड़ जाते।

संपादकों का लोकसंग्रह बहुत विशाल और विविध क्षेत्रों में होना चाहिए, ऐसी अपेक्षा होती है और वह बाबूराव के लोकसंग्रह में महत अंश में पूर्ण हुआ है, ऐसा दिखाई देता है। वे नागपुर विद्यापीठ के कार्यकारिणी के सदस्य थे। भारतीय शिक्षण मंडल के अध्यक्ष थे और आपातकाल के पश्चात् जनता पार्टी के राज में वे विधान परिषद् के सदस्य थे, ऐसे विविध क्षेत्रों में उनका विचरण और अभ्यास 'तरुण भारत' की समृद्धि के लिए उपकारक रहा।

आपातकाल घोषित होने के बाद तुरंत ही उन्होंने जयप्रकाश की विनाश काले

विपरीत बुद्धि इस प्रतिक्रिया के ऊपर जो अग्रलेख लिखा था, उसे सेंसर अधिकारियों ने रद्द कर दिया, परंतु इसके आगे का अच्छा राज्य या अच्छे लोगों का राज्य यह नीरद के उपनाम से लिखा लेख इतना मशहूर हुआ कि नागपुर के सबसे प्राचीन 'हितवाद' नामक अंग्रेजी अखबार के मूर्धन्य संपादक श्री ए.डी. मणि 'तरुण भारत' में आए और नीरद के लेख को छापने के लिए बाबूराव का अभिनंदन किया, परंतु वह नीरद मैं ही हूँ, यह बाबूराव ने नहीं बताया, फिर उन्हें गिरफ्तार कर लिया गया और बीस महीने तक वे नागपुर के कारावास में थे।

कारागृह से छूटने के बाद, आपातकाल के दौरान विज्ञापनों के अभाव में कमजोर हो गई 'तरुण भारत' की आर्थिक स्थिति सुधारने के लिए, विदर्भ में दौरे कर, तरुण भारत के अन्य अधिकारियों के साथ उन्होंने भी पैसे एकत्रित किए। ऐसा कार्य किसी अन्य संपादक ने किया हो, ऐसा कभी सुनने में नहीं आया। सन् 1983 में वे 60 वर्ष के हो जाने पर निवृत्त होनेवाले थे, पर उससे पहले ही सन् 1981 में वे संपादक के पद से दूर होकर नरकेसरी प्रकाशन में प्रबंध संचालक बन गए। यह पाँच वर्ष उन्होंने व्यवस्था विभाग सँभालने में और नए तंत्रज्ञान को 'तरुण भारत' में लगाकर नई प्रिंटिंग मशीन से लेकर कौम्सेट यंत्रणा तक नए युग की जरूरतों की पूर्ति करने के लिए आवश्यक सुधार किए। आखिरी कालखंड में वे संस्था के अध्यक्ष बन गए।

उनके इस बहुआयामी व्यक्तित्व का और कर्तृत्व का गौरव करने के लिए उनके विद्यापीठ क्षेत्र के पुराने स्नेही, रा.स्व.संघ के अधिकारी, शिक्षा क्षेत्र के नामांकित और पत्रकारों ने उनके किए हुए असंख्य कार्यों की टिप रखने के लिए उनकी षष्ट्यब्दिपूर्ति समारोह के निमित्त एक गौरविका 7 जनवरी, 1986 के दिन प्रकाशित की।

मैं लिख पाऊँगा या नहीं, संपादकीय काम कर पाऊँगा या नहीं, इस तरह का कोई भी विचार मन में न लाते हुए अच्छे वेतनवाली आराम की प्राध्यापक की नौकरी छोड़कर वे इस समाचार-पत्र के क्षेत्र में चले आए, हर एक बात विद्यार्थी की तरह मन लगाकर सीखते गए और सफल संपादक ही नहीं, सफल प्रबंध संचालक भी बन गए।

बाबूराव ने तरुण भारत में जाने का निर्णय लिया तो तत्कालीन जनसंघ की नेता सुमतिताई सुकलीकर ने ऐसा निर्णय कैसे ले लिया? ऐसा प्रश्न पूछा, तब बाबूराव ने जो उत्तर दिया, उसी में सबकुछ आ गया। बाबूराव ने कहा, ''हमारा क्या, संघ

जो कहे, वह काम निष्ठा से करना। कल अगर फुले मंडी में जाकर सब्जी बेचने के लिए कहा जाए तो सब्जी बेचना···''

बाबूराव की ग्रंथसंपदा निम्नलिखित है—

1. 'मागोवा', 2. हिंदुत्व : जुने संदर्भ, नवे अनुबंध, 3. हिंदू संगठन; शक्यता, आवश्यकता, सफलता, 4. अभिप्राय, 5. हिंदू, मुसलिम, क्रिश्चियन, 6. राष्ट्र, राज्य और देश, 7.आपली संस्कृति, 8.संघ काल, आज, उद्या, 9. मेरा भारत महान, 10. रविवारचा मेवा, 11. शब्दांच्या गाठी भेटी, 12. शब्ददिठी, शब्दमिठी, 13. संघ बंदी, सरकार व गुरुजी।

पिछले 40 वर्षों में हर सप्ताह नियमित और सतत लेखन। ऐसे लेख, अग्रलेख और अन्यत्र प्रकाशित हुए लेखों की संख्या कम-से-कम तीन हजार से ऊपर निश्चित ही होगी।

भालचंद्र अपार्टमेंट्स
मेडिकल टी.बी.वार्ड के सामने
नागपुर-440003
फोन 0712-2748725

~*~

जनसंघ कार्यकर्ता

—सौ. सुमति सुकलीकर

श्री बाबूराव के विषय में एक जनसंघ के कार्यकर्ता के रूप में मैं क्या लिखूँ? जरा कठिन ही है। वास्तव में देखा जाए तो बाबूराव का जीवन एक अष्टपहलू जीवन है। बचपन से एक अत्यंत मेधावी विद्यार्थी, संस्कृत के प्रगाढ़ पंडित, संघ के वरिष्ठ अधिकारी, कुशल विधायक, उत्कृष्ट वक्ता और उम्र के 60 वर्ष पूर्ण करते ही वानप्रस्थ को स्वीकर कर आगे का सारा जीवन अपने प्रिय संघ कार्य को समर्पित करनेवाले नि:स्वार्थी राष्ट्र भक्त। गीता का 'कर्मण्येवाधिकारस्ते' का वचन उन्होंने न सिर्फ सिखाया, बल्कि प्रत्यक्ष जीवन में उतारा भी है।

सन् 1962 में बाबूराव ने जनसंघ के काम की शुरुआत की। बाबूराव संस्कृत के प्रगाढ़ अभ्यासक, निष्णात प्राध्यापक और स्पष्टवक्ता। इस राजकीय वातावरण में और राजनीति में किस तरह समरस हो पाएँगे, ऐसा मुझे कभी-कभी यूँ ही लगता था, पर सन् 1962 के चीन के आक्रमण के बाद नागपुर में हर रोज मोर्चे और

निदर्शन की गूँज सुनाई दे रही थी और इन सबमें मैंने बाबूराव को अग्रभाग में देखा है, पर इतने से ही मेरे मन का समाधान नहीं हुआ, फिर कुछ वर्षों के बाद बाबूराव के मुँह से इस बात का स्पष्टीकरण सुना तो मुझे बड़ी झेंप महसूस हुई। एक बार बाबूराव को कोई मिला और उन्होंने पूछा, "बाबूराव, आपने इतने ज्येष्ठ प्राध्यापक और हिस्लौप जैसे कॉलेज की नौकरी कैसे छोड़ दी?" बाबूराव ने कहा, "संघ में आया, उसी दिन तय कर लिया था कि संघ जो कहेगा, वह करूँगा। कल अगर संघ कहे कि फुले मंडी में जाकर सब्जी बेचो तो मैं सब्जी बेचूँगा। मेरा क्या?" मुझे लगता है कि बाबूराव की मुख्य भूमिका यही है। असली बैठक इस पार्श्वभूमि पर विचार करें तो सभी प्रश्न सुलझ जाते हैं।

बाबूराव उम्दा कार्यकर्ता, सभी को साथ लेकर चलनेवाले, सबको समझकर चलनेवाले। पर असली संगठक का केवल लोगों को एकत्रित करने मात्र से काम नहीं होता, बल्कि उन्हें सदा के लिए जोड़कर रखना पड़ता है। उनके लिए योजना बनानी पड़ती है, उन्हें नए-नए कार्यक्रमों में व्यस्त रखना पड़ता है। उनके अंगभूत गुणों का पार्टी के लिए उपयोग करना पड़ता है। बाबूराव ने हमें यह सब सिखाया और स्वयं प्रत्यक्ष रूप से आचरण करते रहे। इसीलिए बाबूराव के कार्यकाल में जनसंघ का काम नागपुर के विविध क्षेत्रों में बड़ी तेजी से फैल गया था। कार्यकर्ता को ढूँढ़ना और उसे टिकाए रखना, यह उनका स्थायी भाव था। मंगलवार की साप्ताहिक बैठक में अगर कोई कार्यकर्ता उपस्थित न रहे तो बाबूराव सुबह-सवेरे उसके घर उसकी पूछताछ के लिए पहुँच जाते। इसलिए कार्यकर्ताओं को भी बैठक में उपस्थित रहना आवश्यक है, ऐसा लगता। उनके सुख-दुःख में भी वे बंधुत्व भाव से सहभागी होते थे और इसी स्नेह भाव के कारण उन्होंने कार्यकर्ताओं के मन को जीत लिया था। स्व. श्री माधवराव खुले, माधवराव राजुरकर, किसान म्हसके, डॉ. हरी देशमुख, श्री भैयालालजी कुबड़े, गुप्ताजी, गंगाधर फड़नीस, शनवारे गुरुजी वगैरह अनेकविध क्षेत्रों में से अलग-अलग स्वभाव के लोग उन्होंने एकत्रितकर उनके सुप्त गुणों को खिलाकर उन्हें कार्यरत किया।

एक बार भोपाल में अधिवेशन था। हम सब साथ ही थे। सबको बाबूराव हँसते-खेलते ले गए और वापस ले आए। नागपुर वापस लौटते वक्त गाड़ी लेट होने के कारण भोपाल के प्लेटफॉर्म पर संस्कृत का यह प्रगाढ़ पंडित हमारे साथ केवल बातों में ही नहीं, सागरगोटे वगैरह खेलने में भी इस तरह घुल-मिल गया था कि गाड़ी कब आ गई, पता भी नहीं चला।

चीन के आक्रमण के बाद बाबूराव ने लोक जागृति के लिए नक्शे पर से युद्ध की जानकारी देने के जो भी कार्यक्रम किए, वे सभी बहुत परिणामकारी और लोकप्रिय हुए। छोटी-बड़ी सैकड़ों बैठकें और हॉल मीटिंग्स हुईं। उसी कालखंड में मा. अटलजी नागपुर आनेवाले थे, उनकी आम सभा कहाँ करनी है, यह हमारी चर्चा का विषय था। चिटनिस पार्क करीब-करीब निश्चित किया जा चुका था, परंतु मेरा आग्रह था कि सभा बड़ी होगी, इसलिए हमें पटवर्धन ग्राउंड ही लेना चाहिए। बाबूराव बोले, ''ताई, 25000 से अधिक लोगों को लाने की जिम्मेदारी ले रहे होंगे तो पटवर्धन ग्राउंड पर सभा करेंगे।'' मैंने चुनौती स्वीकार कर ली। बहुत जोश से काम पर लग गईं। 25000 क्या 50000 के ऊपर आम सभा हुई। बाबूराव खुश हो गए। कार्यकर्ताओं को प्रोत्साहन देकर कार्यरत करने की अनोखी पद्धति बाबूराव ने स्वीकार कर ली थी।

तिलक पुतले के पास के कार्यालय में सब लोगों के जमा हो जाने पर एक तरफ बातों का दौर चलता रहता, चिवड़े और मूँगफली के दानों की थालियाँ खाली होती रहतीं और एक तरफ घड़ी के काँटे आगे-आगे भागते रहते। 12 बज गए, एक बज गया, कहते-कहते भी बातें चलती ही रहतीं। इन्हीं बैठकों में पार्टी को बढ़ाने के विचार किए जाते। नए-नए कार्यकर्ता निर्माण होते; निधि संग्रह हुआ। अनुशासनबद्ध कार्यों को गति मिली और जनसंघ के कार्य को गति मिली। महँगाई के विरोध में आंदोलन, सत्याग्रह, मोरचे, उपोषण, अभ्यास वर्ग, नागरिक समस्याओं पर विचार, कार्यकर्ताओं में जिद और उत्साह वगैरह इस कालखंड में तेजी से हुआ।

बाबूराव नागपुर शहर के प्रमुख थे। प्रदेश कार्यकारिणी के सदस्य थे और केंद्रीय बैठक में भी उन्हें बुलाकर उनकी सलाह ली जाती। उनमें स्वयं कुछ बनना चाहिए या स्वयं आगे आना चाहिए, ऐसी भावना नहीं थी, वे अनेक नए लोगों को आगे लेकर आए। उन्हें अलग-अलग पदों पर कार्यान्वित किया। नागपुर के जिस क्षेत्र में काम कम था, वहाँ नए-नए लोग खड़े हो गए और काम में तेजी आ गई। विविध राजकीय क्षेत्रों में भी उनके अत्यंत घनिष्ठ संबंध थे। विरोधकों में भी उन्होंने परम मित्र निर्माण किए। जनसंघ में वे पत्रकारिता के क्षेत्र में चले गए। मेरी तरह अन्य कार्यकर्ताओं को बहुत बुरा लगा। जैसे अपने पीछे खड़े रहनेवाला, अपने हृदय की बात जाननेवाला, अपनेपन से हमें पूछनेवाला और सभी से समन्वय साधकर चलने वाला व्यक्ति हमसे दूर चला गया हो, ऐसा महसूस

हुआ। पत्रकारिता के क्षेत्र में भी उन्होंने सफलता ही प्राप्त की। श्री बाबूराव का जीवन निम्नलिखित श्लोक की तरह ही है।

न त्वहं कामये राज्यं
न च स्वर्गं नापुनर्भवं।
कामये दुःखतप्तानां
प्राणिनामार्तिनाशनं॥

~*~

विधान परिषद् में

—रा. सू. गवई

बाबूराव का व मेरा परिचय बहुत पुराना है, परंतु बाबूराव के विधान परिषद् में आने के बाद उनसे निकटता निर्माण हुई। पुराने संबंध की औपचारिकता समाप्त होकर नए संबंधों की निकटता निर्माण हुई। इन संबंधों के कारण विधान परिषद् का उनका कार्य, परिषद् की लॉबी में की गई चर्चा और रेलवे यात्रा के दौरान की गई बातचीत में से बाबूराव का निकट से निरीक्षण करने का अवसर मिला। इसी कारण से बाबूराव के पुराने, परंतु औपचारिक परिचय के कालखंड में उनके विचारों की छाप निकट संबंध स्थापित होने के बाद परखने का मौका मिला। बाबूराव वैसे मितभाषी नहीं है, परंतु बोलने में वैदर्भीय खुलापन भी नहीं है, स्वर्णमध्य कह सकते हैं। अति गंभीर भी नहीं और मजाकिया स्वभाव नहीं है, पर बीच-बीच में विनोद की छाया स्वभाव में है। इसलिए विधान परिषद् के कार्यकाल में अनेक विषयों पर उनसे औपचारिक चर्चा करने का मौका प्राप्त हुआ। विधान परिषद् का सभापति होने के नाते सभागृह में उनके विचार मैंने सुने। सन् 1978 से सन् 1984 तक सहकारी सभासद की हैसियत से विधान परिषद् में उनके विचार समझने का मौका मिला।

सबसे बड़ा मौका, यानी बाबूराव विधान परिषद् में नियुक्त होने के बाद सभापति की हैसियत से मैंने सभापति के दालान में उन्हें शपथ दिलवाई। विभागीय प्रेम स्वाभाविक है। बाबूराव विदर्भ के एक प्रमुख 'तरुण भारत' समाचार-पत्र के संपादक, एक विचारवंत, सज्जन, स्पष्टवक्ता व स्पष्ट लेखक इन सभी के नाते और विभागीय प्रेम के कारण उनकी शपथ विधि के कार्यक्रम के लिए मैंने दूरदर्शन की खास व्यवस्था की थी। शपथविधि के लिए वे सपरिवार आएँगे, इस बात का मुझे अंदाजा नहीं था। परंतु उनके सपरिवार आने के कारण मुझे अपनी की गई व्यवस्था

के संबंध में अधिक आनंद हुआ। बाबूराव की पत्नी को हर्ष ही हुआ होगा, ऐसा मन में लगा। बाबूराव से मेरा जैसे-जैसे परिचय बढ़ता गया, वैसे-वैसे विधान परिषद् के बाहर के और विधान परिषद् के अंदर के बाबूराव मुझे एक ही लगने लगे।

बाबूराव के वृत्तपत्र व्यवसाय में उनका स्पष्ट, समझदार और समतोल रवैया मैंने देखा है। विधान परिषद् में आने के पूर्व बाबूराव का और मेरा घनिष्ठ संबंध नहीं था, पर फिर भी उनके अग्रलेख, स्फुट विचार मैं पढ़ता रहा था और विधान परिषद् में उनके व्यक्त किए हुए विचार भी सुनता रहा था। दोनों में भरपूर साम्य था।

चंद्रपुर के एक सामाजिक मुश्किल के अवसर पर मैंने मध्यस्थता की थी। बाबूराव ने इस पर और उस मुश्किल पर मेरे व्यक्त किए हुए विचारों पर आधारित तरुण भारत समाचार-पत्र में एक अग्रलेख लिखा। इस अग्रलेख में मेरा आत्म परीक्षण इतना घनिष्ठ न होने पर भी बाबूराव की समझ में आ गया। इस बात के लिए मैंने मन-ही-मन आनंद व्यक्त किया।

सन् 1978 में विधिमंडल का नागपुर शीतकालीन सत्र शुरू था। उस समय मैंने एक आमसभा में उस समय के मुख्यमंत्री श्री शरद पवार की मर्मभेदी आलोचना की। इस घटना के बाद दो-तीन दिन के बाद बाबूराव ने 'तरुण भारत' दैनिक में विधान परिषद् के बाहर के गवई ऐसा अग्रलेख लिखा। इस संपूर्ण अग्रलेख में उत्तम सभापति के रूप में उन्होंने मेरी भरपूर स्तुति की, परंतु समारोह करते वक्त सभापति ने राजनीति में भाग लेना व विवादों में घिरना कितना उचित है, ऐसा उल्लेख किया। अग्रलेख की भाषा स्पष्ट व वस्तुनिष्ठ थी, द्वेष या गुस्से का स्पर्श मात्र नहीं था, परंतु बाबूराव जो कहना चाहते थे, वह स्पष्ट था। आगे अधिकार भंग का प्रस्ताव आया और सभापति के रूप में निर्णय देते वक्त अग्रलेख में मेरी बदनामी न होकर स्तुति ही अधिक है, समारोप की सूचनाएँ विवादित होने पर भी आलोचनात्मक नहीं थीं। इसलिए मैंने भी उतने ही स्पष्ट रूप में अधिकार भंग नहीं हुआ है, ऐसा निर्णय दिया।

श्री अंतुले और विरोधी पक्ष के बीच अनबन समाप्त करने के लिए मैं मध्यस्थता करूँगा, ऐसे मेरे विधान पर बाबूराव ने अपने अग्रलेख में मेरी अच्छी खबर ली। मेरी ही गलती थी। इसलिए मैंने उस संबंध में कोई भी प्रतिक्रिया व्यक्त नहीं की, उलटे बाबूराव की स्पष्टता और निर्भीकता का ही मुझे एहसास हुआ।

मेरे सन् 1982 के बहुचर्चित विधान परिषद् के चुनाव के बाद मैं सभापति के चुनाव के लिए खड़ा रहूँगा, ऐसे समाचार अखबारों में छप रहे थे, तब इस संबंध

में 'तरुण भारत' में बाबूराव के द्वारा एक स्फुट प्रकाशित किया गया। एक महीने के पहले मेरी खबर लेने वाले बाबूराव अपने ही स्फुट में श्री गवई के कौशल्य से विरोधी पार्टियों की नाराजगी दूर हो गई है और सभापति के चुनाव के लिए श्री गवई को विरोधी पार्टियों का समर्थन रहेगा, ऐसा वातावरण विरोध पक्ष में निर्माण हो गया है, ऐसे आशय के स्पष्ट और वस्तुनिष्ठ विचार व्यक्त किए।

हिंदी भाषा अभ्यास-क्रम में अनिवार्य भाषा होनी चाहिए, ऐसी मध्यस्थता मैंने सभापति होने के नाते की अर्थात् मेरे इस विचार से बाबूराव सहमत नहीं थे। मेरे निर्णय पर सभागृह में तुरंत उन्होंने कोई प्रतिक्रिया व्यक्त नहीं की, परंतु उसके बाद जब-जब मौका मिला, तब-तब उन्होंने अपने विचार स्पष्ट रूप से और निर्भीकता से रखे और सभागृह के बाहर उन्होंने अनेक बार इस विषय पर मुझसे चर्चा कर अपना मुद्दा समझाने की कोशिश की।

बाबूराव को हिंदी के लिए नाराजगी नहीं थी। ऐच्छिक विषयों में हिंदी का समावेश होना चाहिए और इच्छानुसार विद्यार्थियों के भाषा का चुनाव करना चाहिए, ऐसा ही उनका आग्रह था। उसका प्रत्यंतर उन्होंने 20 जुलाई, 1979 का वर्ष राज्यभाषा होने पर भी शासन की ओर से मराठी भाषा के लिए होनेवाली अनास्था, इस विषय पर श्री मनोहर जोशी व श्री राम मेघे के प्रस्ताव पर चर्चा में भाग लिया, तब आया। श्री वैद्य ने प्रशासन में 60 प्रतिशत तक मराठी का उपयोग करेंगे, ऐसे आशय के मुख्य सचिव के पत्र की भरपूर खबर ली। मराठी का उपयोग करने का प्रश्न यह गुणवत्ता का प्रश्न है। अंग्रेजी भाषा का आकर्षण रखनेवाले लोग जब तक प्रशासन में हैं, तब तक मातृभाषा का उपयोग होना चाहिए। इस प्रकार की अपेक्षा करना बिल्कुल असंगत है, ऐसा प्रखर हमला उन्होंने किया, परंतु इसी के साथ मराठी भाषा में रूढ़ हुए शब्दों को निकालने का भी कोई आग्रह नहीं करेगा। सोडियम क्लोराइड, यानी शास्त्रीय पद्धति से तैयार किया हुआ नमक कैंटीन में जाने पर कोई भी सोडियम क्लोराइड नहीं कहेगा, मीठ आण, नमक लाओ, ऐसा ही कहना पड़ेगा। फिर वे आगे बोले, ''नागपुर के एक दवाखाने में दवाखाना खुलने का समय ऐसा बोर्ड देखा। उस पर इस तरह लिखा था कि, 7 म. पू. ते 1. म. प. अर्थात् 7 मध्याह्न पूर्व से 1 मध्याह्न पश्चात् ऐसा कर उसका मराठी में शॉर्ट फॉर्म किया गया है।'' फिर श्री वैद्य आगे बोले, ''यही बात हिंदी में सुबह 1 से दोपहर के 1 बजे तक या मराठी में सकाली 7 वाजल्यापासून पासून दुपारी 1 वाजे पर्यंत, ऐसा लिखा जा सकता था।''

बाबूराव के घनिष्ठ परिचय में आने के बाद उनमें बसा असली किसान मुझे देखने को मिला। विधान परिषद् में आने से पहले बाबूराव को मैं किसान के रूप में पहचानता ही नहीं था। 9 मार्च, 1979 को बाबूराव ने राज्यपाल के अभिभाषण के लिए प्रस्तावना की। उसका समर्थन करते वक्त अपने भाषण में वर्षा की अनियमितता के कारण फसल का नुकसान, सूखे वातावरण में बिना पानी के खेती करनेवाले किसान की व्यथा व फसल बीमा योजना की आवश्यकता इस वाक्य से ही अपने भाषण की शुरुआत की। समारोह में उर्दू भाषा संपन्न भाषा है, परंतु मराठी भाषिकों को उसका असल आस्वाद लेना हो तो देवनागरी लिपि में इस साहित्य को उपलब्ध करवाना चाहिए, ऐसा आग्रहपूर्वक प्रतिपादन किया। बाबूराव में बसा असली किसान मुझे, जब हमने इकट्ठे रेल यात्रा की, उस दौरान देखने को मिला। वर्धा जिले के एक गाँव में उनकी खेती है। उनके बंधु उत्कृष्ट किसान हैं। किसानों को वे मार्गदर्शन देते हैं। बाबूराव भी बीच-बीच में अपने खेतों पर जाते। पूरे दो घंटे खेती, जुआर के बीजों के प्रकार, कपास, कपास के प्रकार, ऐसी खेती पर चर्चा चल रही थी और वृत्त व्यवसाय की जिम्मेदारी से मुक्त होने पर खेती और गाँव के विकास पर ही हम ध्यान देंगे और नागपुर छोड़कर गाँव में जाएँगे, ऐसा मनोदय बाबूराव ने अपनी बातचीत के दौरान व्यक्त किया।

24 सितंबर, 1982 के दिन उन्होंने अपने भाषण में किसानों की मालिकी के उद्योग व्यवसाय शुरू कर सकें, इसलिए कारखानों को दी गई असल पूँजी सरकार की तिजोरी में से दी गई होने के कारण उस पर कुछ भी मुआवजा न मिलने के कारण सरकार की पूँजी वापस लेकर उसे नए विकास कार्यों के लिए उपलब्ध करना चाहिए, ऐसा आग्रहपूर्वक प्रतिपादन किया।

श्री बाबूराव ने दिनाक 13 मार्च, 1981 के दिन अति आवश्यक चीजें और अन्य ग्राहकोपयोगी माल एवं सेवा इन सबकी बाबत उपभोक्ताओं के संरक्षण के लिए विशेष उपाय योजना का प्रावधान करने के लिए विधेयक लाया। श्री बाबूराव ने विधेयक का समर्थन करते वक्त स्पष्ट किया—

आज जिस प्रकार की अपनी अर्थव्यवस्था है, उस अर्थव्यवस्था में ग्राहक सबसे दुर्बल घटक है, उत्पादक और विक्रेता, इनके पास साधन संपत्ति है, संगठन है, परंतु ऐसा संगठन और क्षमता ग्राहकों के पास नहीं है। उत्पादक सभी दृष्टि से संगठित और संपन्न होने के कारण आकर्षक विज्ञापनों के द्वारा ग्राहकों के मन में संभ्रम पैदा कर सकते हैं, परिणामत: इस आकर्षकता और दिखावे के

भुलावे में ग्राहक आ जाते हैं। उनसे धोखा किया जाता है। इसीलिए कुछ देशों में ग्राहकों के आंदोलन शुरू हुए, फिर वे पूँजीवादी देश हों या स्वयं को समाजवादी समझनेवाले देश हों। इन दोनों देशों से इस आंदोलन की दखल ली और ग्राहकों के हितों की रक्षा करने के लिए प्रयत्न किए। पूँजीपति देशों में ऐसे प्रकार के आंदोलन होते हैं। सन् 1975 में अमेरिका में कंजूमर्स रिपोर्ट प्रकाशित हुई है। उसमें सभी वस्तुओं की हर प्रकार से जानकारी दी गई है, बच्चों के कपड़े भी अगर खरीदे जाएँ तो उसका स्टैंडर्ड माप क्या होना चाहिए, सिलाई कैसी होनी चाहिए, धागा कैसा होना चाहिए, उसके लिए उपयोग में लाए गए कपड़े का प्रति मीटर वजन क्या होना चाहिए। इस संबंध में जानकारी दी गई है।

इससे उस सरकार ने इस संबंध में कितने प्रयत्न किए हैं, यह आप देख सकेंगे। नौवें वर्ष से बच्चों के लिए कंजूमर्स कोड प्रसिद्ध किया गया है। इस कोड में कंजूमर्स के हकों के संबंध में जानकारी दी गई है, कानून का ज्ञान उपलब्ध करवा देने की जो कमी थी, उस कमी को दूर करने का प्रयत्न इस समाजवादी देश ने किया है। हमने सम्मिश्र अर्थव्यवस्था को स्वीकार किया है। कुछ पहल लोगों के हाथ में हैं तो कुछ सरकार के हाथ में हैं। आज ग्राहक पंचायत की स्थापना करने की आवश्यकता निर्माण हो गई है।

विधान परिषद् के उनके कुछ प्रमुख भाषणों का उल्लेख मैंने अपने लेख में किया है। जैसा मैं समझ पाया हूँ, उस तरह से उनकी अभिरुचि छोटे किसानों में, खेत, मराठी भाषा, ग्रामीण विकास आदि में थी। सभागृह में बहुत कम सहभागी होते, परंतु अभिरुचि के विषय में वे अवश्य भाग लेते। प्रश्नोत्तरी के काल में भी उनकी अभिरुचि प्रतिबिंबित हो रही थी।

उनके सहवास में मुझ पर बाबूराव की स्पष्टवादिता, दिखावे का अभाव, निर्भीक प्रवृत्ति और समतोल विचार, इन सबका अधिक प्रभाव हुआ। घनिष्ठ संबंध होने पर उनके इस कालखंड में महसूस तो हुआ ही, परंतु विधान परिषद् में आने से पहले उनके इसी स्वभाव की अनुभूति हुई। निजी बातों और खेती के काम के लिए स्वयं को समर्पित करने के निर्णय का मतलब ही ग्रामीण अर्थव्यवस्था और विकास सुदृढ करने का निर्णय है। मुझे लगता है, यही वक्त की माँग है।

~*~

सफल व्यवस्थापक

–प्र. ब. टालाटुले

श्री मा.गो. उपाख्य बाबूराव वैद्य से मेरा परिचय व उसके बाद स्नेह संबंध वैसे तो पुराना है, पर उनके साथ प्रत्यक्ष काम करने की संधि मात्र इन्हीं आठ-दस वर्षों में ही मिली है। श्री नरकेसरी प्रकाशन लि. संस्था के संचालक मंडल पर मैं नियुक्त किया गया, तब श्री बाबूराव 'तरुण भारत' के संपादक थे। कभी-कभी वे विशेष निमंत्रित की हैसियत से संचालक मंडल की बैठकों में उपस्थित रहते। उस समय कुछ व्यवस्थापकीय व आर्थिक मुश्किलें पैदा होने पर उसमें से मार्ग निकालने की उनकी क्षमता सभी संचालकों के ध्यान में आती। दशक पूर्व के आपातकाल के उस काल में श्री नरकेसरी प्रकाशन संस्था को जबरदस्त आर्थिक नुकसान हुआ था उसके कारण संस्था की आर्थिक स्थिति बहुत नाजुक हो गई थी। आपातकाल के समय 'तरुण भारत' के तत्कालीन प्रबंध संचालक श्री अनंतराव भिड़े के साथ अनेक महत्त्वपूर्ण अधिकारी व सहायक कर्मचारी कारावास में थे। श्री बाबूराव वैद्य भी कारावास में ही थे। वहाँ रहते समय जब भी संभव हो, तब 'तरुण भारत' से संबंधित सभी लोग इकट्ठा होते, 'तरुण भारत' का विचार करते और कुछ विशेष अवसरों पर कुछ योजनाएँ भी बनाते। आज की बहुत सी योजनाओं का मूल विचार उस काल में हुई बैठकों में से आया है और उन योजनाओं को उस समय बनाने में और बाद में प्रबंध संचालक बनने के बाद उन योजनाओं पर प्रत्यक्ष अमल करने में बाबूराव का बहुत बड़ा योगदान है।

पूँजी खड़ी की

कारावास से छूटने पर दो महीने के अंदर ही मैंने स्वयं व श्री बाबूराव वैद्य ने विदर्भ का एक व्यापक दौरा करके पूँजी जमा करने का प्रयत्न किया। नागपुर शहर के उस समय के प्रबंध संचालक श्री अनंतराव भिड़े ने कुछ स्थानिक मित्रों को लेकर पूँजी जमा की और उससे संस्था की आर्थिक स्थिति सुदृढ करने में बहुत मदद मिली। उस समय पैसा खड़ा करने की बाबूराव की क्षमता मेरे व सभी संबंधित लोगों के ध्यान में आई। उस समय श्री बाबूराव 'तरुण भारत' के मुख्य संपादक थे।

सन् 1981 में उस समय के प्रबंध संचालक श्री अनंत राव भिड़े ने 'तरुण भारत' असोसिएट्स संस्था के पूर्णकालीन मुख्य कार्यकारी अधिकारी की हैसियत

से काम देखें, ऐसा सुझाव मेरे सामने रखा। व्यवस्थापन के क्षेत्र में और महाराष्ट्र के बाहर के वृत्तपत्रीय क्षेत्र में अनंत राव के जैसे संबंध रहे थे, वह और आई.ई.एन.एस. की उनकी सदस्यता ध्यान में लेने पर 'तरुण भारत' के साथ अन्य अखबारों के व्यापक हित नजर के सामने रखकर यह नियुक्ति करना आवश्यक था, परंतु श्री नरकेसरी प्रकाशन संस्था की उस दृष्टि से सक्षम व्यवस्था खड़ी करने के सिवाय यह करना संभव नहीं था। इसलिए वैसी व्यवस्था निश्चित होने से पहले मेरा उस योजना को मान्यता देना संभव नहीं था, अर्थात् पर्यायी व्यवस्था ढूँढ़ने का काम भी अध्यक्ष के रूप में मुझे ही सौंपा गया। मैंने बहुत सोच-विचार करके व अन्य संबंधित व्यक्तियों के साथ विचार-विमर्श करने पर श्री बाबूराव वैद्य का नाम आगे बढ़ाया और खुशी की बात यह है कि उन्हें सभी की एक स्वर से मान्यता मिल गई। व्यापक हित की दृष्टि से आवश्यक सभी कुछ करने के लिए हमें सिद्ध होना चाहिए, ऐसे स्वभाव वाले श्री बाबूराव वैद्य ने भी इसके लिए स्वीकृति दे दी और बिना कुछ बोले एक प्रकार की चुनौती को स्वीकार किया।

श्री बाबूराव वैद्य के संचालक पद को कानूनन मान्यता मिलने तक उन्होंने प्रबंध संपादक की हैसियत से काम करना प्रारंभ कर दिया। उस काल में वे संपादक कम और व्यवस्थापक ही अधिक थे। आगे मान्यता मिलने पर वे रीति के अनुसार प्रबंध संचालक की हैसियत से काम देखने लगे। श्री दिगंबर राव घुमरे इसी कालखंड में मुख्य संपादक बने।

चुनौती स्वीकार की

व्यवस्थापन की जिम्मेदारी लेने के बाद बहुत जल्द उन्हें परिस्थिति का एहसास हो गया था, पर तब तक सभी संचालकों को और महत्त्वपूर्ण कर्मचारियों को आर्थिक स्थिति का चित्र स्पष्ट नहीं था। श्री बाबूराव ने आग्रहपूर्वक प्रत्येक मौके का फायदा उठाकर इस स्थिति का चित्र स्पष्ट करने का प्रयास किया। इस पूरे कालखंड में उन्होंने कंपनी के सभी कर्मचारियों को कभी इकट्ठा तो कभी खाते-पीते सभा-बैठक लेकर परिस्थिति समझाकर कर्मचारियों की सहायता प्राप्त की। इस वजह से सभी को परिस्थिति को ठीक से समझकर उस दृष्टि से काम करने की प्रेरणा मिली और अनेक हाथ इस काम में जल्दी ही जुट गए।

व्यवस्थापन का नया काम बाबूराव के पास आया। उस समय उनकी आयु 59 वर्ष थी। हाथ में लिये किसी भी नए काम में प्रमुख मनुष्य को ही सबसे अधिक

कष्ट लेने पड़ते हैं, यह बात उन्होंने जान ली व अनेक परिश्रम करके काम में गति लाई। इस कालखंड में 'तरुण भारत' के मुद्रण यंत्र ने भी उनकी परीक्षा लेना तय किया। उस समय बाकी के कर्मचारी अनेक बार हतबल हो जाते थे, पर श्री बाबूराव ऐसे समय रात-रात भर जागकर कर्मचारियों के साथ उनका धैर्य बढ़ाते और दूसरे दिन अंक समय पर प्राप्त होने का संतोष भी। इंजीनियरिंग क्षेत्र का कुछ भी ज्ञान न होने पर भी अनेक चीजों के बारे में उन्होंने जो छोटी-छोटी जानकारियाँ हासिल कीं, वह किसी विद्यार्थी को लजाने के लिए काफी थी। ऐसे समय मुद्रण कार्य में मुश्किल के समय निर्णय लेनेवाले योग्य व्यक्ति उपस्थित रहने के कारण सभी के मन का तनाव कम हो जाता था अर्थात् यह तनाव किसी यंत्र के shock absorber की तरह वे स्वयं सहते थे।

आर्थिक व्यवहार

आर्थिक व्यवस्थापन कभी भी उनका विषय नहीं रहा, पर जैसे ऊपर निर्देश किया है, वैसे अनेक लोगों की सहायता उन्होंने प्राप्त की और उस क्षेत्र में भी संस्था की स्थिति को सुधारकर दिखाया। उनका विशाल जनसंपर्क व निश्चयी स्वभाव इसमें से पैसा खड़ा करने की क्षमता उन्होंने दिखा दी। भाग पूँजी जमा करना या वार्षिक शुल्क के सदस्य बनाकर उन्होंने उसमें से बड़ी रकम जमा कर ली। यह पैसा वापस नहीं देना था, पर इसी के साथ अल्प, मध्यम, या लंबी अवधि के लिए एफ.डी. लेना या फिर उधार पैसे लेना यह भी करना पड़ता । श्री बाबूराव वैद्य ने इस तरह से भी पर्याप्त निधि एकत्रित की और निश्चित तारीख को प्रत्येक बार वापस किया। इसके कारण संस्था के बारे में हितचिंतकों के मन का विश्वास कायम रहा। इसी समय बैंकों के आर्थिक व्यवहार भी व्यवस्थित होकर उनका भी सहयोग सतत बढ़ने लगा। यह सब करते वक्त लोगों की सद्‌भावनाओं को छूकर कम-से-कम ब्याज पर यह रकम उपलब्ध करने का सफल प्रयत्न किया।

यह सब करते वक्त प्रमुख को स्वयं को कम दिखाकर औरों के सामने आदर्श रखना होता है, वह उन्होंने समर्थ रूप से किया। उसमें उनके सहकारियों ने साथ दिया। आज इस संस्था के सभी जिम्मेदार पदाधिकारी स्वयं को क्या मिलता है, इस बात का विचार न करते हुए काम करते हैं, इस बात का बहुत सा श्रेय श्री बाबूराव वैद्य को जाता है।

व्यवस्थापन के शास्त्र में प्रमुख व्यवस्थापक को अपना स्वयं का उत्तराधिकारी

और उसके बाद की समर्थ मालिका खड़ी करनी होती है। श्री बाबूराव वैद्य ने संपादक विभाग में, व्यवस्थापन विभाग में एक स्वतंत्र मालिका खड़ी कर ली है। कोई भी मनुष्य कभी भी अपरिहार्य नहीं होता। इसलिए किसी भी मनुष्य की अनुपस्थिति के कारण काम नहीं रुकना चाहिए, ऐसा वे हमेशा कहते हैं। काम की दृष्टि से आवश्यकता होने पर किसी को भी मुक्त कर सकें, ऐसा होना चाहिए, ऐसी उनकी धारणा व उसके अनुरूप आयोजन होता है और यह उन्होंने समय-समय पर कर दिखाया है। चालीस की आयु में प्राध्यापकी छोड़कर वे पत्रकार बने, इससे भी अधिक साठ की उम्र आते-आते व्यवस्थापकीय जिम्मेदारी स्वीकारकर उस जिम्मेदारी के सभी तनाव, बौद्धिक और शारीरिक श्रम, ये सभी कुछ नए सिरे से स्वीकार कर, उन्होंने लिखनेवाला संपादक और पैसा जोड़कर कुशल व्यवस्थापन करनेवाला संपादक ऐसी दोहरी सफलता प्राप्त की। उनके इन्हीं गुणों का श्री नरकेसरी प्रकाशन व अन्य संस्थाओं को प्रदीर्घ लाभ मिलता रहे, ऐसी कमाना व्यक्त करता हूँ।

~*~

दक्ष, सतर्क, तत्पर

—गोपाल नीलकंठ दांडेकर

वर्हाड़ में जन्म होने के कारण वर्हाड़ी आतिथ्य मुझे परिचित था। 'तरुण भारत' के पूर्व संपादक स्व. भाऊसाहब माडखोलकर मुझसे उम्र में, कर्तृत्व में बड़े, पर मुझसे उन्होंने सदैव वर्हाड़ी पद्धति से बरताव किया था। वही अगत्य, वही आतिथ्यशीलता और जिसे एक बार अपना कह दिया, उसे अंतिम साँस तक अंतर न देने की प्रवृत्ति।

स्व.भाऊसाहब के पश्चात् 'तरुण भारत' का संपादकत्व बाबूराव वैद्य के हाथ में आया। केवल ज्येष्ठ थे, इसलिए नहीं, पर अपने कर्तृत्व के कारण वही सतर्कता, वही अनुशासित स्वभाव, लेखन में भी जैसे के तैसे। पक्षाभिनिवेश से ऊपर उठकर सार्वदेशिक विचार करने की वही पात्रता।

इसलिए अकोला साहित्य सम्मेलन के समय नागपुर जाना पड़ा था, तब बाबूराव का संदेश आया कि मेरे घर पर ही ठहरने के लिए आएँ। मैंने वैसा ही किया। घर पहुँचते ही एक दक्ष, सुव्यवस्थित, अगत्यशील भद्र पुरुष 'मैं बाबूराव वैद्य' कहते हुए सामने आया। दूसरे ही पल मैं उनके घर का ही सदस्य बन गया।

सम्मेलन के अध्यक्ष पद के लिए थोड़ा-बहुत, यानी बहुत ही, थोड़ा नहीं—

नागपुरी करना पड़ता है। मन से वह नहीं करना था, पर करना पड़ा। स्वयं का प्रचार करते हुए घूमने की आदत नहीं थी, बाबूराव के ध्यान में यह बात आ गई थी शायद। फिर वे स्वयं मेरे साथ सात-आठ जगहों पर घूमे और मेरे लिए जो करना चाहिए, वह सब किया। उनके जैसे व्यक्ति को जो नहीं करना चाहिए, वह भी किया, ऐसे बाबूराव का मुझ पर ऋण है।

सम्मलेन में विषय नियामक समिति की बैठक शुरू हुई। वाद-विवाद शुरू हुआ। जोर-जोर से शोर-बकोर शुरू हो गया जैसे युद्धभूमि हो। मेरा इस तरह के शोर-बकोर में भाग लेने का यह पहला ही अवसर था, इसलिए सबकी आवाज चढ़ी हुई देखकर मैं घबरा गया था, यह सच था, पर बाबूराव मात्र स्थिर थे। मैं यह वाद-विवाद मिटाने की कोशिश कर रहा था, आखिर कुछ कम-ज्यादा होकर बैठक समाप्त हुई।

अजी, यह सब ऐसा ही उबलने देना होता है। कुछ देर तक यूँ ही चिल्लाते रहने के बाद स्वर अपनेआप नीचे आ जाते हैं। मानना होगा कि आज मुझे नया सबक सीखने को मिला। मैंने मन-ही-मन पुनः इस वाद-विवाद में भाग लेने का निश्चय किया। यह बात अलग है, पर बाबूराव जरा भी विचलित नहीं हुए। इसी स्थिर बुद्धि के कारण मुंबई में विधान परिषद् में उन्होंने जाने कितने प्रश्न इसी तरह पीछे पड़कर हल करवाए। वही गंभीरता, वही प्रश्नों के पीछे अडिगता से खड़े रहकर उसका पीछा करने का स्वभाव।

एक बार पुनः नागपुर जाना हुआ। बाबूराव के यहाँ भोजन के लिए गया। उस समय पंजाब समस्याओं से जूझ रहा था। मैंने प्रश्न पूछे, तब ध्यान में आया कि यहाँ इतनी दूर नागपुर में रहते हुए भी हर छोटी-बड़ी सभी घटनाओं की तरफ बाबूराव का ध्यान है और जिस पल मेरे जैसा व्यक्ति गड़बड़ा जाता है, उस वक्त बाबूराव स्थिर रहकर, इस पार का, उस पार का विचार कर सकते हैं। एक सावधान, देश हित में रत, ऐसा यह व्यक्तित्व है, यह समझ में आया।

इस बात का प्रत्यय बड़ौदा व्याख्यान के निमित्त जाना हुआ, तब आया।

बड़ौदा में अपना प्रवास समाप्तकर मैं निकलने ही वाला था, तभी मुझे एक चिट्ठी मिली, आशय था—

"मेरे अस्वस्थ होने के कारण, डॉ. ने हिलने से मना किया है, इसलिए मिलने के लिए नहीं आ सका, इस बात का खेद है। वह चिट्ठी बाबूराव के बड़े बेटे की थी। वह संघ के प्रचारक की हैसियत से वहाँ काम कर रहा था। अपना उत्तम धन,

समाज के लिए अर्पण कर देना, ऐसे बाबूराव के कर्तव्यबोध का प्रत्यय आया। अपने बड़े बेटे की शिक्षा पूर्ण होते ही उन्होंने उसे संघ के प्रचार के लिए भेज दिया, जैसे यह करना ही चाहिए था। ऐसे कर्तव्यबोध से।

~*~

निकट का व्यक्ति

—के.ज. पुरोहित

बाबूराव वैद्य मेरे समकालीन हैं, पर फिर भी मेरे मन में उनके विषय में बहुत आदर का भाव है। यह विधान जितना लगता है, उतना चमत्कारिक नहीं है। एक ही समय एक साथ पढ़नेवाले लोग एक-दूसरे के गुणों की, परीक्षा में मिलनेवाले और उनमें निहित गुणों की, छानबीन करते रहते हैं कि उसमें से अगर आदर भावना शेष बचती है तो वह उस व्यक्ति में निहित निश्चित बड़प्पन के लिए। सच पूछो तो, इस समकालीनता के कुछ और आयाम भी हैं। सामान्यतः हम एक ही भाग में पले-बढ़े, कुछ समय तक कार्य क्षेत्र भी एक ही, संस्कार संकुल भी एक जैसा ही। फिर भी अनुभव का सहभाग हम दोनों में नहीं हुआ। इसके पीछे क्या कारण है ? वैसे देखा जाए तो ऐसी बातों के लिए कोई कारण नहीं होता, या फिर कोई भी कारण पर्याप्त होता है। कारण देना ही तो कह सकते हैं कि एक ही समय में, एक ही भूखंड में, एक जैसे संस्कारों को प्राप्त करने पर भी मेरे और बाबूराव के मत एक जैसे नहीं हैं, फिर भी मेरे मन में उनके लिए नितांत आदर है। इसके कारण स्पष्ट हैं, एक है उनकी विद्वत्ता, मेरे समय के उत्तम विद्यार्थियों में उनकी गणना होती है। उन्हें परीक्षा में उत्तम अंक प्राप्त होते थे। यह कहने की आवश्यकता नहीं है; परंतु एकाध बार परीक्षा ने दगा दिया हो, तब भी उनकी विद्वत्ता के विषय में, ज्ञान के विषय में दोमत नहीं होगा, ऐसा मैं जिन्हें सदैव मानता रहा हूँ, उनमें से एक वे निश्चित हैं, इसका भी थोड़ा स्पष्टीकरण देना चाहिए। संस्कृत और अंग्रेजी भाषाओं का ज्ञान और साहित्य का ज्ञान उनका बहुत ही मजबूत है, परंतु इस ज्ञान को उन्होंने कभी भार नहीं होने दिया। उनके लिखने-बोलने में निहित सुसंस्कृतता, परिष्कृतता और बहुश्रुतता सहज दिखाई देती है। सहजता यही उनकी विशेषता है।

'तरुण भारत' के पहले दोनों संपादक भाषाविद् थे। भाऊसाहब माडखोलकर की लेखन-शैली दिमागदार थी। यादें, अवतरण, इन सबके भार तले अनेक बार वह दब जाती थी और इसके साथ ही वाचक और श्रोता भी। इतना ही नहीं, वाचक

और श्रोताओं को अपने छोटेपन का एहसास भी वह अचूक करवा देती। बाबूराव वैद्य की शैली को वाचक को छोटेपन का एहसास करवाने का बिल्कुल शौक नहीं है। उलटे उन्हें आश्वस्त करने का ही उनका प्रयत्न होता है और जानबूझकर उनकी नजरों में स्वयं को बढ़ा-चढ़ाकर दिखाने का प्रयत्न भी नहीं होता। मैंने यह सब उनकी लेखन शैली के बारे में लिखा है, वह सब उनके व्यक्तित्व के बारे में लिखना चाहिए। किंबहुना जो कुएँ में है, वही बालटी में भी आया है। हमारी युवावस्था में अलग-अलग जीवन शैलियाँ differnt life styles यह वाक्प्रचार आज के जैसा प्रचलित नहीं था, परंतु मनुष्यों का बरताव अलग-अलग तरह का होता है, अलग प्रकार की बोली, इत्यादि विविधता मान्य कर, उनके बारे में किसी प्रकार का दुराग्रह, गलतफहमी आदि बिल्कुल न करते हुए जीने का कौशल्य बाबूराव को जन्मजात मिला है। कुल मिलाकर उनके स्वभाव में एक प्रकार की ऊष्मा है। थोड़ा सा प्रादेशिक गुण भी होगा, परंतु उनकी अपनी स्वयं की एक खास विशेषता है, जो उनके चेहरे पर स्पष्ट दिखाई देती है। कम-से-कम मुझे तो वह स्पष्ट रूप से दिखाई देती है। उनके चेहरे पर एक संयत निश्चिय जैसा हमें दिखाई देता है, वैसा ही सौम्य स्मित, बहुत ही सौम्य स्मित भी उनकी विनोद बुद्धि का द्योतक है। दूसरों का दोष समझ कर स्वयं खुश होनेवाली भी एक विनोदबुद्धि होती है, पर बाबूराव की विनोदबुद्धि वैसी नहीं है। प्रत्येक मनुष्य भिन्न होता है, इस भिन्नता में भी एक चित्रात्मकता होती है, विचित्रता भी होती है, यह जाननेवाली, तटस्थ, रसिकता से जाननेवाली बुद्धि मुझे अभिप्रेत है। इसी कारण से अनेक लोगों के साथ उनके सहानुभूति के, स्नेह के संबंध वे रख सकते हैं। बाबूराव अनेक वर्ष हिस्लौप कॉलेज में प्राध्यापक थे। वह महाविद्यालय व्यवस्थापन की दृष्टि से ईसाइयों का है। अन्य धर्मीय लोगों की संस्था में पढ़ाना कठिन नहीं है, परंतु बाबूराव उस महाविद्यालय समिति के अनेक वर्ष तक सदस्य थे। यह काम उन्होंने अत्यंत निष्पक्ष और पारदर्शक पद्धति से किया है, ऐसा सभी कहते हैं। इस बात के लिए प्रशंसा करनेवालों में उनके ईसाई सहकारी हैं। यह बात ध्यान में लेने लायक है। यही बात जरा अलग अर्थ से उनके संपादकत्व के विषय में भी कही जा सकती है।

सर्वसमावेशक उदारता

'तरुण भारत' के संपादक के रूप में जब उनकी नियुक्ति हुई, तब मुझे बड़ा आश्चर्य हुआ था। ऐसा आश्चर्य मुझे क्यों होना चाहिए? मेरा अज्ञान अथवा पूर्वाग्रह, इससे अधिक क्या कहा जा सकता है? मुझे लगा कि संपादक की कुरसी पर संगठन के कार्यकर्ता की योजना होने से संपादकीय कक्षाओं में संकुचित दृष्टि

हो जाएगी। विशिष्ट मतों और विशिष्ट व्यक्तिओं के लिए ही यह समाचार-पत्र खुला रहेगा, पर ऐसा नहीं हुआ। इस तरह का संदेह मन में लाना, यानी बाबूराव पर अन्याय करने जैसा ही था।

क्योंकि उनके कार्यकाल में 'तरुण भारत' ने इतने विविध मतों की, विविध पक्षों के विचारवंतों की, विविध प्रकृति के लेखकों का इतना दखल लिया कि उस समाचार-पत्र के संपादकीय सूत्र पक्षीय संगठन के हाथ में है, इस बात का एहसास भी किसी को नहीं हुआ, अर्थात् इस उदारता के पीछे पूर्व परंपरा, वर्तमान सहकारियों का समर्थन वगैरह तो होगा ही, परंतु इन सबको बाबूराव की उदार बुद्धि का समर्थन नहीं मिला होता तो यह सब संभव नहीं हुआ होता। बाबूराव के संपादन का अर्थघटन करते वक्त एक देशस्थ ब्राह्मण के घर की रसोई में दो लोग संपादित हो जाते हैं। इस बात की याद आती है। लेखक के रूप में बाबूराव के इस गुण का उल्लेख होना ही चाहिए। केवल व्यवसाय के हिसाब से चलानेवाले पूँजीवादियों के समाचार-पत्रों के संपादन में गुटबाजी, आप पर भाव इत्यादि के कारण ग्रहण लगा हुआ मैंने सदैव देखा है। इसीलिए बाबूराव के उदार और सर्वसमावेशक संपादन का उल्लेख अपरिहार्य है।

यह उदार संपादन, यानी कमजोरी नहीं, साबूदाने की तरह गोलमोल नहीं, इस बात की गवाही मुझे एक दिन अचानक ही कैसे मिल गई, यह बात कहने जैसी है। उस समय मैं अमरावती में था। विद्यापीठ की बैठक के लिए बार-बार नागपुर जाना पड़ता था। सुबह निकलना, दोपहर काम करना, शाम को वापस लौटना, ऐसा दौड़-धूप वाला कार्यक्रम होता था। इसलिए सभी कार्यक्रम बिल्कुल समय पर होने चाहिए, ऐसा मेरा आग्रह, कुछ अधिक ही रहता था। इस काम के लिए 'तरुण भारत' के अंक अमरावती को लेकर जानेवाली टैक्सी से जाना मेरे मित्र पसंद करते। मुझे यह मान्य नहीं था, परंतु मित्रों के आग्रह के कारण मैं भी कभी-कभी उनके साथ इस टैक्सी से जाया करता। ऐसे ही किसी प्रवास के दौरान, साथ बैठे किसी सहयात्री ने कहा, ''हमें यह टैक्सी बड़ी सुविधापूर्ण लगती है, पर आपके मन में इसके लिए कोई पूर्वाग्रह है, ऐसा लगता है।'' मैंने तुरंत उत्तर दिया, ''पूर्वग्रह शब्द मैं तुम्हें अपने लिए उपयोग करने नहीं दूँगा। पूर्वग्रह रखना मेरे स्वभाव में नहीं है। मैं अपने अनुभव से प्रत्येक चीज तय करता हूँ। पहली बात यह है कि यह टैक्सी समय पर अमरावती में नहीं आती। आने के बाद पहले वह राजा पेठ में जाती है। इसकी राह देखते हुए स्टैंड पर खड़े रहने में मुझे उकताहट होती है।'' ''अजी, पर करीब-करीब सौ मील की यात्रा में पंद्रह-बीस मिनट इधर-उधर कम ज्यादा हो ही सकते हैं न?''

''मैं नहीं कहाँ कह रहा हूँ? पर निश्चित समय पर दूसरा वाहन मिल सकता है तो मुझे इस टैक्सी की राह क्यों देखनी चाहिए?''

अनुशासन प्रिय

हमारी ये बातें टैक्सी चालक सुन रहा था। हमें बीच ही में रोकते हुए वह ड्राइवर मुझसे बोला, "आज के बाद समय कम ज्यादा नहीं होगा, बराबर टाइम रहेगा।"

मैंने उससे पूछा, "मतलब?"

उसने उत्तर दिया, "अब वैद्य साहब संपादक बन गए हैं। उनके राज में सब कुछ समय पर होगा।" चालक का यह विधान सुनकर मुझे जो समझना चाहिए, वह मैं समझ गया, जरा कुत्सित विनोद करने के लिए मैंने उससे पूछा, "ड्राइवर को गाड़ी भी कब और कैसे चलानी चाहिए, यह भी बताते हैं क्या आपके नए संपादक वैद्य साहब?"

टैक्सीवाले ने कहा, "बताने की क्या जरूरत है, इशारा ही काफी है, क्यों?"

मैं उसके कहने का अर्थ समझ गया और मेरे ध्यान में आया कि टैक्सी ड्राइवर भी मेरी तरह समझदार है।

बाबूराव के काम इशारों पर होते होंगे, इस बारे में मुझे जरा भी संदेह नहीं है उनके पास अनुशासन तो है ही, उसके साथ ही उनके बरताव में एक सुंदरता (grace) है, ऐसा मुझे लगता है। इस विषय में मेरा अनुभव बहुत कुछ कहता है।

अमरावती में रहते वक्त कुछ मित्रों की सलाह पर (सच पूछो तो उकसाने पर) मैंने विद्यापीठ के चुनाव में भाग लेने का निश्चय किया। चुनाव माने गुटबाजी। उस तरह से मैं बहुजन हिताय ध्येय निश्चित करनेवाले एक गुट में शामिल हो गया। इसी समय चुनाव के संबंध में बाबूराव की ओर से मुझे एक पत्र मिला, उन्होंने मुझसे मेरे पुराने संबंधों की वजह से मदद ग्राह्य मान ली थी। वैसा करना उनका अधिकार था। उन्हें क्या पता था कि मैं नए गुट में शामिल हो चुका था, मैं उन्हें वचन दे चुका था और अपना वचन पालन करते हुए मैं कुछ बड़ा भारी काम कर रहा हूँ, ऐसा स्वयं को समझा चुका था। मैंने बाबूराव को बेधड़क खुलकर न कहलवा दिया। बाबूराव ने मेरे नकार से किसी प्रकार की गलतफहमी को नहीं होने दिया, बल्कि मैंने जिस प्रकार की भाषा में उन्हें निराश किया था, उस भाषा के सौंदर्य की उन्होंने प्रशंसा की। यह उन्होंने जिस सच्चाई के साथ किया था, उसमें उनके स्वभाव की सुंदरता की झलक थी। इस बात का मुझे विश्वास है। (इस चुनाव में मुझ पर ध्येयवाद का जो झटका आया था, वह बेकार का था, चुनाव, यानी छोटे-मोटे स्वार्थ का जोड़-घटाव यह ज्ञान मुझे जरा देर से प्राप्त हुआ।)

सहजता

बाबूराव की विशेषताओं को सहजता शब्द से वर्णित किया जा सकता है। व्यर्थ का आत्मभाव self consciousness उनके वाणी वर्तन में नहीं है। इस बात का प्रसन्न अनुभव मुझे अभी-अभी एक यात्रा के दौरान हुआ। मैं मुंबई से नागपुर जा रहा था। इस प्रवास में मेरी ही बोगी में एक महिला लेखाधिकारी भी थीं। उनके काम के संबंध में, उनके अनुभवों (वे मूलतः मुंबई से थीं) के विषय में हम बातें कर रहे थे। गाड़ी ने कल्याण छोड़कर वेग पकड़ लिया था और हमारी बातों ने भी। उसी समय बोगी में से गुजरते हुए बाबूराव मुझे दिखाई दिए। थोड़ी सी छोटी धोती, बंडी जैसी कमीज और हाथ में सेब लिये बाबूराव को देखते ही मैंने उन्हें आवाज लगाई और पूछा कि यह क्या है?

"सेब काटने के लिए किसी के पास चाकू है क्या, यह मैं ढूँढ़ रहा हूँ।" मेरे साथवाली उन महिला अधिकारी ने उन्हें चाकू दिया और वह चाकू और मुझे साथ लेकर बाबूराव अपनी बोगी में गए और मुझसे पूछने लगे, "क्या नाम है उनका?"

मैंने कहा, "मैंने नहीं पूछा, वे कोई अधिकारी हैं और कायस्थ होंगी, ऐसा उनकी बातों से लगा।" बाबूराव ने जल्दी-जल्दी सेब काटा, पहले कुछ फाँके उन महिला को दे आए और उनका नाम-पता वगैरह पूछकर सारी जानकारी के साथ हाजिर हो गए। यह सबकुछ उन्होंने इतनी सहजता के साथ किया कि मैं देखता ही रह गया। उसके बाद बोगी में और यात्रियों के साथ की गई बातों के दौरान यह सहजता और अधिक महसूस होने लगी। आधा समय आजकल गाँव में कैसे गुजरता है, लोगों को भ्रष्टाचार की कैसी आदत हो गई है, गुजरात में संघ कार्य के लिए गए हुए बेटे को कितना पैसा मिलता है, यह पूछने में किसी को संकोच कैसे नहीं होता, इत्यादि बातें उन्होंने सहजता से कीं। इन बातों में उत्तेजना नहीं थी, न ही शिकायत थी। विद्वत्ता, ध्येयनिष्ठा, अनुशासन, स्नेह भाव, निरअहंकार आदि विशेषताओं को अपने स्वभाव में योग्य स्थान पर रखते हुए स्वभाव को सहज लय देने में बाबूराव ने सफलता प्राप्त की है, यह बात तुरंत ध्यान में आती है। यही उनके व्यक्तित्व की मुख्य विशेषता है, ऐसा मुझे लगता है।

बाबूराव ने जिस संगठन के लिए अपना जीवन समर्पित कर दिया है, उस संगठन के प्रति मुझे इतनी आस्था नहीं है, पर फिर भी अपने व्यक्तित्व के बल पर मेरे जैसे अनेक लोगों को वे आकृष्ट कर सकते हैं, इसमें बलपूर्वक ऐसा कुछ नहीं होता।

विद्यापीठ के पद, राजकीय सम्मान आदि उन्हें थोड़े-बहुत प्राप्त हुए, वह

योग्य था, पर जब सम्मान मिले, तब जरा अच्छा लगा। क्योंकि जब तक नहीं मिले थे, तब मन जरा खट्टा था। (बाबूराव को ऐसा लगा होगा या नहीं, पता नहीं) कभी-कभी ऐसे सम्मान न मिलने से मन अस्वस्थ हो जाता है और मिलने पर अच्छा हुआ, ऐसा लगने लगता है, इतना ही इन मान-सम्मान का महत्त्व होता है। वह लोगों का प्रेम प्राप्त करने में, उनसे आदर प्राप्त करने में, बाबूराव की प्राप्ति अधिक मूल्यवान, अधिक अधिकार की है। ऐसा यह व्यक्ति मेरे निकट का है, ऐसा कहते हुए मुझे गर्व हो रहा है। मेरे जैसे अनेक लोग गर्व से उन पर अपना हक जताते होंगे, इस बारे में जरा भी संदेह नहीं है।

~*~

हमारे वैद्य सर

–डॉ. सौ. रजनी डांगे

सन् 1954 में मैं मैट्रिक पास हुई। संस्कृत में प्रावीण्य होने के कारण आगे भी यही विषय लेना है, यह करीब-करीब तय था, पर महाविद्यालयीन शिक्षा में पढ़ाए जानेवाले नए-नए विषय भी आकर्षित कर रहे थे Economics, Sociology, Psychology, Literature आदि विषयों में से कोई भी विषय लोगों पर अपना प्रभाव अधिक डालेगा, ऐसा इस भोले मन को उस वक्त लग रहा था, पर हमारा घर हिस्लौप कॉलेज के बिल्कुल सामने होने के कारण और मेरे चाचा, फुफेरे भाई, बहन आदि सभी हिस्लौप में ही पढ़े होने के कारण बचपन से कुछ बातें मालूम हो गई थीं। उसी में से एक, यानी वहाँ के संस्कृत के प्राध्यापक बहुत अच्छा पढ़ाते हैं। इस जानकारी की मेरी बुआ की लड़की और उसकी सहेलियों ने अपने अनुभव के कारण पुष्टि की और मैंने संस्कृत लेना निश्चित कर लिया।

संस्कृत के वर्ग सदा एनेक्सी में होते थे। मतलब मुख्य इमारत की पूरक, दूसरी इमारत में, पर सबसे ऊपरी मंजिल पर। असल इमारत के वर्गों में ऊँचे डायस, उस पर खड़े रहनेवाले प्राध्यापक और नीचे दूर बेंच पर बैठे विद्यार्थी, इस तरह की ऊँच-नीचता और उसमें से उत्पन्न होनेवाली दूरी हमारे संस्कृत के वर्ग में नहीं थी। अंदर की ओर के वर्गों की तरह कुंद और अँधेरे का वातावरण भी नहीं था। दोनों ओर के कॉरिडोर में होनेवाला शोर-बकोर भी नहीं था। तीनों ओर बड़ी खिड़कियाँ, उनमें से आनेवाली सूरज की रोशनी में से नीले आकाश का दर्शन और नीम की झुकी हुई हरी-हरी डालियाँ, उनके स्पर्श से शीतल हुए

पवन के झोंके कभी-कभार नीरवता कां भंग करते। ऐसी निसर्गरम्य पार्श्वभूमि में बीच में कुरसी पर विराजमान हमारे वैद्य सर। दोनों ओर एक हाथ के अंतर पर बेंच पर बैठी हम लड़कियाँ और सामने उतने ही अंतर पर लड़कों के दो बेंच, बस। संस्कृत विषय के लिए नाक-भौंह सिकोड़नेवाले विद्यार्थी हमें चिढ़ाते, इतना छोटा सा वर्ग? हम डरते। कभी यह वर्ग छोटा तो नहीं पड़ेगा? फिर हमें भी उस अँधेरे, दिन में भी बत्ती जलाकर पढ़ने वाले वर्ग में जाना पड़ेगा और फिर वहाँ वैद्य सर के पढ़ाने की तन्मयता का अनुभव निकट से नहीं हो सकेगा, पर यह डर सौभाग्य से कभी सच नहीं हुआ। विद्यार्थी कम रहने पर भी टीचर्स रूम के पास कभी-कभी खाली रहनेवाले बड़े वर्ग में भी सर हमारा वर्ग ले सकते थे, पर असुविधा मान्यकर बीच का बड़ा सा अंतर पारकर सर ने हमें सदैव प्रकृति के पास ही रखा और मनुष्य निर्मित शिक्षक और विद्यार्थी के बीच की दूरी को समाप्त कर दिया, यह बात हमारे ध्यान में बहुत देर के बाद आई, क्योंकि पूरे कॉलेज का टाइम-टेबल बनाना शुरू से ही सर के हाथ में था। इस विषय में प्रिं. मोज़ेज़ पूरी तरह से सर पर अवलंबित। इसी का फायदा उठाते हुए सर ने अपना मनपसंद कमरा संस्कृत विषय के वर्ग के लिए चुना, नहीं तो चारों वर्ष के सभी वर्ग एक ही कमरे में जान-बूझकर निश्चित किए बगैर कैसे संभव होता? पढ़ाने की तद्रूपता में पढ़नेवालों को शामिल करना हो तो वातावरण भी अनुरूप ही चाहिए, यह बात सर ने बराबर पहचान ली थी और उसे साध्य भी किया।

कालिदास, भवभूति, भास, माघ, इनके महाकाव्यों का आस्वाद लेना हो, उसके रस से, सौंदर्य से, मस्त हो जाना हो, तो ले जानेवाले के साथ धीमे कदमों से, बाकी के सारे बंधनों को पीछे छोड़, स्वयं को उसमें डुबो देना पड़ता है, यह सर अपने अनुभव से जान चुके थे और इसलिए उन्होंने हमारे लिए यह साध्य किया। इस पढ़ने-पढ़ाने की समाधि में वर्ग के समाप्त होते ही मचनेवाला शोर हमारे वर्ग में कभी नहीं उठता था, क्योंकि सर की उँगली थामे सौंदर्य भूमि में विचरण करते, वहीं जकड़े रहते, हम जैसों को वापस वर्ग में आने में जरा देर तो लगेगी ही न? कभी-कभी तो यूँ पीछे खींच लानेवाली घंटी बजनी ही नहीं चाहिए, ऐसा लगता।

बी.ए. फाइनल में इस रसास्वाद के साथ ही पाणिनि के व्याकरण का खट्टा मगर आवश्यक घूँट लेना भी आवश्यक था, पर पाणिनि के सूत्र सर कुछ ऐसी खूबी से पढ़ाए कि उसमें कुछ नीरसता या उकताहट है, यह हमारी सुनी-सुनाई बात गलत साबित हो गई। इस कारण उसका अभ्यास लगन से और जल्दी भी हो गया।

संस्कृत के अभ्यास के लिए रटने की आदत कायम रखने के लिए जबरदस्ती

उसे रटते रहने की बजाय सर ने एक उपाय खोज निकला। चारों वर्गों के आपस में संस्कृत अंताक्षरी के खेल का आयोजन किया। उसमें विजय प्राप्त करने के लिए हमने अपनी स्मृति की पूरी शक्ति लगाकर हजारों श्लोक और काव्यांश मुखोद्त किए। अंक कम न मिलें, इसके लिए पाठांतर में शुद्धता, उच्चारण की स्पष्टता व बुलंद आवाज का खुला नाद इन सभी का भान रखते हुए हम यह अंताक्षरी खेलते। इस तरह संस्कृत भाषा के अध्ययन के लिए आवश्यक गुण सर ने खेल के माध्यम से हममें कब बो दिए और उसमें से फूटे अनुकूलता के अंकुरों को खिलाते गए, यह पता भी न लगा। प्रावीण्य के निमित्त दिए जानेवाले पुरस्कार, पाठ्यक्रम में पढ़ाए जानेवाले महाकाव्य, उपनिषदों की छोटी आवृत्तियाँ, पुस्तक रूप में देते वक्त अंत:करणपूर्वक कहा, आगे चलकर अगर संस्कृत विषय छोड़ भी दें, तब भी संस्कृत साहित्य की संगत नहीं छोड़ना।

कालिदास के रघुवंश के अजविलाप का शोकरस, शाकुंतल में शकुंतला की विदाई के समय का करूण रस, सर ने इन्हें जीवंत कर जैसे हम सबके मन को भिगो दिया था। बाण कवि के उपन्यास का शब्द लालित्य तथा भाषा वैभव, भास कवि का स्वप्नवासवदत्ता नाटक, मेघदूत के रमणीय नि:सर्ग वर्णन, नायिका का शृंगार, विरह, यह सब पढ़ाते वक्त सर जैसे प्रत्येक बार अनुभव करते और उसी विभोर अवस्था को हमारे सामने चित्रित करते। यह चित्र दर्शन हमारे लिए नेत्र पर्वणी से कम नहीं होता था। वह कॉलेज का दैनंदिन जीवन के टाइम-टेबल का एक बँधा हुआ घंटा है, इस बात का होश ही नहीं रहता।

कॉलेज में से बाहर आने पर बहुत दिनों के बाद यह खबर मिली कि सर ने शिक्षण का व्यवसाय छोड़ दिया। उस समय के बाद संस्कृत पढ़नेवाले विद्यार्थी हमारी तरह रसविभोर, जीवंत, संपन्न अनुभव प्राप्त करने से वंचित रह जाएँगे, इस बात का खेद हुआ, पर एक प्रकार का संतोष भी हुआ। सर के वर्ग को अब टाइम-टेबल की व्यवस्था, दीवारों की आड़, संख्या की कृपणता और मिनटों की मर्यादा नहीं रहेगी।

हमारे वैद्य सर लाखों लोगों की अभिरुचि को अभिजात संस्कृत साहित्य के वैभव से और अधिक संपन्न कर देंगे। अंग्रेजी भाषा के कारण कमजोर हो रहे उनके शब्द भंडार को संस्कृत भाषा के सौष्ठव से पुन: एक बार समृद्ध कर देंगे। उनके अभिमानास्पद गौरव में इस छोटी सी स्मृत्यांजलि का अभिवादन तथा उनकी उत्तरोत्तर अभिवृद्धि की कामना।

~*~

Wide Outlook

—G. J. Agrawal

In Shree M.G. alias Baburaoji Vaidya we have an academician, erudite scholar, eminent legislator, public work or and above all a distinguished journalist, all roled in one. He started his career as a teacher of Sanskrit in Hislop College and ended up as a journalist having worked as Editor of a leading Marathi daily 'tarun Bharat'. He showed his administrative abilities as the 'Managing Director' of Narkesari Prakashan (Tarun Bharat publications.)

Though I knew him well as a professor in Hislop College, I came in close contact with him when he was elected to Executive Council of Nagpur University. His political alignments are well known but while working with him in different committees appointed by the Executive Council, I found him to be a person with wide out look and practical common sense. Though he was frank and assertive, he would not compromise or blur academic consideration because of his personal political views. It was because of this great quality that we could pull on well and do positive academic work in the University without any unhappy controversy and we became great friends.

~*~

Vaidya : A Teacher

—Dr. T. S. Wilkinson

I came to know Shri Madhav Rao Vaidya when I joined Hislop college staff in 1958. Even before I met him personally I remember that two names figured prominently in staff conversations while discussing administration. One was Baburao Vaidya and other was Madhvarao Vaidya. Not being accustomed to Maharashtriyan style of nomenclature, I thought that there were two Vaidyas on the staff, one Baburao and the other Madhvrao. I was a little intrigued that two persons, bearing common surname should be held in such high esteem by the teaching staff. This was the time when the main college was in Mahal and the M.A. Sociology classes were held in what was known as the Robertson Hostel.

After 1960, when the two parts of Hislop College became integrated in new College building, that I discovered that Madhavrao and Baburao were one and the same person and that Madhavrao is affectionately called Baburao by his friends and close associates. Personally, when I first met him, he impressed me as an unimpressive and unassuming person despite the great respect and admiration he enjoyed of the college staff. As we had more opportunities to meet and compare notes on various issues, I got glimpses of his very perceptive mind, his devotion to duty and academic curiosity. Even while discussing a controversial issue with his adversaries he always tried to take the matter to his logical conclusion without ever loosing his temper or his characteristic smile. Even though he was held in such high esteem he payed equal attention to anyone who approached him.

It was this quality of his mind and heart that emboldened me to make a request. Knowing fully well that he was a scholar of Sanskrit. I was sure that even if he was to decline, he will do so in his characteristic polite manner. I further thought that in case he agrees, he may ask one of his junior colleague to help a beginner. Surprisingly for me, Baburao Vaidya not only acceded to my request but within a couple of days brought me a few booklets for beginners. Thus I became a student of Baburao Vaidya and have all along watched with interest his rise to higher positions of service and responsibility. Unfortunately this teacher taught relationship did not last for long as Baburao Vaidya was called to work as editor of 'Tarun Bharat.'

Baburao Vaidya is essentially a teacher. His quest for learning and dissemination of knowledge was evident in whatever work he undertook to do after leaving Hislop College. His humility, coupled with his learning enabled him to relate effectively to anyone who went to him to learn.